KB071436

재활사례관리

Case Management for Rehabilitation

조영길 저

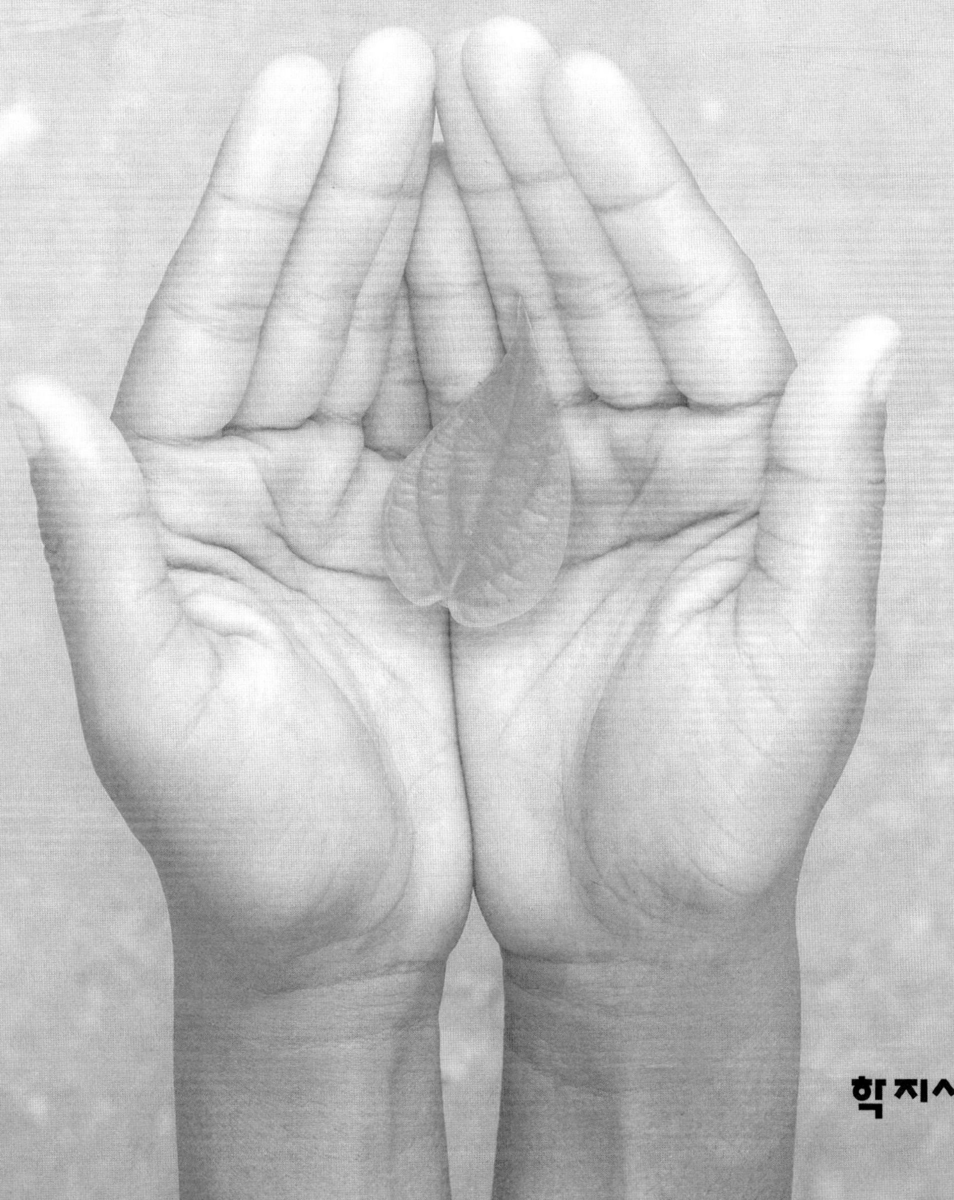

학지사

머리말

재활사례관리는 복잡하고 다양한 문제를 지니고 있는 이용자를 대상으로 직업적 문제해결에 대한 서비스를 효과적으로 전달하고 지속적으로 모니터하여 서비스의 효과성을 가져오기 위한 기관의 전문 서비스이다. 일반적으로 사례관리는 1980년 이후 미국, 영국 등에서 노인, 아동, 장애와 같은 특정 사회서비스 영역에서 효율성에 대한 관리로 권장되어 왔다. 지금까지 재활사례관리는 장애관련 서비스에서 사회복지 사례관리 방식을 대다수 준용하여 연구되어 왔다. 이는 재활서비스가 의료적 모델에 입각하여 전통적 사회복지와 맥을 잇는 사례관리 방법과의 접목을 통해 장애인복지관에서 사례관리 모델을 제시하여 왔다는 의미이다. 이에 장애인복지관에서 진행되고 있는 기초재활 영역 중심의 재활사례관리 매뉴얼이 보급되어 왔고, 재가복지영역 혹은 일반적 재활 서비스에 준한 사례관리를 혼용해 왔다. 이러한 연구 결과는 기관에서 제공하는 서비스에 대한 이용자의 연령별, 장애유형별, 서비스 영역별로 사례를 개발하고 기록하는 수준에서 서비스의 개시와 종결에 영향을 미치게 되고, 실제 재활 현장에서 활용에 초점을 두게 된다.

그러나 2017년 「장애인복지법」 개정에 따른 '장애인재활상담사' 제도의 도입과 동시에, 2018년 첫 '장애인재활상담사' 국가고시가 시행되면서 '재활사례관리' 영역은 큰 비중을 차지하게 되었다. 이에 사회복지 영역의 단순 서비스 관리가 아닌 중증장애인에 대한 직업재활 영역의 사례관리 과정과 기술이 한층 강화되었다. 따라서 재활사례관리는 장애인을 대상으로 하지만 직업적 자립과 통합에 더 큰 목적을 두고 있다.

재활사례관리는 이용자의 역량강화 관점에 초점을 두고 지역사회에서의 자립과 직업재활 차원에서 보다 전향적인 서비스의 제공과 점검을 강조한다. 재활사례관리는 효과성에 체계를 두고 충분한 지식과 다양한 평가도구를 활용하여 종합적 사정을 획득하는 과정이 바람직하다.

재활사례관리는 장애인의 사회적 통합과 완전한 직업적 자립을 지원하기 위한 실천방법과 전문적 기술이 요구되기 때문에 효과성을 증빙하는 사례관리 방법을 중심으로 이 책을 기술하였다. 이 책은 '재활사례관리'를 학습하는 학생들에게 잘 적용될 수 있도록 직업재활상담에 역점을 두고 재활사례관리 과정을 구성하였다. 이 연구에서 부족하거나 다루지 못한 부분은 직업재활 실천현장에서 지속적으로 논의가 되어 현장중심의 재활사례관리 직무가 차후 완성되었으면 한다.

끝으로 이 책이 국가고시를 준비하고 있는 '장애인재활상담사'와 장애인복지 현장 실무자들에게 큰 반향을 불러일으키는 데 도움이 되었으면 한다. 재활관련 기관에서 종사하는 재활사례관리자가 재활의 부수적인 직무가 아니라 하나의 전문적 직무로 거듭 자리매김하기를 기대해 본다.

2018년 8월

고신대학교 직업재활상담학과 교수

조영길

차례

제2부 재활사례관리 과정

제3부 재활사례관리 기술

제5부 재활사례관리 관점과 재활상담사의 직업윤리

Case Management for Rehabilitation

재활사례관리 개념

재활사례관리의 개념

사례관리(case management)는 일반적으로 '서비스 관리'라 한다. 이것은 개별화된 전문 서비스를 효과적으로 이용자에게 제공하는 것이다. 사례관리는 1960년대 정신건강과 지적장애 서비스에 대한 비용 절감과 이용자 권리 확보를 위한 탈시설화에서 시작하였다. 이러한 탈시설화 정책은 지역사회에서 독립적으로 서비스를 받을 수 없는 많은 사람의 문제를 극복하기 위해 서비스 전달체계, 지역사회 자원체계, 이용자 중심 서비스 등의 확립을 통한 정비가 이루어져야 한다는 필요성이 대두되고 서비스 조정기능을 강화해야 한다는 주장으로 이어지게 되었다.

취약계층에 대한 기존 서비스망은 문제를 해결하는 데 한계가 노출되었고, 특히 장애인과 같이 복합적 욕구를 지닌 이용자는 연령 · 기능 및 문제 영역에 따라 서비스가 세분화되어 포괄적 서비스를 제공하기 어려웠다(장인협, 1995). 따라서 서비스 주체를 다양화하고, 지역사회 중심 서비스에 대한 필요성을 증대시켜 왔으며, 포괄적 서비스 실천방법이 강조되었다. 최대 급여를 위한 서비스의 조정, 가족 단위의 접근성, 지역사회 중심의 포괄적 서비스, 각 지역 수준에 적합한 자원의 개발과 할당 등 통합 프로그램으로서의 '사례관리'가 등장하게 되었다.

초기 사례관리는 장기 요보호자를 위한 전략으로 이루어졌으며, 1990년대 이후 보호의 질을 보다 향상시키고 서비스의 효과성을 높일 수 있는 모형이나 프로그램 개발에 초점을 두었다. 이는 노인, 아동, 장애인 등을 포함한 서비스 제공을 위한 효과적 전략이며(Rothman, 1991), 다양한 욕구를 가진 개인의 기능과 안녕을 향상시키기 위해 공식적 · 비공식적 자원을 조직화 하는 방법이다.

Johnson과 Rubin(1983)은 재활사례관리를 "복잡한 서비스 전달체계를 상호 연결시켜 이용자로 하여금 가장 적절한 서비스를 받을 수 있게 하는 과정"이라 하였고, Barker(1995)는 "이용자의 이익을 위해 다양한 기관과 직원으로부터 제공받을 서비스를 계획하고 추구하는 일련의 절차"라 하였다.

재활사례관리는 "초기면접 서비스 등록 후 종결하기까지의 일련의 과정을 원활하게 지원하는 서비스 활동"을 의미한다(Wright, 1980). 따라서 재활상담에서 사례관리는 장애인의 고용을 달성하기 위해 필요한 서비스를 효과적으로 조직하고 조정하는 일련의 체계로 정의할 수 있다. 또한 가족, 친구, 이웃인 비공식적 지원체계와 국가 및 공공기관 지원체제가 보유하는 여러 자원을 통합 조정하는 것으로 요약된다(Moore, 1996). 사례관리의 목적은, 첫째, 대인서비스와 사회적 지지를 이용하고 접근할 수 있도록 이용자의 능력과 기술을 증진시키는 것이다. 둘째, 장애인의 재활기능을 향상하기 위해 관련된 대인서비스 제공자와 사회적 지원망을 활성화시키는 것이다. 셋째, 효율적 서비스를 전달하기 위해 효과성을 증진시키는 것이다. 직업재활 사례관리 목적은, 첫째, 전문적 직업재활 서비스와 사회적 자원을 활용하여 장애인의 고용잠재력을 증대시키고 자립능력을 향상시킨다. 둘째, 직업재활 서비스 관리를 공식적으로 전달 · 조정함으로써 역량을 강화한다. 셋째, 효율적 서비스를 전달함으로써 직업재활 서비스의 효율성을 증대시키는 것이다.

1. 사례관리의 정의

사례관리로는 일반적으로 case management가 사용되고 있으나 때로는 care management, service management, service coordination, care coordination 등의 용어가 사용되기도 한다. 특히 case management는 미국에서 사용하고 있다. 사례관리의 기원은 사회복지사업인 개별사회사업의 프로그램인 case work에서 유래한다. 즉, 개별사회복지 접근에서 통합적 접근으로의 변화를 의미한다. case라는 의미는 인간의 가치와 부정적인 요소를 담고 있는 보호체계 중심의 용어에서 care management, 즉 관리의 개념으로 사용되고 있다. case management는 이용자 중심인 반면, care는 이용자 강점보다는 의존성을 강조하며 이용자와 서비스 제공자 간의 수동적 관계를 나타내고 있어 일상생활의 단절을 의미하는 경향이 있다(장인협, 우국희, 2003). 따라서 사례관리는 인간 행동에 대한 환경적 영향을 강조하는 생태이론과 체계이론을 기반으로 구성되고 재활현장에서 이용자의 욕구, 서비스 제공자의 역할에 따라 달리 적용되어 왔기 때문에 하나의 개념이라 단정 짓기 어렵다(김미옥, 2005). 따라서 'case work'는 전통적 사회복지에 기초한 반면, 사례관리는 이용자의 욕구에 초점을 둔 지역사회 서비스 제공을 강조한다. 사례관리는 이용자 중심의 철학을 기초로 지역사회 보호를 지향한다는 점에서 전통적 사회복지와 구별되고, 지속적인 서비스를 제공하는 측면에 의의가 있다. 따라서 사례관리는 종합적으로 개별 이용자의 욕구에 초점을 둔 개별화된 서비스 계획에 기반을 둔 실천이다(장인협, 우국희, 2003). 사례관리는 대인서비스에서 빈번하게 사용되는 용어로 서비스 영역에 따라 사례관리의 실천방법과 역할에 차이가 있어 사례관리에 대한 정의는 학자마다 다르게 정의된다(이근홍, 2006).

전미사회복지사협회(National Association of Social Workers: NASW, 1992)의 사회사업백과사전에서는 "사례관리란 복잡하고 다양한 문제와 장애를 가진 이용자가 시기적절한 때에 적절한 방법으로 필요로 하는 서비스를 포괄적으로 제공받을 수 있도록 보장하는 서비스 접근방법"으로 정의하고 있다.

Moxley(1989)는 "대인서비스 실천에서 복합적인 욕구를 가진 이용자를 대상으로 이용자의 욕구를 사정하여 필요한 서비스를 개발함으로써 이용자의 접근을 가능케 한다."고 하였다. 사례관리는 서비스 이용자를 옹호하고 평가를 통하여 이용자의 욕구를 충족하는 것이다. 사례관리의 핵심적 기능은 지역사회에 있는 이용자에 대해 개별화 상담과 치료 서비스를 제공해 주는 것이고, 다른 하나는 이용자와 지역사회의 기관 및 비공식적 원조관계망에서 가용될 수 있는 서비스와 원조를 연계시키는 역할을 하는 것이다.

사례관리 실천방법은 상담과 직접적인 서비스 제공은 물론 환경적 원조를 포함한 간접적 서비스 제공을 포함한다는 의미에서 볼 때 전통적인 사회사업과 별반 차이가 없다(황성철, 1995).

O'Conner(1988)는 '개입 수준에 따른 사례관리 실천과 체계를 분류'하였다. 사례관리 실천은 미시적 수준으로 직접적인 개입을 의미하고, 사례관리 체계는 행정적, 구조적, 기관 간의 관계망, 공식적 · 비공식적 지역사회 자원을 의미한다. O'Conner의 정의는 오늘날 현장에서 실시하고 있는 사례관리의 혼란을 한층 줄여 준다.

Moore(1996)는 사례관리란 치료사의 임상기술과 이용자를 위한 옹호기술이 요구되는 실천 분야로서 기존의 단편적 서비스 체계의 문제점을 보완하기 위해 서비스를 상호 통합하는 방법을 통하여 서비스를 기획하고 조정하는 것이라고 하였다.

Rothman(1992)은 대인서비스 분야에서 가장 두드러지게 발전하고 있는 개입방법으로 정신보건, 노인복지, 아동복지, 건강보호, 발달장애 등과 같은 장기보호를 요하는 이용자에게 연속적으로 제공하는 서비스 수단이라 하였다. 또한 Wright(1980)는 직업재활 서비스 과정을 통하여 각 이용자의 활동을 촉진시키는 재활상담사의 관리활동을 말한다고 하였다. 재활과정 중 상담자는 사례발견, 초기면접, 적격성 판단, 사정, 상담, 재활계획 및 실행, 서비스 제공 및 감독, 직업배치, 사후지도, 고용 후 서비스 제공 등 여러 단계에서 효과적인 결과를 낳을 수 있도록 책임을 진다. 이러한 책임성은 계획 및 조정, 관리기술 등과 함께 이루어지는 재활 전문가의 능력에 달려 있다.

나운환(2009)은 재활사례관리를 "일반적으로 서비스 관리 혹은 각각의 전문적 서비스들을 효과적으로 제공하는 과정"이라 하였다. 강위영 등(2009)은 사례관리가 서비스 관리 혹은 전문적 서비스들을 효과적으로 제공하는 과정을 의미하여 현장에서 실제로 활용되고 있는 개념의 확장을 도모하였다.

이는 공공 서비스 조정을 중심으로 형성된 서구의 사례관리 개념과 차이가 있다. 사례관리란 다양한 문제와 함께 사회적 기능의 어려움을 겪는 이용자에게 체계적이며 지속적인 서비스를 전달하는 데, 문제해결 과정으로서 통합적 직업재활 실천 과정을 구체화시킨 모델이다.

사례관리란 복합적이고 장기적 욕구가 있는 이용자와 가족의 사회적 기능 회복을 위하여 서비스 운영체계를 확립하고 이를 기반으로 체계적 평가와 지역사회 자원을 활용하고 지속적 재활서비스를 제공하는 통합적 실천방법이다. 즉, ① 재활사례관리의 주 대상은 복합적이고 장기적인 욕구를 가진 개인과 가족이다. 3개월 이상의 장기적 개입이 요구되는 복합적 욕구를 지닌 이용자가 사례관리의 대상이 된다. ② 사례관리의 궁극적 목적은 장애인의 자립과 재활을 위한 사회적 기능 회복과 역량강화이다. ③ 사례관리는 생태적 사정인 임상적 접근과 자원의 개발 및 연계라는 행정적 접근이 모두 중요시되는 방법이다. ④ 사례관리는 개입의 효과성과 책임성을 중시한다. 사례관리는 개별 맞춤형 개입을 통해 개인의 목표 달성 정도를 측정할 수 있는 책임성 있는 방법이다. ⑤ 사례관리 서비스 제공의 범위는 타 기관과의 서비스 연계가 중시되고, 지역사회의 인적 · 물적 자원을 개발하고 활용한다. ⑥ 서비스 제공방법은 상담, 지원, 연계 등의 직접서비스와 프로그램 개발, 옹호, 자원개발 등의 간접서비스가 통합적으로 제공된다. ⑦ 사례관리는 체계적인 운영체계를 통하여 다양한 전문적 체계에 의하여 점검되고 관리되는 실천방법이다.

표 1-1 사례관리의 정의

학자	사례관리 정의
O'Connor (1988)	이용자 욕구에 맞는 서비스 제공을 위해 지역 자원을 효과적으로 조직하고 조정하는 행정적 관리 특성과 개별사회사업 실천방법으로 전문적 관계 속에서 지속적 보호와 상담 및 치료를 제공하는 직접적 개입 특성을 지닌 것
Moxley (1989)	이용자의 복지를 위한 공식적 · 비공식적 지원과 함께 관계망을 조직 · 조정 · 유지하는 활동
Baker & Intalgiata (1992)	이용자 옹호, 서비스 조정, 자원 통제, 서비스 구매 등을 통합적이고 효율적인 개입을 통해 기관이 이용자를 책임지는 활동
Ballew & Mink (1996)	한 번에 여러 원조자의 도움이 필요한 다양한 문제로 인해 삶에 만족스럽지 못하고 생산적이지 못한 사람들을 돕는 과정
Kumar (2000)	이용자 욕구에 대한 사정, 계획, 조정, 전달, 모니터링을 통해 서비스 통합을 달성하기 위한 전문적 서비스를 제공하는 과정
NASW (1984)	서비스들을 연결하고 조정하여 개인의 욕구를 충족시킬 수 있는 포괄적인 프로그램

2. 재활사례관리의 구성

1) 이용자

한국보건사회연구원에 따르면 인구의 노령화, 급격한 산업화에 따른 산업재해, 교통사고를 비롯한 각종 사고, 약물남용, 공해, 치료가 곤란한 새로운 질병의 등장 등 장애를 유발시키는 요인은 다양하며, 이로 인해 장애 인구도 증가하는 경향을 보이고 있다(한국보건사회연구원, 2000). 장애인의 경우 신체적 · 심리적 · 사회적 · 교육적 · 경제적 그리고 직업적인 영역에서 복합적인 욕구를 갖고 있을 뿐 아니라 이러한 욕구는 장애가 오랫동안 지속됨으로써 장기간 계속된다. 또한 장애를 경험하는 이용자의 경우 이용자 본인뿐 아니라, 그 가족들에 대한 지지 및 서비스의 제공도 수반되어야 하기 때문에 이를 위해서는 의료 분야, 즉 건강 증진, 예방의학 및 치료에 관계되는 서비스와 아울러 재가복지, 교육, 직업, 생활환경, 여가, 스포츠 등 광범위한 분야를 포괄하며 조직화된 종합적 재활서비스가 제공되어야 한다. 따라서 장애인에 대하여 사례관리자가 책임을 갖고 이러한 서비스를 통합 조정하면서 제공하여야 한다(이현주 외, 2000).

사례관리란 복합적이고 다양한 욕구를 가진 이용자에 대하여 면밀한 사정과 재활계획을 바탕으로 지역사회의 공식적 또는 비공식적인 자원을 활용하여 서비스를 전달하고, 이를 종합적으로 점검 및 관리함으로써 비용적인 효과를 가능하게 하는 것이다(황성철, 1995). 특히 이용자의 수준, 서비스 간 조정, 서비스의 통합, 보호의 연속성에 초점을 둔 사례관리 특성은 의료적 · 사회적 · 경제적 측면의 재활이 일련의 연속적 과정으로 장기적으로 제공되어야 하는 특성과 맥을 같이하는 것으로 볼 수 있다(김만두, 2002).

특히 재활 분야의 경우 상호 필요한 서비스 간 또는 서비스 기관 간 분화가 활발하고 관련 영역 간의 공식적 · 비공식적 협력이 필요하다. 따라서 장애인의 욕구 특성과 재활기관의 실정을 고려할 때 실천방법으로서의 사례관리는 서비스의 지속성과 효과성을 높이는 데 유용하게 활용될 수 있다. 재활사례관리 과정은 이용자나 기관의 성격, 사례관리자의 역할에 따라 차이가 있다. 〈표 1-2〉와 같이 사례관리의

표 1-2 재활사례관리 과정

Steinberg & Carter (1983)	Weil (1985)	Moxley (1989)	Doll (1991)
사례발굴(일련의 기준을 가지고 모든 잠재적인 이용자를 확인)	이용자 확인과 현장 접근(outreach)	–	널리 알림
–	–	–	사정의 결정수준 (사전심사)
사정	개인적 사정과 진단	사정	욕구사정
목표 설정과 서비스 계획	자원발굴과 서비스 계획	계획	보호계획
보호계획 실행	요구된 서비스와 이용자 연결	개입	보호계획 실행
–	서비스 실행과 조정	–	–
점검(monitoring)	서비스 전달체계 점검(monitoring)	점검(monitoring)	점검(monitoring)
–	옹호	–	–
–	평가	평가	재평가(reviewing)

과정은 사정, 계획, 개입, 점검이라는 축만 같고 앞뒤의 과정은 추가·삭제되거나 통합될 수 있다. 구체적으로 사례관리 과정의 각 단계별 기능과 역할을 정리하여 설명하면 〈표 1-2〉와 같다(권진숙, 전석균, 2001; 김만두, 2002; 이윤로, 성규탁, 1993; 황성동, 1993).

2) 서비스와 자원

자원은 이용자를 둘러싸고 있는 지역사회 내의 환경을 의미한다. 사례관리는 이용자의 문제를 해결하기 위해 공식적 체계와 비공식적 체계를 조정하고 통합하여 필요한 서비스를 제공하기 위해 사회적 자원을 동원한다. 그리고 이용자의 복합적 욕구를 충족하기 위한 사회적 자원은 인적·물적 서비스를 제공하고 지원하는 다양한 공급 주체를 의미한다. 이러한 사회적 자원의 체계는 〈표 1-3〉과 같이 공급 주체에 따라 공식적 자원과 비공식적 자원으로 나눌 수 있다. 공식적 자원으로는 정

표 1-3 사회적 자원체계

공식적					비공식적				
정부	기업	행정 기관	(의료) 사회복지 법인	지역 단체	자원 봉사자	이웃	친척	친구	가족

부, 기업, 행정기관, 법인, 지역 단체 등이 있으며, 비공식적 자원으로 자원봉사자, 이웃, 친척, 친구, 가족 등이 있다.

3) 사례관리자와 기관

재활사례관리자는 사례관리 체계를 구성하는 가장 핵심적 요소로 이용자와 서비스 체계를 연결할 뿐만 아니라 다른 서비스 제공자들과 협력하여 이용자에게 보호의 연속성을 보장해 주는 역할을 수행한다. 또한 재활사례관리자는 이용자로 하여금 가장 높은 수준의 사회적 · 경제적 통합을 달성해 줄 수 있도록 일차적 책임을 지는 사람이다. 사례관리자는 이용자의 욕구를 파악하고 각종 서비스를 조정 · 개발하는 역할을 수행한다.

현재 재활서비스 기관에서 실시하고 있는 일차적 서비스는 사례관리 실천이다. 서비스들은 기관 내에서 제공하고 있는 것으로 국한되는 경우가 많다. 따라서 개별 이용자의 욕구나 필요성을 만족시키는 다양한 서비스를 제공하는 데 근본적 한계가 있다. 이용자 중심의 사례관리를 실시하기 위해서는 일차적으로 지역사회 내 다양한 기관과의 연계가 이루어져야 한다. 이러한 서비스를 제공하기 위해 사례관리 시스템이 구축되어야 한다.

사례관리 시스템을 구축하고 있는 선진국의 사례를 보면 공공기관은 사례관리자가 개별 장애인을 중심으로 필요한 서비스들을 계획하고 그 계획을 실천하기 위해 지역사회 내 다양한 서비스를 제공할 수 있도록 자원들 간의 연계를 추진하고 있다. 우리나라도 기관 내에서 이용자에게 미시적 차원인 사례관리 실천을 수행하고 있으며 간헐적으로 지역사회 내에서 기관들 간의 연계가 이루어지고 있으나 체계적이지 못하다. 이는 결과적으로 이용자들에게 다양한 서비스를 제공하지 못하고 있

으며 기관들 간의 중복적인 서비스 제공 등 단편적인 서비스만 제공되고 있다. 따라서 재활사례관리의 지역적 시스템 구축은 필수적 과제이다.

3. 재활사례관리의 목적

재활사례관리의 목적은 보다 나은 서비스 조정을 통하여 이용자에게 효과적인 서비스를 제공하여 필요한 욕구를 충족시키고자 하는 것이며, 효율적 자원분배를 통해 필요한 자원을 이용자 재활을 위해 사용하는 것이다(〈표 1-4〉 참조).

표 1-4 사례관리의 목적

목적		내용
보호의 연속성	횡단적	주어진 시점에서 이용자의 다양한 욕구 충족을 위해 포괄적인 서비스를 제공
	종단적	시간의 경과에 따라 변화하는 욕구에 반응적 서비스를 지속적으로 제공
서비스 통합성		다양하고 변화하는 이용자의 욕구 해결을 위해 많은 기관의 서비스와 기능을 통합한 체계 확보
서비스 접근성		이용자가 서비스에 접근하는 데 있어서의 장애 제거, 필요한 서비스를 획득할 수 있도록 원조
사회적 책임성		서비스 제공의 효과성과 효율성

출처: 이봉주(2005).

1) 보호의 연속성과 통합성

이용자의 복합적이고 장기적 욕구를 충족시키기 위해 서비스 제공자가 사례관리 과정에서 서비스 제공기관의 간격을 최소화하면서 연속적으로 서비스를 제공하는 것이다. 이용자의 욕구는 복합적이고 장기적이므로, 이용자 욕구를 충족시키기 위해서 많은 기관의 기능을 통합적으로 활용할 수 있는 체계를 확보해야 한다. 서비스의 지속성은 사례관리자가 이용자의 욕구를 점검하여 서비스를 지속적으로 제공하는 것으로, 즉 일회성인 단편적 서비스 제공이 아니라 이용자가 자신의 생활 현장에서 잘 적응할 수 있도록 지속적으로 원조해야 한다는 것이다. 서비스의 연계성은 복잡하고 분리되어 있는 서비스 전달체계를 상호 연결하는 것을 의미한다. 가령 서비스가 여러 기관에 분산되어 있을 때, 적절한 서비스를 받을 수 있도록 타 기관에 이용자를 의뢰함으로써 서비스가 분산되지 않도록 하는 것이다. 이때 사례관리자는 다른 서비스 전달체계 간의 중개자 혹은 권익 옹호자의 역할을 수행한다.

2) 서비스에 대한 책임성

사례관리 이용자들은 지역사회에서 자립적으로 생활하기 어려운 문제점을 지니고 있는 경우가 많아 대부분 다양하고 복합적인 지원을 필요로 한다. 그러나 이러한 서비스 욕구를 가지고 있음에도 불구하고 서비스에 대한 정보와 인식이 부족하고 이용방법을 잘 알지 못하여 서비스에 접근하지 못하는 경우가 많다. 최근 서비스 제공자가 다양해지고, 제공기관의 적격성, 규정, 정책 절차가 복잡해지고 있어 이용자들이 필요로 하는 서비스에 접근하기가 어렵다.

3) 이용자 역량강화

사회활동 문제를 지닌 이용자들은 자원과 기회의 부족, 동기의 결여, 능력의 부족, 정보의 부재, 자신감의 결여, 좌절감 등으로 인해 자신의 욕구를 충족시키지 못하는 경우가 많다. 사례관리를 통해 이러한 이용자들이 활용 가능한 자원, 성장과 발전의 가능성, 잠재능력, 장점, 건전한 기능, 문제해결 능력 등을 최대한 활용하고 발휘할 수 있는 환경을 조성하여야 된다. 이 원칙은 이용자의 선택에 대한 자유를 최대화하고 지나친 보호를 하지 않는 것을 의미한다. 이는 이용자의 자기결정권을 보장하고자 하는 것이다.

4. 재활사례관리의 특성

1) 기본 원칙

재활사례관리는 새로운 개념이 아니다. 지금까지 공급자 위주의 재활서비스들이 소비자의 요구와 필요성에 의해 좀 더 지속적이고 종합적인 서비스를 제공하기 위해서 재활사례관리를 시도하는 것이다. 사례관리 기본 원칙은 체계적이고 연속적이다.

① 체계성: 서비스의 중복성을 줄이고 효율적인 운영을 통하여 서비스 체계를 계획하고 조정하는 것이다.

② 포괄성: 이용자의 다양한 욕구를 충족시키기 위해서 지역사회에서 기능하는데 필요한 광범위한 지지를 연결하고 조정·점검하는 것이다. 이때 필요한 도움의 유형과 범위는 매우 다양하기 때문에 사례관리자들은 지역사회에 존재하는 잠재적 자원에 대한 철저한 지식을 가지고 이를 활용할 수 있어야 한다.

③ 지속성: 소비자에게 필요하다면 요구되는 서비스를 지속적으로 제공하는 것이다.

④ 적절성: 소비자에게 질적·양적으로 필요한 서비스를 적절하게 개발하거나 연결하여 제공하는 것이다.

⑤ 수용성: 소비자가 자기의 권리를 인식하고 필요한 서비스를 적극적으로 받아들일 수 있게 하기 위해 소비자의 '자기결정 능력'을 최대한 발휘하도록 지원하는 것이다.

⑥ 접근성: 서비스 이용 가능성을 최대화시켜 서비스의 활용도를 높이는 것이다.

일반적으로 재활사례관리란 복합적 욕구를 가진 이용자의 기능 회복과 공식적·비공식적 지원과 활동을 조직화·조정·유지하는 것이라고 할 수 있다. 재활사례관리 특성에 비추어 볼 때 가장 강력한 욕구는 취업으로 이용자에게 취업 시 필요한 고용계획을 세우고 직업상담 및 직업평가, 지원고용, 직업훈련 등 필요한 서비스에 연결 · 조정하여 사업체 배치와 사후관리를 지원하는 활동이다.

즉, 직업재활 사례관리의 목적은 장애인의 고용을 위해 다양한 서비스를 효과적으로 전달하려는 일련의 과정으로 직업개발 및 직업유지를 목표로 하는 활동들이다.

재활사례관리란 복합적인 욕구를 가진 사람들의 기능화와 복지를 위한 공식적 · 비공식적 지원과 활동 네트워크를 조직, 조정 및 유지하는 것으로서, 이러한 활동을 통해 재활사례관리 목적을 달성하고자 한다(김미옥, 2005; Moxley, 1989). 첫째, 전문적인 직업재활 서비스와 사회적 자원을 활용하여 장애인의 고용 잠재력을 증대시키고 자립능력을 활성화하며, 둘째, 직업재활 서비스와 관리를 공식적으로 전달하고 조정함으로써 역량을 강화하고, 셋째, 효율적인 서비스를 전달함으로써 직업재활 서비스의 효율성을 증진시킨다. 그리고 직업재활 사례관리는 장애인들에게 직업재활과 관련된 종합적이고 전문적인 서비스를 제공함에 있어 필요한 기술적 지원과 서비스를 제공하기 위해 직업재활과 관련된 전문적인 서비스 체계를 구축하는 데 목적이 있다.

2) 직업재활 사례관리의 개념

직업재활 사례관리는 일반적 사례관리의 개념과 다르게 이해되고 있다. 강위영 등(2009)은 재활사례관리가 일반적으로 서비스 관리 혹은 각각의 전문서비스들을 효과적으로 제공되는 과정을 의미한다고 하여 현장에서 실제 활용되고 있는 개념의 확장을 도모하였다. 이는 공공의 서비스 조정을 중심으로 형성된 사례관리 개념과 차이가 있다. 그러나 직업재활 영역의 사례관리 문헌들은 학자마다 재활사례관리 과정을 조금씩 다르게 정의하고 있어 통일된 정의를 내리기에는 어려움이 있다. 다음은 일반적인 사례관리와는 달리 직업적 영역에서 이루어지는 재활사례관리의 특성이다(이금진, 2003). 첫째, 대상자의 우선적 욕구가 뚜렷하다. 일반적 사례관리에서는 이용자의 욕구가 다양하고 복합적이어서 욕구의 사정을 통해 '우선순위'가 결정되는 데 비해, 직업재활 영역에서의 이용자들의 욕구는 '고용'으로 나타난다. 물론 취업을 위해 부가적인 욕구들이 있으나 다른 현장보다 이용자의 욕구가 선명하다. 둘째, 서비스 간 조정(coordination)이 필요한 기관이 구체적이다. 즉, 서비스 자원 이용자의 욕구가 '취업'으로 특화되기 때문에 이를 지원하는 직업재활 서비스 기관으로 한정된다. 직업재활 서비스 기관은 구체적으로 직업상담, 평가, 지원고용, 취업알선, 직업훈련 등을 실시하는 기관들이다. 또한 한 기관이 다양한 직업재활 서비스를 제공하고 있으며, 장애인종합복지관은 원스톱(one stop) 서비스를 지향하는 기관으로 기관 내 서비스 조정이 필수적이다. 셋째, 직업재활 사례관리자는 대상자의 이해와 더불어 대상자의 우선 욕구인 고용 및 직업재활에 대한 전문적 지식과 기술을 알고 있어야 한다.

지금까지 획일적으로 접근되었던 직업재활 서비스는 장애 정도, 개별 장애인의 사회적 · 심리적 · 신체적 그리고 교육 및 훈련 정도의 차이로 인해 더 이상 획일적인 서비스를 제공 할 수 없다는 한계에 도달하였다. 효율적 직업재활 서비스를 달성하기 위해서는 기관들과의 연계는 필수적이고 개별화 직업교육 서비스가 필요하다는 인식에 동의하고 있다.

최근 우리나라 직업재활 현장에서도 사례관리의 중요성이 강조되고 있으며 다양한 서비스 욕구를 지닌 직업재활 이용자를 대상으로 서비스 욕구와 직업적 기능을 증진시키기 위해 필요한 서비스를 조정 · 관리하는 과정을 실시하고자 하는 기관들이 늘어나고 있다. 이는 다양한 기관에서 재활사례관리를 중시하고 있기 때문이다. 일반적인 재활사례관리는 접수, 사정(assessment), 계획(planning), 개입 및 조정, 점검 옹호, 평가 그리고 종결(terminating)의 과정으로 진행된다. 이 중 직업재활에서 가장 핵심적인 과정은 계획단계인 개별고용계획의 수립이다.

개별고용계획은 이용자의 취업을 목적으로 필요한 모든 서비스를 포괄하고 있기 때문이다. 다른 과정들은 계획을 효율적으로 작성하기 위한 지원과정이라 할 수 있다. 원칙적으로 개별고용계획은 취업 알선과 직업배치 그리고 사후지도까지도 포함하는 접근이다.

직업재활 서비스 과정은 여러 단계로 구성되어 있으나 전체가 하나의 시스템으로 통합되어 개별적으로 접근할 수 있도록 구축되어야 한다. 이 과정에서 이용자들의 직업재활 욕구 및 필요성에 따라 외부자원과의 연계는 필수적이다. 우리나라의 직업재활 서비스 제공기관들은 전체 직업재활 전달체계 안에서 서로의 역할 분담을 하기 전에 기관 중심의 서비스가 먼저 제공되었다.

결과적으로 직업재활 서비스는 공급자 편의에 의해 발전되어 왔다. 직업재활 서비스 내용은 기관마다 정형화된 틀에 박혀 있다. 따라서 기관에서 제공하는 사업은 중복이 강하고 다양한 서비스를 제공하는 데 한계가 있다. 직업재활의 혁신적인 변화를 이끌어 내기 위해서는 직업재활 관련기관들 간의 연계가 활발하게 이루어져야 할 것이며 더 나아가 장애인 당사자들의 취업 욕구와 필요성에 따라 다양한 기관과의 협력을 높이는 노력을 해야 한다.

5. 재활사례관리의 배경

1) 탈시설화의 영향

탈시설화는 이용자가 신체 또는 정신적 장애로 인해 가정이나 지역사회에서 분리되어 시설에 거주했던 것에서 다시 가정과 지역사회로 되돌아오는 것을 뜻한다. 1960년대 초반부터 미국을 중심으로 지적장애인과 정신장애인을 수용시설에서 퇴소시켜 지역사회로 돌려보내는 탈시설화 정책이 실시되었다. 시설 수용은 지리적 · 행정적으로 서비스들이 집중되어 있어서 각 이용자들을 수월하게 관리할 수 있다는 장점 덕에 활성화되었으나 시설 내에서 지원할 수 있는 서비스 한계와 인권문제가 고려되면서 전 세계적으로 탈시설화가 빠르게 확산되었다. 그러나 이들이 지역사회에 거주하게 되자 지역사회에 분산되어 있는 서비스를 통합으로 제공하는 관리체계의 필요성이 나타났다. 각 기관들마다 보유하고 있는 자원이나 자격요건(eligibility)이 달라서 이들을 관리하는 전문직의 필요성이 대두되면서 사례관리자가 주목을 받게 되었다(김미옥, 2005).

2) 분산된 서비스 체계

미국의 1960년대 후반의 상황을 살펴보면 지역사회로 복귀한 시설 이용자들에게 생활 전반에 관해 필요한 서비스들을 제공해야 했다. 그러나 당시 지역사회 내 기존의 서비스들은 매우 한정된 범위에서 특정 인구에게 제공하는 형태로 이루어져 서비스의 단편성이 문제되었으며 서비스도 분산되어 원활한 서비스 제공이 어려운 상황이었다. 사회복귀를 위한 재활서비스는 이용자의 생활 전반에 관한 서비스를 제공해야 하나, 기존 서비스는 한정된 범위에서 서비스를 특정 인구에게 제공하는 형태로 이루어졌기 때문에 서비스의 단편성과 분산화가 문제로 지적되었다. 이용자 가족 입장에서 볼 때 분산되고 단편화된 지역사회 수준의 서비스를 이용한다는 것은 매우 어려운 일이 아닐 수 없다.

미국은 1975년「사회보장법」제20장의 개정으로 연방정부와 주정부 그리고 지방자치단체 간의 책임 분담이 이루어지면서 분산된 서비스 체계에서 연계성을 확보할 수 있는 체계를 만들었다. 미국의 장애인복지 재정은 연방정부를 통한 전달체계가 이루어지고 이용자에게 필요한 서비스들은 민간기관을 통해 지원하는 체계로 발전하였다. 따라서 사례관리를 실시하기 위해 서비스 망이 점차 고도로 복잡해지고 분산됨으로써 민간기관에서 제공하는 서비스가 중복될 뿐 아니라 연계성이 부족할 수 있는 문제점을 해결하기 위한 서비스 조정 역할을 하게 되었다.

특히 서비스 전달체계가 공공부문에서 민간부문으로 지방이양 및 분권화되는 과정에서 서비스 간 조정 역할 장치가 거의 없는 상태가 되었다. 서비스망이 고도로 복잡해지고 분산됨에 따라 서비스의 중복성과 연계성 부족이 문제가 된 것이다. 이러한 복잡하고 분산된 서비스 체계에서 서비스의 연계성을 확보할 수 있는 기능 관리가 강조되었다.

3) 가족에게 부과되는 과도한 책임

지역사회 내 이용할 수 있는 자원이 열악하여 이용자와 그 가족들이 자원을 개발하고 연결할 수 있도록 돕는 서비스 기능이 필요하게 되었고, 이들이 지역사회에서 적응하고 거주하기 위해서는 다양한 지원을 필요로 하게 되었다. 필요한 서비스의 범위는 넓고 다양하기 때문에 한 기관이나 단일 서비스 체계로는 지원하는 데 어려움이 따랐다. 결과적으로 지역사회에서 살아가는 데 필요한 서비스를 조직화하고 그 욕구를 충족시킬 수 있는 사례관리가 필요하게 되었다.

4) 다양한 욕구를 가진 이용자의 증가

탈시설화 정책으로 점차 지역사회에 거주하는 정신장애인 및 신체 장애인이 증가하게 되었고, 이들이 지역사회에 적응하는 데 있어 다양한 욕구와 문제를 갖게 되었다. 따라서 이들이 지역사회에서 살아가도록 하기 위해서는 이용자들이 필요로 하는 서비스를 조직화하고 통합하는 상호 연계관리가 요구되었다.

5) 서비스 비용의 억제

서비스 전달 효과에 대한 노력은 자원이 한정된 상황에서 매우 중대한 관심사로, 어느 국가를 막론하고 자원의 부족과 그로 인한 서비스 간의 불합리성은 반복되는 문제이다. 이러한 역사적 배경에서 등장한 사례관리는 전통적 사회복지의 맥을 잇는 이용자 중심의 통합적 실천 방식이다. 또한 이용자뿐만 아니라 환경과의 상호작용을 중요시하므로, '상황 속의 인간'이라는 체계적 관점을 강조한다(김미옥, 2005).

서비스 간 중복을 피하고 비용효과를 높이는 시대적 상황에서 사례관리가 보호의 총체적 계획을 수립·관리하고 비용을 억제하는 수단으로 적합하다는 평가를 받았다(최성연, 1997). 특히 복지국가 위기론은 복지 선진국을 중심으로 표출된 쟁점이다. 따라서 대인복지 서비스의 효과성과 책임성을 동시에 만족시켜야 하므로 사례관리를 통한 서비스 전달의 효과성을 낳아야 했다.

그러나 지역사회 내 복지 인프라가 마련되지 않은 경우에 대인복지 서비스의 효율성을 높이기 위해서는 초기 비용이 많이 들어 예산 대비 효율성이라는 문제에 봉착할 수 있다. 이러한 점은 사례관리 시스템을 구축하는 데 걸림돌이 되었다.

재활사례관리자의 역할

1. 재활사례관리자

재활사례관리자는 개인이 될 수도 있고 하나의 팀이 될 수도 있다. Rothman(1992)은 여러 유형에 공통으로 적용될 수 있는 사례관리자의 역할을 ① 사례 발견과 의뢰, ② 적극적인 이용자의 발굴, ③ 인테이크(intake), ④ 사정, ⑤ 목표 설정, ⑥ 서비스 계획 및 개입, ⑦ 이용자와 서비스 또는 자원 간의 연계, ⑧ 자원 파악 및 목록 작성, ⑨ 서비스 제공의 점검, ⑩ 재사정, ⑪ 결과평가, ⑫ 기관 상호 간의 조정, ⑬ 상담, ⑭ 치료, ⑮ 이용자의 옹호 과정으로 제시하여 왔다.

Challis와 Davies(1989)는 재활사례관리자의 역할을 ① 사례 발견, ② 적격성 여부 심사, ③ 사정, ④ 재활계획수립, ⑤ 모니터링, ⑥ 관리자로 제시하였고, Wright (1980)는 재활사례관리자의 역할을 초기면접, 사정, 개별화재활계획, 서비스 조정, 사례기록으로 제시하였다. 그 방법을 살펴보면 다음과 같다.

첫째, 초기면접은 ① 이용자 욕구를 파악하고, ② 기관이 이용자에게 제공할 수 있는 적합서비스 판단, ③ 서비스의 적격성을 판단하는 데 필요한 유형을 결정한다. 둘째, 서비스 조정에서 장애인재활상담사는 재활기관과 접촉하여 필요한 자원의 확보를 위한 노력과 서비스를 연결하고 조정할 수 있어야 한다. 사정의 경우 의사, 심리학자, 직업평가사에게 이용자의 적합성을 의뢰한다. 따라서 장애인재활상담사는 이 분야의 유능한 인적 자원을 파악하고, 이용자에게 제공되는 직업적 서비스를 적극적으로 조정하고 관리해야 한다. 셋째, 재활사례기록은 서비스 제공과 관련된 개인이나 기관의 추진사항을 보고하는 활동이 된다. 이처럼 사례관리자는 개입에서 자원을 관리하고 이용자를 옹호하거나 제공된 서비스를 평가하는 전담자이다. 또한 분리되어 있는 지역의 서비스 체계를 서로 연결하는 중간자 역할을 담당한다. 따라서 사례관리자의 역할은 상황에 따라 조정자, 옹호자 등의 역할로 나눌 수 있다. 재활사례관리자의 역할과 기능을 세부적으로 살펴보자.

1) 조정자

조정자는 이용자에게 직접서비스를 제공하는 대신 주로 서비스 전달 상황을 파악하고 조정한다. 따라서 사례관리자는 서비스 상황(setting)에 따라 서비스를 정리하고 때로는 서비스를 직접 통제할 수도 있다.

2) 옹호자

옹호자로서 사례관리자는 서비스 전달에 필요한 자원이 전혀 없거나 자원이 적절히 제공되지 않을 때 양질의 서비스가 전달되도록 필요한 자원을 개발한다(Ballew & Mink, 1996).

3) 상담자

재활사례관리자는 이용자의 욕구를 분석하고, 서비스의 질과 적합성을 판단하는 방법을 교육시키고 책임성을 분담한다. 효과적인 사례관리를 위해 각각의 재활 단계, 즉 사례개발, 초기면접, 적격성 판정, 평가, 상담, 재활계획 수립과 이행, 서비스 제공, 직업배치와 사후지도 그리고 취업 후 서비스에 이르는 전 과정에서 필요한 활동을 수행한다.

효과적인 재활사례관리의 요소는 재활정책, 서비스에 대한 전문성, 여러 가지 사례별 특성, 상담사의 성향과 노력 등이 있다. 재활상담에서 적절한 사례관리를 위해 참고해야 할 내용은 일일업무계획의 수립, 의사결정, 사례 선택의 우선순위, 상담사의 자율적 판단 등이다(Wright, 1980).

첫째, 일일업무계획 수립은 사례관리자가 정확한 계획 속에서 업무를 수행함으로써 여러 대기자가 누적되지(case load) 않도록 시간을 효과적으로 관리한다. 즉, 하루에 수행해야 할 업무의 우선순위를 정함으로써 효율성을 갖게 된다.

둘째, 의사결정으로 사례관리자가 활용할 수 있는 가장 정확한 정보에 기초하여 이용자의 적극적 참여와 지지 가운데 의사결정을 한다.

셋째, 재활사례 선택의 우선순위로 각 기관이 정한 기준에 따라 장애인재활상담사가 중증장애인에 대한 우선적 배려와 기능 정도에 따른 우선권을 배려할 수 있다.

넷째, 재활사례관리자의 자율적 판단으로 재활상담에서 프로그램의 선택, 자원의 활용, 재활계획의 수립, 전문적 서비스를 제공할 때 이용자의 참여와 팀의 협조 아래 합리적인 방향에서 판단할 수 있고, 이를 효과적으로 활용해야만 적절한 사례관리가 이루어질 수 있다. 결국 사례관리는 이용자에게 적합한 서비스 능력을 향상시키는 것이 중요하다.

재활기관에서 사례관리자의 능력을 향상시킬 수 있는 방안은 다음과 같다.

첫째, 개별적 사례관리에 대한 시간의 관리이다. 능률적인 사례관리자는 항상 바쁘게 움직일 뿐만 아니라 자신의 시간을 효율적으로 활용하여야 한다. 출장이 잦고 서류 작업에 많은 시간을 할애하는 등 시간을 효율적으로 관리하지 못하는 사례관리자는 상담과 계획, 직업배치, 구직, 기관 간의 팀 협력, 사후지도와 같은 생산적 활동을 효과적으로 수행하기 어렵다.

둘째, 사례관리 과제의 분석이다. 이것은 각 과제의 구성요소를 평가하는 것으로 재활상담에서 개입해야 하는 과제의 구성요소를 명확히 하면 그 과제를 어떻게 수행하는 것이 쉽고 빠른지 파악할 수 있다. 과제 수행방법을 달리하거나 그 과제를 보조요원과 같은 다른 사람에게 맡길 때 시간을 절약할 수도 있고, 과제와 그 구성요소를 재조정할 때 직무의 복잡성을 감소시킬 수 있다. 효율적으로 시간을 관리하는 사례관리자는 대개 하루에 처리해야 할 활동의 양을 가급적 줄인다.

셋째, 사례관리는 업무의 단순성이다. 업무의 단순화는 짧은 시간, 적은 비용과 노력을 들여 능률적으로 일을 처리하는 기술이다.

재활상담 과정에서 정보관리체계(information management system)에 기여하기 위해 모두 7단계의 문제해결 과정을 제시하였다. 즉, ① 개선될 수 있는 일이나 해결될 수 있는 문제의 선택, ② 정보수집, ③ 수집된 정보에 대한 분석, ④ 사례개선 방법 개발, ⑤ 대안적 분석 및 평가, ⑥ 최선의 개선안 선택, ⑦ 사후관리를 적용하도록 제시하였다. 따라서 대인서비스는 여러 영역에서 서비스의 공급 주체가 다원화되어 있는 경우가 많다. 이러한 경우, 파편화된 서비스가 여러 가지로 분산되고 효율적이지 못해 이용자의 욕구를 만족시키기 어렵다. 따라서 총체적 사례관리를 진행함으로써 지역사회 내 다양한 서비스 조정과 자원개발의 필요성이 제기된다.

4) 이용자와 서비스의 연결기능

재활사례관리는 문제를 지니고 있는 이용자를 대상으로 공식적·비공식적 자원을 조정하여 이용자가 희망하는 서비스를 효과적으로 전달하고 모니터링하여 이용자에 대한 만족도를 극대화한다. 이러한 사례관리는 1980년대 이후 미국, 영국, 캐나다 등에서 지적장애인을 비롯한 노인, 아동과 같은 대인서비스 영역에서 주목받아 왔다. 전통적 사회복지기관의 서비스는 프로그램에 기초한 서비스인 반면, 재활사례관리는 이용자의 욕구에 초점을 두고 기관의 범위를 넘어서 지역사회 차원에서 진보적이고 협력적인 서비스 제공 과정을 추진한다.

사례관리를 효율적으로 수행하기 위해서는 생태체계 이론에 대한 충분한 지식이 필요하며, 사정에도 생태도 등 다양한 사정도구를 활용하여 종합적인 사정을 진행하는 것이 효과적이다.

그동안 장애인복지관에서는 의료적 모델에 입각한 사례관리가 이루어져 왔다. 그러나 최근 사회적 모델에 기초한 새로운 실천방법론이 요구되고 있으며, 이를 적용한 것이 재활사례관리 실천방법이다. 재활사례관리에 유용한 임상적·실천적 이론은 강점중심, 역량강화, 자립생활, 팀 협력, 생애주기 접근에 대한 이해를 도모한다.

5) 서비스 조정기능

사례관리에 대한 연구는 기존의 의료적 모델이 사례관리 방법에서 전통적인 맥을 이어 왔고 사회복지 사례관리 방법과의 접목을 통해 장애인복지관 등에서의 재활사례관리 모델을 제시하였다. 또한 장애인복지관에서 일반적으로 진행되고 있는 기초재활 영역 중심으로 서비스를 제공하였고, 재가복지 영역에서 별도의 서비스 매뉴얼을 강조하였다. 그 사례는 연령별, 장애 유형별, 서비스 영역별로 소개하였으며 이론보다 현장에서의 임상적 적용과 활용에 초점을 맞추고자 하였다.

재활사례관리자의 역할은 이용자의 욕구가 무엇인지 분석하는 것과 관련이 있다. 이용자의 포괄적인 욕구를 알고, 이를 적절한 서비스와 연결시켜 이러한 서비스가 효율적으로 제공될 수 있도록 추진해야 한다. 이때 사례관리자는 중재자를 포함한 다양한 역할을 한다. 중재자란 하나 혹은 그 이상의 서비스와 이용자를 연결하는 과정을 의미한다. 중재자와 사례관리자 모두 지역사회 자원의 개발 지식을 갖추어

표 2-1 O'Connor의 사례관리 개념

인사	지위	기능	역할	초점수준	기술
행정가	자율적 실천 책임성(상) 복합성(상)	지역망 개발 조정 행정 프로그램	프로그램 관리 자원연계 계층옹호	거시적	정책개발/집행 프로그램 개발/운영
슈퍼바이저	자율적 실천 책임성(상) 복합성(상)	행정 연계 직접 실천감독	사례관리자 관리계층 사례옹호	중도 거시적	직무분석/설계 조정/모니터링 인력훈련/사례관리
사회복지사	자율적 실천 책임성(상) 복합성(상)	직접서비스 제공 조정	사례관리자 대인관계 원조 사례옹호	중도 미시적	사례관리 임상기술
서비스 제공자	감독된 실천 책임성(상) 복합성(중)	직접서비스 제공 조정	사례관리자 대인관계 원조 사례옹호	중도 미시적	사례관리 임상기술
사례관리자 자원봉사자	감독된 실천 책임성(중) 복합성(하)	직접서비스 제공	대인관계 원조 사례옹호	중도 미시적	서비스 지원

출처: O'Connor (1998).

야 하지만, 궁극적으로 이용자에게 제공될 서비스를 조정 · 점검하고 평가하는 것은 사례관리자 책임이다(김미옥, 2005; Kirst-Ashman, 1999).

일반적으로 사례관리자 역할은 다음과 같이 정리된다. ① 행정가는 전체적인 프로그램에 책임성을 가진다(서비스 효과성, 능률성, 비용효과성). 사례관리 체계의 설계에 참여하고 기능, 책임 및 결정권을 구체화하는 계약에 참여하기도 한다. ② 계획가는 직원 혹은 자문의 구성원이 될 수 있다. 서비스 관계망, 서비스 욕구, 서비스의 격차를 분석하고 서비스를 위한 표적 집단의 욕구, 서비스 관계망 지원, 운영방법 및 책임성에 적합한 사례관리를 설계할 책임이 있다. ③ 관리자는 사례관리 체계가 운영되는 것을 조정할 책임이 있다. 중간관리 혹은 최일선의 관리 수준일 수 있다. 과업 성취와 상호작용 과정에서 문제를 확인하고 수정할 책임이 있다. ④ 평가자는 계획가나 행정가의 역할을 겸하거나 혹은 프로그램의 크기에 따라서 역할을 분리할 수도 있다. 본질적으로 프로그램의 전체적인 효과성과 효율성을 분석할 책임이 있다. ⑤ 서비스 조정자는 본질적이고 지속적인 사례관리자의 역할로 구체적 이용자의 서비스 욕구를 정리 · 편성하는 것이다.

구체적인 사례관리자의 역할은 다음과 같다. ① 사정자는 이용자의 장점과 단점, 역기능, 질병, 증상 등과 같은 부정적 요소보다는 강점, 능력, 성장과 발전 가능성, 자원, 잠재력 등의 긍정적 요소에 중점을 두어 이용자 욕구를 수집하고 분석한다. ② 계획자는 이용자의 욕구를 충족시키기 위한 사례계획, 치료, 서비스 통합, 기관의 협력 및 서비스망을 설계한다. ③ 중개자는 이용자가 필요로 하는 자원을 소정의 사회기관으로부터 제공받지 못하거나, 지식이나 능력이 부족하여 다른 유용한 자원을 활용하지 못할 경우에 관리자가 단순히 다른 유용한 자원과 이용자를 연결시킨다. ④ 조정자는 이용자에게 서비스가 효과적일 수 있도록 서비스를 배열하며, 서비스 제공자들이 이미 전달한 서비스가 부가적이거나 이중적이지 않도록 하고, 이용자와 서비스 제공자 사이의 상호작용을 촉진할 수 있도록 갈등과 분쟁을 해결한다. ⑤ 점검자는 이용자의 서비스 계획에 규정된 서비스와 지원이 이용자 지원망의 구성원들에 의해서 얼마나 잘 전달되고 이행되고 있는가를 추적하는 수단으로서, 서비스와 지원에 관한 자료의 수집, 검토, 분석 및 해석을 포함하고 있다. ⑥ 평가자는 프로그램의 효과성, 효율성, 비용효과성을 검토하기 위해 서비스 과정 전반에 정보와 자료를 수집하고 개별 이용자, 담당사례, 서비스 계획, 서비스 전달체계, 서비스 활동 및 지원체계의 종합적 효과성을 분석한다.

6) 문제해결과 옹호 기능

사례관리에서 옹호자는 이용자가 가장 필요로 하는 서비스에 접근하고 그것을 효과적으로 활용하며 서비스가 적시에 이용자에게 제공되고 보장될 수 있도록 이용자 또는 이용자 집단을 대변하거나 지지, 권고, 방어 또는 서비스 제공 과정에 개입하는 활동이다. 경계 범주로는 서비스의 조정을 제공하기 위해서 특정 지위를 점유하게 되며 서비스망의 기관 성원들과의 조정과 협력을 개발하기 위해서 기관의 경계를 넘어서 활동한다.

7) 임상적 재활상담

재활상담은 신체적 · 정신적 · 발달적 · 인지적 · 정서적 장애를 가진 사람들에게 재활상담의 적용을 통해 개인적 진로 및 자립생활 목표들을 적절한 환경에서 성취하도록 원조하는 체계적 과정이다. 상담은 의사소통과 목표 설정, 그리고 자기옹호, 심리적 · 직업적 · 사회적 · 행동적 개입을 통한 성장이나 변화를 포함한다(CRCC, 2003). 2003년 미국재활상담사공인위원회(Commission on Rehabilitation Counselor Certification: CRCC)에서 이러한 강조점을 찾아볼 수 있다. 재활상담에서 상담사들은 다양한 서비스들을 제공하게된다. 미국재활상담협회(American Rehabilitation Counseling Association: ARCA), 국립재활상담협회(National Rehabilitation Counseling Association: NRCA)에서도 장애인재활상담사의 영역을 명시하고 있다.

재활사례관리자의 업무는 ① 재활상담, ② 진단 및 처치 계획, ③ 진로(직업)상담, ④ 의료 및 심리적 결과에 적응하도록 촉진하는 데 초점을 맞추는 개인 및 집단 상담, ⑤ 의뢰와 서비스 조정, ⑥ 프로그램 평가 및 연구, ⑦ 환경, 고용 및 태도의 장벽을 제거하는 옹호상담, ⑧ 집단 및 규제체계 안에서의 자문, ⑨ 직무분석, 직무개발 그리고 고용 관련 원조 및 직무조정을 포함하는 직업배치 서비스, ⑩ 재활공학에 대한 자문이다. 이처럼 재활상담은 종합적 서비스의 절차로 다양한 서비스를 전문적으로 제공할 수 있는 역량을 갖추어야 한다. 재활상담 과정은 장애인재활상담사와 이용자 사이의 개별적인 만남에서 역량강화 측면에서 신중하게 접근한다.

2. 직업재활 사례관리

1) 재활상담

재활상담은 의존적 위치에서 살아가는 장애인들을 자기선택에 따라 독립적인 위치에서 살아갈 수 있도록 지원하는 전문과정이다(Emener, 1980). 재활상담사는 다양한 조건의 장애를 가진 사람들에게 상담과 사례관리 서비스를 제공하게 된다.

재활상담은 상담이냐 재활이냐에 따라 크게 두 가지 관점으로 설명되는 경향이 있다. 재활상담사들이 하는 모든 활동이 상담이라고 보는 입장과 재활상담사는 관련 서비스들을 제공하며 그 서비스 중 한 가지가 재활상담이라고 보는 입장이다(Amos, 2007). 우선, 전자의 관점에서는 일반적으로 재활상담에서 가장 핵심적인 분야는 상담이다. 장애인재활상담사는 이용자의 문제를 이해하고 받아들이며 보다 만족스럽고 적응하는 삶을 살 수 있도록 개별상담을 실시한다.

기관의 상황에 따라, 이용자의 사례 건수와 비용에 따라 다르겠지만 재활과정은 개별적 상담으로 시작하고 진로개발 및 재활상담으로 이어진다. 진로개발 및 재활상담은 우선적으로 이용자의 삶의 한 측면, 즉 일의 세계에 초점을 맞춘다. 그러나 개별상담 없이 진로상담은 불가능하다. 재활상담은 독특한 문제에 초점을 맞춘 장애인과의 개별상담에 기초를 둔다(Amos, 2007). 그러나 후자의 관점에서는 재활상담이 단순히 상담 자체만으로 이루어지지는 않는다. 즉, 재활상담의 전공 분야가 재활이며 서비스 개발과 조정이 강조된다.

Rubin과 Roessler(2001)는 재활상담은 직업재활 서비스 기관에서 사례를 찾는 것에서 시작하여 초기면접, 진단 및 적격성 판정, 계획 수립과 달성, 서비스 제공, 배치, 사후지도 및 고용 후 서비스 과정을 촉진하는 데 필요한 다방면의 기술로 정의하였다. 재활상담 과정은 임상적 상담 및 사례관리 기술들을 가진 숙련된 전문가가 이용자의 욕구를 충족시키기 위해 다학제적으로 프로그램을 조정하는 과정이다. 이러한 관점은 재활상담에서 상담사의 역할, 즉 상담과정을 통해 장애인의 다양한

욕구를 충족시키기 위하여 일련의 재활 프로그램을 개발하고 조정하는 역할이다.

2) 정의적 상담

재활서비스는 지난 수십 년간 개인의 자립과 역량을 강화하는 패러다임으로 전환되어 왔다. 학자, 실무자, 권리옹호자들은 재활상담 영역에서 이용자 역량강화(empowerment) 상담이 적용되어야 하며 현장의 실천기술이 필요하다는 것이다(나운환, 2009; 정승원, 2007; Amos, 2007; Bolton & Brookings, 1993). 이러한 논제는 재활상담에 대한 사회 · 환경적 접근이 이루어져야 하며, 이용자의 역량강화에 보다 민감하게 반응해야 함을 강조하고 있다.

역량강화는 개인이나 집단이 ① 자기 생활환경에서 힘의 역동에 대해 인식해 가는 것, ② 삶에 대한 합리적 통제력을 얻기 위한 기술과 능력을 개발하는 것, ③ 그러한 것에 대한 학습이나 훈련을 하는 것, ④ 다른 사람들에 의해 권리가 침해되지 않도록 하는 것, ⑤ 지역사회 안에서 다른 사람들의 역량을 적극적으로 지원하는 것이다. 역량강화는 기술개발, 힘의 정체성 인식, 사회 및 지역사회 참여, 다른 사람의 관계를 지원하는 개념으로 확대된다.

Bolton과 Brookings(1993)는 역량강화된 장애인들의 20여 가지 특성에 대해 밝혔다. 역량강화 장면은 자기주장, 자율, 협력, 명확한 태도, 유능한, 지역사회 중심의, 창의적, 장애 중심적, 목표 지향적, 독립적, 상호 의존적, 통제적, 개인적으로 책임을 지는, 자신감 있는, 자기옹호를 할 수 있는, 자기효능적, 자기개발적, 자기신뢰적, 자제할 줄 아는 그리고 사회적으로 책임감 있는 행위를 의미한다.

재활상담은 개인의 역량강화를 촉진할 수 있는 방향으로 진행되어야 한다. 따라서 재활상담의 과정은 '지원' 자체에 초점을 두어서는 안 된다. Steinbock과 Lo(1986)는 '지원'은 도움을 찾는 사람이 부족하고, 궁핍하며 무기력하다고 미리 예상하는 것이기 때문에 지원을 구하는 사람들은 행위에서 궁핍을 강화하게 된다고 하였다. 또한 이러한 역동적 행위는 기관 또는 상담과정에서 의존성을 부추기게 된다고 지적하였다. 따라서 재활상담은 전문가가 주도하는 서비스 제공을 통해 장애인을 지원하는 데 목적을 두는 것이 아니며, 이용자의 개인적 능력과 자원을 끌어내서 잠재능력을 향상하도록 하는 것이다.

이용자들은 자기 삶을 스스로 통제해 본 경험이 제한된 경우가 많고 그 결과 학습된 무기력(learned helplessness)을 경험하게 되는데, 재활상담은 그들이 학습된 무기력에서 벗어나 자기통제력을 획득하도록 지원해야 한다. 자기통제(personal control, self-control)란 자신의 자발적인 활동을 통해 어떤 것을 변화시키는 힘을 말하는 것으로 학습된 무기력의 반대 개념이다(Seligman, 1973). 재활상담은 이용자에게서 이러한 자기통제가 생겨나도록 지원하는 과정이다(Amos, 2007).

Kosciuek(2003)은 재활상담이 이용자가 자신과 환경에 대한 보다 큰 자기결정권을 갖고, 차별을 제거하기 위한 변화를 옹호하는 데 지원함으로써 이용자의 역량을 강화할 수 있다고 하였다. 역량강화 상담으로 Amos(2007)는 힘의 분석과 기술개발을 꼽았다. 먼저, 힘의 관계와 다른 사람들이 이용자들에게 어떻게 영향을 주는지에 대한 이용자의 인식을 촉진해야 한다. 이용자는 각각 다른 태도와 행동들을 선택하는 데 기준이 되는 자신의 개인적 · 사회적 상황을 무비판적 분위기 속에서 탐색해 보아야 한다. 이러한 탐색과정을 힘의 분석이라고 한다. 가족의 역동성, 지역 자치단체의 정책과 기관의 장벽, 인종차별, 성차별 또는 연령차별 등이 어떻게 개별 이용자에게 영향을 주는지에 초점을 맞출 수 있다.

다음으로 책임감 있는 선택, 사회적으로 보다 효과적인 기술과 내면적 · 행동적 과정들을 보다 잘 극복하고 통제할 수 있는 인지행동적 기술들을 개발하여야 한다. 의사결정 및 자기주장 훈련, 심상 및 이완 훈련도 이용자가 자기 자신의 환경을 효과적으로 극복하는 능력을 향상시킬 수 있다. 그 외에도 쓰기, 약속 조정하기, 대중 앞에서 말하기, 리더십 등은 그들이 대치하거나 결합될 수 있는 삶에 영향을 주는 힘의 구조에서 보다 적극적인 역할을 할 수 있게 만들어 주는 기술들이다. 이러한 기술들을 이용자들이 학습할 수 있도록 상담사 역시 역량강화에 필요한 기술들을 습득하고 훈련해야 한다. 장애인의 역량강화는 외부로부터 이용자 개인에게로 힘, 가치, 결정, 선택, 진로상담과 같은 서비스에 대한 지시 등이 옮겨 가는 것을 의미한다(Bolton & Brookings, 1993).

재활상담 과정에 이용자가 적극적으로 참여하는 것은 재활상담의 핵심적 요소이다. 이용자가 보다 적극적으로 직업적 정보(자기평가 정보, 직업세계 및 시장 정보)를 수집할 수 있도록 격려하며, 역량강화에 대한 신념 또한 재활상담에 중요한 요소이다.

역량강화 기반의 상담은 이용자 중심 상담으로 표현될 수 있다. 상담사와 이용자는 힘을 공유하며 상담사는 전문가나 지시자라기보다 촉진자 또는 자원의 역할을 해야 하고, 역할과 책임도 함께 나누는 협력관계여야 한다(Kosciulek, 2003).

균형 잡힌 협력관계를 이루는 데 방해가 될 수 있는 요인에는 다음과 같은 것들이 있다(Amos, 2007). ① 상담사가 이용자의 문제를 해결하는 데 모든 지식과 책임을 다 가지고 있다는 믿음, ② 도움을 찾는 것이 나약함이나 병리의 사인이라고 보는 의료적 모델에 근거한 인식, ③ 지위 또는 전문가주의를 유지하는 것에 대한 상담사의 관심, ④ 이용자의 행동과 나약함에 대하여 인지된 꼬리표를 붙이는 행위이다. 장애인재활상담사와 이용자의 협력관계는 성공적인 결과를 얻는 데 하나의 열쇠가 된다. 재활상담에서 상담사와 이용자는 재활계획을 수립하고 실행할 때 이용자의 고용 가능성, 자립, 통합 및 지역사회 참여를 향해 상호 협력적으로 도모해야 한다. 재활상담사는 힘을 나누고 소극적 장애인을 적극적으로 움직이도록 돕고 이용자가 서비스 정보를 충분히 알 수 있도록 돕는다. 상담사는 이용자가 자신의 문제를 해결할 능력을 가지고 있으며 최선의 결정자라는 것에 대한 이해를 가져야 한다. 상담사는 계획과 처치 과정에 완전히 참여하도록 지원하고 촉진해야 한다.

최근 미국재활교육위원회(Council On Rehabilitation Education: CORE)는 재활상담사의 정의에서 장애인들이 그들의 개인적 · 사회적 · 심리적 그리고 직업적 목표를 성취하도록 그들과 함께 전문적 관계를 맺고 협력하는 데 필요한 특수한 지식과 기술 및 태도를 가져야 함을 강조한다(Maki et al., 1979). 그럼에도 불구하고 Amos(2007)의 다수의 재활 관련 문헌에서는 아직도 과거 재활 패러다임의 관점에서 재활상담을 정의하고 있다. 특히 CRCC(2003)의 장애인재활상담사의 업무 영역에서 역량강화와 자기시시, 또는 장애인 이용자의 선택을 촉진하는 기술이나 상담기법들이 강조되지 않는 것은 흥미로운 사실이다.

결론적으로 역량강화 상담에서 재활상담이란 장애를 가진 사람들이 환경에 잘 적응하도록 원조하고, 개인의 욕구에 맞게 서비스 환경을 지원하며, 사회의 자립적인 측면에서 특히 직업에 참여하도록 지원하는 전문 분야이다(Szymanski & Danek, 1985). 재활상담은 서비스의 상호 이해의 결과로서 작업장과 지역사회에서 장애인의 근로능력, 독립심, 통합과 참여를 최적화하기 위해 이용자와 장애인재활상담사에 의해 공동으로 계획되어야 한다(나운환, 2009).

3) 직업능력평가

직업능력평가 기능은 관련 정보를 추출하여 가공하는 작업을 필요로 한다. 이용자에 대한 종합적 정보수집을 필요로 하는 진단과정은 재활계획의 마지막 내용이다. 재활 프로그램을 확정하기 전에 장애인재활상담사는 장애의 직업적 함의, 직업적 목표와 개인의 장애, 재활서비스 등을 결정하여야 한다.

재활상담은 이용자 개인의 직업적 선택을 촉진시키는 데 있다. 재활상담을 하는 동안 직업정보와 이용자 평가가 사용된다. 게다가 이용자의 장점과 제한점 사이의 관계도 일반적 또는 구체적 직업에서의 요구와 관련되어 논의된다. 이 과정에서 재활상담사는 이용자와 함께 재활계획을 수립한다.

4) 직업개발 및 직업배치

직업배치 기능은 직업개발을 포함한다. 직업배치 상담은 직업탐색과 직업적응 과정에서 나타난다. 직업배치에서 상담은 ① 직업탐색기술훈련, ② 정의적 상담, ③ 가능한 직업 기회에 대한 정보 제공, ④ 지역사회 고용기관에 대한 소개, ⑤ 이용자가 직업적응 문제를 해결할 수 있도록 도와주는 취업 후 상담 등 여러 형태를 지닐 수 있다. 직업개발은 고용주에게 이용자의 직업 정보를 제공하고 현장훈련의 기회를 제공함으로써 장애인 고용을 저해하는 부정적 인식에 대한 태도의 장벽을 허무는 것을 포함한다.

재활사례관리의 발달

1. 사례관리의 기원

최근 '새로운 접근(new approach)'으로 재활사례관리가 인식되고 있지만, 사실 그 내용은 오래전부터 현장에서 다양한 방법으로 수행해 오던 것들이다. moore(1996)는 사례관리에 대해 "새 옷을 입고 있는 유행이 지난 사회사업(old-fashioned social work wering new clothes)"이라는 표현을 쓰면서, 사례관리의 역사적 뿌리는 사회복지 초기 저술이나 활동에서 쉽게 발견할 수 있다(박춘숙, 송지현, 최주한, 박다은, 2011).

미국 사례관리의 역사는 약 100여 년 전으로 거슬러 올라간다. 초창기 때 가난한 사람들을 위한 원조를 조직화하여 서비스의 중복과 낭비를 줄이려고 했던 자선조직 활동이 그 기원이라고 할 수 있다. 이는 사례관리에서 강조하는 자원조정이나 비용 통제의 목적과 매우 유사한 것이다. 또한 초창기 인보관에서는 이용자 및 가족의 문제에 대해 심리사회적 관점에서 사례회의(case conference)를 실시하고 직접적인 상담뿐 아니라 필요한 서비스를 개발 · 중재하거나 이용자를 옹호하는 일을 수행하였다. 이는 최근 사례관리의 의미로 볼 때 서비스 연계, 조정, 옹호 등의 간접적 서비스에 해당한다. 그 외에도 1920년대 이후 아동상담소에서 서비스 전달과 조정을 위해 사회복지사를 비롯한 의사와 심리학자가 한 팀이 되어 공식적인 사례회의를 실시한 것은 최근 사례관리에서 의미하는 팀 사례회의의 한 모형이라고 할 수 있다. 이와 관련하여 좀 더 구체적인 근거를 알아보면, 1863년 매사추세츠주가 최초로 주정부 자선국을 설치하여 원조가 필요한 사람들에게 효과적인 재정을 제공한 것에서 그 기원을 찾을 수 있다(Weil & Karls, 1985).

이후 1877년 자선조직협회(Charity Organization Society: COS)는 다양한 단체의 서비스 중복을 방지하고 자원을 효율적으로 활용하기 위해 자선단체들의 구제활동을 조정하였다. 그리고 이용자가 서비스에 쉽게 접근하여 이용할 수 있도록 중재자와 옹호자의 역할을 수행하였다. 이러한 역할은 중재, 옹호, 서비스와 자원 조정을 통해 이용자의 기능을 향상시키려는 기능과 유사하다.

1889년 인보관(Settlement House)에서는 시카고에 헐 하우스(Hull House)를 설립하여 이주자들과 저소득층 가족을 대상으로 그들이 필요로 하는 서비스를 제공하기 위해 그들의 욕구와 지역의 문제, 사회문제들을 목록화한 색인카드(index card)를 만들고 그들을 위한 서비스의 개발, 옹호 및 조직화를 통하여 양질의 서비스가 전달되도록 조정체계를 개발하였다(Netting, 1992).

초기 자선조직협회와 인보관의 활용에서도 현재의 사례관리의 중심 과제인 서비스 연계, 서비스 개발, 비용효과 개념 등이 나타나고 있다. 차이가 있다면 현재의 사례관리가 단편적으로 수행하는 것이 아니라 보다 포괄적이면서 지속적으로 제공한다는 데 있다.

이후 1901년에 Mary Richmond는 이용자의 복합적 욕구를 위해 서비스 기관의 협력과 조정이 필요하다는 점을 지적하면서 사례관리를 개념화하고 사례관리 모형을 개발하였다. 그리고 체계적 정보수집, 자원봉사자 훈련, 다 학문적 분야의 전문가 협력, 서비스에 대한 이해와 사례회의(case conference)를 강조하였다(Weil & Karls, 1985).

1960년대에는 시민운동으로 서비스에 대한 권리의식이 증대되어 이용자가 적극적인 소비자(consumer)로 변화하였고, 이용자에 대한 중개와 옹호의 역할이 커지게 되었다. 이후 1970년대에 들어서 '사례관리' 용어가 나타나기 시작하였으며(Netting, 1992; Phillips, 1996), Day(2000)는 복지 관련 프로그램 비용 삭감에 대한 반응으로

등장하였다.

재활사례관리는 1975년「장애아교육법(Education for All Handicapped Children Act of 1975)」으로 인해 전국 학교에 사례관리 유형을 공식화했다. 그리고 1970년대와 1980년대에 걸쳐 여러 주에서 사례관리에 관한 법률을 제정하였고, 사례관리 서비스 항목을 포함하고 있는 법이 통과되었다. 아울러 사례관리는 장기적 시범사업을 통해 전역으로 확대되었다.

1980년대에는 다양한 사례관리 모형이 확산되었고, 지역사회에서 통합적 서비스 전달체계를 구축하는 유용한 방법으로 보건 및 복지 영역에서 주목을 받았다(Netting, 1992). 특히 1984년에 미국사회복지사협회(NASW)가 '기능 손상자를 위한 사회복지 실천 사례관리의 기준과 지침'을 제정하여 사례관리의 일반적 기준과 틀을 제시하였다. 그러나 이는 임상 차원의 사례관리 실천에 대한 것으로 사례관리 서비스 전달체계의 형태는 각 지역이나 서비스 분야에 따라 다양한 형태로 존재한다.

미국 사례관리의 특징은 정부가 필요한 재정지원 및 사업평가를 담당하고, 민간기관에 소속된 사례관리자가 서비스를 제공하는 기관과 하청 계약을 맺는 구조로 되어 있다. 그리고 사례관리의 주체가 민간에게 위탁되어 있다는 점에서 민간 사례관리가 주를 이루는 체계이다. 한편, 영국의 사례관리 발달은 초창기 미국의 영향을 받아 사회 서비스 영역에 도입된 이후 계획적인 대규모 시범사업과 국가지원을 통해 미국과는 다른 입장으로 발전하게 되었다(이정규, 1999).

영국에서는 1970년대부터 켄트주립대학교 대인사회서비스연구단(Personal Social Service Research Unit: PSSRU)에서 진행된 연구 성과를 정부가 받아들임으로써 사례관리가 사회복지 영역의 모형이 되었다. 이 대학의 시범 연구에서 경험이 많은 사회복지사가 위기에 처해 있는 소수의 노인을 대상으로 예산을 배정받아 수용보호에 드는 2/3 정도의 예산으로 공적 · 사적 부문 및 자원 부문(voluntary sector)의 서비스에 접근하면서 개별 노인에 적합한 서비스 패키지를 제공하였다. 그 성과는 사례관리 서비스의 수혜 노인들이 전통적인 서비스를 받는 노인들에 비해 훨씬 더 잘 기능하였고, 그 결과 수용보호를 위해 입소할 확률이 전반적으로 줄고, 오히려 자신의 집에 남을 확률은 두 배로 늘어난 것으로 보고되었다. 이에 따라 사례관리에 따른 보호비용도 수용보호에 비해 훨씬 낮았으며, 사례관리가 예방적이며 비용을 절약하는 방법으로 인식이 확산되었다.

이후 1980년대 후반부터 추진해 온 복지개혁을 통해 사례관리가 핵심적인 서비스 방법으로 채택되었다.

초창기 미국에서 사용하는 사례관리(case management) 용어를 그대로 사용하다가 지역사회보호(community care)가 복지정책의 큰 틀로 자리 잡으면서 사례관리 대신 보호관리(care management)라는 용어를 광범위하게 사용해 오고 있다. 특히 1990년에 「국민건강서비스 및 지역사회보호 법안(National Health Service and Community Care Act of 1990)」이 제정되고 그 지침서인 『사례관리 및 평가: 실무관리자 안내서(Care Management and Assessment: Practitioner's Guide and Manager's Guide)』(1991)가 지방정부에 보급되면서 1994년부터 모든 지역에서 사례관리를 시행하도록 조치하였다.

이 지침에서 사례관리의 목표는 ① 다양한 자원의 이용 가능성 확보 및 효율적 사용, ② 지역사회 내 거주를 가능하게 함으로써 개인들의 독립적인 생활보장, ③ 장애와 질병의 예방, ④ 보호에서 존중감 및 평등한 보호 기회의 제공, ⑤ 요보호자의 장점과 지원을 기반으로 한 선택과 자기결정 강조, ⑥ 서비스 이용자, 보호자 그리고 서비스 제공자의 협력관계 증진 등으로 설정하였다.

영국은 각 지방정부의 지방사회서비스국(Local Authority Social Servies Department)에서 사례관리 업무를 관장하고 있다. 영국은 초창기 미국의 사례관리 모형을 도입했지만 구체적 실천 모형에서는 미국과 상당한 차이를 보이고 있다. 미국 모형에 따라 개인의 독특한 욕구에 기초한 맞춤(tailor-made) 서비스, 다양한 욕구에 대해 통합되고 조정된 서비스를 제공하기 위해 지역사회 서비스 제공기관들을 동원한다는 기본 요소는 그대로 받아들였다. 그렇지만 특별히 수용보호에 들어갈 위기에 처해 있는 장기보호 대상 노인과 장애인에 초점을 두면서 새로운 사례관리 모형들을 개발해 내었다. 이에 따라 영국에서 주로 채택한 모형은 노인을 대상으로 한 비용절감 차원의 보호관리 모형(service brokage model)이 대표적이다.

미국에서는 민간 기관의 사적 서비스 제공기관이 많고 대상인구가 다양해서 상대적으로 덜 조직적으로 보이는 현장이 많은 반면, 영국은 국가 주도의 서비스가 큰 차이라고 볼 수 있다.

현재 영국 사례관리의 특징은 정부가 재정 및 평가와 더불어 사례관리까지 직접 담당하고 공공/민간 서비스 제공기관과 계약을 맺는 이중 구조로 되어 있다.

사례관리 주체는 공공 사례관리 체계라 할 수 있다(이봉주, 김용득, 김문근, 2008). 영국은 지역사회 보호를 정책 목표로 표방해 온 나라이다. 그렇기 때문에 사례관리를 지역사회 보호 차원에서 발전시키고자 노력했으나 여러 가지 한계점도 상당하다. 지역사회 보호가 대상자의 삶의 질 향상보다는 비용 절감 방안으로 고려되어 충분한 재정적 투입이 이루어지지 못한 점이다(석재은, 2000).

2. 우리나라 재활사례관리의 발달

1) 재활사례관리의 연구

우리나라 사례관리 모델은 1980년대 이후 부분적으로 활용되어 왔다. 1980년대 미국에서 공부하거나 기관에 근무하고 있던 사회복지사들이 실제 사례관리자로서 훈련받거나 근무하면서 알려지기 시작한 이 개념은 1990년대 초 한국 정신보건사회복지학회에서 정신보건전문요원 양성을 위한 인턴십 과정에 적용되기에 이르렀다.

그러나 사례관리가 전역으로 확산되기 시작한 것은 1995년 김만두 교수의 『사례관리』 출판 이후로 볼 수 있다. 이후 사례관리 모델은 급속도로 확산되기 시작했으나 이 과정에서 사례관리 개념의 복합성과 통합적 성격이 일시적으로 왜곡 현상도 초래되었다. 예를 들어, 종래의 개별사회사업과 같은 서비스나 개입이 간과된 자원 연결과 관리만이 강조된 경향이 발생하였다.

이 현상은 1995년 전미사회복지사협회(NASW)가 사회복지대백과사전에서 개별사회사업이란 용어를 삭제하고 사례관리라는 용어를 삽입하는 과정에서 생겨난 일시적인 현상으로 보인다. 2000년 이후 현재까지 사례관리는 사회복지의 전 영역에서 적용되고 학술적인 연구 결과도 늘어나고 있으나 이를 둘러싼 다양한 이슈가 제기되고 있다.

우리나라는 시설보호의 문제점과 재가복지에 대한 정부의 관심이 증가하면서, 재가봉사센터를 전국적으로 설치하여 장애인, 노인, 저소득 가정을 위한 지역에서의 사례관리 서비스를 제공하고 있다. 또한 주민센터의 사회복지 전담공무원이나 지역사회복지관, 정신보건센터에서도 사례관리 프로그램을 도입하였다. 복합적 서비스 욕구를 가진 계층의 증가로 노인인구, 저소득층, 아동, 정신장애 집단이 증가하면서 다양하고 포괄적이며 적절한 서비스 제공을 요구하게 되었다. 기존 서비스의 단편성, 비효율성, 중복성 등의 시정 필요성, 서비스 간의 조정과 통합, 연결이 필요하게 된 것이다. 예를 들면, 자선 바자회나 소년소녀가장 돕기 등의 행사가 중복되는 경향이 있고, 사회복지관, 노인복지관, 장애인복지관, 재가봉사센터 간의 기능과 역할의 분담 및 조정이 필요하게 되었다. 또한 시설중심에서 재가복지 중심으로 서비스 전환과정에서 상대적으로 비공식 서비스, 사회적 지지, 지원체계 및 연결망을 중시하는 경향이 있었고 공적 서비스와 비공식 서비스 및 사회적 지지망 간의 연결 · 조정이 필요하게 되었다. 따라서 지속적인 서비스와 지역사회 내의 서비스 간의 조정, 통합, 개발이 필요하게 되었다. 또한 공적 서비스와 비공식적 서비스 간의 연계, 조정, 통합이 필요하게 되었고, 잠재되어 있는 지역사회 내의 자원 개발의 필요성이 강조된 것이다.

우리나라 사례관리 보급기는 1990년대로 사회복지학과 간호학 분야에서 관심을 갖기 시작하였다(박춘숙 외, 2011; 장인협, 우국희, 2003). 이 시기는 우리나라 사회복지의 방향이 시설보호에서 지역사회복지 중심으로 전환되고, 1993년에 「노인복지법」이 개정되면서 재가복지가 사회복지의 한 분야로 자리 잡게 되었다. 이에 따라 지역사회의 다양한 기관에서 재가복지 서비스가 본격적으로 제공되면서 사회복지 실천가들은 사례관리를 중요한 실천방법으로 인식하기 시작하였다.

사회복지 전반에 걸쳐 지역 중심의 서비스 전달체계 및 지역사회 보호가 자리를 잡게 되고, 사회복지 제도와 실천에서 이용자의 욕구와 권리를 중시하는 경향이 강조되었다. 이런 맥락에서 우리 사회의 취약계층인 장애인, 노인, 아동 및 청소년, 자활 및 빈곤 가정을 대상으로 사례관리가 시도된 것은 매우 자연스러운 현상이다. 이런 움직임은 지방화 시대에 복합적이고 만성적인 욕구가 있는 서비스 이용자들에게 개별화된 맞춤형 서비스를 제공함으로써 서비스의 만족도를 높이고 비용 효과성을 제고하는 측면에서 긍정적으로 평가된다.

특히 정신보건 분야는 「정신보건법」이 1995년에 제정되고 1997년 시행되면서 법에 규정된 사례관리 업무가 지역사회 정신보건사업의 필수사업으로 자리매김하게 되었다. 또한 사회복지의 대표적 일차 현상인 사회복지관의 경우 한부모가정이나 소년소녀가장 세대, 그리고 재가복지 대상자로서 장애인이나 독거노인을 대상으로

한 사례관리가 활발히 전개되기 시작하였다.

1990년대와 2000년대 초반 사례관리는 서비스를 직접 제공해 주는 것과 서비스를 연계하고 모니터하는 것 두 가지 역할을 통해 발전되었다. 즉, 직접적 서비스 제공의 역할이 강조되면서 사례관리의 영역도 '임상사례관리'로 세분화되고 확장되었다. 또한 사례관리자는 서비스의 연결을 위해 다른 전문직들과 함께 그 영역이 확장되고 다양한 전문 분야에서의 사례관리자 역할이 강조되었다.

최근 공공 영역에서도 지역사회의 자원과 서비스를 효과적으로 연계하여 서비스 중복과 누락을 방지하고자 사례관리를 도입하고 있다. 그 예로, 2005년「사회복지사업법」개정을 통해 시 · 군 · 구청장의 책임 아래 취약계층 위주의 보호 대상자별 보호계획을 수립하도록 하면서 사례관리의 근거가 마련되었다. 이후 여러 유형의 사회복지기관 평가 항목에 사례관리 업무를 포함시켜 기관이 나서 사례관리를 수행하는 근거를 마련하였다. 또한 2007년부터는 정부가 주민생활지원 서비스에 공공사례관리를 포함시켜 그 제도적 기반을 마련하였고, 그 실례로 보건복지부가『사례관리 사업안내』(2010)를 만들어 배포하는 등 공공 차원에서 '맞춤형' 사례관리를 시도하고 있다. 그러나 여러 측면에서 사례관리에 필요한 제도적 · 실천적 기반은 취약한 상태이다.

우리나라 사회복지 사례관리에 대한 연구 중 1993년 최초의 책이자 가장 널리 활용되는 책으로 김만두 교수가 Moxley(1989)의 저서『The Practice of Case Management』를 번역한『효과적인 복지 서비스를 위한 사례관리실천론』이 있다. 학위논문으로는 유성은(1993)이「재가복지봉사센터의 효율적인 운영을 위한 사회복지사의 역할에 관한 연구: 사례관리모형을 중심으로」라는 석사학위논문을 발표하였고, 이윤로, 성규탁(1993)은「사례관리: 효과적 서비스 전달을 위한 방법」이라는 논문을 발표하였다. 그 후 2015년까지 집계를 낼 수 없을 정도로 석 · 박사학위 논문, 학술지논문, 학술대회 발표 자료, 저서 등이 급속히 늘었다. 이는 최근 20년 동안 학계와 실천 현장에서 사례관리에 대한 관심이 크게 증가했음을 잘 보여 준다. 그동안의 연구에서 순위가 높은 몇 가지 주제어와 연구 대상을 제시해 보면 다음과 같다(권진숙, 2010). ① 사례관리 혹은 통합사례관리, ② 사례관리자의 역할, 사례관리의 기능, ③ 강점(임파워먼트) 모델, ④ 욕구사정, ⑤ 과정평가, ⑥ 모형개발, ⑦ 위스타트(We-start)를 비롯한 각종 시범사업의 수행과 평가, ⑧ 네트워크 혹은 통합

네트워크, ⑨ 기타 지역정신보건과 사례관리이다.

사례관리 대상자에 대한 집중은 노인복지에 대한 사례관리가 우선이며 정신장애인과 기타 장애인에 관한 사례관리가 주를 이루며, 사회복지 사례관리, 유아 및 아동 · 청소년, 사회복지 전담 공무원에 관한 사례관리가 그 대상이었다.

향후 우리나라의 사례관리 발전을 위해서는 실천 현장의 특성을 고려한 각 분야별 사례관리 모형의 개발, 공공사례관리와 민간사례관리의 협력방안, 다양한 사례관리 실천의 효과성과 효율성 검증, 사례관리 수행구조로서 기관 단위의 사례관리팀의 역할 및 지역 단위의 통합사례관리의 기능과 효과성 등에 대한 연구가 필요하다.

2) 재활사례관리의 기원

우리나라 재활사례관리의 경우 2001년 '한국장애인단체총연맹'이 직업재활센터의 사례관리 과정을 연구하여 매뉴얼을 제작한 바 있으며, 2005년 '서울시복지재단'은 장애인복지관의 사례관리 매뉴얼을 연구한 바 있다. 그리고 2001년에는 '한국장애인개발원'이 『직업재활시설에 적용하는 사례관리 매뉴얼』을 발간 · 보급하였다.

재활상담은 신체적 · 정신적 · 발달적 · 인지적 그리고 정서적 장애를 가진 사람들에게 상담과정의 적용을 통해 개인적, 진로 및 자립생활 목표들을 가장 적절한 환경에서 성취하도록 원조하는 체계적인 과정이다. 그 상담과정은 의사소통과 목표설정, 그리고 자기옹호, 심리적 · 직업적 · 사회적 · 행동적 개입을 통한 바람직한 성장이나 변화를 포함한다.

2003년 미국재활상담사공인위원회(Commission on Rehabilitation Counselor Certification: CRCC)의 정의에서도 이러한 과정을 찾아볼 수 있다(CRCC, 2003). 재활상담에서 상담사들은 다양한 서비스를 제공하게 된다. CRCC와 미국재활상담협회(American Rehabilitation Counseling Association: ARCA), 그리고 국립재활상담협회(National Rehabilitation Counseling Association: NRCA)에서 재활상담의 업무 영역들은 다음을 포함한다. ① 사정평가, ② 진단 및 처치 계획, ③ 진로(직업)상담, ④ 의료 및 심리적 결과에 적응하도록 촉진하는 데 초점을 맞추는 개인 및 집단 상담, ⑤ 사례관리, 의뢰 및 서비스 조정, ⑥ 프로그램 평가 및 연구, ⑦ 환경, 고용 및 태도의 장벽을 제거하는 중재, ⑧ 다수 집단 및 규제 체계 안에서 자문, ⑨ 직무분석, 직무개발 그

리고 고용 관련 원조 및 직무 조정을 포함하는 배치서비스, ⑩ 재활공학기기 제공에 대한 자문이다(CRCC, 2003). 이처럼 재활상담은 종합적인 서비스 절차이며 재활상담사는 다양한 서비스를 전문적으로 제공할 수 있는 역량을 갖추어야 한다. 사실 재활상담 과정은 장애인재활상담사와 이용자 사이의 개별적인 만남에서 독특한 것일 수밖에 없다. 재활상담에서 중요한 것은 이용자의 역량강화 측면에서 신중하게 제공되어야 한다는 것이다.

3) 장애인재활상담사 자격

우리나라의 직업재활 상담요원은 지난 1990년 「장애인 고용촉진 등에 관한 법률」(2000년 「장애인고용촉진 및 직업재활법」으로 개정)에 의해 양성되고 있는 직업생활 상담원과 2007년 개정된 「장애인 등에 대한 특수교육법」에 의한 진로 및 직업 교육을 담당하는 전문인력, 1991년부터 한국직업재활학회에서 자격이 관리되어 오다가 2011년부터 한국직업재활사협회에 의해 관리되고 있는 직업재활사, 2015년부터 한국직업재활학회에 의해 자격이 관리되고 있는 직업능력평가사를 들 수 있다. 이 중 직업재활사는 「장애인복지법」 개정으로 인해 2018년 '장애인재활상담사'로 양성하게 되었다.

1991년부터 한국직업재활학회와 한국직업재활사협회가 자격을 관리해 왔던 우리나라의 대표적인 직업재활 전문요원인 '직업재활사'는 2015년 「장애인복지법」이 개정됨에 따라 '장애인재활상담사'로 그 명칭이 변경되었다. 직업재활사 자격제도의 시작은 1988년 대구대학교가 미국 CORE의 지식 영역과 인증대학 석사학위 프로그램을 참조하여 재활과학대학에 직업재활학과를 설치하여 전문인력을 양성하기 시작한 것이 계기가 되었다. 자격은 1급, 2급, 3급으로 구분되고 있으며, 전국에 2016년 기준 12개 학부과정, 5개 석사과정, 3개 박사과정에서 5,442명의 직업재활사가 배출되었다. 한편, 2015년 개정된 「장애인복지법」에 의해 직업재활사 명칭은 장애인재활상담사로 국가 자격화되었으며 역할과 정체성은 그대로 유지된다. 이 법에 따르면 장애인재활상담사가 되기 위해서는 국가자격시험에 합격해야 하며, 시험에 응시하기 위한 자격조건은 동법 제72조의3에 〈표 3-1〉과 같이 명시되어 있다.

표 3-1 장애인재활상담사 시험 응시 요건

1. 1급 장애인재활상담사: 다음 각 목의 어느 하나에 해당하는 사람
   가. 「고등교육법」에 따른 대학원에서 장애인재활 분야의 박사학위를 취득한 사람
   나. 2급 장애인재활상담사 자격증을 가진 사람으로서 「고등교육법」에 따른 대학원에서 장애인재활 분야의 석사학위를 취득한 사람
   다. 2급 장애인재활상담사 자격증을 가진 사람으로서 장애인재활 관련 기관에서 3년 이상 재직한 사람
   라. 사회복지사 2급 자격증을 가진 사람으로서 장애인재활 관련 기관에서 5년 이상 재직한 사람
2. 2급 장애인재활상담사: 다음 각 목의 어느 하나에 해당하는 사람
   가. 「고등교육법」에 따른 대학에서 보건복지부령으로 정하는 장애인재활 관련 교과목을 이수한 사람
   나. 3급 장애인재활상담사 자격증을 가진 사람으로서 장애인재활 관련 기관에서 2년 이상 재직한 사람
   다. 사회복지사 2급 자격증을 가진 사람으로서 장애인재활 관련 기관에서 3년 이상 재직한 사람
3. 3급 장애인재활상담사: 「고등교육법」에 따른 전문대학에서 보건복지부령으로 정하는 장애인재활 관련 교과목을 이수한 사람

4) 직업능력평가사

직업능력평가사는 장애인에게 적합한 평가를 계획하고 의료 · 심리평가, 작업표본평가, 상황평가, 현장평가 등을 생태학적 평가 접근방법을 고려하여 실시하여 평가보고서를 작성하고 평가 결과에 따라 각종 작업내용과 현장에 관한 정보를 제공함으로써 개인에게 적합한 고용계획 수립의 기초가 되는 서비스를 수행하는 직업재활 전문요원이다. 직업능력평가사는 2016년부터 한국직업재활학회에서 민간자격으로 관리되고 있으며, 자격요건은 학회 직업능력평가사 자격규정 제4조, 제5조에서 〈표 3-2〉와 같이 명시하고 있다.

표 3-2 한국직업재활학회 직업능력평가사 자격 요건

제4조 (1급 직업능력평가사) 1급 직업능력평가사란 아래 각 항 중 하나에 해당하고 본 회 자격관리 및 검정위원회에서 실시하는 심사를 통하여 자격이 인정된 자를 말한다.

1. 직업능력평가사 2급 자격증 소지자로서 3년 이상의 직업평가 실무경력 및 본 회가 인정하는 직업평가 사례연구발표 3회 이상 수행한 자. 사례연구발표의 종류 및 기준 등 필요한 사항은 직업능력평가사 자격규정 시행규칙으로 정한다.
2. 본 회가 인정하는 국내외 대학원에서 본 회에서 정한 필수이수과목 4과목(12학점)과 선택이수과목 3과목(9학점) 이상을 이수하고 석사또는 박사학위를 받은 자로서, 직업평가 실무경력 3년 이상이며 본회가 인정하는 연수 100시간과 사례연구 3회 이상 수행한 자

제5조 (2급 직업능력평가사) 2급 직업능력평가사란 아래 각 항 중 하나에 해당하고 본 회에서 실시하는 시험을 통하여 자격이 인정된 자를 말한다.

1. 본 회가 인정하는 2년제 대학 이상 학과(전공)에서 본 회가 정한 필수이수과목 4과목(12학점)과 선택이수과목 4과목(12학점) 이상을 이수하고 전문학사 이상의 학위를 받은 자로서, 본 회가 인정하는 연수 20시간 이상 이수한 자
2. 본 회가 인정하는 국내외 대학원에서 본 회에서 정한 필수이수과목 4과목(12학점)과 선택이수과목 3과목(9학점) 이상을 이수하고 석사학위를 받은 자로서, 본 회가 인정하는 연수 20시간 이상 이수한 자
3. 직업평가 현장 경력이 3년 이상인 자로 본 회가 인정하는 연수 180시간 이상 이수한 자
4. 제2호의 필수이수과목과 선택이수과목 등 필요한 사항은 직업능력평가사 자격규정 시행규칙으로 정한다.

5) 직업재활 전문요원

직업생활상담원은 「장애인고용촉진 및 직업재활법」 제75조에 의해 지난 1991년부터 노동부 산하 한국장애인고용공단에서 양성 프로그램으로 양성하고 있으며 사이버교육과 집합교육을 이수하여야 하고 2017년 기준 총 5,080명이 배출되었다. 이외에도 동법 시행규칙 제22조에서 규정하는 장애인 직업훈련 교사, 장애인 직업재활 전문요원, 장애인 직업능력 평가사는 장애인직업생활상담원 자격이 있다.

진로 및 직업 교육을 담당하는 전문인력은 「장애인 등에 대한 특수교육법」 제23조에 의해 중학교 과정 이상의 특수교육기관에서 특수교육 대상자의 특성 및 요구에 따른 진로 및 직업 교육을 지원하기 위하여 직업평가 · 직업교육 · 고용지원 · 사후관리 등의 직업재활훈련 및 일상생활적응훈련 · 사회적응훈련 등의 자립생활훈련

을 실시하는 전문인력으로 1995년부터 대구대학교 직업재활과에서 교직과목을 이수한 자에게 주어지고 있다. 2000년 이후에는 한신대학교, 나사렛대학교, 가톨릭대학교, 단국대학교, 고신대학교 등의 재활관련학과 학생들도 자격을 취득하였다.

그리고 2010년 「장애인고용촉진 및 직업재활법」 제75조(장애인직업생활상담원 등)는 전문요원에 관한 사항을 일부 개정하여 다음과 같이 규정하고 있다.

> ① 고용노동부장관은 장애인의 직업지도, 직업적응훈련, 직업능력개발훈련, 취업 후 적응지도 등 장애인의 고용촉진 및 직업재활을 위한 업무를 담당하는 장애인 직업생활 상담원 등 전문요원을 양성하여야 한다.
> ② 대통령령으로 정하는 일정 수 이상의 장애인 근로자를 고용하는 사업주는 제1항에 따른 장애인 직업생활 상담원을 두어야 한다.

표 3-3 「장애인고용촉진 및 직업재활법」 전문요원의 종류의 자격 기준

① 법 제75조 제1항의 규정에 의한 전문요원의 종류는 다음 각 호와 같다.

1. 장애인 직업생활 상담원
2. 장애인 직업훈련 교사
3. 장애인 직업재활 전문요원
4. 장애인 직업능력 평가사

② 제1항에 따른 전문요원이 될 수 있는 사람은 다음 각 호의 어느 하나에 해당하는 사람으로 한다.

1. 장애인 직업생활 상담원: 제1항 제2호부터 제4호까지에 해당하는 사람 또는 제3항에 따른 장애인 직업생활 상담원 양성과정을 마친 사람
2. 장애인 직업훈련 교사: 「근로자직업능력 개발법」 제33조에 따른 직업능력개발훈련교사 자격증 소지자 중 제3항에 따른 장애인 직업훈련 교사 양성과정을 마친 사람
3. 장애인 직업재활 전문요원: 재활 · 교육 · 심리 · 의료 · 기술 및 사회복지 관련 분야의 학사 이상의 학위를 소지한 사람 중 제3항에 따른 장애인 직업재활 전문요원 양성과정을 마친 사람
4. 장애인 직업능력 평가사: 재활, 특수교육, 심리, 작업치료, 물리치료, 사회복지 관련 분야의 학사 이상의 학위를 소지한 사람 중 제3항에 따른 장애인 직업능력 평가사 양성과정을 마친 사람

③ 제2항에 따른 전문요원 양성과정의 훈련실시기관, 훈련교과 및 훈련기간 등에 관하여 필요한 사항은 고용노동부장관이 정한다.

③ 고용노동부장관은 필요하다고 인정하면 제9조 제2항에 따른 재활실시기관에서 제1항에 따른 전문요원에 대한 협조 요청이 있을 때에는 지원하여야 한다.

④ 제1항에 따른 전문요원의 종류 · 양성 · 배치 · 역할 및 자격 등에 필요한 사항은 고용노동부령으로 정한다.

Case Management for Rehabilitation

재활사례관리 과정

재활사례관리 체계

1. 재활사례관리 과정

재활사례관리는 서비스에 대한 통합된 체계 확립과 이에 대한 다양한 모델이 제시되고 있다. 그중 서비스에 대한 다양한 차원을 하나의 관리체계 속에서 전개하는 문제는 매우 중요한 관심사가 되고 있다. 특히 장애인이 지닌 문제나 욕구를 충족시키기 위해 적합한 모델을 개발하고 적절한 서비스를 받을 수 있도록 실천방향을 확립하는 것은 매우 중요하다. 따라서 사전검사, 이용자의 문제상황 측정, 재활계획 수립, 서비스 조정 및 구입, 서비스 전달 상황 모니터링(점검), 전달 후 이용자 상태 재측정 등의 과정으로 이루어지는 재활사례관리 과정을 이해하는 것이 중요하다.

1) 사전검사

사전검사(screening/intake) 단계에서는 문제를 식별하고 자격 여부를 판단하며 능력을 평가한다. 서비스 수혜자격은 일반적으로 이용자의 성명, 연령, 가족 상태, 소득 등을 참고하여 결정한다. 이때 부적격 판정이 내려질 경우 그 사례는 다른 기관에 의뢰해야 한다.

2) 문제상황 측정

문제상황 측정 단계에서는 신체적 · 인지적 · 사회적 · 정서적 · 재정적 · 환경적 욕구 등을 파악하고, 공식적인 서비스 제공자와 비공식적인 서비스 제공자로부터 이용자의 자원에 대해 자세하게 검토해야 한다. 문제상황의 측정은 전문가에 의해 표준화된 도구를 사용하여 수행하고, 종합적인 측정을 위해 건강 문제, 일상생활 활동, 인지적 기능 등의 내용도 측정한다. 이용자의 기능 상태를 측정하는 데 흔히 사용되는 도구로 지필검사와 작업표본 검사가 있다.

3) 재활계획

재활계획 단계에서는 측정을 통한 자료에 기초하여 사례관리자가 적절한 서비스의 유형, 보호에 필요한 시간, 지역사회기관과 가족 구성원의 역할을 구체화하는 계획을 수립해야 한다. 적절한 재활계획은 사례관리의 핵심이 되므로 그 계획을 잘 알고 있어야 한다. 다음은 재활계획을 세우는 과정을 일곱 가지로 요약한 것이다.

① 문제의 목록을 포괄적으로 작성한다.
② 다룰 문제를 어떤 사례로 병행할 것인지를 정한다.
③ 바람직한 결과를 성취하기 위해 어떤 도움이 필요한지를 파악한다.
④ 도움을 제공하는 제공자와 서비스의 목록을 정한다.
⑤ 제공할 서비스의 양을 기록한다.
⑥ 서비스의 비용을 지불할 기관이나 단체를 기록하고, 서비스를 제공하는 기간에 소요될 비용을 계산한다.
⑦ 이용자와 보호자가 합의한 바를 기록한다.

4) 서비스 조정

서비스 조정 단계는 재활계획 수립 단계에서 필요하다고 판단된 서비스를 배열·정리하여 서비스 제공자로부터 서비스를 구입하고 연결시켜 주는 단계이다.

5) 모니터링

모니터링 단계는 서비스가 적절한가, 서비스의 질이 높은가 등을 평가하는 것으로 직접 만나거나 전화 등을 통해 서비스 전달 상태를 점검하는 것이다.

6) 재측정

재측정 단계는 처음 수립한 재활계획의 목적과 비교하여 서비스 전달 후 차이나 변화가 있었는지를 판정하기 위해 그 상태를 재측정하는 것이다.

표 4-1 사례관리의 절차와 내용

절차	내용
사전검사	이용자가 기능적·재정적 서비스를 받을 자격이 있는지를 결정
문제상황 측정	이용자의 욕구와 이용자가 활용할 수 있는 비공식망에 대한 정보 수집
재활계획	전달된 서비스와 빈도, 지속기간 및 목적을 구체화하고 이 계획을 이용자와 전문가의 협력하에 수립함
서비스 조정	재활계획에서 필요로 하는 서비스를 식별해서 조정하고, 서비스 제공자 및 비용조절 담당자를 위촉하여 서비스 액수를 조정함
모니터링	서비스가 계획대로 전달되고 있는지 검토하고 계획을 수정함
재측정	서비스 전달 상황을 재평가함

2. 직업재활 과정

1) 직업재활의 과정

직업재활은 장애인의 직업적응을 돕기 위해 계획된 체계적 서비스로 목표 지향적이고 개별화된 일련의 연속적 과정이다. 이것은 재활 전문가의 적절한 개입을 통해 장애인의 잠재능력을 개발하고, 잔존기능을 최대한 발휘하게 하며, 직업인으로서 사회에 통합되어 시민으로서의 일익을 담당할 수 있게 한다(Emener, 1980). 이러한 직업재활 과정은 여러 단계로 구성되어 있다. 그러나 전체가 하나의 시스템으로 이루어져 있고, 장애의 정도나 유형에 따라 특정한 과정에 개별적으로 접근해야 하는 경우가 많으므로 각 단계를 명확하게 구분할 수는 없다.

직업재활 과정은 목적이나 기법에 따라 다르게 구분될 수 있다. Hutchison(1973)은 직업재활 과정을 초기접수, 평가, 계획, 진로지도, 훈련, 배치, 사후지도로 나누었고, McGowan(1969)은 조회, 평가, 직업적응훈련, 직무배치로 나누었다. Goldenson(1978)은 상담, 평가, 직업적응훈련, 직무배치로 나누었다. 그리고 Goodwill Industries는 초기접수, 평가, 서비스, 직무배치로 나누었고, 국제노동기구(ILO, 1955)는 상담, 평가, 직업적응훈련, 직업훈련, 직무배치, 보호고용, 사후지도로 나누었다.

미국에서 진행되고 있는 직업재활 과정은 신청, 확대평가, 개별화고용계획(IPE) 개발, 개별화고용계획 실행, 고용 후 서비스 등으로 이루어지며(Rehabilitation Act, 1998), 우리나라는 「장애인고용촉진 및 직업재활법」을 통해 직업지도, 직업적응훈련, 직업능력 개발훈련, 취업알선, 자원고용, 보호고용, 취업 후 적응지도로 나누어 시행하고 있다. 여기에서 주지해야 할 것은 1978년 이후 미국을 중심으로 제시되어 온 새로운 고용 형태인 지원고용(supported employment) 시스템이다. 이것은 장애인을 직무배치 과정에 통합시킨다.

이상의 내용을 종합해 보면 장애인의 직업재활 과정은 직업상담, 진단 및 평가, 직업적응훈련, 직업훈련, 직무개발 및 배치, 보호고용, 사후지도로 이루어진다는 것을 알 수 있다. 그러나 모든 장애인을 동일한 과정에 획일적으로 적용해서는 안 된다. 즉, 장애의 정도나 유형에 따라 종합적 · 역동적으로 적용해야 한다(Pratt, Gill, Barrett, & Roberts, 1999).

2) 직업재활 사례관리 과정

직업재활 과정을 쉽게 이해하려면 이를 제도적으로 명시하고 있는 미국의 경우를 참고할 필요가 있다. 미국은 1998년「재활법 개정안(Rehabilitation Act Amendments)」 제102조를 통해 개별화고용계획(Individualized Plan for Employment: IPE)으로 바꾸고, 직업재활 서비스의 적격성(eligible)을 결정하기 위해 이용자가 지정된 재활상담사의 도움을 받도록 하였다.

개별화고용계획(IPE)은 서비스의 적격성을 판정하기 위해 평가와 이용자의 직업재활 욕구 그리고 적격성에 대한 근거를 마련한 것으로 적절한 언어로 작성하여 이용자와 후견인에게 제공하도록 되어 있다. 또한 매년 재검토하여(review) 고용 결과나 직업재활 서비스를 근본적으로 바꾸어야 한다면 이용자나 후견인, 지정된 주 기관의 대표자, 재활상담사와 협의하여 수정할 수도 있다. 동법에서는 개별화된 고용계획에 다음과 같은 내용이 포함하고 있다.

- 장애인의 통합고용을 위해 이용자의 독특한 장점이나 자원, 흥미, 능력, 특성 등으로 선택할 수 있는 특별한 고용목표에 대한 계획
- 보조기기나 보조기기 서비스, 그리고 이들 기기나 서비스에 대한 훈련이나 관리, 이러한 특별한 서비스 개시에 대한 스케줄(timeline)이 있는 직업재활 서비스 계획
- 이용자와 후견인이 선택할 수 있는 직업재활 서비스의 내용
- 고용 성과를 높이기 위해 진행되는 평가기준에 대한 내용
- 개별화고용계획의 의미와 지정된 주 기관, 이용자, 기타 관계자의 책임성에 대한 내용
- 중증장애인을 위한 지원고용 서비스와 근거, 예상되는 기대와 관련된 사항
- 고용 후 서비스(post employment service)를 위한 계획

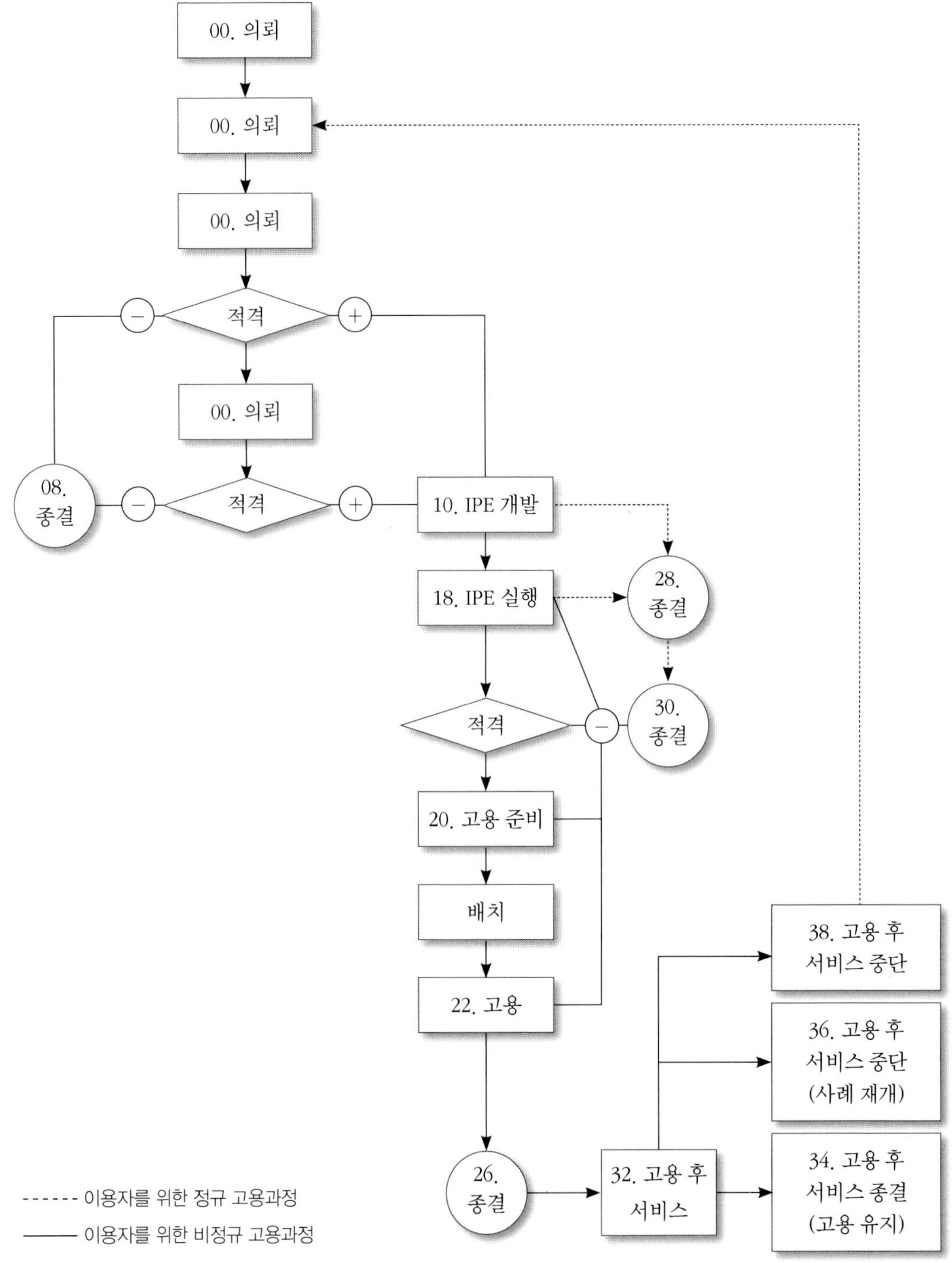

[그림 4-1] 미국의 IPE 과정

실제로 개별화고용계획의 진행과정은 [그림 4-1]과 같다. 이것은 이용자가 의뢰하는 단계부터 종결하는 단계까지를 절차에 따라 설명한 것으로 00에서 시작하여 38로 끝나는 짝수로, 코드화된 상태를 통해 개인이 어떤 재활과정에 속하는지를 보여 주고 있다. 각각의 상태를 자세히 살펴보면 다음과 같다.

상태 00. 의뢰
상태 02. 신청
상태 06. 확대평가
상태 08. 신청이나 확대평가에 대한 종결
상태 10. 개별화고용계획(IPE) 개발
상태 18. 개별화고용계획 실행
상태 20. 고용 준비
상태 22. 고용
상태 26. 재활되어 종결
상태 28. 개별화고용계획이 시작된 후에 다른 이유로 종결
상태 30. 개별화고용계획이 시작되기 전에 다른 이유로 종결
상태 32. 고용 후 서비스
상태 34. 고용 후 서비스 종결: 고용이 유지
상태 36. 고용 후 서비스 중단: 사례를 재개
상태 38. 고용 후 서비스 중단: 기타 다른 이유

(1) 의뢰(00)

이 단계는 직업재활 서비스에 처음 의뢰하는 과정으로 편지, 전화, 직접 연락 등의 방법을 통해 직업재활기관을 알게 된다. 이 단계에서는 적어도 ① 이름과 주소, ② 장애와 관련된 사항, ③ 성별과 생년월일, ④ 의뢰일과 의뢰기관 등의 정보를 파악한다.

(2) 신청(02)

이 과정을 이용자가 직업재활 서비스를 신청하거나 직업재활 서비스에 대한 정

보를 받은 후, 직업재활 기관에 전화하여 서비스를 요청하면서 시작된다. 일반적으로 서비스를 신청할 때는 기관의 신청서를 작성해야 하지만 최소한의 정보가 들어 있는 편지나 서비스 요청서를 통해서도 가능하다. 이 단계에서는 이용자의 ① 직업재활 서비스의 적격성(상태 10), ② 직업재활 서비스의 부적격성(상태 08), ③ 확대평가의 필요성(상태 06) 등이 결정된다. 이러한 결정이 끝나면 이용자는 상태 02를 떠나 상태 06이나 08, 10으로 옮겨 갈 수 있다.

이 단계는 이용자에 대한 정보를 수집하는 과정으로 ① 신청자와 일대일로 초기면접을 하기 위해 계획하고, ② 일대일 면접 시 주 직업재활기관의 초기면접 패킷(양식들, 팸플릿, 편람, 지역사회 자원 정보)에 있는 자료를 재검토하며, ③ 초기면접 양식을 작성해야 한다. 그리고 상담가는 서비스 신청을 받은 지 60일 내에 적격성이나 부적격성을 결정해야 한다. 그러나 예외적이고 예측하기 어려운 상황으로 인해 개인이 연장하는 것에 동의하거나 적격성을 결정하기 위해 확대평가가 필요한 경우 60일을 초과할 수도 있다.

(3) 확대평가(06)

이용자는 적격성을 결정하기 위해 확대평가가 필요하다고 판정될 때 상태 06으로 간다. 상태 06에 배치된 이용자는 이 상태에서 18개월 이상 머물 수 없고, 다음과 같은 경우에는 18개월 이전에 상태 06을 떠나 상태 08이나 10으로 옮겨야 한다.

- 이용자가 고용성과의 측면에서 이익을 얻을 수 있고, 직업재활 서비스가 필요하다는 합리적인 기대가 인정될 때(상태 10으로 이동)
- 이용자의 장애가 심해 고용 성과의 측면에서 이익을 얻을 수 없다면 명백하고 납득할 수 있는 증거가 있을 때(상태 08로 이동)
- 계획된 평가 서비스가 더 이상 적절하지 않다고 여길 때(예: 죽거나 다른 지역으로 이사 가는 경우)

상담가는 확대평가 과정에서 ① 이용자의 적격성을 결정하기 위해 필요한 문제를 포함하여 확대평가의 이유를 상세하게 적고, ② 고용 성과를 달성하기 위해 필요한 서비스의 본질과 범위를 결정하고, 적격성을 결정하기 위해 개별화고용계획을 준비하며, ③ 이용자의 프로파일에 부가적인 의료 정보, ④ 이용자에게 확대평가의 필요성을 문서로 알리며, 직업재활 서비스 계획안이나 개별화고용계획 사본을 제공하고, ⑤ 확대평가에 대한 이용자의 요구를 의뢰기관에 알리며 90일간의 재검토 후에 개인의 진행과정을 나타내는 사례기록을 완성해야 한다.

(4) 신청이나 확대평가에 대한 종결(08)

이 단계에서는 신청(상태 02)이나 확대평가(상태 06)에서 직업재활 서비스를 거부하거나 받아들이지 않은 사람을 확인한다. 이때 개별 프로그램을 종결하려면 ① 이용자는 직업재활 서비스의 적격성에 대한 준거 가운데 한두 가지가 부합되지 않아 서비스에 부적합해야 하고, ② 장애와 상관없는 다른 이유가 있거나(예: 개인이 서비스에 관심이 없고, 상담가는 신청자를 찾을 수 없을 때) 확대평가에서 서비스를 거부하거나 부적격하다고 여겨져야 한다.

상담가가 이용자와 접촉할 수 없는 경우에는 ① 이용자의 사례를 60일간 보존하고, ② 이용자와 접촉하기 위해 했던 노력들을 서비스 기록에 상세히 기록하며, ③ 알고 있다면 이용자가 선호하는 형태로 한 차례 종결을 알리는 편지를 보내고, ④ 이용자의 프로파일에 일반적인 건강 정보와 부가적인 의료 정보를 적으며, ⑤ 가능하다면 서비스를 받도록 하기 위해 이용자의 대리인과도 접촉을 시도한다.

이용자가 서비스를 거절할 경우에는 ① 그 이유를 서비스 기록에 상세히 기록하고, ② 알고 있다면 이용자가 선호하는 형태로 종결을 알리는 편지를 보내며, ③ 가능하다면 개인의 동의하에 의뢰기관에 종결을 알리고 그 외 이용자의 욕구에 부합될 수 있다고 생각되는 적절한 서비스를 제시하며, ④ 이용자의 프로파일에 일반적인 건강정보와 부가적인 의료정보를 기록한다.

이용자가 직업재활 서비스에 부적격하다고 결정될 경우, ① 이용자가 심한 장애나 치명적인 의료 상태 때문에 직업재활 서비스에 부적격하다면 선임 상담가나 의료 컨설턴트와 정보를 재검토하고, ② 종결하게 된 이유를 사례별로 작성하며, ③ 부적격 결정이 이용자가 고용 성과를 이룰 수 없다는 조사 결과에 기초한 것이라면 부적격 결정일로부터 12개월 내에 이용자와 이에 대한 재검토, ④ 이용자가 부적격하다는 것을 알고 있다면 부적격 결정과 그 결정의 이유, 다른 지역사회 원조 프로그램을 문서로 알리며, ⑤ 가능하다면 개인의 동의하에 의뢰기관에 종결을 알리고, ⑥ 이용자의 프로파일에 일반적인 건강정보와 부가적인 의료정보를 기록한다.

(5) 개별화고용계획 개발(10)

개별화고용계획(IPE)을 개발하기 위해 이용자가 참여하여 제공될 서비스의 본질과 범위를 결정하고 상담가와 함께 직업재활 서비스를 공식적으로 계획하는 과정이다. 이 과정에 들어가려면 ① 이용자는 신체적 또는 정신적 장애로 인해 고용에 본질적인 장애를 가지고 있지만 직업재활 서비스를 통해 고용 성과를 기대할 수 있어야 하고, ② 고용을 준비, 유지하거나 재취업하기 위하여 직업재활 서비스가 필요하다.

IPE는 90일 내에 개발될 수 있어야 한다. 일반적으로 모든 노력까지 고려한다면 180일 내에 개발해야 하겠지만 이용자가 직업 목표를 결정하거나 목표를 달성하기 위해 서비스가 필요하다면 더 오래 걸릴 수도 있다. 이것은 개별화고용계획 개발과정이 일반적인 지침처럼 시간의 제한이 없다.

IPE를 개발하려면 ① 이용자가 서비스에 적합한지를 나타내고, 그러한 결정을 하게 된 이유를 설명하며, ② 서비스 기록에 상태 변화와 부가적이고 관련되는 증거자료를 기입하고, ③ 이용자가 선호하는 형태로 적격성을 문서로 알리며(또는 IPE 사본을 제공함), ④ 사정 정보가 있다면 상담가와 이용자가 함께 IPE를 준비하고, 사정 정보가 없다면 IPE 개발에 필요한 정보를 얻기 위해 무엇을 어떻게 할 것인지를 계획하고 결정하여 이를 사례기록에 상세히 적고, IPE를 개발하는 데 필요한 정보를 갖추기 위해 계획된 활동을 수행하며, ⑤ 승인된 IPE에 이용자의 서명을 받아서 이용자가 선호하는 형태로 완성되고 승인된 IPE 사본을 제공한다.

(6) 개별화고용계획 실행(18)

이 단계는 IPE를 실행하는 과정으로 이용자가 고용될 수 있도록 상담과 지도, 의료재활 서비스나 훈련을 제공하는 것이다. 개별서비스로서의 상담은 단지 고용을 준비하는 데 필요한 서비스로 상담이나 지도, 배치가 포함되며, 의료재활 서비스는 의료적인 처치, 심리학적 또는 정신의학적 치료, 외과학적 치료, 장비나 보조기기의 착용 등과 관련되고, 훈련서비스는 직업훈련, 오리엔테이션과 이동훈련, 재활교육훈련 등과 관련된다.

IPE의 실행은 이용자가 계획된 서비스, 즉 ① 직업, 기술, 실업학교 훈련, ② 대학훈련, ③ 그 외 학업훈련, ④ 지역사회 재활 프로그램 훈련, ⑤ 일상생활 기술훈련, ⑥ 현직훈련, ⑦ 작업경험 훈련, ⑧ 상담, 지도와 같은 개별서비스, ⑨ 의료재활 서비스 가운데 한 가지 이상을 받을 때 시작된다. 이때 서비스 기록에는 상태 변화와 부가적이고 관련된 증거 자료를 기입해야 하고, 상담과 지도, 의료재활, 훈련 등을 마치거나 중단하거나 종결하게 될 때 상태 18을 떠나 상태 20, 22, 28로 옮길 수 있다. IPE의 실행이 중단되었을 경우, 그 중단이 단기적으로 예상되면 이용자는 상태 18에 머무르게 되고, 장기적으로 예상되면 상태 10으로 되돌아가야 하며, 이용자가 서비스를 재개할 준비가 되었거나 상태 28에서 종결해야 할 때 새로운 IPE가 개발된다. 이용자는 상태 18에서 상태 20으로 이동하기에 앞서, 서비스 기록에 이용자를 고용시키기 위한 과정과 준비 상황을 기술한다.

(7) 고용 준비(20)

이 과정은 이용자가 직업탐색 기술훈련, 이력서 준비 등을 포함하여 고용에 대한 준비를 마쳤거나 직무를 받아들일 준비가 되었을 때 시작하는 것이다. 고용 준비과정에 들어가려면 ① 서비스 기록에 상태 변화와 부가적이고 관련된 증거 자료를 기입해야 하고, ② 이용자의 프로파일에 상태 변화를 기입해야 하며, ③ 상태 18에서 개발된 이용자의 배치계획을 이행하고 유지한다. 그리고 실제로 고용되거나 재활계획이 중단될 때, 그리고 이용자의 서비스 기록이 상태 28에서 종결될 때 이 과정은 끝난다.

(8) 고용(22)

이용자는 고용되면서 상태 22로 들어가게 되는데, 이때 ① 서비스 기록에 상태 변화와 부가적인 관련 자료를 기입하고, ② 이용자의 프로파일에 상태 변화를 기록하며, ③ 개인이 직무 수행기준에 부합되는지, 배치된 이용자가 만족하는지, 이용자에 대해 고용주(또는 관리자)가 만족하는지, 그리고 야기될 수 있는 문제와 고용 후 서비스에 대한 욕구 등을 사정하여 배치 후의 사후관리를 해야 한다. 이용자와 고용주에 대한 사후관리는 이용자가 상태 22에 있는 동안 고용이 이용자와 고용주에게 실제로 도움이 되도록 하기 위해 시행되는 것으로, 상태 26에서 이용자의 프로그램을 종결하기 전에 적어도 90일간 행해져야 한다. 이용자는 ① 적어도 90일간 충분히, 계속해서 고용되어 종결기준에 부합될 때(상태 26) ② 재활되지 않은 채로 종결하는 것이 환경 변화 때문으로 드러날 때(상태 28) 상태 22에서 상태 26이나 28로 옮기게 된다.

(9) 종결(26)

이 단계는 이용자가 직업목표를 성공적으로 성취하는 과정을 나타낸 것이다. 이 단계에 들어가려면 ① 이용자의 고용 후 서비스에 대한 욕구를 사정하고, ② 이용자가 종결기준에 얼마나 부합되는지를 포함하여 서비스 기록에 종결 사유를 기술하며, ③ 재검토하기 위해 선임 직업재활 상담가에게 서비스 기록을 제시하고, ④ 이용자에게 종결에 대한 내용을 문서로 알리며, ⑤ 확대고용에서 종결된 이용자의 경우 종결일로부터 1년 이내에 재검토와 재평가를 계획하고, ⑥ 이용자의 프로파일에 일반적인 건강 정보와 부가적인 의료 정보를 적어야 한다. 이 단계에서 이용자의 고용 성과는 다음의 조건들에 부합될 때 이루어진 것으로 본다.

- 이용자의 IPE하에 제공된 서비스가 고용 성과를 달성하는 데 기여할 때
- 고용 성과가 가장 잘 통합된 환경에서 이루어질 때
- 이용자가 적어도 90일간 고용 성과를 유지할 때
- 이용자와 고용주 그리고 상담가가 이용자가 직무를 잘 수행한다는 데 만족하고 동의할 때

(10) 종결(28)

이 과정에서 종결된 이용자는 적어도 한 가지 이상의 직업재활 서비스를 받았지만 직업 목표를 달성하지 못한 경우이다. 좀 더 자세히 설명하면 ① 이용자가 적격하다고 결정되었거나, ② 직업재활 욕구를 결정하기 위해 사정을 받았으며, ③ IPE가 만들어졌거나, ④ 적어도 IPE에서 계획된 한 가지 서비스가 시작되었으며, ⑤ 몇몇 이유로 이용자가 직업목표를 달성할 수 없을 때이다. 상태 28로의 이동은 상태 18, 20, 22에서만 일어날 수 있다.

(11) 종결(30)

이 과정에서 종결된 이용자는 직업재활 서비스에 적격하다고 결정되었지만 직업 목표를 달성할 수 없거나 어떤 계획된 직업재활 서비스도 받지 않은 경우이다. 좀 더 자세히 설명하면 ① 어떤 IPE도 개발되지 않았고, ② IPE에서 계획된 어떤 서비스도 제공되지 않았으며, ③ 몇몇 이유로 IPE에 계획된 직업재활 프로그램에 참여할 수 없게 될 때이다. 상태 30으로의 이동은 상태 10에서만 일어날 수 있다.

상태 28과 30에서 종결될 때는 ① 이용자가 장애가 심하거나 빠르게 진행하거나 치명적인 의료 상태로 인해 직업재활 서비스에 부적격하다고 결정되면 선임 상담가나 의료 컨설턴트와 정보를 재검토하고, ② 부적격성을 검증하며, ③ 서비스 기록에 종결 사유를 적고, ④ 부적격 결정이 이용자가 고용 성과를 이룰 수 없다는 조사 결과에 기초한 것이라면 결정일로부터 12개월 내에 이를 재검토하며, ⑤ 이용자에게 그들이 선호하는 형태로 종결을 알리고, ⑥ 이용자나 이용자의 대리인에게 이용자의 욕구에 부합할 수 있는 다른 서비스에 대한 정보를 제공하며, ⑦ 이용자의 프로파일에 일반적인 건강정보와 부가적 의료정보를 적어야 한다.

(12) 고용 후 서비스(32)

고용 후 서비스는 이용자가 고용되거나 고용을 유지하기 위해 그리고 다시 고용되기 위해 필요한 것으로 개인의 장점과 자원, 우선적으로 해야 할 일, 관심사, 능력, 가능성과 흥미 등과 관련된다. 상태 32로의 이동은 상태 26이나 상태 34에서만 이루어질 수 있다. 이 과정에서는 ① 고용 후 서비스를 위해 IPE를 갖추어 이행하고, ② 새로운 경제상태 보고서를 작성하며, ③ 서비스 기록에 고용 후 서비스에 대한 이유와 상태 변화 그리고 부가적인 관련 자료를 기입하고, ④ 이용자의 프로파일 상태변화를 기록하고, ⑤ 이용자가 선호하는 형태로 고용 후 서비스에 대한 IPE 사본을 제공한다.

(13) 고용 후 서비스 종결(34)

이 단계는 고용 후 서비스가 종결되는 과정으로 IPE에서 밝힌 고용 후 서비스가 끝나거나 이용자가 고용을 유지하거나 다시 얻을 때 이루어지게 된다.

(14) 고용 후 서비스 중단, 사례 재개(36)

이 과정은 이용자가 계획된 고용 후 서비스를 통해 고용을 유지하거나 다시 얻는 것이 어려울 때, 또는 종합적인 재활 노력이 본래 IPE가 나타내야 하는 것과 관계가 없다고 결정될 때(상태 02에서 다시 시작됨) 이루어진다.

(15) 다른 이유로 고용 후 서비스 중단(38)

이용자는 계획된 고용 후 서비스가 성공적이지 못했거나 다른 이유(예: 사망, 주를 떠나서 이용할 수 없음, 서비스를 실행할 수 없거나 더 이상 원하지 않음)로 중단될 때 상태 38에서 종결한다. 상태 34, 36, 38에서는 사례별로 ① 서비스 기록에 종결 사유와 상태 변화 그리고 부가적인 자료를 기록하고, ② 필요하다면 종결 사유, 고용 후 서비스의 성과, 재심에 대한 정보, 서비스의 유용성, 그리고 부가적인 고용 후 서비스의 유용성을 포함하여 이용자에게 문서로 종결을 알리며, ③ 이용자의 프로파일에 상태 변화를 기록하고, ④ 개인의 사례가 상태 02에서 다시 시작하도록 하고, ⑤ 이용자나 이용자의 대리인에게 이용자의 욕구에 부합될 수 있는 다른 서비스를 알려준다.

3) 한국의 직업재활 과정

한국의 직업재활 과정은 미국과 같이 법률에 규정되어 사례관리가 이루어지고 있지 않다. 최근 직업재활 분야의 사례관리를 위한 체계 구축의 필요성에 대한 논의는 활발히 진행되고 있지만 아직 이에 대한 통일된 과정이 수립되어 있지 않다. 그러나 2008년 한국장애인복지관협회가 장애인복지관의 직업재활 서비스 사례관리를 위하여 업무 표준화를 하면서 사례관리 체계를 제시하였으며, 이 체계를 중심으로 전산 시스템이 개발되었고 적용 가능한 직업재활 과정은 [그림 4-2]와 같다.

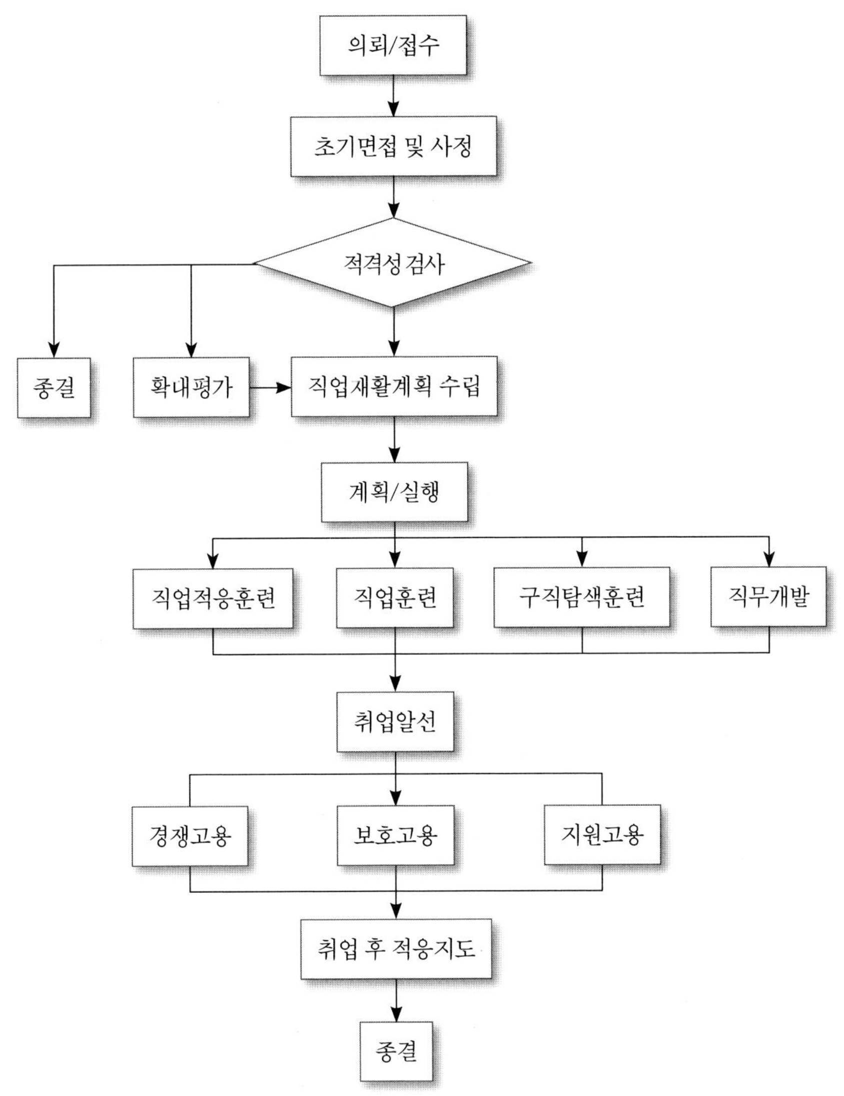

[그림 4-2] 장애인복지관의 직업재활서비스 과정

출처: 한국장애인복지관협회(2008).

3. 재활사례관리의 유형

장애인 재활사례관리 과정은 통합체계에 따른 서비스를 전달하는 과정이라 할 수 있다. 이에 대해서 학자마다 조금씩 차이를 보이고 있으며 기존 문헌에서 나타난 사례관리 과정에 대해 살펴보면 다음과 같다.

1) 직업재활기관의 사례관리 과정

이금진(2003)은 '장애인 직업재활기관에서의 사례관리 현황과 정보화과제'에서 사례관리 과정을 '사례발굴 → 사정 → 고용개별화계획 → 서비스 연결 및 조정 → 배치 및 사후관리'로 나누었는데, 그 내용은 〈표 4-2〉와 같다.

표 4-2 재활사례관리 과정

과정	내용	주요 내용
사례발굴	접수 및 의뢰	• 대상자격 선정 • 서비스 접수 • 의뢰 • 발굴 활동
사정	진단 및 사례조사 절차	• 포괄적인 진단과 사례조사 • 직업적 진단 • 의료적 진단 • 심리적 진단 • 사회적 진단 • 교육적 진단
고용개별화 계획	고용개별화 계획 수립	• 종합적인 재활사정 근거 • 직업평가 수행 • 자원의 개별화 • 조정 • 목표: 직업능력 획득, 장애극복 • 사례관리자와 대상자 혹은 대상자가 스스로 계획 수립 • 사례관리자와 대상자의 공동책임 과정임
서비스 연결 및 조정	서비스의 연결	• 다양한 영역의 자원 모니터링 • 자원 선별 • 대상자에게 소개하고 연결하는 활동수행
배치 및 사후관리	사후관리 활동	• 직장연결 후 사후관리 • 직업재활 목표와 관련된 재평가 • 취업 연결 • 정서적 지지와 직무조정 기회 제공 • 대상자에 대한 지지뿐만 아니라 고용주에 대한 정보를 제공하는 것까지 포함된 활동임

출처: 이금진(2003).

2) 서울시복지재단의 매뉴얼

서울시복지재단(2005)의 '장애인복지와 사례관리 실천방법'에서는 장애인 재활사례관리의 과정을 '접수 → 사정 → 계획 → 개입 → 점검 및 재사정 → 평가 및 사후관리'로 나누었는데, 각 사례관리 단계를 정리해 보면 〈표 4-3〉과 같다.

표 4-3 장애인복지 사례관리의 과정

<table>
<tr><th>과정</th><th>내용</th><th colspan="2">주요내용</th><th>비고</th></tr>
<tr><td rowspan="3">접수
(시작)</td><td rowspan="3">접수상담
등록</td><td colspan="2">접수상담(상담일지 활용)</td><td rowspan="3"></td></tr>
<tr><td colspan="2">진단예약</td></tr>
<tr><td colspan="2">등록(이용자 등록카드)</td></tr>
<tr><td rowspan="9">사정
(측정)</td><td rowspan="9">사정</td><td colspan="2">초기면접(초기면접 정보가이드)</td><td rowspan="9"></td></tr>
<tr><td colspan="2">사정(기초재활 영역의 접수면접지)</td></tr>
<tr><td colspan="2">각 영역별 사정 주요도구</td></tr>
<tr><td>사회영역</td><td>• 면접과 관찰
• Genogram/Eco-Map
• 사회집단지</td></tr>
<tr><td>의료영역</td><td>• 의사의 임상적 진단
• 정밀한 의학적 진단</td></tr>
<tr><td>심리영역</td><td>• 아동용/성인용 지능검사
• 사회성숙도검사
• 성격검사
• 자폐검사
• 행동검사</td></tr>
<tr><td>교육영역</td><td>• 포테이지 아동발달 관찰표
• 기초학습기능검사
• 교육진단검사(PEP)
• DARBS(출생에서 5세까지)</td></tr>
<tr><td>언어영역</td><td>• 그림어휘력검사
• 구문의미이해력검사
• 그림자음검사 등</td></tr>
<tr><td>직업영역</td><td>• AAMD 적응행동척도
• 직업적성검사
• Valpar #17 등</td></tr>
</table>

<table>
<tr><td rowspan="2">계획</td><td rowspan="2">재활계획 회의
당사자 참여회의</td><td>재활계획 회의: 재활계획 회의 결과기록지</td><td rowspan="2"></td></tr>
<tr><td>당사자 참여 회의: 서비스 계약서 작성</td></tr>
<tr><td rowspan="4">개입</td><td rowspan="4">개입</td><td>목표 설정: 사례관리 계획서</td><td rowspan="4"></td></tr>
<tr><td>서비스 계획서 작성</td></tr>
<tr><td>서비스 계획에 따른 실시: 서비스 진행일지</td></tr>
<tr><td>서비스 조정 및 구입</td></tr>
<tr><td rowspan="2">점검 및
재사정</td><td rowspan="2">모니터링
재사정</td><td>모니터링: 정기평가서</td><td rowspan="2"></td></tr>
<tr><td>재사정: 수시평가서</td></tr>
<tr><td rowspan="4">평가 및
사후관리</td><td rowspan="4">평가
종결
사후관리</td><td>평가</td><td rowspan="4"></td></tr>
<tr><td>종결평가회의: 종결평가서</td></tr>
<tr><td>종결</td></tr>
<tr><td>사후관리</td></tr>
</table>

출처: 서울시복지재단(2005).

3) 한국장애인개발원의 매뉴얼

한국장애인개발원(2001)은 직업재활센터에서 이루어지는 직업재활 과정을 '의뢰/접수 → 초기면접 → 적격성 판단 → 평가 → 재활계획 수립 → 서비스 전달 → 종결'로 나누었는데 이를 살펴보면 [그림 4-3]과 같다.

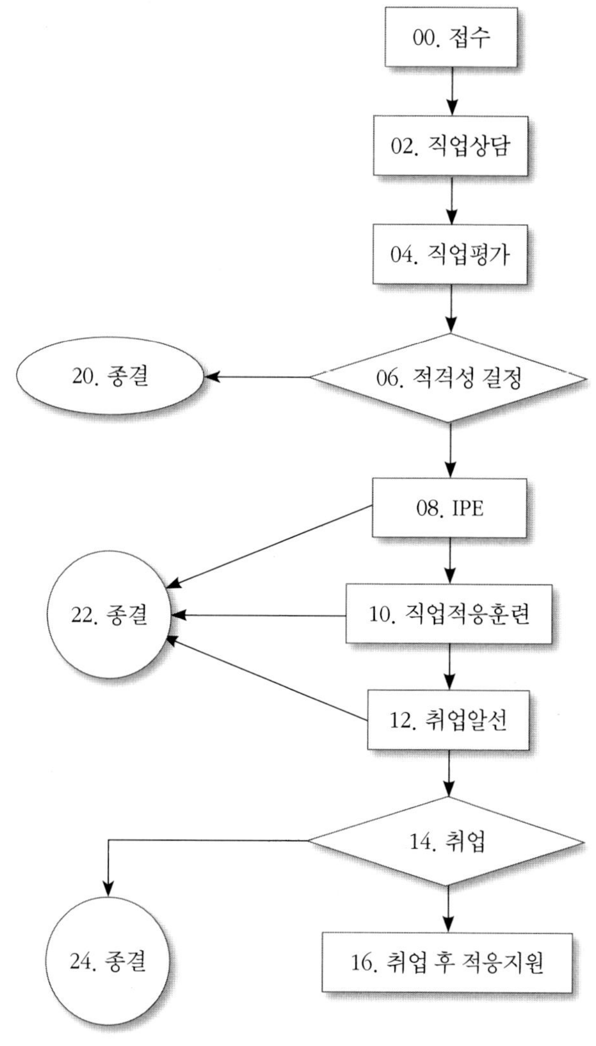

[그림 4-3] 직업재활 과정

출처: 한국장애인개발원(2001).

4) 미국의 재활사례관리 체계

미국은 재활의 과정을 일종의 코드 시스템(code system)으로 체계화하고 있다. 이 코드에 의해 재활 대상자가 받는 서비스의 유형과 진전 정도를 파악할 수 있고, 이용자를 위한 프로그램의 설치 및 비용 등 행정적인 절차의 이해에도 도움을 제공한다.

표 4-4 직업재활코드 시스템

과정	내용	주요내용	비고
의뢰 과정	의뢰	• 00: 재활 프로그램에 한 의뢰 • 02: 재활서비스 신청 • 06: 직업평가(최대 18개월까지 가능) • 08: 의뢰, 신청 혹은 직업평가 기간을 거치면서 대상자로 적합하지 않은 것으로 결정되어 부적격으로 처리하는 과정	code 00~08
사전 서비스 과정	계획	• 10: 개별화된 재활계획(IPE) 작성 • 12: 대상자를 위한 개별화된 재활계획의 완성	code 10~12
현장 서비스 과정	서비스 전달	• 14: 대상자의 취업을 준비하기 위한 상담과 배치 • 16: 신체 · 정신 치료 서비스 • 18: 직업훈련(개별화된 재활계획에 따라) • 22: 대상자의 고용(최대 60일 이상 지속)	code 14~24, 32
종결 과정	종결 사후서비스	• 26: 성공인 직업재활로 인한 서비스 종료 • 32: 대상자가 취업을 유지하도록 지원하는 사후 서비스	code 26~30

이 코드 시스템에 따른 재활과정은, 첫째, 의뢰 과정으로 코드 00에서 08, 둘째, 사전 서비스 과정으로 코드 10에서 12, 셋째, 현장 서비스로서 코드 14에서 24까지와 32, 넷째, 활동사례 종결로서 코드 26에서 30까지로, 이를 정리해 보면 〈표 4-4〉와 같다(장애우권익문제연구소, 2002).

5) 사례관리의 필요성

장애인복지관의 존재는 지역사회 일반 가정에 거주하고 있는 이용자들(재가장애인)의 욕구를 충족시키기 위함이며, 이러한 욕구를 충족시킬 때 이용자들이 가지고 있는 자원과 더불어 지역사회 내 자원을 적절히 활용하여야 한다.

재가장애인들은 현재 장애인복지관을 이용하고 있거나 이후 이용할 가능성이 있는 잠재적 이용자라 할 수 있다. 그러므로 장애인의 욕구 충족을 위해서 존재하고 있는 장애인복지관은 장애인의 욕구에 맞는 서비스를 제공하여야 한다. 이때 이용자 대다수는 하나의 욕구보다는 잠재된 것을 포함해서 다수의 욕구를 가지고 있다. 이러한 욕구를 가진 이용자에게 사례관리는 서비스 간의 연결, 조정이라는 측면에서 극히 유용하다. 또한 이용자의 입장에서는 어떠한 시설이나 단체에 가야만 적절한 서비스를 받을 수 있는지 자세히 알지 못하는 경우가 허다하다. 이러한 이유로 지원을 받지 못하거나 시설을 전전하는 경우가 빈발하고 있는 현실이다. 이러한 장애인들을 대상으로 지역사회 내의 장애인 전담조직을 설치하여 장애인에 대한 서비스를 실시하는 것은 서비스의 누락, 기관 전전이라는 비복지를 예방할 수 있다고 본다. 특히 장애로 인해 자신의 의견을 주장할 수 없는 사람들의 경우 스스로 지역사회의 비공식적 자원을 얻기가 어렵다. 그러므로 장애인복지관에서 사례관리를 통해서 이용자가 적절한 서비스를 쉽게 획득할 수 있도록 해야 한다. 왜냐하면 장애인복지관은 지역사회 자원을 활용하기 용이하며 필요한 자원을 개발할 수 있는 인적·물적자원을 가지고 있기 때문이다. 이러한 적절한 서비스는 기존의 프로그램을 이용하거나 다른 기관과의 연계를 통해서 확보할 수도 있고, 자원개발을 할 수도 있다. 이러한 과정들을 통해서 여러 기관에서의 서비스 중복과 누락을 방지하여 한 이용자에게 보다 효과적인 서비스를 제공할 수 있다.

장애인복지 분야에서 사례관리를 강조하게 된 배경을 보면, 첫째, 장애인복지 패러다임의 변화에 따른 사회통합, 정상화, 탈시설화, 자립생활운동의 영향으로 장애와 장애인에 대한 관점뿐 아니라 개입 전략 또한 변화하였다. 장애인을 시혜적 대상으로 간주하던 시각에서 탈피하여 장애인의 자기선택과 자기결정을 중시하게 되었고 생애주기와 장애 정도 등을 고려한 개별화된 개입과 지역사회의 자원 활용을 한층 강조하게 되었다.

둘째, 장애인의 '삶의 질' 향상에 대한 강조이다. 장애인의 인권에 대한 관심확대와 함께 그들의 삶의 질 향상에 대한 관심 또한 확대되었다. 탈시설화 등의 영향으로 지역사회 내에서 생활하게 된 장애인구 규모가 확대되면서 다양한 지역사회 서비스들이 확충되었으며 이를 보다 체계적으로 장애인들에게 제공하는 것이 장애인의 '삶의 질'을 향상시킨다는 점에 주목하게 되었기 때문에 이를 뒷받침해 줄 수 있는 서비스 전달체계로서 사례관리를 강조한다.

장애인복지관의 사례관리는 다양한 서비스와 전문가들이 이미 세팅되어 있는 장애인복지관의 고유 특성과 별도로 사업 및 특성화 사업이 함께 진행되고 있는 폭넓은 사업 영역으로 인하여 다양한 사례관리 형태가 나타나고 있다.

① 기초재활 서비스 중심의 사례관리 유형
② 재가복지 서비스 중심의 사례관리 유형
③ 직업재활 중심의 사례관리 유형
④ 집단 프로그램 중심의 사례관리 유형

중증장애를 갖고 있는 경우 전통적 사회복지실천을 통해서 상황이 크게 개선되기 어렵다.

① 장애를 가지고 있는 경우, 장기간 서비스가 필요하며 이용자의 문제가 완전하게 해결되지 않기 때문에 사례관리가 필요하다.
② 이용자의 욕구가 가족이나 친구 또는 이용자의 네트워크 내에 있는 사람을 통해서는 충족되기 어렵고 이용자에게 가용한 사회적 지지 시스템이 이용자의 욕구를 충족시키기에는 부적절하기 때문에 사례관리가 필요하다.
③ 부족한 대처기술, 낮은 자존감, 자원과 서비스 정보 부족 때문에 이용자의 욕구가 충족되기 어렵다.

4. 임상 재활사례관리

1) 재활사례관리 방법

(1) 접수 또는 의뢰

사례관리의 첫 단계인 접수 단계에서는 프로그램에서 가장 적절한 사례를 발견하고 사전 적격심사를 통하여 이용자를 확인한 후 서비스를 제공할 것을 약속하고 계약하는 과정이다. 즉, 사례관리 서비스를 필요로 하는 이용자를 발견하고 그들의 욕구를 개략적으로 파악하여 적정심사를 거쳐 이용자 또는 가족이 기능적 및 재정적으로 서비스를 받을 자격이 있는지를 결정한다. 사례 발굴, 스크리닝, 인테이크가 이 단계에서 행하여진다.

사례관리자는 ① 전화나 방문접수, 내방접수 등을 통해 이용자와 접촉하고, ② 스크리닝 과정을 통해 일차적으로 욕구와 적격성 여부를 파악하여야 한다. ③ 이용자가 인테이크 과정에 참여하고, ④ 필요한 진단을 받을 수 있도록 해야 하며, ⑤ 긴급 상황에 대처할 수 있어야 한다. 또한 ⑥ 해당 기관의 서비스를 설명하고, ⑦ 이용자가 기관에 등록할 수 있도록 해야 하고, ⑧ 일련의 과정에 대해 이용자로부터 동의를 받아야만 한다.

(2) 사정

사례관리에서의 사정(assessment)은 이용자의 주위 환경을 포함한 그의 상황을 이해하는 집중적이고도 체계적인 과정이다. 사정은 세 가지 측면에서 매우 유용한데, 서비스의 적격성 여부 결정, 이용자의 욕구, 능력 및 잠재적 자원의 확인, 이용자의 진행과정 평가 방법을 구체화한다.

이와 관련하여 Moxley(1989)는 욕구의 주요 영역을 소득, 주택・보호처, 고용・직업, 건강보호, 정신건강, 사회적・인간적 관계, 여가선용과 휴양, 일상생활의 활동들, 이동수단, 법적 욕구, 교육의 열한 가지 욕구로 구분하고 있다. 사정은 이러한 욕구에 기초하고 있어야 한다. 이 단계에서 사정해야 할 구체적인 내용은 주로 현재의 문제상황, 신체적이고 정신적인 건강 상태, 일상동작 능력, 심리・사회적 기능, 경제적 상황, 이용자의 의지, 가치관, 가족과 친지와 친구에 관한 정보, 세대 구성, 이용자의 자조능력, 프로그램에 대한 적극성, 현재 이용하고 있는 서비스 및 원조, 경제 상황, 주거 등을 포함한다.

사례관리자는 이용자에 대한 사생활보장 및 인간의 존엄성, 인격 등에 대한 지식을 갖추어야 하며, 특히 이용자 능력에 대해 사정할 때에는 이용자의 장점, 잠재능력, 건전한 기능, 문제해결 능력 등과 같은 긍정적이고 발전적인 요소에 초점을 두어야 한다. 사정방법으로는 정형화된 사례관리 기본 양식에 질문 항목을 기록하는 직접면접을 통하여 접근할 수 있다.

① 욕구 및 문제 사정

욕구 및 문제에 대한 정확한 사정은 사례관리의 출발점이 되며 개입의 근거를 제시할 뿐 아니라 사례관리의 목적달성에 매우 중요하다. 사례관리자는 이용자와 함께 욕구 및 문제 목록을 만들고 우선순위를 정한다.

② 자원사정

중요한 문제들을 구체화한 이후에는 그 문제를 해결하는 데 도움이 되는 비공식적 · 공식적인 자원을 이용자와 함께 사정해야 한다. 자원 목록의 다섯 가지 요소인 5A를 활용하면 자원 목록을 구체화하는 데 매우 효과적이다. 여기에서 자원이란 우리가 삶을 지탱하고 성장과 발달을 계속하기 위해 필요한 재화와 서비스를 제공하는 사람들 혹은 사회기관들을 말한다. 자원의 사정은 전체적이고 포괄적인 시각을 가지고 생태도 등을 활용하여 체계적으로 접근한다.

③ 장애요인 사정

이 단계에서 우리는 원조로 서비스를 제공받거나, 제공받은 서비스를 활용함에 있어 장애요인이 무엇인지를 파악하여야 한다. 주요 장애요인으로는 세 가지가 있는데 외부 장애물, 선천적인 무능력, 내부 장애물이다.

가. 외부 장애물

이용자가 처한 환경에서 다음 사항 중 적어도 한 가지 이상 부족한 상황이 발생할 수 있다.

- 자원이 없거나 욕구를 충족시키기에는 부적합하다.
- 자원이 일반적으로 유용하지만, 어떤 이용자에게는 유용하지 않다.
- 정보, 교통수단, 아동보호 등의 부족으로 유용한 자원이 있으나 접근이 어렵다.

나. 선천적인 무능력

이용자의 통제 밖의 것으로 사례관리실천의 과정에서 이용자와의 효과적인 의사소통과 적극적인 참여를 제한시키는 것이다. 예컨대, 가장 일반적으로 장애가 있다거나 약물중독 등의 문제를 고려할 수 있다.

다. 내부 장애물

이용자가 가지고 있는 신념, 태도, 가치 등은 필요한 도움을 찾거나 받아들이는 방식인 행동 패턴을 결정짓는다. 예컨대, 잘못된 신념 혹은 행동 패턴에는 비관주의, 운명주의, 냉소주의가 있다.

(3) 계획

계획은 사례관리의 목적을 달성하기 위해 이용자에 대한 장·단기 목표를 설정하고 적절한 해결방안을 모색하기 위한 개별적인 보호체계를 수립하는 과정이다. 계획은 4단계로 이루어지는데, ① 목표의 공식화, ② 해결 가능한 목표의 우선순위 설정, ③ 목표를 성취할 방법의 선택, ④ 시간 활용 확인 및 이용자의 진척 평가이다.

서비스 계획을 수립할 때 사례관리자는 이용자와 그 가족의 합의에 유의하고, 합의한 바는 반드시 기록한다.

또한 이때 목표 설정이나 서비스 계획에 관해서 의견의 불일치가 생길 경우 사례관리자는 합의로 얻어진 타당성 있는 목표의 설정과 계획을 위해서 조정하고 연결하는 역할을 하게 된다. 〈표 4-5〉는 4단계로 이루어진 구조화된 계획과정을 설명한다.

표 4-5 사례관리 계획과정

단계	주제	내용
1단계	상호 간의 목적 수립하기	• 사례관리자-이용자가 함께 목적 수립 • 사례관리자-이용자 간 신뢰관계 • 충분한 사정을 통해 이용자의 현재 상황 파악
2단계	우선순위 정하기	• 이용자의 중요한 욕구 명확화 및 우선순위 선정 • 이용자의 인식, 이용자의 삶에 즉각적 위험을 미칠 가능성이 적은 것
3단계	전략 수립하기	• 목표달성을 위한 선택방법 • 이용자와 함께 이루어져야 함
4단계	최선의 전략 선택하기	• 이용자의 현재 상황을 기초로 선택 • 현실과 실행가능성을 고려함
	전략 실행하기	• 전략을 실현하기 위해 시간과 절차 등을 구체화 • 전략 실행: 성공 여부 평가를 통해 미달성 목적은 계획과정으로 다시 환류됨

(4) 개입

이용자가 질이 좋은 서비스나 원조를 원활히 받을 수 있도록 계획을 실시하는 과정으로 이용자에게 필요한 서비스들을 선별해서 이를 조정한다. 서비스 연결과정은 사례관리의 심장부라고 할 수 있는데, 이때의 개입은 크게 내부자원 획득을 위한 직접적 서비스 제공과 외부자원 획득을 위한 간접적 서비스 제공으로 나누어 볼 수 있다. 직접적 서비스 제공 시에 사례관리자는 이행자, 안내자, 교육자, 정보제공자, 지원자로서 기능하고, 간접적 서비스 제공 시에는 중개자, 연결자, 옹호자로서의 역할을 하게 된다.

이 단계에서 사례관리자는 ① 자원 목록에서 이용자에게 필요한 서비스를 찾아내고, ② 자원이 있는 기관에게 왜 그 자원이 필요한지를 설명하고 교섭하고 변호하여 필요한 서비스를 입수하고, ③ 서비스의 개시를 확인하고 이용자가 활용하는 것도 확인하고, ④ 서비스의 분배를 확인하고, ⑤ 서비스 제공자와 이용자를 격려하고, ⑥ 서로 간에 갈등이 있을 경우 갈등과 오해를 풀어 주도록 노력하며, ⑦ 변화에 순응시키고, ⑧ 새로운 자원을 확보하여 서비스를 만들고, ⑨ 사례관리 실시에 따른 평가 결과를 명확히 보고해야 한다.

(5) 점검 및 재사정

서비스가 계획된 바에 따라 전달되고 있는지 검토하고 이용자의 상태에 따라 계획을 수정하는 단계이다. 또한 새로운 서비스 계획의 수립과 연결에 이르는 이용자 서비스 과정에 대한 계속적인 평가단계이다.

이 단계에서는 ① 구체적으로 계획된 서비스의 이용자 전달 정도, ② 이용자에 대한 서비스와 지원계획의 목표성취 정도, ③ 서비스와 사회적 지지의 산출 검토, ④ 이용자의 욕구 변화 점검, ⑤ 서비스 계획의 변화 여부가 이루어져야 한다.

이 과정에서 사례관리자는 이용자와 그의 가족이 서비스에 대해 만족하고 있는지, 서비스 이용에 따르는 어려움은 무엇인지를 모니터링하고, 필요한 경우 재사정 계획을 수정하는 민감성과 융통성을 갖추어야 한다.

또한 서비스 전달 상황을 재평가하는 재사정을 실시하여 이용자 자신의 일상동작 능력이나 사회 상황의 변화에 따라서 욕구가 변화하지 않았는지를 체크하는 것이다. 보통 3개월에 한 번씩 이루어지며, 재사정 단계를 거쳐 이용자의 욕구가 충족

되지 않았을 경우 목표 설정과 서비스 계획으로 돌아가 사례관리의 과정을 반복하게 된다.

(6) 평가 및 사후관리

점검이 '정해진 활동이 계획대로 잘 이루어지고 있는가'를 살펴보는 것이라면, 평가는 '사례관리자의 활동이 이용자의 삶에 어떤 차이점을 만들어 가고 있는가'를 보고자 하는 것이다. 사례관리에서 평가란 '사례관리자에 의해 형성되고 조정되는 서비스 계획, 구성요소, 활동 등이 과연 시간을 투자할 만한 가치가 있는지 여부를 측정하기 위해 이용되는 과정이다'(권진숙, 진석균, 2001).

사례관리 평가는 양적 · 질적 기술을 이용하여 이용자에 대한 서비스 전달계획의 영향을 평가하는 것으로 이용자가 서비스 이행으로부터 어떤 이득을 어느 정도 취했는가를 평가한다. 평가는 이용자에 대한 직접적인 개입이 이용자의 문제 해결에 얼마나 효과가 있었는지에 대한 효과성 평가와 이용자의 서비스에 대한 만족에 관한 평가 등이 있고, 후자에는 과정평가, 즉 이용자에 대한 서비스와 지원계획에 대한 평가이다(양옥경, 1996).

평가를 거쳐 사례의 목표가 달성되었고, 현재의 상태가 계속 유지될 것이 확인되거나, 또는 이용자에게 더 이상의 서비스를 제공할 수 없게 되면 서비스를 종결한다. 서비스의 종결은 사례관리자에게 사례담당 건수를 줄이는 데 도움을 주며, 이용자에게는 새로운 독립의 기회를 제공한다. 그러나 사례가 종결되더라도 이용자가 다시 서비스를 필요로 하게 될 경우를 감안하여 의사소통의 통로를 지속적으로 유지하는 것이 좋고, 종결 시에는 종결의 우선순위를 정하여 결정하고 이용자 다시 원조를 필요로 할 경우 언제든지 도움을 줄 수 있다.

사례에 대한 종결이 이루어지면 사후관리가 실시된다. 사후관리는 사례관리 연구에서 따로 분류되어 다루어지고 있지는 않지만 지역사회에 적응하기 어려운 클라이언트의 서비스 연장으로 매우 중요하게 다루어야 할 부분이라고 생각한다. 사후관리의 빈도는 높을수록 바람직하겠지만 이용자의 상황에 따라 개별적으로 이루어질 수 있다.

사례관리 과정은 이용자가 기관에 접근하는 것에서부터 시작하여 이루어지고 그 과정은 각각의 단계를 거치면서 발전하며, 각각의 관계는 맞물려 있기도 하고, 이용자에게 효과적인 서비스 제공이 이루어지지 못할 경우 재사정을 거쳐 이전 단계로 되돌아갈 수도 있다. 또한 과정은 기관 간의 상호조정과 직접개입, 즉 상담, 치료, 옹호의 측면들과 상호작용하고 있다.

5. 슈퍼비전

슈퍼비전의 기본적 목표는 이용자에게 서비스를 제공하는 이들이 적정 수준의 자질을 구비하고 있는가의 여부를 보장하는 데에 있다. 서비스 제공의 효과성을 높히고자 하는 장애인재활상담사에게 있어 슈퍼비전은 이 같은 목표의 달성에 필요한 전문적 활동이라 할 수 있다. 실제로 유의미하고 지속적인 슈퍼비전이 제공되지 않을 경우, 상담사는 상담기술상의 퇴보를 경험할 수 있다. 재활서비스에서 슈퍼비전이 차지하는 높은 비중에도 불구하고 슈퍼비전을 다룬 재활 관련 문헌은 상대적으로 드문 편이다. 이에 따라 재활상담 현장에서 활용되는 슈퍼비전 관련 내용 중 대부분이 임상 · 상담 · 교육 · 학교심리학, 상담교육 등으로부터 응용된 것이다.

1) 임상 슈퍼비전

여러 학자는 자신이 몸담고 있는 학문 분야와 교육의 내용에 따라 임상 슈퍼비전을 다르게 정의한다. 가령, 간호학에서는 임상 슈퍼비전을 '한 간호사가 다른 간호사의 임상활동을 관찰하고 평가에 대한 대응을 논하는 과정'으로 정의한다. 미국작업치료학회(American Occupational Therapy Association)에서는 슈퍼비전을 "창의력과 혁신을 장려하며 목표달성 과정에 필요한 존중, 격려, 지지, 교육, 지침을 제공하는 행위"로 정의한다. Kadushin(1992)은 조직에 있어 슈퍼비전은 일차적 경영 형태로 보았다. 이러한 슈퍼비전의 기능은 행정적 기능, 교육적 기능, 지지적 기능으로 분류된다.

(1) 행정적 기능

재활 프로그램은 장애를 지닌 개인의 독립성과 생산성을 증진시키려는 의도에서

발달하였다. 또한 서비스 전달에서 포함하는 많은 자원은 전문가의 소유물이 아니라 지역사회의 소유이고, 장애인의 욕구와 기대 그리고 공동체의 공유에서 끊임없이 변화되는 상황이다. 이러한 측면에서 슈퍼비전을 통한 행정적 기능은 기관의 목적 달성을 최대화할 수 있다.

(2) 교육적 기능

슈퍼비전의 학습과정을 회복시키기 위해 슈퍼바이저는 상호작용의 초점을 재설정할 필요가 있다. 교수활동을 주도함에 있어서 슈퍼바이저는 새로운 지식과 기술을 개발하기 위한 것이든지 이전의 지식과 기술을 향상 · 유지시키기 위한 것이든지 간에 공식적 또는 비공식적 접근법을 활용할 수 있어야 한다. 슈퍼바이지들은 협력적인 학습 활동에 관여되었을 때 새로운 실천이나 가능성을 배우고 분석하여 개념화하며, 위험을 감수할 가능성이 높아진다.

재활상담사는 장애인들을 공동체에 통합시키고 공정한 기회를 제공하기 위한 일들을 촉진시켜 나가야 한다. 재활에 있어서 두 가지 가치는 장애인과 지역사회이다. 그들의 욕구와 기대가 재활의 출발점이 된다. 평생학습이 개인과 전체의 변화를 위한 필수적 요소가 되며, 교육은 직업훈련, 세미나, 경험 차원으로 확대된다.

(3) 지지적 기능

사적 생활과 직장생활 영역 모두에서 상호 인간관계를 발전시키고 유지하는 데 기여하는 요인들은, 신뢰, 배려, 개방성, 상호 의존과 같은 것들이다. 장애인은 재활과정에서 객체가 되기를 원하는 것이 아니라 동등한 파트너가 되기를 희망한다.

임상 슈퍼비전이란 슈퍼바이저가 ① 임상적 기법을 활용하여 슈퍼비전을 제공하며, ② 슈퍼바이지의 전문적 · 개인적 능력개발에 집중하고, ③ 자신이 근무하는 재활기관의 목표와 법규에 부합하는 서비스가 제공될 수 있도록 일선 실무자들의 업무를 지도하는 과정을 포함한다.

재활상담사의 슈퍼비전은 다양한 슈퍼바이저 스타일과 접근법을 요한다는 점에서 다른 전문 직종들과는 차이가 있다고 주장했다. 즉, 장애인재활상담사 슈퍼비전은 ① 심리사회적 중재와 관련된 슈퍼비전 대상자의 업무처리 기술 향상을 중시한다. ② 슈퍼비전 대상자의 상담 관련 자기효능감과 개인적 성장 촉진을 중시한다. ③ 장애 관련 현안과 관련하여 슈퍼비전 대상자의 사례 기술 발달을 중시한다. 슈퍼바이저는 상담사, 자문역, 교육자의 역할을 담당해야 한다는 점에서, 만성 질환과 장애의 심리사회적 측면이야말로 임상 슈퍼비전의 핵심이다.

Bernard와 Goodyear(1992)는 임상 슈퍼비전을 "슈퍼비전이란 특정 직종에 종사하는 상급자가 자신과 같은 직장에 근무하는 하급자 혹은 하급자들에게 제공하는 중재를 의미한다. 이 같은 관계는 평가적이고 시간 경과에 따라 확대되며, 하급자의 전문성 제고, 자신이 담당하는 이용자에게 제공되는 전문적 서비스의 질에 대한 모니터링, 그리고 특정 직종에서 일하기를 희망하는 사람들의 검증이라는 동시적 목표를 지니고 있다."라고 정의했다. 임상 슈퍼비전은 평가적 성격을 지니고 있다는 점에서 상담, 자문, 혹은 교육과는 상이한 중재로 이루어져 있다.

2) 임상 슈퍼비전의 실제

임상 슈퍼비전은 분야를 막론하고 상대적으로 경험이 적은 신참자의 전문성 개발과정에서 중요한 비중을 차지하고 있다. 재활상담을 포함한 대부분의 대인서비스 관련 분야의 전문인력 양성 교육과정에는 슈퍼바이저의 지도를 받는 인턴십 과목이 포함되어 있어야 한다. 이 같은 경험을 통해 특정 직종에 입문하는 신참자들의 업무 수행에 필요한 최소한의 능력을 검증할 수 있는 자기규제적 기제를 확보할 수 있다.

한편, 슈퍼비전이 종종 임상적 업무와 필요보다는 행정적 측면을 강조하는 경우도 있는데, 슈퍼비전의 효과는 슈퍼비전의 형태, 임상기술 개발 지원에 사용된 방법, 슈퍼바이저의 발달 수준과 같은 변수들에 달려 있다.

(1) 임상 슈퍼비전의 형태

슈퍼비전에는 다섯 종류의 기본적 형태가 있다.

① 자기 슈퍼비전

이는 스스로의 임상기술을 점검하고 파악한 후 필요하다고 판단될 경우 교정적

노력을 실시하는 특징을 지니고 있다. 이 같은 방법은 손쉬운 수행이 가능하다는 장점이 있지만, 이용자에 대한 서비스 제공에 직접 관여되어 있지 않은 동료의 개입 없이는 잠재적 문제와 그것의 해결을 위한 효과적 중재방안을 파악하기 어렵다는 한계도 지니고 있다.

② 개별 슈퍼비전

이는 대부분의 직종에서 널리 활용되는 가장 일반적인 슈퍼비전의 형태로, 한 사람(임상 경험이 풍부한 선임자)에게 다른 사람(주로 신참자)의 임상 작업(상담)에 대해 비평할 수 있는 기회를 부여한다. 이 방법은 대개 교육 현장에서 실습 중인 학생들을 대상으로 자신들보다 경험이 풍부한 슈퍼바이저들의 행동을 지원하는 데 사용된다.

③ 팀 슈퍼비전

이는 한 명의 이용자에 대해 서비스를 제공하는 여러 분야의 전문가들로 이루어진 서비스팀을 대상으로 실시되며, 의료 및 정신보건 분야에서 활용된다.

④ 집단 슈퍼비전

집단 슈퍼비전은 슈퍼바이저들이 동일한 직종에서 일하는 사람들이라는 점을 제외하면 팀 슈퍼비전과 매우 흡사하다. 일반적으로, 각각의 집단 구성원에게는 특정 이용자와 토론하고 자신의 임상적 작업에 관해 집단 내의 다른 사람들로부터 피드백을 받을 기회가 주어지는데, 이는 대학의 전공교육 프로그램에서 활용되는 형태이다.

⑤ 동료 슈퍼비전

이는 실습 기간에 보다 풍부한 경험과 지식을 보유한 임상 슈퍼바이저가 경험이 부족하고 훈련 중에 있는 신참자들에게 피드백을 제공하는 방식이다. 이때 슈퍼바이저는 새로운 아이디어 제공자의 역할을 담당하며, 반복적인 치료 전략의 사용에 대한 문제를 제기하고 이용자와 상담사 간의 역동성에 관해 유의미한 조언·투입을 제공한다. 신참자가 추가적인 능력과 경험을 습득하고 나면 다른 형태의 집단이나 동료 슈퍼비전 모델을 적용하는 것도 가능하다. 동료 슈퍼비전은 자신이 일하는 분야에서 슈퍼비전을 받을 기회가 희박한 장애인재활상담사들에게 높은 수준의 임상적 능력을 유지케 함으로써 보다 큰 책무성을 부여한다. 동료 슈퍼비전은 구성원들의 참여가 자발적이라는 점에서 슈퍼바이저의 공식적 평가도 필요치 않다.

(2) 임상기술 개발

재활 전문가들의 임상능력 평가에는 상담자와 이용자 간 상호작용에 대한 평가가 필수적이다. 재활상담에서는 주로 가용기술과 슈퍼바이저 및 슈퍼바이지의 선호에 따라 슈퍼바이지의 발달을 설명하는 네 가지 방법이 사용되고 있다.

① 간접지연

간접지연을 통한 평가에는 자기보고와 이용자와 상담사 상호작용에 대한 과정, 노트의 진술이 포함된다. 자기보고는 슈퍼바이지로 하여금 이용자의 문제, 특히 이용자와 상담사 간의 관계에 관한 문제를 개념화할 것을 요구한다. 이 방법은 또한 사례 시연 혹은 사례 검토 기법으로 불리기도 한다. 다양한 내용의 주제와 형태를 동반한 다수의 사례가 여러 문헌에서 다루어져 왔다. 이들 간의 차이는 대개 제공된 슈퍼비전(개별 대 집단), 슈퍼바이저의 스타일, 그리고 슈퍼바이지의 발달 수준 결과로 추종된다. 과정 노트는 슈퍼바이저들로 하여금 이용자와 상담사 상호작용과 이용자의 진전 상황을 체계적인 문건으로 만들 것을 요구한다. 녹취나 녹화 등의 슈퍼비전 형태와 비교해 볼 때, 과정 노트는 슈퍼바이저에게 치료과정에 대한 슈퍼비전 대상자의 생각, 이용자에 대해 지닌 감정, 이용자의 문제 해결에 사용된 중재 등을 보다 정확히 이해할 수 있는 기회를 제공해 준다. 따라서 이 방법은 상대적으로 경험이 풍부한 장애인재활상담사들에게 보다 적합하다.

간접지연은 슈퍼바이저가 이용자가 호소하는 문제에 관한 슈퍼바이지의 인식을 명료화하고 지지하며 논의하는 데 따른 독립적 평가를 어렵게 한다는 점에서 상담 전공 과정에 있는 학생들의 교육에는 그다지 바람직하지 않다. 자기보고 방법 또한 상담 내용과 과정에 대한 선입견적 해석을 포함하며 신뢰도가 떨어진다는 비판을 받고 있다.

끝으로, 슈퍼바이저는 상담사의 인식과 행동 변화에 필요한 여러 가지 다양한 관점을 제공한다. 대부분의 상담사는 스스로가 말하는 대로 상담을 하고 있다고 믿는 경향이 있는데, 대부분의 슈퍼바이저도 알고 있듯이 상담사들이 자신의 상담 방식에 관해 말하는 내용은 실제 상담 모습과는 차이가 있다. 이 같은 이유로 슈퍼바이저와 상담사 간에는 이용자의 문제와 통찰, 변화를 위한 동기, 이용자의 진전 등을 둘러싼 인식의 차이가 존재한다. 사례 검토와 언어적 시연 등의 간접지연 방식은 학생들 사이에서 가장 선호되며 가장 널리 사용되고 있다.

② 직접지연

녹취나 녹화와 같은 상담사와 이용자 상호작용에 대한 보다 직접적인 모니터링 방법은 이용자와 상담사 사이에 일어나는 실제적 상호작용의 문서화에 훨씬 유리하다. 녹취 혹은 녹화에 의한 직접지연 방식은 슈퍼바이저로 하여금 상담 기간에 변화할 수 있는 슈퍼바이지와 이용자 사이의 상호작용에 관한 추론, 슈퍼바이지의 이용자 호소 문제에 대한 대처 방식 검토, 치료 중재의 평가, 슈퍼바이지의 능력 향상을 위해 고안된 슈퍼비전 중재 노력의 평가 등을 가능케 해 준다. 여기서 가장 중요한 점은 슈퍼바이저가 슈퍼바이지의 실제적 행동을 바탕으로 그들의 업무 수행에 대한 독립적인 분석이 가능하다는 점이다. 상담사 슈퍼비전 과정에서 녹음된 내용을 검토하는 여러 가지 방법 중에서도 대인과정 회상(Interpersonal Process Recall: IPR) 방식은 전통적으로 다수의 상담사 교육 슈퍼비전 프로그램에서 널리 교육되고 있다. 이 방법은 슈퍼바이지에게 자신의 개인내적 역동성과 이용자와의 대인관계 역동성에 대한 검토를 요구한다.

슈퍼바이저는 슈퍼바이지들이 이용자의 내면에 잠재된 감정과 사고를 끄집어내도록 돕기 위해 "그때 기분이 어땠는지 말해 줄 수 있나요?" "당신의 기분에 대해 좀 더 자세히 생각해 낼 수 있나요?" "어디서 그런 기분을 느끼셨나요?" 당신의 몸은 어떻게 반응했습니까?" "그때 다른 사람들은 당신에 관해 어떻게 생각하고 있다고 느꼈지요?" 등과 같은 질문을 할 수 있다.

대인과정 회상의 적용에 있어 슈퍼바이저는 슈퍼바이지와 언제 무슨 내용에 관해 논의할지 등에 대한 신중한 논의를 가져야 한다. 슈퍼바이저는 슈퍼바이지의 결정을 촉진하기 위해 다음과 같은 질문을 활용해야 한다. "내가 보기에 이 대목은 상담의 흐름을 방해하는 것 같군요. 슈퍼비전 훈련생에 대해 내가 알기로 이런 상호작용에 주목하는 것이 그들을 정신보건 전문가로 성장시키는 데에 도움이 될까요?" 대인과정 회상 슈퍼바이저의 지도는 감정의 탐색을 촉진하고 언급되지 않은 안건과 기대치에 대한 검토 기회를 제공하며, 이용자 역동성 및 상담과정에 대한 인지적 조사를 독려한다.

녹취 혹은 녹화된 내용 중 특정 부분에 대한 검토가 이루어지는 경우 슈퍼바이지는 상담 내용 중 슈퍼비전을 받고자 하는 특정 부분을 선택한 이유, 검토할 내용이 발생하기 직전까지 진행된 상담 경과, 슈퍼바이지가 시도한 여러 가지 행동, 슈퍼바이저로부터 어떤 도움을 받을 수 있을까 등의 내용을 설명할 준비가 되어 있어야 한다. 대인과정 회상과 같은 직접지연 방법은 슈퍼바이저로 하여금 이용자와 상담사 상호작용에 대한 조사를 가능케 해 준다. 하지만 이 방법은 슈퍼비전 이용자에 대한 상담이 이루어진 후에야 중재가 제공될 수 있다는 잠재적 한계를 노출하고 있다.

이용자와의 상담내용이 부적합했거나 생산적이지 않았을 경우 혹은 잠재적 위해가 될 경우, 슈퍼바이저가 할 수 있는 최선의 역할은 슈퍼바이지가 이용자와의 다음 번 상담을 잘 준비하도록 돕는 것 정도에 지나지 않기 때문이다. 나아가 경우에 따라서는 바로 직전 상담에서 벌어진 좋지 않은 일로 인해 이용자가 상담관계를 조기에 종결하려 할 수도 있다. 지연적 슈퍼비전 방법의 여러 측면 중 아직 조사가 이루어지지 않은 마지막 한 가지 변수는 슈퍼비전의 시기 문제이다. 가령, 슈퍼바이저가 슈퍼바이지를 이용자와의 상담이 이루어지기 몇 시간 전에 만나는 것과 상담이 끝난 후 며칠이 지난 다음에 만나는 것 간에는 어떤 차이가 있을 것인가? 대개의 경우, 슈퍼비전의 시기는 슈퍼바이지의 자질 향상을 위한 주도면밀한 계획보다는 편의성과 개인적 선호에 따라 결정되는 것이 관행이다. 이용자가 지닌 문제의 이해에는 탁월하지만 슈퍼비전에서 제시된 방법의 실행에는 서툰 슈퍼바이지에게는 상담 직전에 슈퍼비전을 제공하는 것이 가장 바람직하다고 간주된다. 반대로, 실천력은 뛰어나지만 이용자가 지닌 문제에 대한 이해능력이 부족한 슈퍼바이지에게는 상담 하루 전에 슈퍼비전을 제공하는 것이 훨씬 효과적이다. 즉, 지연방법을 활용하고자 할 경우 슈퍼비전의 시기가 중요하다.

③ 직접시연

슈퍼비전에 대한 보다 직접적인 접근은 슈퍼바이저가 상담을 제공할 때 슈퍼비전을 동시에 제공하는 방식이다. 재활상담 현장에서 흔히 활용되지는 않지만, 이 방법은 간호학과 물리치료학 등의 보건 관련 분야에서는 널리 활용되고 있다. 직접시연 방법은 슈퍼바이저로 하여금 슈퍼바이지의 발전을 모니터하고 필요할 경우 슈퍼바이지의 원조와 지지를 위한 개입을 가능케 해 준다. 그러나 이 같은 '라이브' 접근 방식은 재활상담 실습을 가르치는 슈퍼바이저와 실습생 모두 가장 이용을 꺼리는 방법이다. 직접시연 기법이 보다 널리 활용되지 않는 이유로는 자신의 업무수행 평가에 관련된 슈퍼바이지의 불안을 꼽을 수 있다.

실제로, 일부 재활상담 실습생들이 밝힌 일화성 증거들을 보면 이들은 라이브 슈퍼비전을 비윤리적 행위의 경계를 넘나드는 행위로 인식하고 있다고 한다. 아울러 슈퍼바이지들이 슈퍼바이저를 상담의 통제권을 행사함으로써 무기력감을 가져다 주는 존재로 인식할 가능성도 있다. 비장애인 남성 슈퍼바이저가 장애 여성 장애인 재활상담사에게 슈퍼비전을 제공하는 경우, 이 같은 인식이 지니는 문제의 심각성은 더욱 두드러진다.

공동상담과 라이브 슈퍼비전은 가장 대표적인 직접시연 슈퍼비전 유형이다. 공동상담은 이용자에 대한 상담서비스 제공에 있어 슈퍼바이저와 슈퍼바이지가 공조를 이루는 과정에서 주로 행해진다. 공동상담은 슈퍼바이지가 보다 경험이 풍부한 상담사(슈퍼바이저)를 관찰함으로써 보다 많은 것을 배울 수 있다고 주장한다. 이는 또한 슈퍼바이지에게 슈퍼바이저의 지원과 실행을 통한 학습 기회를 제공한다. 적절히 활용될 경우, 이 같은 직접적이고 능동적인 접근법은 불안을 감소시키고 학습을 촉진시키며 책무성을 배양함으로써 슈퍼바이지의 성장에 필요한 잠재력을 제공한다. 공동상담과는 달리, 라이브 슈퍼비전은 이용자가 지켜보는 가운데 슈퍼바이저가 슈퍼바이지에게 자문을 제공하는 형태를 띤다. 라이브 슈퍼비전의 효능은 이 방법이 이용자에게 자신이 지닌 문제에 대한 통찰력과 중재방법에 대한 논의를 포함한 모든 정보에 대한 접근권을 가지고 있다는 믿음을 심어 준다.

④ 간접시연

간접시연 방법 역시 슈퍼바이지와 이용자 간의 상담에 대한 슈퍼바이저의 접근을 허용한다. 하지만 직접시연에 비해 슈퍼바이저의 개입 정도는 약한 편이다. 일례로, 슈퍼바이지가 소형의 무선 이어폰을 착용하는 'bug-in-the-ear' 기법을 들 수 있다. 이 같은 방법을 활용하면 슈퍼바이저는 상담이 진행되는 동안에도 슈퍼바이지에게 자신의 의사를 전달할 수 있다. 간접지연 방식은, 첫째, 슈퍼바이저가 이용자와 슈퍼바이지 간의 상담을 방해하지 않으면서 필요한 조언을 제공할 수 있고, 둘째, 음성에 의한 강화를 통해 긍정적 상담 행위를 촉진하며, 셋째, 이용자가 상담사의 진술이 슈퍼바이저가 지시한 것인지 아니면 상담사 자신이 생각해 낸 것인지를 알지 못한다는 점에서 치료적 관계를 보호해 준다. bug-in-the-ear 기법은 슈퍼바이지가 슈퍼바이저의 개입에 지나치게 의존하거나 슈퍼바이저의 개입이 슈퍼바이지와 이용자의 주의를 산만하게 만들 경우 그다지 효과적이지 않다. 필자의 견해로는 사용될 슈퍼비전 기법의 적절성 여부에 관한 결정에서는 슈퍼바이지의 숙련도를 최우선적으로 고려해야 한다. 비록 전통적인 슈퍼비전 형태는 아니지만, 전자우편이나 모바일 환경의 활용은 임상 슈퍼바이저에게 전술한 모든 유형의 슈퍼비전 방식을 통한 슈퍼비전 제공을 가능하게 해 주었다. 다양한 형태의 온라인 의사소통 방식의 도래는 슈퍼바이저와 슈퍼바이지 사이의 저렴하고 신속한 소통을 가능하게 만들었다. 전자우편과 현장(onsite) 대면 방식을 결합한 임상 슈퍼비전은 시기적절한 피드백의 제공, 슈퍼비전 관계의 강화, 참가자들 간의 접근성 증대 등과 같이 슈퍼바이지와 슈퍼바이저 양자 모두에게 유익을 가져다준다.

하지만 온라인 매체를 활용한 슈퍼비전은 이용자와 상담사 사이의 상호작용 관찰 기회(라이브 혹은 지연 형태)를 제공하지 않는다는 한계를 지니고 있다. 따라서 온라인 활용은 임상 슈퍼비전 과정의 보조적 역할로 국한되어야 한다. 상담사와 이용자 사이의 상호작용에 대한 평가 효과를 높이기 위한 방안으로는 상담내용을 녹화하여 상담 직후 슈퍼바이저에게 전송하거나 슈퍼바이저와 다른 슈퍼바이지들이 상담을 생방송으로 지켜볼 수 있는 영상 회의를 들 수 있다. 기술의 진보는 실시간대의 의사소통을 가능하게 만들어 주었지만, 비밀보장과 고지된 동의와 같은 해결을 요하는 민감한 윤리적 현안들이 산적해 있는 것도 사실이다. 이 같은 문제점들에도 불구하고, 온라인 슈퍼비전의 활용은 향후 슈퍼비전 제공 방식에 더 커다란 영향을 미친다.

3) 슈퍼바이지 발달 수준

슈퍼바이지의 발달 수준은 슈퍼비전의 결과와 과정에 중요한 영향을 미친다. 초보적 수준의 상담사에서 유능한 전문가로의 성공적인 전환을 모색하는 슈퍼바이지를 지원하기 위한 슈퍼바이저의 역할과 행동을 포괄하는 여러 가지 발달 모형이 있다. 슈퍼바이지들이 일정한 발달과정을 경험한다는 점에 대해서는 대부분의 학자가 동의하고 있다. 초보 슈퍼바이지들은 상대적으로 경험이 풍부한 슈퍼바이지들에 비해 보다 구조화된 지지와 격려를 선호한다. 반면에, 상대적으로 경험이 풍부한 슈퍼바이지들은 이용자와의 상담에 영향을 미칠 수 있는 사적인 고민에 대한 자문을 선호한다. 초보 수준의 슈퍼바이지들은 구조화되고 지지적인 틀 안에서 직접적 대면이 절제된 슈퍼비전을 선호한다. 이들은 또한 슈퍼바이저가 직접적이고 명료한 제안을 제시해 주는 경향이 높다.

초보 상담사들과는 달리, 상대적으로 풍부한 임상 경험과 능력을 지닌 이들은 보다 큰 자율권을 원한다. 슈퍼바이지들은 경험이 쌓여 감에 따라 역전이, 자기인식, 자기효능감과 같은 개인적 성장에 관한 이슈들을 중시하는 슈퍼바이저를 선호하며, 자신에게 불리하게 비칠 수 있는 상담이라 해도 기꺼이 받아들이려는 마음가짐을 갖게 된다.

통합발달 모형(Integrated Development Model: IDM)은 향후 경험 많고 유능한 전문가로 성장할 초보 상담사의 발달과정에 대한 이해를 돕는 대표적 모형이다. 특정 통합 발달 모형에 포함된 슈퍼비전 관련 주요 과정들로는 평가기법(심리검사를 수행할 때 자신감 노출), 이용자 개념화(정확한 진단능력의 구비), 개인차(문화적 · 인종적 영향에 대한 이해), 대인관계 평가(이용자 대인관계 역동성의 개념화), 중재기술 능력(치료적 중재 수행능력과 자신감), 직업윤리(개인적 윤리의식과 자신이 종사하는 직종의 윤리규약 및 임상기준과의 조합), 이론적 지향(심리치료 이론과 통합적 상담이론에 대한 이해), 치료계획과 목표(이용자의 상담 시 개인적 노력의 조직화)를 들 수 있다.

통합발달 모형에서 슈퍼바이지는 1단계(대개 한정된 임상 경험만을 지닌 상담사)에서 3단계(전술한 여덟 가지 영역을 자유롭게 넘나들 수 있는 '통합적' 상담사)로 성장할 수 있다. 각각의 단계에는 전술한 여덟 개의 영역의 성장 정도에 영향을 미치는 세 가지 기본 구조(인식, 동기 수준, 자율성)가 존재한다.

기능적 측면에서 볼 때, 이들 세 구조는 슈퍼바이지의 욕구 파악을 위해 슈퍼바이저가 정확히 평가해야 할 구체적인 임상적 지침을 제공한다. 첫째, 슈퍼바이저는 인식을 통해 슈퍼바이지들이 관심을 가지고 있는 인지적 · 정서적 문제를 파악할 수 있다. 이 같은 구조는 상담사의 인식이 내적으로 자기 스스로에 대해 관심을 가지거나 이용자 혹은 양자 모두에 대해 외적으로 주목하는 범위를 나타내는 연속선상에서 기술된다. 둘째, 동기는 상담사의 임상적 에너지 수준을 나타내는 구조와 높은 수준에서 낮은 수준에 걸쳐 있는 연속선상의 범위 내에서의 평가를 제공한다. 끝으로, 자율성은 슈퍼바이저에 대한 상담사의 인지적 · 정서적 의존성 내지 독립성 정도를 기술한다. 자율성은 상담사의 자기효능감을 반영한다. 전체적으로, 이들은 슈퍼바이저에게 구체적 임상 측면에서 슈퍼바이지의 발전 정도를 평가하는 틀과 슈퍼비전 중재 계획 수립 토대를 제공한다.

이들 세 개의 구조는 초보 상담사에서 숙련되고 경험이 풍부한 전문가로 발전해 가는 과정에서 보여 주는 슈퍼바이지들의 성장과정을 평가하는 데에 매우 유용하다. 다시 말해, 이들은 임상 슈퍼바이저가 슈퍼바이지의 성장과 이용자의 진전평가에 사용할 수 있는 벤치마크 기능을 담당한다.

6. 재활사례관리 지침

1) 사례관리 실천기술

(1) 의뢰

의뢰는 이용자가 원하는 서비스를 제공할 수 있는 전문가, 기관, 프로그램에 이용자를 연결하는 활동으로, 사례관리가 서비스의 효과성과 효율성을 높일 수 있는 대안으로 강조되면서 사례관리실천에서 의뢰의 중요성도 점차 높아지고 있다.

기관 내에 보유하고 있는 자원만으로는 이용자의 복합적인 욕구를 충족시키는 데 무리가 따르는 것이 일반적이다. 따라서 사례관리자는 이용자의 욕구를 충족시키기 위해 다른 기관의 서비스에 이용자를 의뢰할 수 있어야 하는데, 이를 위해 사례관리자는 성공적인 의뢰를 위한 기술을 익히는 것이 매우 중요하다(이현주, 강혜

규, 이윤경, 2000).

(2) 의뢰의 원칙

의뢰는 실제로 매우 복잡한 과정으로, 다음의 지침을 따르는 것은 성공적인 의뢰에 도움이 된다(서울대학교 사회복지실천연구회 역, 1997).

① 의뢰를 고려하는 이유를 명확히 한다. 의뢰는 이용자의 특정 문제의 해결을 돕기 위한 활동임을 기억한다. 의뢰하려는 문제가 이용자에게 높은 우선순위를 갖고 있는 것이고 이용자가 해결을 원하는 것이라는 점에 이용자가 동의해야 한다. 이용자가 낮은 관심을 보이는 문제를 돕기 위해 의뢰를 한다면 의뢰는 실패할 것이다.
② 이용자의 의견과 선호를 존중한다. 자기 문제 및 상황, 필요한 서비스, 해야 할 일 등에서 이용자가 가장 중요한 인물임을 인식하여야 한다.
③ 의뢰는 이용자가 원하는 서비스를 제공할 수 없을 때 적절하다. 의뢰는 특정 이용자를 다루는 데 필요한 지식과 기술을 갖고 있지 않을 때, 재활상담사의 가치, 태도, 종교적 믿음 등이 효과적인 원조관계 형성에 장애가 된다고 생각될 때 적절하다. 어려운 이용자를 피하기 위해 의뢰하는 것은 부적절하다. 다른 기관에 책임을 전가하거나 이용자를 내버리는 것은 비윤리적이다.
④ 다른 기관으로의 의뢰 결정을 내리기 전에, 기관 내에서 활용할 수 있는 모든 원조를 고려했는지 확인한다. 어떤 의뢰는 실패의 위험이 있고 이용자의 좌절을 증가시킬 수 있기 때문에, 장애인재활상담사는 이용자가 이미 관련을 맺고 있는 기관의 자원을 먼저 활용한다.
⑤ 다른 기관과 전문가들이 당신의 이용자에게 제공하게 될 서비스 또는 자원에 대해 현실적으로 판단하여야 한다. 몇몇 장애인재활상담사는 아직 사용되지 않은 자원의 가치를 과대평가하거나 이용자가 이미 사용 중에 있는 자원을 과소평가하는 경향이 있다.
⑥ 장애인재활상담사는 이용자가 능력 있고 윤리적이라고 알려진 서비스 제공자를 찾는 것을 돕기 위해 노력한다.
⑦ 의뢰를 고려하기 전에, 당신의 이용자와 이미 관련되어 있는 모든 기관이 파악

되어 있는지를 확인한다. 어떤 문제들은 이용자가 관계하고 있는 기관의 수를 늘리는 것보다, 기존 협력기관 간 조정을 통해 효과적으로 다루어질 수 있다. 의뢰를 하기 전에 이미 이용자와 활동하고 있는 전문가, 다른 기관들의 자문을 구해야 한다. 물론 자문을 구하기 전에 이용자의 동의가 필요할 것이다. 의뢰 과정에 앞서 필요할 때마다 정보 교환에 대한 이용자의 동의를 구한다.

⑧ 의뢰를 결정하기 전에 원조 자원으로서 이용자의 친구, 친척, 이웃, 자연적 원조자 그리고 비공식적 자원들을 고려한다.

⑨ 필요한 경우에는 이용자의 가족과 다른 중요한 개인들이 의뢰와 관련된 결정에 참여해야 한다. 물론 이렇게 함으로써 의뢰에 대해 의견을 갖는 사람이 늘어날 것이고 그 과정에서 궁지에 빠질 수도 있다. 그러나 이것은 배제된 느낌 때문에 발생할 예상치 못한 장애를 피하도록 할 것이다. 결국 완전한 참여는 의뢰가 성공할 가능성을 증대시킬 것이다.

⑩ 이용자에게 도움이 될 특정 서비스를 고려할 때, 그것의 활용에 장애가 될 수 있는 특정 문제에 특별한 주의를 기울여야 한다(교통수단 및 전화가 없는 것, 문맹, 장애인재활상담사와 만나는 동안에 아동을 방임하는 것, 위험 지역으로의 여행과 관련된 두려움 등).

⑪ 서비스, 급여, 권한부여 등의 자격기준에 대한 기관의 결정은 지원자가 법률에 정의된 범주에 부합하고 확립된 기준을 충족시키는가에 대한 문제와 관련되기 때문에, 사례관리자는 관련된 정보와 문서를 수집하는 기술을 알아야 한다(국적, 결혼, 부모-자녀 관계, 과거의 취업, 수입, 가족 구성, 건강 관련 상태 등에 대한 정보확인 기술).

⑫ 이용자로 하여금 과거에 이용했거나 혹은 거절당했던 자원과 기관에 대해 말하도록 한다. 또한 이용자가 이들 자원에 접근하고 상호작용하는 방법을 확인한다. 이는 의뢰를 촉진하는 데 필요한 단서를 제공할 것이다. 기관에 대한 과거의 부정적 경험, 노력과 시간의 부족, 이용자와 기관 간의 빈약한 의사소통, 혼란스러운 기관의 정책과 절차 등의 요인이 실패에 영향을 미칠 수 있다.

⑬ 이용자가 의뢰에 대해 양가감정을 갖는다고 가정한다. 이용자가 다른 기관 혹은 전문가가 제공하는 서비스의 이용을 당연한 것으로 생각하더라도 두려움을 가질 수 있다. 이용자의 양가감정을 확인하고 특정 자원의 활용에 대한 두려움

과 걱정을 표현하도록 돕는다.

⑭ 많은 이용자에게 의뢰과정은 스트레스 또는 좌절을 낳는다. 그래서 의뢰과정 동안에 감정적 지지가 필요하다.

⑮ 이용자가 당신과의 관계에서 쏟았던 감정과 에너지를 유념한다. 성공적인 의뢰는 만족스럽고 안정된 관계를 종결하는 것을 의미하기에, 이러한 감정을 확인하고 익숙한 기관에 대한 이별 감정을 다뤄 줄 준비를 한다.

⑯ 현존 의료 및 사회 서비스 기관, 프로그램, 제공자를 확인하도록 돕는 컴퓨터 자료, 정보센터가 있다. 장애인재활상담사는 필요한 자원을 찾는 데 도움을 주는 이들 목록에 접근하는 방법을 알아야 한다.

⑰ 다른 전문가 혹은 기관을 통해 얻게 될 서비스에 대해 설명할 때, 서비스들의 이점과 한계를 모두 설명해야 한다. 그러나 혼란을 겪고 두려워하며 몹시 역기능적인 이용자의 경우 한계에 초점을 두지 않는 것이 최상이다.

⑱ 의뢰를 새로운 원조과정의 첫 단계로 이해하고 후속과정을 위한 단계를 마련한다. 잘될 경우 의뢰과정 자체가 이용자에게 권한을 부여하는 치료적 경험이 될 것이다. 의뢰과정은 문제정의, 정보수집, 의사결정과 같은 문제해결 기술을 포함하기 때문에 이용자는 의뢰과정에 참여함으로써 필요한 자원을 확보하는 방법과 이들 기술을 배우는 기회를 갖게 될 것이다.

⑲ 비용을 받는 전문가 혹은 기관의 서비스가 필요할 때, 비용과 이용자의 지불능력 문제를 다뤄야 한다. 어떤 경우에 이용자는 서비스 비용을 지불할 방법이 있는가를 알아보기 위해 서비스 제공자들, 보험회사 혹은 공공 프로그램으로부터 정보를 얻고자 한다.

⑳ 효과적인 의뢰를 위해 현존 지역사회 자원들에 대해 정확히 이해해야 한다. 재활상담사는 활용이 가능한 자원을 배우고 지역사회 자원체계 내의 변화에 보조를 맞추기 위해 시간과 노력을 투자해야 한다. 자원의 존재에 대해 아는 것만으로는 충분치 않다. 장애인재활상담사는 접촉선(contact point)으로 활용할 수 있는 기관의 인물 중 누군가를 알고 있어야 한다. 이용자를 의뢰할 기관에서 일하는 사람과 만나는 자리로 재활상담사협회 등 다른 전문가 모임뿐만 아니라 기관 방문을 활용한다.

㉑ 이용자의 자원과의 연계를 확인한다. 의뢰가 효과적이 될 가능성을 높일 수 있

는 많은 연계기법(connection techniques)은 다음과 같다. 첫째, 이용자에게 필요한 사실을 적어 준다. 자원(의뢰처)의 이름과 주소, 자원과 약속하는 방법, 자원을 얻는 방법, 이용자가 도착하였을 때 발생하게 될 것에 대한 특별한 설명, 그 자원에서 만나야 할 특정인의 이름을 알려 준다. 둘째, 이용자와 관련하여 의뢰처에 제공될 서면 진술을 이용자와 함께 작성한다. 서면 진술에는 문제의 본질, 이용자가 행해 왔던 것에 대해 간략하게 서술한다. 이용자가 이러한 진술을 작성하는 데 참여해야 한다. 셋째, 이용자가 장애인재활상담사의 사무실에 있을 때 의뢰처와 전화 등으로 약속을 정한다. 혹은 적절한 사람과 접촉하도록 하기 위해 장애인재활상담사가 전화를 걸어 준 후, 이용자가 전화 대화를 이어 가도록 한다. 넷째, 전화를 받는 상대편 기관의 사람들은 흔히 이용자의 이야기에 귀를 기울이지 않고 대신에 서비스 프로그램, 자격 기준 등에 대한 설명을 늘어놓을 수 있다. 이용자가 전화 대화 동안 자신의 의견을 밝히고 올바른 질문을 하도록 준비시키는 것이 필요하다. 다섯째, 장애인재활상담사는 전화 대화를 통해 의뢰를 받아들이는 기관에 즉각적 감사를 표현한다. 그리고 이용자와 장애인재활상담사는 전화과정에서의 경험을 공유한다. 특히 첫 상호작용이 실망스럽고 무례하고 부적절한 경우 이러한 경험은 특별히 의미를 갖는다.

㉒ 이용자가 다른 기관과 첫 면담을 한 이후에도 연계를 공고히 하기 위한 조치를 취한다. wittman 등(1989)은 초기 접촉을 넘어 기관과의 연계를 지속할 가능성을 증가시키기 위한 몇 가지 공고화 기법(cementing techniques)을 설명한다.

- 점검(checkback): 자원과 첫 접촉 후에 이제까지 수행했던 것을 요약하는 내용의 전화를 장애인재활상담사에게 걸도록 한다.
- 붙잡아 두기(hunting): 이용자의 동의하에 자원과의 첫 접촉 그리고 이후의 접촉 때마다 전화로 이용자와 접촉할 계획을 세운다.
- 끼어들기(sandwiching): 자원과의 초기 면담 전과 면담을 끝낸 후 바로 이용자와 면담을 계획한다.
- 번갈아 교대하기(alternating): 자원과 면담을 갖는 기간 중간에 이용자와 일련의 계획된 면담을 수행한다.

이들 네 가지 공고화 기법은 의뢰를 받은 기관과의 관계에서 있을 수 있는 문

제 혹은 오해를 드러낸다. 초기에 발견된다면, 이용자가 의뢰된 기관으로부터 서비스 받는 것을 포기하기 전에 문제나 오해를 바로잡을 수 있다.

㉓ 의뢰에 대해 평가한다. 이용자가 기관으로부터 원하는 것을 실제로 받았는가, 이용자가 진전을 보이는가, 그리고 부가적인 정보가 앞으로 다른 이용자를 의뢰하는 데 활용될 수 있는가를 사정하기 위해 의뢰에 대해 사후평가를 실시하는 것이 중요하다.

2) 효과적 사례관리

(1) 재활사례관리 매뉴얼 개발

장애인의 경우, 욕구가 복합적일 뿐 아니라 장기적이고 지속적인 서비스를 요하는 특성이 있다. 또한 필요로 하는 서비스의 종류 또한 다양하여 직접서비스를 전달하는 사례진행자에 따라 동일한 업무가 다른 형태로 전달될 가능성이 있다. 따라서 각 기관의 특성에 부합하면서도 일반적인 사례관리 업무에 관해서는 표준화된 매뉴얼을 개발하여 활용할 필요가 있다. 이러한 매뉴얼을 개발한 후에는 이를 직원교육 등의 방법을 통하여 충분히 숙지하는 과정을 거쳐야 하며, 사례관리 기술 등과 관련된 지속적인 교육을 통하여 직원들의 역량강화를 위해 노력한다(김미옥, 2005).

(2) 지역사회 자원망

사례관리의 핵심은 공식적 · 비공식적 자원망을 충분히 활용하는 것이다. 따라서 사례관리가 효과적으로 수행되기 위해서는 지역사회 자원에 대한 충분한 정보를 확보해야 할 뿐 아니라 서비스 제공기관 간에 협력체계가 구축되어야 한다. 특히 사회통합을 지향하는 장애인 분야의 경우 더욱 지역사회의 자원을 파악하고 이를 활용하기 위한 전략을 구성한다.

기관 간 협력은 공식적인 체계로 정착되고 이러한 환경에서 사례관리자가 활동하여야 사례관리자의 노력은 소기의 결과를 맺을 수 있다. 반면, 비공식적이고 일시적인 서비스 간 협력은 자원의 확인에서 연결에 이르는 전 과정이 사례관리자 개인의 능력과 노력에 의지하게 되고 많은 장애를 만나게 된다.

우리나라의 문화적인 특성상 비공식적이고 일시적인 서비스 간 협력은 서비스 제공자인 장애인재활상담사의 개인적인 연계망에 의존하기 때문에 경력이 짧은 장애인재활상담사와 인맥이 좁은 장애인재활상담사에게는 더욱 어려운 일이 되고 만다. 1990년 한국의 재활 조직 구성원 간 협력에 관한 연구에서는 협력에 개인의 인맥이 가장 큰 영향을 미치는 것으로 나타났다(이현주, 1998). 그러므로 사례관리의 원할을 도모하기 위해서는 지역사회복지협의체에 대한 관련기관들의 참여를 적극적으로 유도하고, 기관 간 공식적 협력체계를 공고히 하는 것이 필요하다.

(3) 사정 영역 및 도구의 다양화 · 전문화

① 사정 영역의 다양화

재활 분야에서 사례관리의 적용은 특히 사정 영역에서 특수성을 갖는다. 일반적으로 재활 분야는 일반적인 사회, 심리, 직업 영역의 사정 이외에도 장애라는 특성으로 인하여 비롯되는 장애 관련 사정을 고려할 필요가 있다(김미옥, 2005; 이현주, 1998).

② 사정도구의 다양화

현재 재활 분야, 그것도 인지장애를 동반하는 지적장애, 발달장애의 경우는 사정도구가 매우 협소하게 적용되고 있다. 정확한 사정은 이후 재활계획을 결정하는 매우 중요한 요소이므로 다양한 사정도구를 활용한 사정 영역의 깊이를 더할 수 있어야 한다. 예컨대, 최근 재활 분야의 강점중심 강조 등과 아울러 강점사정을 도입함으로써 기존 의료 모델의 접근으로부터 탈피하여 강점과 잠재력을 강화하는 개입전략이 보다 적극적으로 활용될 필요가 있다. 또 한 가지 제안할 수 있는 것은 삶의 질에 대한 사정도구의 활용이다. 장애인복지가 궁극적으로 지향하는 바 중 하나는 바로 장애인의 삶의 질을 어떻게 향상시킬 것인가와 관련이 있다. 이러한 측면에서 최근 활발히 검토되는 장애인의 '삶의 질'에 대한 접근의 이론적 전제, 사정도구 등은 적용 가능성이 높다.

③ 사정의 전문화

사정의 전문화를 위해 지역사회 내의 네트워크를 적극 활용하여 사정을 전문화

해야 한다. 예컨대, 직업평가, 의료평가 등을 시설 내 인력보다는 지역사회 내 인력으로 확대하여 재활계획의 지평을 넓히는 방안, 재활계획 회의 등에 1년에 1회 정도 외부 자문을 고려할 수 있다.

(4) 계획

효과적인 사례관리를 위해서는 전문화되고 구조화된 사정뿐 아니라 장애인의 특성에 맞는 계획이 매우 중요하다. 이를 위해 다음과 같은 요인들이 우선적으로 고려되어야 한다.

- 개별화: 장애 범주, 장애 정도, 성별, 가족 관심도 등 개별적 특성 고려
- 생애주기의 고려
- 지역사회 통합 및 자원 활용에 초점
- 이용자의 욕구를 기반으로 한 계획 구성/이용자 및 가족의 참여 강조
- 이용자의 강점을 강화하는 방향에서 계획 구성
- 재활계획 시 적극적으로 외부 자문인력 활용

(5) 재활사례관리자 직원교육

재활기관에서 사례관리가 효과적으로 이루어지기 위해서는 지속적인 사례관리에 대한 교육이 필요하다. 우리나라의 경우 사례관리에 대한 필요성에 대한 동의는 어느 정도 이루어지고 있으나, 이와 관련한 사례관리 기술을 익힐 수 있는 기회는 충분히 제공되지 못하고 있다(이현주 외, 2000). 따라서 장애인과 같은 복합적 욕구를 가진 이용자에게 서비스를 제공하는 장애인재활상담사들이 매너리즘에 빠지지 않으면서도 전문성을 유지할 수 있도록 이들의 역량을 강화하는 것은 효과적인 사례관리를 위한 선결요건이다.

(6) 윤리적 딜레마에 대한 점검

재활실천 현장에서 사례관리자는 누구나 윤리적 딜레마에 봉착할 수 있다. 이러한 윤리적 딜레마는 이용자에 따라 다양하겠지만, 가장 일반적으로는 제한된 자원을 어떻게 공평하게 할당할 것인가, 우선순위를 어떻게 정해야 할 것인가, 자원 할

당과 관련하여 이용자의 자기결정권은 어디까지 보장되어야 하는가, 그리고 옹호의 수준은 어느 정도로 할 것인가 등 자원과 관련된 실천적 딜레마를 갖는다. 이 경우, 사례관리자는 가능한 한 슈퍼바이저 혹은 공식적인 재활계획 회의 등을 거쳐 전문적 조정이 바람직하다.

그러나 이러한 사례들이 증가할 경우, 기관 내규를 정함으로써 일관적 적용을 위한 가이드라인을 갖는 것이 좋다. 특히 최근 장애인의 자기결정권과 선택이 매우 중요한 이슈로 제기되면서 장애인들의 이러한 기본 권리를 보장하면서도 전문가적 권위를 유지하는 조정장치가 필요하다. 이 외에도 사례관리 시 정보관리와 관련된 비밀보장의 이슈를 기관 차원에서 함께 논의한다.

(7) 사례관리 기록의 구조화

사례관리는 정확하고 자세한 기록이 중요한 것은 사실이다. 그러나 기록에 매몰되어 정작 해야 할 중요한 업무를 간과하지 않도록 하는 자세 역시 매우 필요하다. 따라서 사례관리자는 스스로 보다 효과적인 기록을 위한 시스템을 구성하는 것이 바람직하다. 즉, 최소의 시간을 투자하면서도 최선의 기록이 될 수 있도록 가능한 한 구조화할 수 있는 것들은 양식이나 데이터베이스를 활용하면서 각 개인의 특성에 대한 기록을 할 수 있어야 한다.

임상 직업재활 사례관리

1. 접수 및 의뢰

접수는 재활서비스 기관을 이용하기 위하여 최초로 접촉하는 단계이며 접수상담과 의뢰 과정으로 이루어진다. 재활사례관리 접수는 기초재활 영역과 재가복지 영역에서 차이가 있다. 기초재활 영역의 경우 주로 이용자의 자발적인 의사에 따른 방문이나 전화 혹은 외부 기관에 의한 의뢰가 주를 이루게 된다. 하지만 재가복지 영역의 경우에는 자발적인 의사에 따른 방문 외에 지역사회를 통한 의뢰나 연계를 통한 사례 발견을 이루게 된다.

〈접수 관련 실천전략〉

1. 이용자와 처음 접촉하는 단계이니 좋은 관계를 형성할 수 있도록 노력하라.
2. 지역사회와 지역 주민을 대상으로 끊임없이 기관의 존재와 서비스를 알리라.
3. 이용자가 기관의 서비스 체계에 들어올 수 있도록 하는 방법이 무엇인지 계속 고민하라.
4. 이용자가 항상 기관에 접근 가능하도록 점검하라.

5. 지역사회 단체와의 연계를 지속적으로 점검하라.

6. 기관이 소유하고 있는 정보가 지역사회(주민-잠재적 이용자)에게 충분히 도달할 수 있도록 하라.

1) 접수상담

상담은 주로 자발적인 의사에 따른 전화나 내방 혹은 직접 이용자 가정을 방문하는 방법으로 이루어진다. 상담은 이용자 본인이나 이용자 부모 및 가족을 통해 실시되며, 크게 재활정보 제공과 같은 일회적인 상담으로 종료되는 경우와 복지관 서비스 이용을 위하여 예약을 하는 경우로 구분할 수 있다.

(1) 일회성 상담으로 종결되는 경우

접수상담이 보통 일회성 상담으로 종결되는 경우는 각종 재활 관련 정보의 제공이 주를 이루며 그 내용은 일반적으로 다음과 같다. ① 복지시책 안내, ② 복지시설 및 기관 이용 안내, ③ 이용자 등록 절차 및 방법, ④ 지역사회에서 활용 가능한 각종 재활서비스에 대한 정보 안내, ⑤ 기타 정보이다. 이를 위해서는 보다 정확하고 구체적인 각종 재활 정보를 수집하여 매뉴얼을 작성·활용한다. 상담과정에서는 상담일지 등을 통하여 이용자에 대한 기초 정보를 기록한다.

표 5-1 상담일지

일시		상담자	
차트번호		이용자 성명	
상담장소		상담시간	
제목:			
내용: 상담에서 이용자가 주로 호소하는 문제나 도움이 무엇인지를 기록한다.			
상담조치사항: 상담내용에 따른 관련정보 제공, 관서비스 이용안내, 외부기관 소개 등 조치사항을 기록한다.			
상담자 의견: 상담 전반에 관련하여 상담자의 코멘트를 기록한다.			

(2) 진단 예약을 하는 경우

재활기관의 서비스 이용을 위하여 예약을 하는 경우 예약일자를 확인하고, 필요 시 의사의 소견서를 지참하도록 한다. 상담내용은 상담일지에 기록하고, 예약 관련 사항은 예약일지에 기록한다. 특히 예약일지는 누구나 쉽게 이해하고 확인할 수 있도록 정확하게 기록한다.

표 5-2 진단 예약일지

연번	예약 일시	구분	성명	성별	생년 월일	주소	전화 번호	욕구	장애 등록	대상 구분	입금 확인
1		초진/ 재진							여부	수급자/ 일반	
2											

기초재활 영역과 달리 재가복지 영역의 접수는 사례 발굴이 매우 중요하며, 특히 비자발적 대상자를 발견할 수 있는 다양한 방법으로 의뢰나 아웃리치 등의 방법이 있다. 의뢰는 지역사회 내의 주민센터나 경찰서, 학교와 같은 각종 공공기관에 의한 의뢰와 교회나 이웃과 같은 비공식적 체계에 의한 의뢰로 구분할 수 있다.

그리고 접수상담에 의해 초기 접촉이 이루어지고 난 후에는 이용자에 대한 기초 정보를 수집해야 한다. 이 단계에서는 경제 상태, 의료 및 건강 상태, 심리 · 사회 영역의 문제 등 재활사례관리 대상자 여부를 판단하는 데 도움이 되는 필수 자료를 수집한다.

2) 등록

상담을 통하여 평가예약을 한 날에 복지관에 내방하여 소정의 등록비를 내고 복지관의 서비스 대상자로 등록하게 된다. 이용자 카드를 작성하며, 이용자 카드는 특성에 따라 아동용과 성인용으로 구분하여 사용할 수 있다. 등록상담에서는 이후에 진행되는 직업평가에 대하여 이용자와 보호자가 긴장감과 거부감 없이 임할 수 있도록 직업평가의 과정과 소요 시간 등을 충분히 설명해 주면서 긴장을 이완시켜 주는 것이 필요하다.

표 5-3 이용자 등록 카드

<table>
<tr><td>접수번호</td><td colspan="3"></td><td>접수일시</td><td colspan="2"></td><td colspan="2" rowspan="4">사진</td></tr>
<tr><td>의뢰처</td><td colspan="3"></td><td>이용자</td><td colspan="2"></td></tr>
<tr><td>접수형식</td><td colspan="3"></td><td>수급구분</td><td colspan="2"></td></tr>
<tr><td>생년월일</td><td colspan="6"></td></tr>
<tr><td>성명</td><td colspan="3"></td><td>주민등록번호</td><td colspan="4"></td></tr>
<tr><td>성별</td><td colspan="3"></td><td>전화번호</td><td colspan="4"></td></tr>
<tr><td>휴대전화</td><td colspan="3"></td><td>이메일</td><td colspan="4"></td></tr>
<tr><td>주소</td><td colspan="8"></td></tr>
<tr><td rowspan="2">주 호소</td><td colspan="3" rowspan="2"></td><td>욕구 1</td><td colspan="4"></td></tr>
<tr><td>욕구 2</td><td colspan="4"></td></tr>
<tr><td>의뢰</td><td colspan="8">의료진단 언어진단 교육진단 심리진단 직업진단 사회(가족)진단 기타( )</td></tr>
<tr><td>주거상태</td><td colspan="3"></td><td>동거인</td><td colspan="4"></td></tr>
<tr><td>학력</td><td colspan="3"></td><td>종교</td><td colspan="4"></td></tr>
<tr><td>결혼상태</td><td colspan="3"></td><td>신청경로</td><td colspan="4"></td></tr>
<tr><td>교통수단</td><td colspan="3"></td><td>소요시간</td><td colspan="4"></td></tr>
<tr><td>장애명</td><td colspan="3"></td><td>동반장애</td><td colspan="4"></td></tr>
<tr><td>진단명</td><td colspan="3"></td><td>장애등급</td><td colspan="4"></td></tr>
<tr><td>활동상태</td><td colspan="3"></td><td>특이사항</td><td colspan="4"></td></tr>
<tr><td rowspan="2">가족사항</td><td>성명</td><td>관계</td><td>생년월일</td><td>직업</td><td>학력</td><td>동거여부</td><td>연락처</td><td>비고</td></tr>
<tr><td></td><td></td><td></td><td></td><td></td><td></td><td></td><td></td></tr>
<tr><td>비고</td><td colspan="8"></td></tr>
</table>

〈접수 관련 실천전략〉

1. 재활사례관리자를 선정하는 기관의 기준이 있는가?
2. 재활사례관리자와 서비스 제공자 간의 역할은 명료한가?
3. 이용자와 신뢰를 구축하고 있는가?
4. 기관 내에 재활사례관리에 대한 지침이 마련되어 있는가?

2. 초기면접

재활사례관리는 접수, 접수상담, 등록과정을 거쳐 초기면접 과정에서 직업평가와 개별화재활계획에 들어가게 된다. 재활계획은 회의를 통해 개별재활계획서를 당사자 참여를 통해 서면으로 작성하게 된다. 서비스의 개입은 목표 설정, 서비스 계획서 작성, 서비스 계획에 따라 서비스 조정 및 구입의 과정을 거치며 점검 및 직업평가는 모니터링의 과정을 거친다.

재활사례관리에서 초기면접은 가장 중요한 부분이다. 구직을 희망하는 이용자에게 제공할 수 있는 서비스를 설명할 뿐만 아니라 구직에 필요한 정보를 얻을 수 있기 때문이다. 또한 특별히 직업평가가 필요 없다고 판단되거나 평가를 실시할 수 없는 상황인 경우 초기면접 시 취업에 필요한 많은 정보를 알 수 있다.

초기면접은 이용자와 가족의 기본적인 욕구 파악과 함께 치료병력, 진단명, 가족사항 등 각 영역의 진단에 필요한 기본적이고 공통적인 정보를 수집하여 진단의 기초 자료를 제공하며, 정확한 재활방향 설정을 위해 필요한 직업평가 영역을 선정하여 의뢰를 한다. 초기면접은 이용자의 입장에서는 기관의 첫 이미지가 결정되므로 친절하고 중요하게 다루어져야 한다. 또한 직업평가 영역을 결정하는 기초과정으로서 매우 중요하다. 초기면접자의 자격은 이용자의 전인재활과 관련되는 복합 영역의 오리엔테이션이 되어 있는 재활상담사나 직업능력평가사가 적절하며, 사업에 따라서는 재활상담사 등 특수교육, 치료 등 해당 영역의 전공자가 될 수 있다.

초기면접에서 파악하여야 할 주요 정보수집 내용은 신체적 · 심리사회적 · 경제적 · 교육적 및 직업기술 발달 등에 대한 기본적인 정보여야 한다. 이러한 정보수집을 위해 모든 이용자에게 획일적으로 질문해야 하는 것이 아니며, 장애 유형이나 정도, 연령, 직업평가 영역 등 이용자의 개별적인 상황 안에서 특성에 맞는 질문들로 초기면접이 이루어져야 한다. 초기면접에서 고려해야 하는 주요 정보수집(Roessler & Rubin, 1998; 김미옥, 2003)은 〈표 5-4〉와 같다.

표 5-4 초기면접을 위한 주요 정보수집 가이드

구분	정보수집 내용
신체적 요소	1. 현재 겪고 있는 신체적 손상은 구체적으로 무엇인가? 2. 장애의 원인은 무엇인가? 3. 이용자가 장애를 입은 지 어느 정도 되었는가? 4. 장애와 관련된 치료를 받은 적이 있는가? 5. 이용자의 장애상태가 최근에 더 악화되었는가? 6. 이용자는 지금 장애와 관련된 치료를 받고 있는가? 7. 이용자에게 잠재적 부정적 효과를 중재하기 위한 개입이 이루어지고 있는가? 8. 최근 신체적 손상의 정도를 명확히 진단한 자료가 있는가? 9. 이용자의 신체적 장애는 일상생활기능에 어느 정도 영향을 미치는가?
심리 사회적 요소	1. 개인 적응 • 이용자의 심리사회적 적응을 판단할 수 있는 최근 검사자료가 있는가? • 이용자가 현재 심리사회적 서비스를 받을 수 있는 기관이나 전문가가 있는가? • 이용자는 적응문제 때문에 전문적 치료를 받은 적이 있는가? • 안정제나 수면제를 복용하는가? • 장애를 입은 후에 일과 사회적 상황에서 불필요한 회피를 한 적이 있는가? 2. 가족/친구 관계 • 이용자의 결혼 여부 및 상태는 어떠한가? • 이용자는 가족과 함께 살고 있는가? • 어린 자녀가 있는가? • 배우자 등의 가장 중요한 가족구성원이 이용자의 재활계획을 지지하는가? • 이용자는 자신의 가정환경을 어떻게 느끼는가? • 이용자는 가족들과 어떻게 지내는가? • 이용자는 가까운 친구가 있는가? • 자신의 사회생활에 만족하는가? • 이용자는 일상생활을 어떻게 지내는가? • 이용자의 가족은 이용자를 위해 지리적으로 가까운 직장을 얻기를 원하는가?

교육 · 직업기술 발달 요소	1. 교육력 • 이용자의 학교는 어느 정도 떨어져 있는가? • 이용자는 학교와 관련해서 좋아하는 것과 싫어하는 것은 무엇인가? • 이용자는 왜 학교를 그만두었는가?(혹은 졸업하였는가 등 기타) • 이용자가 고등학교를 마치지 않았다면, 검정고시 등에 합격하였는가? • 이용자는 직업을 얻기 위해 필요한 훈련을 받고 있는가? 2. 직업력 • 이용자의 최근 직업 세 개는 무엇인가? • 각각의 직업에서 –급여 –고용기간 –이용자가 잘 수행한 일과 그렇지 못한 일 –가장 좋아했던 일과 싫어했던 일과 그 이유 –일을 그만두게 된 이유 • 장애가 발생하기 이전에 일을 그만둔 적이 있는가? 그 이유는 무엇인가? • 현재 이용자는 일을 하고 있는가? 일을 하고 있다면 얼마나 되었는가? • 이용자는 장애를 입은 후에도 계속 일을 하고 있는가? 하고 있다면 얼마나 되었는가?
경제적 요소	1. 이용자의 주요 수입원은 무엇인가? 2. 부수적 수입원들이 있는가? 3. 이용자는 빚이나 부채가 있는가? 4. 치료비용과 같은 고정된 생활비용은 무엇인가? 5. 이용자에게 사례가 지연되는 것에 대한 보상이 있는가? 6. 이용자는 수당이나 연금 등을 지원받고 있는가? 7. 이용자는 의료보험이 있는가? 8. 이용자는 자신의 경제적 상황에 대해 걱정하고 있는가? 9. 이용자는 최저임금을 보장받고 있는가?

고려할 점:

* 취업을 원하는 이용자의 취업에 대한 욕구를 저해하고 자신감을 위축시키지 않도록 하고 이용자의 주된 욕구를 정확하게 파악해야 하며 이 같은 과정에서 진솔하고 친절한 태도와 인상으로 상담을 진행하도록 한다.
* 때로는 중증 이용자의 경우 가족이나 관련기관 담당자와의 동행을 요구하는 것이 바람직하며 청각 이용자의 경우에는 수화 통역사를 제공하도록 하여야 한다.
* 라포가 형성되기 전에 장애에 대한 부분이나 이용자의 기능장애에만 중심적으로 화제를 삼지 말아야 한다.
* 이용자와 편한 상태에서 상담이 가능한 장소를 확보해야 한다.

출처: 김미옥(2003).

표 5-5 심층적 인터뷰 구조 예시

이용자 기능 항목	이용자 기능의 정보를 알 수 있는 방안	고용 또는 훈련(교육)을 위한 관계
1. 일반적 외모와 행동	관찰한다.	• 개인적 습관 • 적절함 • 작업행동 –정결함(일할 준비된 외모) –동료와의 관계
2. 주된 언어 소통방법	소비자 자신 또는 자신의 문제에 관한 이야기를 듣는다.	• 집중 • 일의 유지와 이해 • 현실성
3. 사고체계	인생경험을 정리정돈해서 설명할 수 있는 능력을 관찰; 여러 가지 아이디어의 조합하는 것, 대화의 변동과 불일치와 차이	• 현실적인 기대 • 판단과 문제해결의 능력 • 현실성 • 일에 필요한 요구사항의 배울 가망성
4. 감정과 정서	비언어성 행동의 관찰; 소비자가 이야기할 때의 감정상태를 듣는 것; 질문: 지금 기분이 어떻습니까?	• 압박에 대한 반응 • 적응성 • 장애에 대한 정서적 반응
5. 적응방안	질문: 당신은 무엇을 제일 잘한다고 생각합니까? 당면해 있는 가장 어려운 문제는 무엇입니까? 어떻게 해결하였습니까? 요사이 스트레스를 받았습니까? 어떻게 감당했습니까? 직장이나 집에서 느끼는 압박을 어떻게 해결했습니까? 현재 사는 상태가 어떻습니까?	• 독립적인 기능 • 짜증에 대한 대응 • 실패 또는 후퇴를 어떻게 받아들이나 • 압력에 대한 대응 • 자신감/자아개념 • 적응과 성숙
6. 타인에 대한 관점	동료와의 관계를 설명해 달라고 묻는다. 질문: 사회생활을 할 때 어떤 기분입니까? 인생계획에 있어서 누구의 의견이 중요합니까?	• 대인관계 기술 • 직무유지 행동 • 동료와 감독자와의 관계 • 사회에서 인정받음
7. 문제해결 능력	소비자의 탐색: 어떻게 해결합니까? 당신의 장애에 대해 어떻게 반응합니까? 별로 유쾌하지 않은 상황을 어떻게 견뎌 냅니까?	• 구직행동 • 훈련을 찾을 수 있는 능력 • 적응과 성숙도
8. 스태미나/체력	질문: 상황이 어떻게 변화되면 좋겠습니까? 그것에 대해 어떻게 하면 좋겠습니까? 변화를 위해서 희생을 감수하겠습니까? 당신의 하루 일과를 알고 싶습니다. 그리고 인터뷰 중에 반복된 화제를 지켜보라.	• 동기화 • 건설적인 역할에 대한 인지 • 구직행동 • 직업유지 행동 –꾸준한 출근 –신뢰 –생산성 –시간낭비 않음

9. 목표지향성	질문: 지금부터 5년 후 어떤 일을 하고 있는 모습을 그립니까? 직업에서 무엇을 중요하게 봅니까?	• 승진과 자기계발 • 직업 목표 행동 –직업 목적의 탐색 –적당한 직업 목표를 가짐
10. 소비자의 장점	질문: 잘하는 것이 무엇입니까? 자신의 어떤 모습이 좋습니까? 당신의 강점이 무엇이라 생각합니까? 직업경력을 통해 무엇을 배웠습니까?	• 적응 기술 • 자신감 • 직업 유지 행동 • 일의 필요 요소 • 일에 대한 적합성
11. 소비자의 흥미	교육 경력의 탐색 –능력 –어려웠던 문제점 –제일 좋아했던 것 직업 경력의 탐색 –특정 분야의 관심 –특정 분야의 능력 –자기 업무와 책임 여가활동/보편적 취미 당신에게 적합한 직업은?	• 직업 목표 활동 • 직업의 여러 가망성 • 일할 준비
12. 직업경력	질문: 과거에 어떤 직업을 가졌습니까?	• 기술/능력 • 자기 것으로 만듦/적응 • 안정성
13. 장애요인	질문: 현재 당신의 장애에 대해 설명해 보시오. 무엇이 불편합니까? 무슨 약물치료를 받습니까? 부작용이 무엇입니까?	• 퍼포먼스(능력) • 훈련선택과 장애 • 기술의 전이

출처: Roessler & Rubin (1998).

3. 직업평가

직업평가는 이용자의 욕구 및 문제들, 이용자가 문제를 해결하는 데 있어서 유용하게 활용할 수 있는 자원들, 이용자가 자원을 활용하는 데 있어서 장애물 등에 대해서 평가해야 한다. 직업평가 단계의 목적은 이용자를 전체적 인간으로서 이해하고 이용자의 장점이나 욕구를 파악하는 것이다.

Moxley(1989)는 욕구의 주요 영역을 소득, 주택 · 보호처, 고용 · 직업, 건강보호,

사회적 · 인간적 관계, 여가선용과 휴양, 일생생활의 활동들, 이동수단, 법적 욕구, 교육 등으로 구분하고 있다. 직업평가는 이러한 욕구에 기초하고 있어야 하며, 이 단계에서 평가해야 할 구체적인 내용으로는 주로 현재의 문제상황, 신체적이고 정신적인 건강 상태, 일상동작 능력, 심리 · 사회적 기능, 경제적 상황, 이용자의 의지, 가치관, 가족과 친지와 친구에 관한 정보, 세대 구성, 이용자의 자조능력, 프로그램에 대한 적극성, 현재 이용하고 있는 서비스 및 원조, 경제 상황, 주거 장소 등을 포함한다.

이 단계에서는 특히 표준화된 검사도구 및 용지가 필요하다. 주로 기초재활 서비스 영역의 직업평가는 재활사례관리 순서도의 초기면접과 각 영역별 직업평가의 과정을 거치면서 재활상담사는 접수상담지, 사회진단지, 가계도 및 생태도를 활용하며, 재가복지 서비스 영역에서는 초기면접 과정을 거치면서 초기면접지, 사회환경 평가지, 가계도 및 생태도를 도구로 활용한다.

〈직업평가 관련 실천전략〉

1. 욕구 및 문제에 기초하여 직업평가를 하라.
2. 자원에 대해 직업평가를 하라.
3. 장애물(외부 장애물, 내부 장애물, 선천적 무능력)에 대해 직업평가를 하라.
4. 종합적이고 포괄적으로 직업평가를 하라.
5. 여러 전문분야가 상호 제휴하여 직업평가를 하라.
6. 이용자 또는 가족의 참여적인 직업평가를 하라.
7. 직업평가는 하나의 과정임을 이해하라.
8. 직업평가는 체계적인 것임을 이해하라.
9. 직업평가는 하나의 결과물임을 이해하라.
10. 이용자가 자신의 문제나 필요한 서비스를 잘 이야기하도록 이끌라.
11. 이용자의 기능적 상태(신체, 감정, 행동, 인지)에 대해 직업평가를 하라.
12. 가계도 및 생태도를 활용하여 가족관계 및 사회적 지지망을 파악하라.

1) 직업평가의 개념

직업평가는 재활사례관리자와 이용자의 명백한 욕구에 관한 정보를 수집하고 분석하며, 우선순위를 정하고, 종합화하는 가운데 서로가 협동함으로써 이루어지는 과정이다(김만두, 2002). 재활서비스 기관에서는 직업평가(vocational evaluation), 사정(assessment), 진단(diagnosis)이라는 용어가 혼용되고 있다. 진단은 병리학적 접근이나 역기능에 대한 선입견을 가지고 있는 경우가 많다. 이러한 관점은 이용자를 병리와 결점을 가진 문제가 있는 자로 봄으로써 이용자가 할 수 없는 것은 무엇인지, 문제를 유발시키는 결함은 무엇인지 분석하는 것을 진단적 접근(diagnostic approach)이라 할 수 있다. 이에 비해 직업평가는 이용자의 발전과 성장을 가져올 수 있는 강점을 알아내려고 노력하고 이용자의 제한점도 함께 인식하는 강점중심 접근(strength-based approach)이다.

직업평가 과정에서 재활사례관리자는 이용자의 강점을 증진시켜야 하는지, 아니면 환경의 강점을 증진시켜야 하는지를 정해야 한다. 따라서 재활사례관리자는 이용자에 대한 상황적 맥락에 관한 유능한 판단력을 가져야 한다. 기관에서 직업평가는 강점중심 접근으로 복지관을 찾아오거나 가정방문을 통하여 이용자 및 가족과 초기 접촉을 통하여 이용자의 욕구와 문제를 파악하고, 재활 및 서비스 계획수립을 위한 자료를 수집하는 과정이다. 이 단계는 초기면접과 직업평가로 구성된다.

2) 직업평가의 요소

직업평가를 시작하기 전에 전문가는 윤리적 기준에 대한 점검을 해야 한다. 여러 직업평가 도구 중에서 검사 상황이나 검사 담당자가 그 내용을 어떻게 해석하는가에 따라 매우 상이한 결과를 가져올 수 있다. 장애인의 경우에는 직업평가결과가 긍정적인 요인보다는 부정적인 요인이 많을 수 있으므로 자료를 긍정적인 측면에서 해석하고 활용해야 한다. 그리고 우리나라는 직업평가 도구들이 비장애인을 위한 것이나 외국의 것을 번역하여 사용하는 경우가 많은 상황이므로 자료를 활용할 경우 파생되는 윤리적 문제를 고려한다.

직업평가에 있어 윤리적 기준을 살펴보면 다음과 같다(김미옥, 2003; 김승돈 외, 2001).

첫째, 모든 인간은 유일한 존재이다. 직업평가에 참여하는 전문가는 일상적 경험, 이용자의 장애 정도 등에 상관없이 각 개인을 세상에서 하나뿐인 독특한 존재로서 존엄성을 인정하며 직업평가에 임한다.

둘째, 개인은 다양한 변수가 존재한다. 인간의 문제는 순환적 특성이 있으며, 어떠한 상황도 하나의 원인에 따른 결과 발생이라는 단선적 논리가 적용되지는 않는다. 따라서 전문가는 이용자의 상황을 초래하는 다양한 변수를 고려한 직업평가가 이루어지도록 한다.

셋째, 정확한 진단과 직업평가가 이루어진다고 하더라도 도구 자체의 제한점이 있고 그것을 다루는 전문가에게도 제한점이 있다. 검사 수치가 이용자의 모든 잠재능력을 대변해 주는 것이 아니므로 검사 결과로 얻게 되는 수치에 지나치게 의존하거나 매몰되어서는 안 된다. 그리고 검사 상황이나 검사자가 그 상황을 어떻게 해석하느냐에 따라 상이한 결과로 나타날 수 있다. 또한 아무리 객관적인 정보라 하더라도 자료의 해석과 시연에서 전문가의 변수가 내재될 위험이 있다.

넷째, 진단과 직업평가는 인간의 긍정적 측면을 인정하고 발견할 수 있어야 한다. 실제로 직업평가 과정에서 무엇이 문제인가라는 문제중심 직업평가가 많이 이루어지고 있다. 그러나 직업평가 과정뿐 아니라 잠재능력과 자원에 대한 탐색이 이루어져야 한다.

다섯째, 직업평가는 전문적 지침서와 전문가에 의해 실시한다.

진단과 직업평가는 한 인간을 좌우할 수 있는 중요한 과정이므로 반드시 지침서와 전문가에 의해 실시되어야 한다.

표 5-6 기초재활 영역의 접수면접지

1. 일반사항					
접수번호	이용자관리카드	접수일자		상담자	
이름			사진		
주민등록번호			주소		
성별			전화번호(집)		
혈액형			휴대전화 번호		
학력			이메일 주소		
직업			종교		

장애등록유무		결혼사항	
장애명	확정 시	사회보장	
장애등급	확정 시	보장구	
장애유형	미등록 시	현재 건강상태	

2. 가족사항

성명	생년월일	연령	관계	학력	직업	동거여부	연락처	기타
가족 내 장애/병력	서술공란							

3. 공통(아동/성인)

이용자		진단영역	
관계	연락처: 본인이 아닐 경우	진료 및 치료사항	
내관경위	의뢰처	생육사	
욕구		발달사항	

4. 성인

기초학습능력		일상생활능력	
시간		외모/청결	
수		일상생활	
쓰기/읽기		이동능력	
		의사소통	
		대인관계	
		기타	

표 5-7 영역별 직업평가의 도구 및 내용

직업평가 영역	담당자	평가대상	직업평가 도구	직업평가 내용
사회영역	재활상담사	초기면접을 거친 대부분의 대상자	• 면접과 관찰 • Genogram/Eco-Map • 사회진단지	• 개인: 발달력, 교육력, 직업력, 건강상태, 심리사회적 상태 등 • 가족: 가족력, 경제력, 직업, 종교, 장애에 대한 지지도, 가족의 심리사회적 상태 등 • 환경: 거주환경, 사회적 관계망, 사회보장급여 상태, 이동보조자의 활용가능성, 주택상태 등

의료영역	의사 물리치료사 직업치료사	신체기능에 관한 문제로 내관한 대상자	• 의사의 임상적 진단 • 필요시 정밀 의학적 진단 • 기타 표준화 도구	• 의료적 검사, 이학적 검사를 통한 진단명 결정 • 의료적 상태진단 및 처치
심리영역	심리치료사	정서 또는 지적인 문제로 내관한 대상자	• 아동용 지능검사: K-WISC-IV • 성인용 지능검사: K-WAIS, 그림지능검사 • 사회성숙도검사 • 성격검사: HTP, KFD, SCT, KPI-C • 자폐검사: CARS, E-CLAC • 행동검사: K-CBCL –연령, 장애유형, 부적응행동 등에 따라 다양한 도구가 활용됨	• 지적 능력 및 사회적 능력 파악 • 심리적 특성 파악 • 행동 특성 파악
교육영역	특수교사	특수교육 또는 학습 능력의 문제로 내관한 대상자	• 포테이지 아동발달 관찰표 • 기초학습기능검사 • 교육진단검사(PEP) • DARBAS(출생에서 5세까지) –연령 및 발달정도에 따라 직업평가도구 및 초점이 달라짐	• 아동의 발달수준, 기초학습능력, 교육정도 등을 파악
언어영역	언어치료사	언어치료 또는 언어 능력의 문제로 내관한 대상자	• 그림어휘력검사 • 구문의미이해력검사 • 그림자음검사 • PRES(취학전아동의 수용언어 및 표현언어 발달척도) • SELSI(영유아언어발달검사) • P-FA(파라다이스–유창성검사) • 언어문제해결력검사	• 언어발달 정도 평가 • 수용언어와 표현언어의 차이, 어휘력, 문장력, 조음문제, 말더듬 등 평가
직업영역	재활상담사 직업평가사	직업재활 및 취업의 욕구를 갖고 내관한 대상자	• AAMD 적응행동척도 • 직업적성검사 • Valpar #17 • McCarron-Dial System#101 • Purdue Pegboard • 성취도검사 • MVE	• 직업능력 평가 • 직업재활 가능성 탐색

〈직업평가 관련 체크리스트〉

1. 복지관의 기준화된 직업평가를 수행하였는가?
2. 이용자의 초기면접을 기록하는 면접지를 사용하였는가?
3. 이용자의 강점을 중심으로 직업평가를 하였는가?
4. 이용자의 욕구 범위를 명백화하였는가?
5. 제반 욕구를 실현할 수 있는 이용자의 능력을 명백화하였는가?
6. 제반 욕구를 실현할 수 있는 이용자의 가족 및 사회적 지지망은 명백화하였는가?
7. 세반 욕구를 실현할 수 있는 대인서비스의 능력은 명백화하였는가?

4. 개별화고용계획

초기면접과 직업평가 과정은 이용자의 신체적 · 심리적 · 직업적 · 사회적 여건을 파악하여 효율적인 '개별고용계획서'를 작성하기 위함이다. 이 과정은 소비자의 취업 지원방안과 방향성을 결정하는 과정이며 재활사례관리의 중심이 된다. 개별고용계획서는 이용자와 장애인재활상담사가 공동으로 작성하는 것이며 구직 책임은 두 사람에게 항상 같이 있다는 것을 상기시켜야 한다. 또한 취업이 바로 이루어지는 것이 아니므로 정기적인 상담계획을 잡고 재활상담사는 이용자에게 구직을 도모하기 위한 과제로 구직란 보기 등을 주어 취업에 적극적인 행동을 장려해야 한다. 또한 재활상담사도 이용자의 직업을 알선하기 위하여 구직을 원하는 이용자의 프로파일을 정리하고 필요한 지역사회 자원이나 관련 기관들과의 연계를 위한 노력을 한다(변경희, 2004).

이 단계에서는 이용자가 취업에 필요한 다양한 서비스를 제공한다. 이러한 서비스 중 중요한 역할을 하는 것이 바로 직업개발이고 그것이 직업배치로 이어지는 것이다. 아직까지도 우리나라에서의 고용은 사업주가 의뢰하는 소극적 형태를 취하고 있다. 그러나 직업재활의 궁극적 목표인 성공적 취업을 활성화시키기 위해서는 고용주 개발과 업체 개발은 매우 중요한 영역이다. 따라서 장애인재활상담사는 이전까지의 소극적인 성향에서 벗어나 마케팅 전략을 활용한 적극적 방안을 도입해야 한다.

미연방정부 지원으로 실시되었던 산업정보연계 프로그램(The Project-with-Industry Program)은 이용자의 직업재활의 활성화는 사업체와 장애인재활상담사가 파트너십을 맺고 함께 작업할 때 가장 효율적이라는 결론을 내렸다. 이러한 파트너십은 두 그룹 사이에 상호작용을 활성화시키는 정보교류 체제가 성립되어야만 가능한 것이다. 이러한 과정에서 염두에 두어야 할 것은 〈표 5-8〉과 같다(변경희, 2012).

표 5-8 직업개발 및 직업배치 시 유의사항

- 이용자와 고용주의 취업에 대한 만족도 고려
- 취업에 대한 이용자의 개인 · 사회적 적응 정도 고려
- 이용자의 능력과 기술에 합당한 작업활동 내용의 적합성 여부 고려
- 고용주의 욕구 고려 및 정보제공 고려
- 이용자 고용과 관련된 정책에 대한 전문적인 역할 주도
- 장애에 대한 인식개선 주도
- 고용된 이용자와 더불어 고용주에게도 필요한 사후지도 서비스 주도
- 이용자의 기능과 적성을 고려한 후 취업을 실시하기 위하여 직업분석(job analysis) 주도
- 편의시설에 대한 자문 주도
- 보조공학이나 작업장 구조 변경에 관한 자문 주도
- 직장 안에서의 이용자의 직업 활동을 용이하게 할 수 있는 자연적 지원(natural support) 발굴 주도
- 취업을 도모하기 하여 다른 관련단체와 연계 도모 주도
- 노동시장의 연구와 경제 예측 주도
- 이용자들에게 개인 내지는 그룹으로 구직훈련(job seeking training) 주도
- 이용자에게 직업에 관한 지속적인 상담 주도
- 이용자와 고용주 간의 갈등 해소를 위한 자문 주도

이와 같은 사항을 고려하여 장애인재활상담사는 직업개발 및 직업배치에서 다음과 같은 역할을 주도한다.

표 5-9 직업개발 평가 보조자료

직업목표:

1. 보조평가 자료

a. 직업을 수행하기 위한 이용자의 능력과 관련된 신체적 강점과 한계

예시: –신체적 지구력
–손과 손가락의 민첩성
–운동성
–상체의 힘/하체의 힘
–말하기, 듣기, 보기

b. 직업을 수행하기 위한 이용자의 능력과 관련한 심리사회 강점과 한계

예시: –장애에 대한 대응도
–일차 장애로 인한 이차인 징후
–지적장애의 성향
–건강에 대한 과도한 염려
–감정의 안정도
–가족과 사회 환경의 영향

c. 직업을 수행할 수 있는 이용자의 능력과 관련한 교육–직업 강점과 한계

예시: –교육적 기술(기본인 읽기 및 산수능력)
–직업능력의 정도(현재 및 잠재적 능력)
–직업에 대한 관심
–사람이나 사물과 일하는 것
–개인인 책임감의 정도
–일하는 환경의 특징
–창의력을 발휘할 수 있는 기회
–일상적인 일 또는 변화가 많은 일
–근무시간
–수입
–신체적인 에너지 소비량
–자기발전의 기회
–직업에 대한 자기인식
–강점
–약점
–직업적 잠재력
–실업의 원인
–취업 또는 유지의 문제

<u>d. 특별히 고려해야 할 사항</u>

- –경제
- –교통
- –주택문제
- –육아
- –근성
- –현장에서의 업무 요구

2. 직업목표를 달성하기 위해 필요한 서비스

<u>a. 직업의 신체적 한계를 줄이거나 없애기 위해 필요한 서비스</u>

- –보철서비스
- –보조기
- –물리치료
- –작업치료
- –수술
- –일반의료
- –언어치료

<u>b. 직업의 심리사회 한계점을 줄이거나 없애기 위해 필요한 서비스</u>

- –직업적응훈련
- –개인적응훈련
- –개인심리요법
- –그룹치료
- –가족상담

<u>c. 직업의 교육 · 직업적 한계점을 줄이거나 없애기 위해 필요한 서비스</u>

- –읽기 교육보충
- –산수 교육보충
- –직업훈련
- –구직능력 훈련
- –현장 훈련

<u>d. 특별히 고려할 사항에 대한 서비스</u>

- –지원고용
- –재정 유지
- –교통
- –주거
- –육아
- –배치(업무 변경 및 접근도)

표 5-10 재가복지 영역의 초기면접지

<table>
<tr><td>접수번호</td><td colspan="4">이용자관리카드</td><td colspan="2">접수일자</td><td colspan="2"></td><td>상담자</td><td></td></tr>
<tr><td>성명</td><td></td><td>성별</td><td></td><td>연령</td><td></td><td>주민등록번호</td><td colspan="2"></td><td>결혼여부</td><td></td></tr>
<tr><td rowspan="2">주소</td><td colspan="4"></td><td colspan="2">전화번호</td><td colspan="2"></td><td rowspan="2">학력</td><td></td></tr>
<tr><td colspan="4"></td><td colspan="2">휴대전화</td><td colspan="2"></td><td></td></tr>
<tr><td>장애명</td><td></td><td>장애
등급</td><td></td><td>장애
발생일</td><td colspan="2"></td><td>일상생활
상태</td><td colspan="3">독립 · 부분도움 · 완전도움</td></tr>
<tr><td>보험종류</td><td colspan="6">보험 보호1종 보호2종 보호3종</td><td>동거인 수</td><td colspan="3">명</td></tr>
<tr><td rowspan="3">생활정도
주택</td><td colspan="10">단독주택, 아파트, 연립, 기타( ) 자가, 전세, 월세, 기타(/)</td></tr>
<tr><td colspan="6">건평: 평 / 방수: 개</td><td colspan="2">기타재산</td><td colspan="2"></td></tr>
<tr><td colspan="6">기타:</td><td colspan="2">경제력 정도</td><td colspan="2">상 중 하</td></tr>
</table>

1. 이용자의 욕구
   1) 의료적 욕구 2) 사회 · 심리적 욕구 3) 경제적 욕구 4) 교육적 욕구(정보습득) 5) 직업적 욕구 6) 여가 · 문화생활 욕구 7) 기타

2. 신체적 상황 및 생활 적응 정도
   1) 진단명 2) 발병 시기 및 원인 3) 과거력 4) 가족력 5) 약물 복용 6) 과거 · 현재 치료경험 7) 현재 신체상태 8) 기능적 상태 9) 생활 · 사회적응 능력 10) 감각 및 반사 11) 신체상황 인식(수용) 정도 12) 보장구 13) 장 · 단기 목표 14) 계획

3. 가족 및 경제적 상황
   1) 가족상황 및 관계형성 2) 경제적인 지원현황 3) 수입 · 지출 현황 4) 기타

4. 사회 · 심리적 상황
   1) 과거력(지원받은 경험 등) 2) 대인관계(이웃, 친구, 동료) 형성 3) 장애수용 정도

5. 지원계획 및 목표
   1) 의료적 지원 2) 사회 · 심리적 지원 3) 경제적 지원 4) 교육적 지원(정보습득) 5) 직업적 지원 6) 여가 · 문화생활 지원 7) 기타 8) 이용자의 팀 장단기 목표

5. 재활계획

〈개별화재활계획 실천전략〉

1. 포괄적으로 이용자의 문제 및 욕구 목록을 작성하라.
2. 이용자에 대한 포괄적인 직업평가 결과에 바탕을 두고 계획을 세우라.
3. 이용자 또는 가족을 계획과정에 참여시키라.
4. 이용자를 도울 수 있는 지역사회 내의 비공식 서비스 자원(가족, 친척, 친구 등)을 계획에 포함시키라.
5. 이용자를 의뢰할 수 있는 공식서비스 기관(국가 및 공공 기관)을 계획에 포함시키라.
6. 구체적으로 서비스 제공 기간을 정하라.
7. 이용자의 자부담 비용을 의식하고 계획하라.
8. 개입의 초점을 명확하게 하기 위하여 목표나 필요한 서비스를 재검토하라.
9. 서비스 분배에서 연속성이나 우선순위를 결정하라.
10. 직업평가 결과 및 서비스에 대해 계약서(동의)를 작성하라.

한 사람을 평가하고 사정하는 일은 매우 어려운 일이며, 이용자의 새로운 삶을 설계하는 것 이상의 중대한 의미를 가지고 있다. 특히 이용자의 내재된 능력을 알아내기 위해 한 영역에서만 단편적으로 판단하여 직업평가를 실시하고 재활계획을 세우는 것은 바람직하지 못하며, 이용자가 가지고 있는 잠재력을 최대한 발견하고, 그들이 가지고 있는 다양하고 종합적인 특성을 정확하게 평가하여 재활계획을 수립한다.

재활계획은 직업평가에서 수집된 정보를 이용자에게 도움이 되는 일련의 활동으로 전환하는 과정이다. 재활사례관리자는 정기적인 검토를 통해 필요한 계획의 변화를 시도할 수 있다. 공식적이고 구조화된 계획의 단계로, 첫째, 상호 간의 목적 수립하기, 둘째, 우선순위 정하기, 셋째, 전략 수립하기, 넷째, 최선의 전략 선택하기, 다섯째, 전략 실행하기 단계가 이루어진다.

1) 재활계획 회의

(1) 개념

재활계획은 초기면접에서 수집된 정보와 각 영역의 직업평가 내용을 종합 · 정리하여 재활방향을 설정하고 해당 기관의 서비스 대상자 선정 또는 타 기관 의뢰를 결정하는 과정을 의미한다.

(2) 회의내용

재활계획 회의에서는 다음의 내용을 결정한다. ① 진단자료 취합(장애의 원인, 유형, 정도, 본인 및 보호자의 태도, 자원 등), ② 재활방향 모색, ③ 복지관 서비스 대상자 또는 타 기관 의뢰 대상자 선정, ④ 통보 대상자 선정, ⑤ 기타 필요한 사항 등이다.

(3) 회의 대상

접수되어 진단을 받은 사람은 모두 재활계획 회의를 거쳐야 한다. 단, 이용자의 욕구가 단순 안내 또는 정보 제공일 경우에는 재활계획 회의를 거치지 않고 초기면접자가 조치내용을 차트에 기재하고 재활계획 회의에 보고한다.

(4) 재활계획 회의 참석자

재활계획 회의 참석자는 초기면접자와 각 영역의 팀장이 된다. 그리고 이용자 본인 및 보호자가 함께 참여하여 회의가 진행되는 것이 바람직하므로 가능하면 참여를 적극 권장한다.

표 5-11 재활계획 회의 자료 양식

접수 번호	성명	성별	연령	욕구	장애명	중복 장애명	진단명	직업평가 내용	재활 방향	담당자

표 5-12 재활계획 회의 결과 기록지

1. 공통사항					
접수번호		접수상담일		재활계획 회의일	
성명		성별		생년월일	
초진 · 재진 구분	재진일 경우 초진일자 · 내용			판정통보방법	전화/내관/당일통보 등
2. 재활방향					
재활방향 1	서술공란				
재활방향 2	서술공란				
차기진단			진단예정일		
조치	상담/장애등록/재평가		의뢰기관		
대기 구분 1			대기 구분 4		
대기 구분 2			대기 구분 5		
대기 구분 3			대기 구분 6		
3. 재활계획 회의 결과					
서술공란					
4. 의뢰					
서술공란					

2) 재활계획 회의 이용자 참여

이용자의 재활과정에 있어 서비스를 받는 당사자의 의사를 최대한 존중해 재활서비스 효과의 극대화를 도모하고자 당사자 참여 회의를 실시한다. 당사자 참여회의는 재활계획 회의 내용 통보 및 서비스 계약으로 구분할 수 있다.

(1) 재활계획 회의 통보 및 동의

회의내용 및 재활방향의 통보는 재활계획 회의에서 결정된 사항에 대해 통보자로 선정된 경우를 제외하고는 접수면접자가 통보한다. 통보의 방법으로는 당일, 내관, 서면, 전화 통보의 방법이 있다. 당일통보는 의료진단 및 그 외 당일통보가 가능한 진단의 경우 당일 통보하는 것이며, 내관통보는 구체적 설명이 필요한 경우 내관

통보하는 것이다. 이러한 경우 본인 또는 보호자의 의사를 확인하고 동의서에 서명을 받는다. 서면 · 전화통보는 사안이 경미하거나 본인 및 가족의 내관이 어려운 상황에 서면 및 전화 통보하는 것인데, 이를 해당 양식에 기록하도록 한다.

재활계획 방향에 대한 본인 및 보호자의 동의 절차는 다음과 같다. ① 재활계획 회의에서 통보자로 선정된 자가 담당한다. ② 재활계획 회의 후 일주일 이내에 실행함을 원칙으로 한다. ③ 본인 및 보호자 내관을 원칙으로 하나, 부득이한 경우에는 전화로 대신할 수 있으며, 이때 통보자는 통보조치 내용을 기록한다. ④ 재활계획 회의 결과에 대해 본인 및 보호자가 이의를 제기하는 경우에는 다시금 회의에 상정한다. ⑤ 본인 및 보호자가 동의하면 서명을 받아서 개별 파일에 보관한다.

(2) 계약서 작성

기관에서 제공하는 모든 서비스는 본인 또는 보호자의 동의 및 계약을 한 후 실시한다. 단, 서면 확인이 어려운 경우 담당자는 본인 또는 보호자의 동의 사실을 확인하고, 이를 해당 업무양식에 기록한다. 서비스 서약보다는 이용자와 서비스 제공자 간의 대등적 · 쌍방적 계약의 개념으로 서비스 계약서를 작성하며, 이러한 과정을 통해 이용자에게 관련된 충분한 정보를 제공한다. 서비스 계약서에 포함되어야 할 내용은 다음과 같다. ① 계약자에 관한 사항, ② 서비스 이용 내용에 관한 사항, ③ 계약자 상호 간 준수, ④ 이용규정 및 지침에 관한 사항 등이다.

〈재활계획 관련 체크리스트〉

1. 직업평가 단계에서 발견된 모든 문제에 대해 서비스 계획에 포함시켜 수립하였는가?
2. 서비스의 초점이 되는 문제를 이용자와 함께 규명하였는가?
3. 이용자 또는 가족을 서비스 계획에 참여시키고 합의한 바를 기록하였는가?
4. 이용자와 서비스 수행과정을 계약(합의)하였는가?
5. 도움을 제공하는 제공자와 서비스의 내용을 정하였는가?
6. 바람직한 결과를 성취하기 위해 필요한 도움의 형태를 파악하였는가?
7. 각각의 서비스마다 서비스의 양이나 지속 기간을 구체적으로 정하였는가?
8. 서비스 비용을 지불해 줄 기관 · 단체를 기록하고 구체적으로 서비스를 제공하는 기관과 소요 비용을 계산하였는가?

표 5-13 재활계획 회의 결과 통보서

<table>
<tr><td colspan="6">___________님 귀하</td></tr>
<tr><td colspan="6">___________에 대한 사회, 심리, 의료, 교육, 언어, 직업적인 측면에서 진료, 상담 및 각종 검사를 실시한 결과를 가지고 전문가들이 모여 적절한 재활방향과 서비스를 제공하기 위한 재활계획회의를 개최하였습니다. 그 결과를 아래와 같이 통보하오니 양지하시기 바랍니다.</td></tr>
<tr><td colspan="6">1. 일반사항</td></tr>
<tr><td>접수번호</td><td></td><td>접수상담일</td><td></td><td>재활계획
회의일</td><td></td></tr>
<tr><td>성명</td><td></td><td>성별</td><td></td><td>생년월일</td><td></td></tr>
<tr><td colspan="6">2. 직업평가내용</td></tr>
<tr><td colspan="6">서술공란</td></tr>
<tr><td colspan="6">3. 재활계획 회의 결과</td></tr>
<tr><td colspan="6">서술공란</td></tr>
<tr><td colspan="6">4. 이용자 및 보호자 동의</td></tr>
<tr><td colspan="6">___________은 ○○기관 재활서비스 이용을 위해 ________년 ____월 ____일 방문하여 직업평가를 받았으며, 재활계획 회의 결과에 대해 동의, 비동의합니다.
년 월 일
이용자: (인)
보호자: (인)</td></tr>
<tr><td colspan="6">이상의 내용은 ___________님의 현재 상태를 나타낸 것입니다. 이러한 상태는 고정된 것이 아니며 앞으로의 노력에 따라 더욱 좋아질 수 있습니다. 기타 자세한 사항은 상담실로 직접 문의하시기 바라며, 거주지가 변동될 때에는 상담실로 통보하여 주시기 바랍니다.
날 짜: (년/월/일)
담당자: (인)
○○기관</td></tr>
</table>

표 5-14 서비스 계약서

<table>
<tr><td colspan="7">○○기관 서비스 계약서</td></tr>
<tr><td colspan="7">○○기관 __________팀 서비스 담당자와 이용자는 서비스 이용에 있어 상호 책임을 성실히 이행하기 위하여 다음과 같이 계약한다(2부 작성하여 각각 한 통씩 보관함).</td></tr>
<tr><td colspan="7">1. 계약자</td></tr>
<tr><td>담당자</td><td>복지관</td><td>○○기관</td><td>담당자 성명</td><td colspan="3"></td></tr>
<tr><td rowspan="3">이용자</td><td>성명</td><td>(보호자:)</td><td>성별</td><td></td><td>접수번호</td><td></td></tr>
<tr><td>주민등록번호</td><td></td><td>장애등급
(진단명)</td><td colspan="3"></td></tr>
<tr><td>주소</td><td></td><td>전화번호</td><td colspan="3"></td></tr>
<tr><td colspan="7">2. 서비스 이용 내용</td></tr>
<tr><td colspan="7">1) 서비스명:
2) 이용기간: . . ~ . . (개월)</td></tr>
<tr><td colspan="7">3. 계약자 상호 간 준수사항
1) 담당자
① 재활목표는 이용자의 개별적인 특성에 따라 개별화한다.
② 이용자 · 부모상담을 통해서 이용자의 전인재활을 지원한다.
③ 이용자 및 보호자의 요청이 있을 시 서비스 기록을 공개하며, 재활방향 설정에 있어 이용자 및 보호자의 의사를 최대한 반영한다.
④ 상담 중 알게 된 개인정보는 비밀보장을 하며 이용자의 인권, 권리를 옹호한다.
⑤ 정기적인 교육 · 연수 프로그램에 참석하여 이용자에게 제공되는 서비스 질을 높인다.
2) 이용자(보호자)
① 서비스 이용시간을 준수하며, 불참 시에는 사전 연락을 한다.
② 연락처가 변경되는 경우에는 담당자에게 연락한다.
③ 이용료 납부기간을 준수한다.
④ 종결(일시종결, 일시중단)을 원할 경우에는 사전에 담당자에게 의사를 밝힌다.
⑤ 치료 · 교육 · 훈련 등을 위해 수반되는 부모교실, 부모상담, 현장학습 등에 적극적으로 참석하며 협조한다.
⑥ 이용자 부모는 복지관 부모회에 당연 가입되며, 이에 적극적으로 참여한다.
⑦ 복지관 내 새로운 서비스 이용에 대한 욕구가 있을 시 담당자와 우선 상담한다.
⑧ 본인 과실과 신체적 결함 및 지병으로 인하여 발생한 사고에 대해서는 본인 및 보호자가 책임을 지며, 민 · 형사상의 법적 소송을 제기하지 않는다.
⑨ 본의 고의 또는 실수로 인해 발생된 타인의 상해 · 손해 및 기물의 분실 · 파손 · 훼손에 따른 일체의 비용은 본인이 부담한다.</td></tr>
</table>

4. 이용 규정 및 지침 1) 서비스: 재활서비스 지침에 따른다(요약자료 첨부). 2) 이용료 수납 및 환불: 이용료 수납 및 환불 지침에 따른다(요약자료 첨부).
위와 같이 서비스 계약을 체결하고 상호 계약 조건을 성실히 이행할 것을 서약합니다. 년 월 일 ○○ 담당자: (인) 이용자: (인) 보호자: (인)

6. 재활계획 실행

재활계획 회의 및 판정회의에서 결정된 서비스 개입의 전략에 따라 일정한 대기기간을 통하여 개입이 이루어진다. 이때의 개입은 크게 내부자원의 연결을 통한 직접적 서비스 제공과 외부자원의 연결을 통한 간접적 서비스 제공으로 나누어진다. 기관의 특성을 고려하였을 때 이미 관 내부에 구조화되어 진행되고 있는 다양한 서비스로의 연결을 통하여 직접적 서비스가 이루어지며, 계획에 따라 간접적 서비스가 병행된다.

〈서비스 개입 관련 실천전략〉

1. 재활계획 회의(판정회의)에서 결정된 개입의 전력을 확인하라.
2. 전략에 의거하여 실현 가능한 목표를 세우라.
3. 서비스 계획은 이용자와 가족, 서비스 제공자가 협력하여 함께 세우라.
4. 공식적 자원과 비공식적 자원을 최대한 활용하라.
5. 서비스 개시를 확인하라.
6. 서비스 제공자와 이용자를 격려하고 서로 간에 갈등이 있을 경우 갈등과 오해를 풀어 주도록 노력하라.
7. 새로운 자원 확보를 위해 끊임없이 노력하라.

1) 목표 설정

전달되어야 할 서비스와 그 빈도, 지속 기간 및 목적을 구체화하고 실현 가능한 목표를 세워야 한다. 이 계획은 이용자와 가족 그리고 전문가와 협력하여 수립한다. 직업평가 과정에서 모아진 기초 정보와 초기 평가(가족상담 및 관찰 등)를 통하여 장단기 목표를 수립한다.

(1) 기본 원칙

① 기관에서 제공할 서비스 및 타 기관에 의뢰하여 제공할 서비스 등 사례회의에서 결정된 내용을 구체화하여 〈표 5-15〉의 재활사례관리 계획서를 작성한다.

② 재활사례관리 목표 및 계획 수립은 담당자의 사례판정 이후 또는 사례회의 이후 단시간에 수립한다.

표 5-15 재활사례관리 계획서

재활방향 1	서술공란		
재활방향 2	서술공란		
차기진단		진단예정일	
조치	상담/장애등록/재평가	의뢰기관	
대기 구분 1		대기 구분 2	
대기 구분 3		대기 구분 4	
대기 구분 5		대기 구분 6	

③ 기초재활 서비스와는 달리 재가복지 서비스의 경우 〈표 5-16〉의 재활사례관리 계획서를 별도로 작성하여 사용하는 경우가 많은데, 이는 찾아가는 서비스와 지역사회 자원 활용 방향에 차이가 있다.

표 5-16 재가복지 재활사례관리 계획서

<table>
<tr><td colspan="2">주 욕구</td><td></td><td>주 문제</td><td></td><td>담당자</td><td></td></tr>
<tr><td rowspan="8">사례
계획</td><td>재가복지
서비스</td><td colspan="5"></td></tr>
<tr><td rowspan="2">의뢰</td><td>기관</td><td colspan="2"></td><td>일자</td><td></td></tr>
<tr><td>의뢰내용</td><td colspan="2"></td><td></td><td></td></tr>
<tr><td rowspan="2">장기목표</td><td colspan="2">기간</td><td colspan="3">내용</td></tr>
<tr><td colspan="2"></td><td colspan="3"></td></tr>
<tr><td rowspan="3">단기목표</td><td>시작일</td><td>기간</td><td colspan="2">내용(지원계획)</td><td>비고</td></tr>
<tr><td></td><td></td><td colspan="2"></td><td></td></tr>
<tr><td></td><td></td><td colspan="2"></td><td></td></tr>
</table>

(2) 세부적 내용

① 재활사례관리 대상자 욕구 중 시급히 요하는 욕구의 우선순위를 정한다.

② 사례회의에서 결정된 서비스 내용에 따라 제공할 서비스를 구체적으로 기록한다.

③ 기관 내의 타 부서에 의뢰할 사항과 타 기관에 의뢰할 사항을 분류하여 각각의 계획을 수립한다.

④ 서비스 전달체계에 대한 계획을 구체적으로 작성한다.

⑤ 제공될 서비스의 양, 시간, 횟수를 상세히 계획하여 기록한다.

⑥ 재활사례관리자의 방문일정 계획을 수립하여 기록한다.

⑦ 인테이크를 통해 이용자가 위기 상황에 직면해 있다고 판단되면 임시사례회의를 거쳐서 즉시 단기서비스 목표와 계획을 수립하고 개입한다. 위기개입 시간은 인테이크 후 최대 이틀을 넘지 않도록 한다.

〈기관의 위기개입 대상〉

장애의 특성상 기관을 이용하는 이용자들은 모두가 위기개입 대상이라고 할 수 있을 정도로 시급성이 요구되는 경우가 많다. 그러나 초기 및 위기 상황에 즉시 개입하여 예방과 사후관리에 최대의 효과를 보일 수 있는 이용자들이 있음에도 불구하고 기관의 현 실정은 수요에 비하여 공급이 절대적으로 부족한 상태이기 때문에 모든 이용자의 형평성과 공평성을 고려하지 않을 수 없다. 향후 기관의 형평에 따른 적절한 원칙을 통하여 위기개입 대상자들을 위한 유연한 대처가 필요하다. 위기개입 대상자들을 위한 프로그램 우선순위를 고려하는 경우도 있다. 대표적인 기관의 위기개입 대상자들은 ① 심리 · 정서적인 문제를 안고 있는 이용자(성폭력, 가정폭력, 방임 등), ② 빈곤의 문제를 안고 있는 이용자, ③ 정보 접근에 한계가 있는 이용자, ④ 중증장애로 구분하여 볼 수 있다.

2) 서비스 계획서 작성

서비스 계획서 작성은 각 이용자에 해당하는 개별화된 서비스와 장단기 지원 내용을 준비하고 계획하는 것으로, 지원내용이 구체적으로 포함되어야 한다. 이때 목표설정이나 서비스 계획에 반해서 의견의 불일치가 생길 경우 재활사례관리자는 합의로 얻어진 타당성 있는 목표를 설정하고 계획하기 위해서 사람들과 기관을 조정하고 연결하는 역할을 한다.

(1) 기본 원칙

① 이용자에 대한 포괄적인 직업평가의 결과에 바탕을 둔다.
② 이용자 또는 가족 등이 그 과정에 참여해야 한다.
③ 결정된 사례 목표에 부합되는 것이어야 한다.
④ 구체적인 서비스 기간을 정한다.
⑤ 공식적인 서비스와 비공식적인 서비스를 모두 계획한다.
⑥ 이용자의 자부담 비용을 의식하고 있어야 한다.
⑦ 형식화된 양식에 문서화해야 한다.

이러한 원칙을 바탕으로 작성된 서비스 계획에는 지원내용이 구체적으로 포함된다.

(2) 포괄적 계획 과정

① 포괄적으로 문제의 목록을 작성한다.

② 다루어져야 할 문제 하나를 어떠한 상태로 병행할 것인가를 정한다.
③ 바람직한 결과를 성취하기 위해 필요한 도움의 형태를 파악한다.
④ 도움을 제공하는 제공자와 서비스의 내용을 정한다.
⑤ 제공될 서비스의 양을 기록한다.
⑥ 서비스 비용을 지불해 줄 기관·단체를 기록하고 구체적으로 서비스를 제공하는 기관과 소용되는 비용을 계산한다.
⑦ 이용자와 그 가족이 합의한 바를 기록한다.

3) 서비스 계획에 따른 실행

서비스 연결과정은 재활사례관리의 핵심이라 할 수 있다. 계획이 세워지고 계획의 목적과 전략이 결정되면 서비스로의 연결을 통하여 직접적 서비스와 간접적 서비스가 제공된다. 또한 서비스 연결과정은 단계적이라기보다는 순환적 경향이 있기 때문에 계획을 수립하는 동안에도 이루어지고 사례가 진행되는 동안에도 지속된다.

(1) 수행방법

① 기관의 관내서비스 중 기초재활 서비스는 크게 개별서비스(개별치료, 교육 등)와 집단서비스(사회적응, 직업적응 프로그램 등)로 구분할 수 있다.
② 제공되는 서비스는 각각의 서비스 제공 일지(〈표 5-17〉 참조)에 기록한다.

표 5-17 개별 서비스 진행일지

출결사항	
진행사항	목표에 따른 서비스 진행 내용을 기록한다.
담당자 의견	서비스 진행과정에서 보였던 이용자의 반응과 변화를 기록한다.

* 서비스 진행일지는 크게 개별일지와 집단 프로그램 참여를 통하여 기록되는 집단일지로 구분할 수 있다.

③ 개별서비스와는 달리 집단의 역동성이 고려되어야 하는 집단서비스의 경우에는 진행일지에 있어서도 의도된 목표가 적절하게 수행되었는지를 점검하는

것이 필요하다(프로그램 주제와 목표/참석자/진행사항, 담당자 코멘트).

④ 전화, 방문, 내방 등의 기록은 별도의 진행과정 보조노트(〈표 5-18〉)에 기록하여 재활사례관리 대상자 파일에 보관한다.

⑤ 정보의 축적 및 활용을 위하여 전산처리를 한다.

표 5-18 사례관리 진행 보조노트

progress note

등록번호:

성 명:

일시	내용

* 구조화된 일지 외에도 이용자에게 대입된 다양한 지원 형태(전화상담 및 외부자원 개발 노력 등)를 기록하는 진행 노트를 병행하여 활용한다.

(2) 내부자원을 통한 직접적 서비스 제공

① 사회심리영역의 서비스: 재활상담, 사회적응훈련, 가족지원서비스 등

② 교육 영역의 서비스: 조기특수교육, 통합지원 서비스 등

③ 의료 영역의 서비스: 물리치료, 작업치료, 수치료, 언어치료 등

④ 직업 영역의 서비스: 직업적응훈련, 취업알선, 지원고용, 보호작업 등

⑤ 지역사회 영역의 서비스: 가정방문을 통한 직접지원, 이용자 가족에 대한 교육, 장애예방과 인식개선을 위한 프로그램, 자원봉사관리 등

(3) 외부자원의 연결을 통한 간접적 서비스 제공

① 비공식적인 공급 주체를 통한 외부자원: 친척, 친구, 이웃, 제도화되어 있지 않은 자조단체 등

② 공식적 자원 서비스: 행정, 사회복지법인, 제도화된 자조단체, 지역의 공공단체와 정부 등

(4) 구체적 서비스 형태

① 재가복지 서비스

재가복지 서비스의 경우 개입은 자원의 연결로 대표할 수 있다. 또한 재가복지 서비스는 지역사회 중심의 재활서비스를 그 기본으로 하고 있기 때문에 지역사회 자원을 파악, 개발, 조직화 및 연결하는 일련의 과정을 매우 중요시한다.

② 직접서비스

일차적 욕구 해결을 위하여 지원되는 가사, 이동, 정서, 학습 서비스 등이다.

③ 간접서비스 형태

문제해결 능력 향상을 위한 가족 지원과 자조 조직화와 같은 사회관계망 확대 등이다.

④ 취업알선

직업 영역의 취업알선의 경우, 이용자의 욕구와 그에 따른 개입이 분명한 경우로 이용자의 직업 경험과 역량, 욕구에 따라 이용자에게 적절한 업체, 직무를 연결하는 직접적 개입이 이루어진다.

⑤ 집단 프로그램

구조화되어 있는 단순 서비스(체력단련실 이용, 수지침 교실 참여 등) 참여를 통하여 개입이 이루어지는 경우로 재활사례관리자의 정보 제공 또는 프로그램 홍보를 통하여 이용자의 참여가 이루어진다. 단, 프로그램의 규모에 따라 참여 인원에 제한이 있으므로 프로그램 이용 시 일정한 대기 기간이 필요할 수 있다. 프로그램 참여의 권한은 이용자의 선택과 결정에 따라 이루어진다.

4) 서비스 조정 및 구입

재활계획 실행을 구체적으로 실시하는 과정에서 서비스 시기에 대한 재확인, 일정 조정 및 질 높은 서비스와 지원을 원활히 받을 수 있도록 중재자의 역할을 수행한다. 또한 경제적인 어려움을 겪고 있는 이용자에게는 서비스 제공자 및 비용조달을 하는 담당자와 접촉하여 서비스 수수료의 액수를 조정한다(〈표 5-19〉 참조).

조정과정은 서비스 제공자를 정하고 서비스 제공자와 이용자를 연결할 뿐 아니라 서비스 제공자와 다른 사람을 연결하기도 한다. 성공적인 조정활동을 위해 재활사례관리자는 이용자에 대한 포괄적인 관심과 지역사회에 있는 유용한 서비스와 자원을 파악하고 있어야 하며, 이용자의 욕구 표현뿐만 아니라 변화되는 이용자의 상황에 능동적으로 대처할 수 있어야 한다.

표 5-19 이용료 감면 신청서

이용료 감면 신청서
1. 감면 대상자 인적사항
2. 감면신청 내역 1) 이용서비스 2) 이용료 3) 감면액 4) 징수액 5) 감면기간 3. 감면근거 1) 국민기초생활수급권자(증명서 첨부) 2) 일반감면(신청인 소견서 첨부) 3) 기타(증명서 첨부)

* 이용자 감면과 면제를 통하여 경제적 어려움을 갖고 있는 이용자를 지원하는 것은 재활기관의 필수사항으로 모든 기관이 각 기관의 이용료 면제 및 감면 규정에 의하여 시행하고 있다.
* 감면의 근거로는 국민기초생활수급권자, 경제적인 어려움을 갖고 있는 이용자, 기관 내부 규정과 지침에 의거하여 서비스 이용료를 조정할 수 있다.

7. 실행 및 평가

〈서비스 개입 관련 체크리스트〉

1. 개입전략에 의거하여 계획이 만들어졌는가?
2. 이용자와 그 가족이 참여한 서비스 계획이 만들어졌는가?
3. 각 이용자에게 해당되는 개별화된 서비스, 지원체계가 만들어졌는가?
4. 이용자와 그 가족과 지속적인 의사소통이 이루어지고 있는가?
5. 이용자와 그 가족이 적절한 서비스와 지역사회 자원을 이용할 수 있도록 연결해 주고 있는가?

〈점검 관련 실천전략〉

1. 계획과 목표대로 지원체계가 조합적이며 통합적인가를 확인하라.
2. 지원체계가 서비스 제공과 지지 역할을 제대로 수행하고 있는가를 확인하라.
3. 서비스가 진행되고 있는 동안에도 새롭고 변화된 욕구가 있는지를 파악하라.
4. 계획과 목표에 맞는 서비스 내용인가를 확인하라.
5. 각 서비스 제공자의 역할을 명확히 하라.
6. 서비스 및 지원의 효과를 확인하라.

서비스 실행 계획과정을 통하여 개입이 이루어지는 동안 정해진 목표와 절차에 따라 직접적 서비스와 간접적 서비스가 적절하게 연결·지원되고 있는가를 점검하는 것은 재활사례관리의 여러 기능 중에서 매우 중요하다. 또한 개입과정 중 이용자의 새롭고 변화된 욕구의 파악을 통한 유연성 있는 대처는 재활사례관리자에 의해 행해지는 활동적이고 유동적인 과정을 의미한다. 즉, 점검과정은 지원계획이 적절하게 실행되고 있는가, 이용자가 기대하는 서비스를 제공받고 있는가, 이용자에게 제공되는 서비스가 필요한가, 이용자의 지원체계가 서비스 제공과 지지의 역할을 점검하고 감독하는 과정이다.

지역사회 재가복지의 경우는 기초재활 서비스와는 달리 점검과정을 통하여 이용자의 욕구 변화에 보다 긴밀하게 반응하고 대처하게 된다. 재평가의 경우도 이용자에 대한 개별화 원칙을 적용하여 재가복지 서비스가 이용자의 욕구를 최대한 반영해야 한다. 평가과정에서 중요한 것은 서비스가 아닌 욕구, 다시 말해 이용자의 견해와 선호, 그러한 욕구를 다루는 서비스의 효과성에 맞추어져 있어야 한다는 것을 인식하는 것이 중요하다(장인협, 우국희, 2003). 재가복지의 경우 평가가 하나의 단계로 명확히 구분되어 있기보다는 점검과정에서 진행되기도 하고, 종결평가 과정으로 진행한다.

취업알선의 경우 점검은 고용유지와 직접적 관련이 있다. 개인적인 욕구 변화와 취업환경의 변화 상황을 수시로 점검함으로써 조기 문제 발견과 즉각적 개입으로 안정적인 고용유지가 이루어질 수 있다. 단순 집단 프로그램의 점검과정은 이용자들과의 의사소통을 통하여 프로그램의 지속 여부를 결정한다. 의사소통 형태로는 만족도 조사와 간담회 등이 있다.

1) 모니터링

서비스가 계획된 바에 따라 전달되고 있는지 검토하고 이용자의 상태에 따라 계획을 수정하는 단계이다. 또한 새로운 서비스 계획의 수립, 그리고 연결에 이르는 이용자의 서비스 과정에 대한 계속적인 평가의 단계이다. 구체적으로 계획된 서비스가 이용자에게 전달되고 있는지, 이용자가 목적하고 있는 효과를 얻고 있는지, 또한 그 가족이 서비스에 대해 만족하고 있는지, 서비스를 사용하는 데 어려움은 무엇인지를 모니터링하고 필요한 경우 재평가하여 계획을 수정하는 민감성과 융통성 있는 대처가 중요하다.

(1) 과정평가

서비스 계약 단계에서 합의된 서비스 목표에 대한 달성 수준을 평가하며, 서비스의 지속 및 중단 여부, 서비스 개선 및 조정 여부, 재직업평가 여부, 재활사례관리의 종결 여부 등을 평가한다. 평가의 실시 시기는 각 서비스의 특성에 따라 다르나 정기적인 평가와 필요한 사안에 따라 과정평가를 통해 서비스 조정 여부를 결정한다.

표 5-20 과정평가서

서비스 계획 및 목표	1차 목표
	2차 목표
경과보고	
평가	
종결 사유	

* 평가는 사안에 따라 과정평가와 정기평가로 나누어 실시되며, 지속적인 점검의 과정을 통하여 이용자를 정기적으로 접촉할 수 있고 서비스의 적절성을 보장받을 수 있다.

(2) 간담회

가족들이 서비스에 만족하고 있는지를 지속적으로 확인하고 의사소통함으로써 서비스에 대한 점검과 함께 향후 제공되는 서비스가 보다 욕구 해결에 기여할 수 있도록 가족 참여를 적극 권장한다.

(3) 만족도 조사

제반 서비스에 대한 효과성과 효율성을 점검하기 위해 내방, 방문, 전화 통화의 방법으로 만족도 조사를 실시하며, 실시 빈도 및 일정은 각 사업의 계획에 의거하여 실시한다. 모든 기관은 프로그램별 만족도 조사와 함께 연 1회 이상 정기적인 이용자 만족도 조사를 실시하고 있다. 만족도 조사는 복지관을 이용하는 이용자와 그 가족을 대상으로 전수조사를 실시하고 있으며, 크게 기관환경과 관련된 측면, 프로그램 운영과 관련된 측면, 직원의 전문성과 태도와 관련된 측면으로 나누어 사업 운영에 반영한다.

2) 재평가

재평가의 단계는 점검과 평가의 결과를 토대로 방향이 정해진다. 또한 평가의 내용이 만족스럽다 하더라도 새로운 서비스를 위한 재평가가 이루어져야 한다. 따라서 이용자의 욕구는 사회환경에 따라 변화가 가능하다는 유연성을 통해 신축성 있게 대응하는 재활사례관리자의 태도가 필요하다.

표 5-21 프로그램 수시평가서(만족도 포함)

수행인력	구분	이름	역할	투입시간
	재활상담사			
대상자				
목적				
활용자원	물적 자원:		인적 자원:	시설(장비):
요소	달성도/목표량(%)	목적달성(미달성) 이유		개선방안
실적				
결산				
과정평가				
결과평가 (만족도 포함)				

재평가는 기존의 계획이 제대로 수행되고 있는지를 평가하는 활동으로 계획이 어느 정도 적절히 실시되고 있는지를 확인하며, 계획에 언급된 목표가 달성되고 있는지, 개개의 서비스나 지지의 내용이 적절한지, 계획의 변경을 요하는 이용자의 새로운 욕구가 생겨나고 있는지를 평가하는 데 있다(장인협, 우국희, 2003). 실제 기관에서 사용되는 평가는 재평가의 의미로 사용되고 있다. 이용자 욕구 및 재평가와 함께 또 다른 서비스 이용을 위한 과정으로 절차를 거치게 되며, 이 단계를 거쳐 새로운 목표 설정과 서비스 과정을 반복하게 된다.

(1) 내용

① 욕구 변화 및 서비스에 대해 재평가한다. 서비스 계획에 포함되지 않았던 새로운 욕구가 발견되어 서비스 계획 수정이 필요한 상태로 이용자의 능력이나 상황이 향상되어 더 높은 단계의 목적달성을 위한 욕구가 발견되거나, 기타 서비스 계획의 추가나 변경에 필요한 욕구가 발견된 경우이다.

② 생활환경(건강, 경제, 가족사항 등)의 변화내용을 기록한다. 이용자나 가족 구성원에게 예상하지 못했던 상황이 발생하거나 이용자의 상황이 갑자기 악화되어 이용자와 가족 구성원에 대한 보호나 경제적인 지원, 가족기능의 유지를 위한 긴급 개입과 수정이 필요한 경우이다.

③ 변화된 서비스 목표 및 계획을 수립한다. 이후 사례회의를 통해 사례관리 방향을 결정한다.

(2) 시기

① 서비스 제공과정 중 변환된 상황에 따른 재평가: 학교 입학 및 졸업 시점 등

② 서비스 종결 이후 필요에 따른 재평가: 프로그램 종결 후 타 서비스 이용 시점 등

〈점검 관련 체크리스트〉

1. 기존의 계획대로 서비스가 제공되고 있는가?
2. 이용자와 가족이 서비스에 대해 느끼는 만족도를 점검하고 있는가?
3. 계획 변경을 요하는 새로운 욕구와 필요한 상황이 발생하였는가?
4. 이용자의 변화과정을 정기적으로 점검하고 있는가?
5. 이용자가 복지관 내 서비스와 연결된 타 기관 자원으로부터 실제로 서비스를 받고 있는지 중간 점검을 하고 있는가?
6. 이용자와의 면접과 서비스 진행을 기록하고 있는가?
7. 서비스 진행 도중, 서비스가 적절한가, 서비스의 질은 높은가, 이용자의 욕구를 충족시키고 있는가를 점검하고 있는가?

8. 직업배치 및 사후관리

1) 직업배치

재활사례관리 평가는 크게 초기평가, 중간평가, 종결평가로 구분해 볼 수 있다. 그중 초기평가와 중간평가는 점검의 과정에서 이루어지며 종결평가는 사례관리의 종결 여부를 판단하기 위한 과정으로 시행된다. 또한 재활기관의 재활사례관리(기초재활)는 재활사례관리자와 서비스 제공자가 별도로 구분되어 있어 평가 단계에서 평가방법이나 평가자의 역할 등이 일반 사례관리와 차이가 있다. 기초재활의 경우

사례관리의 목적 달성 여부나 효과를 측정하는 역할을 서비스 제공자가 담당하는 반면, 사례관리자는 사례관리의 종결 여부를 판단하기 위한 종결평가 회의를 중심으로 역할을 담당한다.

2) 사후관리

사후관리는 기관의 서비스 이용이 종결된 이후 일정 기간 이용자의 재활과정에 대한 사후 점검과 후속상담을 통하여 지속적으로 실시하는 것을 의미한다. 이러한 사후관리는 이용자가 사례관리자 혹은 복지관에 접근할 수 있는 의사소통 통로를 지속적으로 유지하는 의미가 있다.

그리고 지속적인 의사소통은 서비스가 필요할 때면 이용자가 언제나 서비스를 이용할 수 있는 기회를 제공하며, 이용자에게 계속적인 관심과 우호의 태도를 보임으로써 지속적인 정서적 지지를 제공하여 불행한 변화가 발생했을 때 이용자가 쉽게 복지관에 접근할 수 있도록 한다. 또한 서비스 기관의 입장에서는 이전 이용자를 통하여 새로운 이용자의 의뢰를 촉진하는 의미가 있다(이근홍, 1998).

사후관리를 누가 담당할 것인지는 기관의 상황이나 주요 서비스 영역이 무엇인지에 따라 달라질 수 있다. 사후관리의 간격은 처음 한 달간은 주 1회, 2~6개월은 월 2회, 6개월 이후에는 월 1회 실시하는 것이 바람직하다. 그러나 이용자의 특성이나 기관의 상황에 따라 그 횟수를 조절하여 사후관리를 할 수 있다.

9. 종결

1) 종결평가

점검이 '정해진 활동이 계획된 방법으로 잘 이행되고 있는지'의 여부를 살펴보는 것이라면, 평가는 '이러한 활동이 바람직한 산출을 가져오고 있는가'의 여부를 살펴보는 데 초점이 있다(김만두, 2002). 평가는 사례관리의 필수적인 구성요소로서 이용자에게 제공된 서비스, 이용자의 진척사항, 보호계획, 서비스 활동 및 서비스 체계

표 5-22 종결평가서

1. 기본사항			
접수번호		평가일시	
이름		진단명	
주민등록번호		제공서비스	
성별		담당자	

2. 이전목표
종결평가 이전에 시행한 평가(일반적으로 중간평가)에서 실시한 목표를 기술하며, 가급적 측정이 가능하도록 구체적으로 기술한다.
3. 경과보고
목표달성을 위하여 그동안 기관에서 제공하였던 서비스 유형과 서비스 양을 기술한다.
4. 평가결과
서비스 제공을 통하여 목표가 어느 정도 달성되었는지를 구체적으로 기술한다.
5. 종결사유
본 사례를 종결하게 되는 이유를 기술하며, 종결 이후의 사후관리 계획을 함께 기술한다.

의 효과성과 효율성을 종합적으로 판단하는 과정으로, 종결평가에 해당된다. 따라서 일반적으로 사례관리 종결평가에서는 바람직한 결과를 초래하는지 여부에 초점을 맞춘다.

종결평가는 구체적으로는 다음의 네 가지 사항을 포함한다. ① 다양한 개입활동이 이용자에게 적합하였는가?(계획의 적합성), ② 각각의 영향 목적들을 달성하였는가?(결과 목적의 달성), ③ 다양한 개입활동이 효과적이었는가?(효과성), ④ 개입활동에 대하여 이용자는 만족하는가이다.

2) 종결평가 회의

재활사례관리 서비스 제공자에 대하여 서비스의 적합성과 효과성에 대한 평가를 실시하였다면, 서비스가 종료되기 이전에 일정 기간 종결 여부를 결정하기 위한 종결평가 회의를 운영한다. 일반적으로 서비스 종료 1개월 전에 종결평가 회의를 실시한다. 종결평가 회의에는 단일 서비스일 경우에는 보통 사례관리자와 서비스 제공팀(서비스 제공자 포함)이 함께 참여하며, 중복 서비스를 받고 있는 경우에는 사례관리자와 관련 서비스 제공팀이 참여한다.

종결평가 회의에서는 수립된 평가계획에 의거하여 평가를 실시하는데, 구체적으로는 ① 재활목표, 방법의 검토 및 수정 등 재활서비스 과정 평가, ② 타 서비스의 필요성 검토, ③ 서비스에 대한 종결처리, 사후지도 계획 수립이 이루어진다.

종결평가 회의를 통하여 목표가 달성되지 않았거나 이용자의 새로운 욕구가 발견되었을 경우 재평가를 하거나 다른 기관에 서비스 의뢰를 할 수 있으며, 그 외의 경우에는 종결한다.

기초재활의 경우 사례관리 모형이 대부분 기본형에 해당하는 사례가 많은 반면, 재가복지의 경우 종합 모델이나 전문관리 모델 사례가 많아 사례관리도 상대적·집중적으로 이루어진다. 따라서 평가에 있어서도 사례관리자가 제공한 다양한 서비스에 대한 평가가 요구된다.

3) 종결

종결평가 회의를 통하여 종결이 확정되면 사례관리자는 종결을 위한 준비에 들어간다. 재활서비스 기관에서 기초재활 서비스 이용자를 대상으로 하는 종결은 크게 서비스 제공기간의 만료와 같은 계획에 따른 종결과 기관 및 이용자의 개인 직업평가에 따른 중도 종결로 구분해 볼 수 있는데, 각각의 경우에 따라 종결을 받아들이는 이용자의 태도는 다를 수 있으므로 사례관리자의 역할이나 기능도 달라질 수 있다.

기초재활 영역의 경우 대부분 서비스 제공 기간의 만료로 인한 계획종결이 많으며, 이 경우는 종결이 비교적 순조롭게 진행될 수 있다. 그러나 서비스 제공 기간의 종료 이외에 사례관리가 이용자에게 도움이 되지 않아서 당초 계약한 기간 이전에 종결을 해야 하는 경우가 종종 있을 수 있으며, 이 경우에는 신중을 기할 필요가 있다. 즉, 종결할 시기를 결정해야 하며, 종결에 대한 이용자의 정서적 반응을 해결해야 하며, 미래에 대한 계획을 설정하거나 다른 전문가에게 의뢰를 하는 것 등을 고려해야 한다. 이처럼 종결 시에는 상당한 기술이 요구되는데, 사례관리가 어떠한 이유에 의하여 종결되는가에 따라 다르겠지만 일반적으로 다음과 같은 과제를 수행하여야 한다(조휘일, 이윤로, 2001).

① 사례관리자는 이용자가 원조과정에서 경험을 평가하도록 돕는다.
② 종결에 대한 감정처리를 돕는다.
③ 종결 후에도 유익한 변화를 계속 유지하도록 돕는다.
④ 필요하다면 새로운 서비스를 모색하도록 돕는다.

〈평가 및 종결 관련 실천전략〉

1. 다양한 평가방법을 익히라.
2. 평가에 필요한 다양한 척도를 준비하며, 관찰 및 기록을 게을리하지 말라.
3. 이용자의 긍정적인 변화가 종결 후에도 유지될 수 있도록 이용자를 지지하라.
4. 평가의 과정에 이용자를 참여시킬 수 있는 방안을 마련하라.
5. 종결을 위한 준비를 단계적으로 실천하라.
6. 다양한 사후관리 방안을 강구하라.

〈평가 및 종결 관련 체크리스트〉

1. 이용자 서비스 종결 시 서비스 전달의 효과에 대해 평가하고 있는가?
2. 사례의 종결일이나 일정에 대하여 대상자는 충분히 알고 있는가?
3. 모든 서비스 제공자가 사례의 종결을 알고 있는가?
4. 중도 종결의 이유를 점검하고 기관 내부 직업평가에 따른 경우 이를 수정하는 시스템이 있는가?
5. 사후관리의 중요성을 인식하고 있으며, 이를 위한 기관 차원의 지원이나 배려가 있는가?
6. 사례 종결에 따른 개인 파일 관리는 적절한가?
7. 사례관리 종결 후 사례관리 자체에 대한 기관 내부의 평가과정이 있는가?
8. 이용자 종결 후 일정 기간 정기적인 사후관리를 하고 있는가?

또한 종결 시에는 일부 이용자의 경우 부정(denial)이나 퇴행, 새로운 욕구의 표현과 같은 방법으로 부작용을 보이기도 한다. 이런 경우 종결을 돕기 위해 사례관리자는 개입 초반부터 종결 날짜를 명백히 해 두거나 이용자와의 진전 사항에 대해 정기적으로 점검을 하는 것이 좋다. 그리고 종결 몇 주 전에 종결에 대해 인식시켜 주거나 혹은 수료식이나 종료식과 같은 종결식을 추진하여 종결에 대한 현실감을 심어주는 것도 좋은 방법이다. 기초재활의 경우 서비스 제공 기간이 명시되어 있어 종결 시점이 분명한 반면에, 재가복지 영역의 경우 종결 여부 및 종결 시점을 결정하는데 어려움이 있다. 따라서 사례관리자는 이용자 계획을 늘 염두에 두고 점검과정에서 이용자의 능력이 강화된 징후를 관찰하며 종결 시점을 결정한다(권진숙, 전석균, 2001).

Case Management for Rehabilitation

재활사례관리 기술

초기면접과 면접기술

1. 초기면접

1) 초기면접의 목표

장애인과 정보를 교환하고 라포(rapport)를 발전시키는 것은 직업재활에서 초기면접의 핵심이다. 장애인재활상담사는 이러한 정보교환을 지시할 책임이 있으며, 따라서 이용자에게 적합한 기관을 소개하고, 사정과정을 시작하며, 적절한 라포를 촉진할 수 있는 방식으로 상호작용을 할 준비가 되어야 한다.

초기면접 과정 동안, 이용자는 많은 정보를 필요로 한다. 재활기관이 이용자의 욕구를 충족시킬 수 있는지 결정하기 위해서 이용자는 재활기관, 기관의 역할과 기능, 제공된 서비스, 그러한 서비스의 목적, 서비스를 받기 위한 자격요건 등에 관한 정보를 필요로 한다.

장애인재활상담사의 역할과 이용자의 권리 및 책임 또한 초기면접 동안 이용자와 함께 논의해야 할 부분이다. 장애인재활상담사는 이용자가 필요로 하는 정보가 무엇인지, 그리고 그러한 정보를 전달하는 가장 효과적이고 효율적인 방법이 무엇인지를 알고 있으면 좀 더 효과적으로 기관을 소개해 줄 수 있다. 이용자는 장애인재활상담사가 초기면접 동안에 수집해야 하는 많은 정보를 가지고 있다. 정보는 장애인재활상담사가 탐구해야 하는 모든 정보수집 분야를 잘 알고 있을 때, 이용자의 자기표현과 자기탐구를 효과적으로 증진시킬 수 있다.

정보교환과 라포 형성은 장애인재활상담사의 효과적인 비언어적 · 언어적 초기면접 행동을 통해 더욱 촉진될 수 있다. 또한 이는 초기면접을 위한 장애인재활상담사의 적절한 준비를 통해 촉진될 수 있다. 특정 환경일지라도 이용자는 모두 초기면접에 임해야 한다. 초기면접은 장애인재활상담사와 이용자 사이의 명확하고 수용할 수 있는 목적을 지닌 상호 대화로 정의할 수 있다. 초기면접은 효과적이고 실제적인 도움이 되는 관계 형성을 위한 기초와 환경의 기본이 되기 때문에 매우 중요하다. 장애인재활상담사의 입장에서 초기면접은 극도의 집중력을 요구하는 '가장 어려운 상담'이다(Nullahy, 1998).

초기면접의 내용은 명시된 목적을 이루기 위해서 선택되어야 한다. 초기면접의 목적을 달성하는 일은 장애인재활상담사의 책임이기 때문에 장애인재활상담사는 상호작용을 이끌어 갈 수 있는 준비가 되어 있어야 한다. 상호작용을 이끌어 갈 수 있는 준비가 되어 있다는 것과 명료한 초기면접 목표를 계획하는 것은 어떤 면에서는 유사하다고 할 수 있다. 일반적 목표는 모든 이용자의 초기면접에서 명시되어야 한다. 이러한 목표는 ① 기관의 역할, 가능한 서비스, 이용자의 책임 등에 관해서 이용자에게 필요한 정보를 제공해 주는 것, ② 진단과정에서 정보를 수집하는 것, ③ 적절한 라포를 형성하는 것 등을 포함한다. 적절한 라포는 이용자가 자유롭게 표현하고, 장애인재활상담사로부터 이해받고 있다고 느끼며, 신뢰하고, 자신을 도울 능력이 있다고 확신을 가질 때 형성된다.

일반적인 질문들은 초기면접 시 재활상담계획을 세우는 데 도움을 줄 수 있다. ① 면접을 하는 목표는 무엇인가(앞서 나온 세 가지 목표 참조)? ② 초기면접을 하는 동안 이용자에게 전달할 정보는 무엇인가? ③ 초기면접을 하는 동안 이용자로부터 어떠한 정보를 수집해야 하는가? ④ 서로 정보를 교환하기 위한 가장 효과적인 방법은 어떠한 것들이 있는가?

장애인재활상담사의 초기면접 계획은 정보교환 과정을 촉진시킬 수 있어야 한다. 초기면접을 위한 효과적인 계획이 없으면 시간 낭비와 부적절한 정보, 그리고 라포 형성에 있어서 좋지 않은 영향을 초래할 수 있다. 효과적인 초기면접 계획은 단순히 이용자에게 어떠한 정보를 전달하고 수집할 것인가를 결정하는 것만을 의미하지는 않는다. 그러한 정보들은 이용자의 궁극적인 재활에 있어서 촉진제 역할을 한다는 것을 인지할 필요가 있다. 초기면접의 일반적인 목적은 ① 이용자에게 기관과 기관의 서비스에 대해 소개하는 것, ② 진단과정을 시작하는 것, ③ 적절한 라포를 형성하는 것이다.

2) 기관 서비스 소개

초기면접에서는 이용자에게 ① 기관의 서비스 내용, ② 서비스 목적과 이용자의 권리, ③ 장애인재활상담사의 역할, ④ 이용자 책임을 명확히 설명해 주어야 한다. 이러한 내용은 주로 이용자가 안고 있는 문제점과 재활상담사에 대한 이용자의 기대 욕구에 따라 달라질 수 있다.

그러므로 장애인재활상담사는 단순히 기록하는 사람이 아닌 서비스를 제공해 주는 전문가로 정보를 개인에 따라 다르게 구성할 수 있다. 일반적으로 이용자는 기관의 정책이나 서비스에 대해 논의하는 것을 원하지 않는다. 그들은 자신의 상황에 맞는 서비스나 자신의 문제와 관련 있는 제도, 즉 자신의 관심하에 있는 특별한 서비스나 정책에만 관심을 둔다(Kadushin, 1972).

따라서 장애인재활상담사는 기관의 목적과 제공 가능한 서비스를 사전에 설명하는 데 있어 서비스를 받고자 하는 이용자에게 필요한 부분을 분명하게 전달해야 한다. 이용자의 욕구와 관련성이 높은 서비스를 소개함으로써 이용자는 정보를 오래 기억할 수 있을 것이다. 한 보건조사에 따르면, 환자들은 건강상담에서 제공받은 정보를 비교적 오랫동안 기억한다(Stewart & Cash, 1994).

초기면접 과정에서 장애인재활상담사는 서비스의 직접적인 공급자, 이용자를 위한 서비스 조정자, 이용자의 옹호자로서의 역할을 설명해 주어야 한다. 정의적 상담서비스뿐만 아니라 필요한 서비스(예: 의료서비스, 직업훈련, 생계비 지원 등)를 조정할 수 있는 능력에 대해 알고 있는 이용자는 적극적으로 재활계획에 참여하려 할 것이다.

초기면접을 시작할 때, 장애인재활상담사와 이용자 간의 대화가 어디까지 비밀로 유지되는지를 알려 주어야 한다(Okun,1987). 이용자에게 비밀보장의 원칙을 알려 주지 않으면 이용자의 본질적 문제에 대한 상당한 정보를 얻지 못하게 될 수도 있다(Nullahy, 1998). 이용자와의 대화가 '타인에 노출'될 위험이 없다는 사실을 보장함으로써 이용자의 불안 정도가 낮아질 것이다. 그 결과, 이용자는 더 자유로운 의사소통을 할 수 있을 것이다(Kadushin, 1972). 또한 이용자에게 비밀이 보장되지 않는 부분에 대해서도 분명히 알려 주어야 한다.

Benjamin(1981)은 우리가 비밀보장의 원칙을 보장할 수 없는 경우, 도덕적인 가치, 태도, 행동 등에 관해서 말하도록 부추길 수 없다고 하였다. 만일 우리가 비밀을 보장할 수 없다면 이를 분명하게 밝혀야 한다. 왜냐하면 이용자는 무엇이 비밀로 유지될지, 무엇이 비밀로 유지될 수도 있고 아닐 수도 있는지, 또 무엇이 비밀로 유지되지 않을지를 알 권리가 있기 때문이다. 이러한 정보가 주어졌을 때 이용자는 어떻게 할 것인지를 결정할 것이다.

또한 초기면접에서 이용자에게 진단과 관련된 일에 필요한 사후 면접에 대해 알려 주어야 하며, 이러한 활동이 언제, 어떻게, 어디서 이루어질 것인가 등과 같은 간단한 정보도 알려 주어야 한다. 이러한 정보를 알게 됨으로써 이용자는 앞으로 있게 될 평가에 대한 우려를 덜게 된다. 또한 특정한 사정서비스가 재활목표를 달성하는 데 어떻게 도움이 될 수 있는가를 설명해 주는 것은 유용할 수 있다.

예를 들면, 직업평가 서비스가 이용자에게 적절한 직업을 결정하는 데 있어서 촉진제 역할을 할 수 있으므로 장애인재활상담사는 "당신이 직업평가에 참여한다면, 당신의 관심사와 능력을 알 수 있게 되므로 우리가 함께 가장 적절한 직업적인 목표를 찾을 수 있습니다."라고 말할 수 있다. 또한 초기면접 동안에 이용자의 서명이 필요한 모든 서류양식을 설명하는 것도 중요하다. 각종 양식의 목적과 이용자의 서명이 필요한 이유를 설명하는 것은 장애인재활상담사의 일상적인 일처리 방식이 되어야 한다. 장애인재활상담사가 이용자에게 초기면접의 목적을 알리지 않을 이유는 없다.

비록 장애인재활상담사의 초기면접 구성과 이용자 성과의 상관관계에 대한 연구가 미비하다 할지라도, 심리치료학 분야의 여러 연구를 통해 초기에 심리치료 관계를 구성하는 것이 결과에 긍정적 효과가 있다.

사회사업학 연구(Mcissac & Wilkinson, 1965; Schmidt, 1969)에서는 이용자와의 면접에서 장애인재활상담사의 부족한 목표 구성 능력과 이용자가 상담 목적에 대해 느끼는 불확실성 및 혼동 사이에 상관관계가 있다고 하였다.

이러한 연구 결과는 장애인재활상담사가 이용자와의 초기면접을 구성하는 것이 중요하다는 사실을 뒷받침한다. 이용자가 면접을 받는 사람으로서 자신의 역할에 대한 책임을 잘 이해하고 있을 때 면접과정에서 덜 불안해할 것이다.

결국 초기면접의 효과적인 구성은 이용자로 하여금 장애인재활상담사의 능력에 대하여 큰 확신을 가질 수 있도록 한다(Kadushin, 1972). 초기면접을 하는 동안에 이용자에게 많은 정보를 전달해야 한다. 그러나 이로 인해 이용자가 정보를 진정으로 받아들였다기보다는 너무 많은 정보로 인해 압도당하고 더욱 혼란스러워할 가능성도 있다.

이러한 부정적인 결과를 피할 수 있는, '경험을 통해 얻은 방법' 두 가지는 다음과 같다. 첫째, 이용자 환경에 부합된 용어를 사용한다. 혼란을 야기할 수 있는 용어나 표현 방법은 삼가는 것이 좋다. 둘째, 면접 동안에 이용자에게 '단 한 번에'에 너무 많은 정보를 제공하지 않도록 주의한다. 그런 경우 이용자는 너무 많은 정보에 당황할 수 있다. 정보를 제공한다는 것이 초기면접이 끝나기 전에 모든 것이 이해되었다는 것을 의미하는 것은 아니기 때문에 장애인재활상담사는 이용자가 제공된 정보를 완전히 이해하였는지를 파악한다. 이해 정도를 알아보기 위한 검사방법 중 하나는 이용자에게 이미 전달한 정보에 대해 설명해 보라고 하는 것이다(Stewart & Cash, 1994). 면접을 종료할 때에는 초기면접 동안의 중요한 내용을 간략하게 요약해 주는 것이 좋다. 이러한 요약을 통해 장애인재활상담사는 다음 면접에 앞서 장애인재활상담사가 약속한 내용과 이용자가 취하기로 동의한 내용을 명확히 구분하게 된다.

3) 직업평가

이용자를 진단하는 데 필요한 이해를 얻기 위해 장애인재활상담사는 이용자로부터 많은 정보를 수집해야 한다. 초기면접은 정보수집을 위해서 중요한 수단이다. 왜냐하면 초기면접은 이용자가 진단적이고 예후적인 목적을 위해서 필요한 이용자의 사회적 · 직업적인 과거 이력을 장애인재활상담사에게 알릴 수 있는 기회를 제공하기 때문이다. 초기면접에서 이용자의 사회적 · 직업적인 이력에 대한 파악이 '불충분'했을 때 장애인재활상담사는 대답을 이끌어 내지 못한 질문들에 대해서 외부의 부수적인 평가를 통해 부적절한 결정을 내리게 될 수 있다.

초기면접의 마지막 단계까지 이용자에 대한 정보가 불충분하게 제공된다면, ① 의료, 심리, 교육, 직업평가의 필요성을 인식하지 못한 경우, ② 재활계획이 비효율적으로 바람직하지 않은 경우가 발생할 수 있다. 초기상담은 이용자로 하여금 자신의 상황과 자신이 느끼는 재활 욕구를 장애인재활상담사에게 설명할 수 있는 기회를 제공한다. 장애인재활상담사의 역할은 효과적으로 경청하고 필요할 때 질문을 하는 것이다.

Stewart와 Cash(1994)는 효과적 경청은 적극적으로 듣는 것이라고 하였다. 적극적 경청이란 "단어, 논쟁, 증거 등을 주의해서 비평적으로 듣고, 음성, 얼굴, 몸짓, 눈마주침, 동작 등 모든 비언어적 실마리를 관찰하는 것"이라고 정의한다. 그러나 효과적인 경청은 침묵을 의미하지 않는다.

Cormier와 Cormier(1979)는 경청 반응으로 장애인재활상담사의 반응을 네 가지로 설명한다. ① 명료화는 "'당신은 그것을 의미합니까?' 또는 '당신은 그것을 말하는 것입니까?'와 같은 형태의 질문과 이용자가 한 말을 다른 형태로 고쳐 말하는 것"이고, ② 부연설명은 '이용자가 한 말의 내용을 다른 형태로 고쳐 다시 말하는 것', ③ 반영은 '이용자가 한 말 중 감정적인 부분을 다른 형태로 고쳐 다시 말하는 것', ④ 요약은 '이용자의 말이나 상담 내용의 함축된 둘 이상의 부연설명이나 반응을 요약하는 것'을 의미한다.

이러한 반응들은 최소한 세 가지의 공통된 목적을 갖는다. 첫째, 장애인재활상담사가 이용자의 말을 '듣고 있다'는 사실을 알려 준다. 둘째, 이용자의 말을 장애인재활상담사가 얼마나 정확히 이해하고 있는지를 점검할 수 있다. 셋째, 이용자가 전달하고자 하는 바를 명확히 하는 데 도움이 된다.

장애인재활상담사는 이러한 반응의 효과적 사용과 더불어 개방형 탐구방법을 활용한 질문(예: "당신의 마지막 직업에서 좋거나 싫었던 점을 말씀해 주시겠어요?")을 시기적절하게 사용함으로써 초기면접 동안 이용자가 충분히 자기탐색을 할 수 있도록 도와야 한다. 이러한 반응을 통해 장애인재활상담사는 미리 준비한 대부분의 초기면접 질문을 직접 묻지 않고도 그 대답을 얻어 낼 수 있다. 초기면접에 있어서 최상의 결과는 장애인재활상담사가 이용자의 상황을 더욱 잘 이해하게 되는 것과 이용자는 자신의 상황을 더욱 잘 이해하게 되는 것이다.

부족한 정보수집으로 인해 이용자의 사회적 · 직업적 경력을 충분히 알지 못하게 됨으로써 장애인재활상담사가 이용자의 장래 계획에 대해 충분한 통찰력을 가지지 못한다는 것은 이용자로부터 모든 사회적 · 직업적 경력에 대해 상세한 정보를 수집해야 한다는 뜻은 아니다. 때로는 약간의 정보로도 정확한 진단을 내리는 데 충분할 수도 있다. 목적과 관련성이 없는 정보를 세부적으로 수집하는 것은 소중한 초기면접의 시간을 낭비하는 것일 뿐만 아니라 이용자가 장애인재활상담사를 '정보를 묻기 좋아하는 사람' 또는 '오만한 조사자'로 인식하기 시작한다면 이용자와 장애인재활상담사의 라포 형성에 부정적 영향을 미칠 수 있다.

그러나 장애인재활상담사는 중요한 정보와 불필요한 정보를 구별할 줄 아는 능력을 갖추어야만 한다. 유용한 정보를 통해서 장애인재활상담사는 ① 성공적인 종결과 이용자의 만족에 대한 가능성, ② 발생 가능한 잠재적 어려움, ③ 그런 어려움을 극복하기 위해 적절한 개입, ④ 개입에서의 성공 가능성 등과 관련하여 선택 가능한 재활계획에 차별적 예측을 할 수 있다(Rubin & Farley, 1980).

4) 라포 형성

이용자와 장애인재활상담사 사이의 라포는 쉽게 형성되지 않는다. 오히려 라포는 장애인재활상담사의 면접 준비에 대한 효과성과 이용자가 도착한 후 장애인재활상담사의 면접 반응에 좌우된다. 장애인재활상담사가 면접을 잘 준비하고 면접 시 효과적으로 반응한다면 이용자는 장애인재활상담사를 좋아하게 되고, 유능하다고 생각하게 되며 장애인재활상담사가 자신에게 신경을 잘 쓰고 있다고 느끼게 될 것이다.

(1) 면접 준비

면접환경에서 물리적 배열은 초기면접의 진단 목적을 성취하고 장애인재활상담사와 이용자 간에 라포 형성을 촉진시키거나 저하시킬 수도 있다. 이용자와의 첫 대면이 사무실이 아닌 다른 장소에서 이루어졌을 경우 장애인재활상담사는 환경을 구성하는 데 제한받을 수도 있다. 그러나 첫 대면이 사무실에서 이루어질 경우 장애인재활상담사는 라포 형성을 더 용이하게 하고 대화에 흥미와 관심을 유발할 수 있도록 몇 가지 준비를 할 수 있다. 이는 ① 효과적인 가구 배치, ② 불필요한 방해물 제거, ③ 적절한 시간계획 등이다.

(2) 효과적 가구의 배치

소수의 연구(White, 1953; Widgery & Stackpole, 1972)에서 면접 상황에서 가구 배치와 라포 관계를 보여 주기는 하지만, 결정적 결론이 도출되려면 더 많은 연구가 필요하다. 현재로서는 가구 배치에 있어 실제로 업무에 종사하는 사람들의 경험적 지침에 의존하게 된다.

Benjamin(1981), Kadushin(1972)은 장애인재활상담사와 이용자 사이에 책상과 같은 물리적인 장애물을 놓는 것을 피해야 한다고 제안한다. 장애인재활상담사와 이용자 사이의 장애물은 개방적인 의사소통에 장애가 될 수 있다. 특히 이것은 비언어적 의사소통의 경우가 될 수 있다.

Kadushin(1972)은 면접자와 피면접자 사이에 책상이 있으면 피면접자 신체의 반을 관찰할 수 없게 된다. 하체 부분의 어떠한 몸짓—박자 맞추듯 발 구르기, 무릎 누르기, 긴장하여 손을 무릎 위에 놓고 꼭 쥐고 있기 등—은 시야에서 감춰진다. 그러나 몇몇 사람은 테이블이나 책상을 통해 면접자의 관찰에서 조금은 벗어날 수 있는 보호가 필요하다고 한다. 피면접자들은 자신이 너무 많이 관찰된다고 느끼게 되면 불안해하기 때문이다.

Kadushin(1972)에 의해 지적된 예외가 타당해 보이기는 하나, 책상 위치와 면접자의 신뢰성에 대한 피면접자의 인식에 관한 Widgery와 Stackpole(1972)의 연구 결과는 이를 뒷받침하지 않는다. 이 연구에서 불안도가 높은 피면접자들은 책상이 있을 때보다 그들 사이에 책상이 없을 때 면접자에 대해 더욱 신뢰한다.

그러나 Widgery와 Stackpole(1972)의 연구는 대학생을 대상으로 매우 인위적인 환경에서 실험하였다는 한계가 있다. 따라서 더 많은 연구가 선행되기 전까지 장애인재활상담사는 이용자와의 라포 형성을 가장 많이 촉진시킬 수 있는 가구 배치를 결정함에 있어 상식에 의존해야 할 것이다. 신체적 장애를 지닌 사람들과 일하는 장애인재활상담사에게 있어서 쉽게 도출할 수 있는 '상식적인' 결론은 접근에 방해가 되는 것들은 사무실에 배치하는 것을 피해야 한다(예: 이용자가 사무실로 들어오는 데 부딪힐 수 있는 장애물인 책상이나 서류 캐비닛 등과 같은 가구의 재배치)는 것이다. 신체 장애를 지닌 이용자가 접근에 어려움을 느낄 수 있는 면접환경은 이용자 스스로 '이류 시민'으로 인식할 수 있다.

(3) 면접 시 고려할 점

경험에 의한 또 하나의 상식에 근거한 원칙은 파일, 보고서, 양식, 의료평가, 심리평가 보고서와 같은 이용자의 주의를 흐리게 하거나, 이용자가 직접 봐서는 안 되는 서류들을 치워 두는 것이다. 또한 비밀이 보장될 수 있는 특정한 장소에서 이용자를 만나야만 한다. 사생활이 충분히 보장되지 않는 장소에서 인터뷰를 한다면 이용자는 훨씬 의미 있고 관련된 개인 정보를 덜 제공하게 될 것이다(Stewart & Cash, 1994).

장애인재활상담사는 면접 목적을 달성하기 위해 충분한 시간을 허용해야 한다. 그러므로 단시간에 너무 많은 스케줄을 잡는 것은 피해야 한다. 이용자가 도착했을 때 자신이 장애인재활상담사의 관심을 받고 있다고 느끼도록 하는 것이 더욱 중요하다. 그리고 상담실에는 전화나 노크와 같이 주의를 산만하게 할 수 있는 잠재적인 요인들이 없도록 면접 전에 미리 조치를 취해 놓아야 한다(Nugent, 1990). 보조자가 준비를 미리 해 놓았더라도 이용자가 있을 때 이를 보조자에게 한 번 더 주의시킴으로써 이용자가 장애인재활상담사의 관심을 독차지할 자격이 있고 또 그렇게 될 것이라는 것을 명확히 한다(Bernstein, Bernstein, & Dana, 1974).

5) 면접 반응

장애인재활상담사가 초기면접의 목표를 성취하는 데 성공한다면(예: 정보 제공, 진단과정 시작, 라포 형성), 교화적인 면접 반응 유형을 익히고 있어야 한다. 이러한 유형은 장애인재활상담사와 이용자 간의 라포를 발전시킬 수 있는 비언어적 · 언어적 반응에 내포되어야 한다. 최상의 반응은 이해, 온화함, 존경, 진실로 의사소통하는 것과 이용자가 스스로를 표현하고 탐색할 자유를 복돋아 주는 것이다.

(1) 비언어적 행동

이용자가 상담실에 들어오면 장애인재활상담사의 관심을 전적으로 받아야 한다. 또한 이용자가 편안함을 느낄 수 있도록 해야 한다. 예를 들어, 장애인재활상담사와 이용자 사이에는 적당한 거리가 있어야 한다. 적당한 거리란 장애인재활상담사와 이용자 모두에게 편안한 거리이다.

Carkhuff와 Anthony(1979)는 도움을 주는 사람과 도움을 받는 사람 사이의 최적의 거리는 '둘이 마주보고 있을 때 약 60~90cm'라고 제안한다. 육체적 근접 거리와 개인적인 편안함 정도 사이의 관계에 대한 연구에서는 미국인들의 경우에 다른 사람과 2피트 내의 거리에 있을 때 불편해하는 경향이 있다(Argyle & Dean, 1965).

상체를 약간 기울여 정면으로 이용자를 대면하고 적절한 눈 마주침을 유지함으로써 장애인재활상담사가 이용자에게 집중하고 있다는 것을 느끼게 할 수 있다. 연구에 의하면, 도움을 받는 사람을 향해 몸을 기울이는 것은 이용자로 하여금 장애인재활상담사가 자신에게 주의를 기울이고 있다고 느끼게 하는 것과 긍정적인 관계가 있다(Genther & Mougha, 1977).

눈 맞춤은 좀 더 복잡한 문제이다. 서구 문화에서 눈 맞춤은 장애인재활상담사가 주의를 기울이고 있다는 표시이다. 사람들은 누군가에게 긍정적으로 느끼고 있을 때 눈 맞춤을 더 많이 하는 경향이 있다. 그러나 10초 이상의 지속적인 응시와 같은 끊임없는 눈 맞춤은 이용자를 불안하게 만들 수 있고, 적개심의 표현으로 보일 수도 있다. 당신은 장애인재활상담사로서 노려보지 않고 이용자와 눈 맞춤을 유지해야 한다. 장애인재활상담사가 이용자를 정면으로 대면하고 이용자를 향해 몸을 기울이며, 적당한 눈 맞춤을 하는 등 적절한 거리를 취하면, 이용자는 개방적이고 편안한 자세를 유지한다.

McGinley, LeFevre와 McGinley(1975)의 연구는 개방적인 자세의 중요성(팔짱을 끼거나 다리를 꼬는 자세 등은 피하라)과 '열린 몸에 열린 마음'과 같은 표어를 뒷받침한다. 사람들은 개방적인 자세를 가진 사람을 좋아할 뿐만 아니라, 폐쇄적인 자세를 가진 사람보다 자신의 의견을 변화시키는 데 더 많은 영향을 미칠 수 있다는 사실을 알아냈다. 또한 장애인재활상담사는 산만한 움직임을 자제해야 한다. 산만한 몸짓은 손가락질하며 손을 흔드는 것, 하품하는 것, 눈을 깜빡거리는 것, 눈살을 찌푸리는 것, 재채기하는 것, 안절부절못하는 것, 팔을 크게 흔드는 것, 손가락을 두드리는 것과 다리를 흔드는 것 등을 포함한다(Okun, 1976). 이와 같은 움직임 중 상당수는 관심 부족, 불만 또는 조바심을 나타낼 수 있다. 반면에 적당한 움직임은 라포 형성에 중요하다.

Okun(1976)은 긍정적인 의사소통 행동으로 때때로 고개를 끄덕거리는 것과 손의 움직임을 말하고 있다. Bayes(1972)는 미소뿐만 아니라 신체, 머리, 손의 움직임을 통해 온정을 표현할 수 있다고 하였다. LaCrosse(1975)는 장애인재활상담사의 긍정적인 끄덕임, 몸짓, 미소는 장애인재활상담사가 매력 있고 설득력이 있다고 평가받는 것과 긍정적인 관계가 있다고 하였다. 앞서 언급한 초기면접 동안 이용자와 적절한 라포를 발전시키고자 하는 장애인재활상담사의 목표에 있어서 비언어적 행동의 중요성을 분명하게 설명한다. 장애인재활상담사의 적당한 거리 유지, 몸의 자세, 움직임, 미소와 눈 맞춤은 라포를 발전시키고 유지하는 데 중요한 요소인 존경, 연관, 관심, 온정, 이해심 등을 표현하는 데 도움이 된다.

(2) 언어적 행동

면접과정에서 비언어적 행동과 마찬가지로 장애인재활상담사의 언어적 행동 또한 라포 수준에 영향을 미칠 수 있다. Nullahy(1998)은 이용자를 편안하게 하기 위해서 사회적 이슈에 대한 잡담을 통해 초기면접을 시작하는 것은 추천할 만한 것이 못된다고 지적한다.

Nullahy(1998)는 "재활상담센터에 어떻게 오시게 되었나요?"와 같은 간단한 질문으로 상담을 시작할 것을 제안했다. 비공식적 잡담을 하지 말 것에 대한 제안은 모든 문화권의 이용자에게 동일하게 적용하거나 비효과적인 것은 아니다. 예를 들면, Zuniga(1992)는 좀 더 개인적이고 비업무적인 대화를 바라는 몇몇 라틴아메리카 이용자를 위해 적어도 처음에는 정반대의 접근을 권하기도 한다.

다수의 연구자(Benjamin, 1981; Capuzzi & Gross, 1995; Evans, Hearn, Uhlemann, & Ivey, 1998; Landefeld, 1975; Miller, 1972)는 언어적 면접 반응을 다양한 범주로 분류해 왔다. 각기 다른 범주에 동일한 언어적 반응들이 겹쳐져서 분류되어 있기 때문에, 그것들을 다 열거하는 것은 이용자를 지루하고 혼란스럽게 할 것이다. 따라서 토론을 위한 기초로서 Miller(1972)는 명료한 분류체계를 선택했다.

Miller는 다섯 가지 언어적 분류 유형을 설명하였다. 그중 세 가지 반응은 장애인재활상담사가 이용자로부터 정보를 수집할 때 사용할 수 있다. 이는 ① 반응 계속하기, ② 반응에 집중하기, ③ 반응 점검하기이다.

반응 계속하기(예: '음' '예' '그렇군요' '예예')는 특별한 주제나 형식 없이 이용자로 하여금 말을 더 하도록 복돋아 주는 표현이다. 이를 통해 이용자는 자신이 장애인재활상담사의 관심을 전적으로 받고 있다고 느끼게 된다. 반응 계속하기는 이용자에게 말을 계속하도록 '허락'하는 것을 의미한다(Rubin & Farley, 1980).

이것은 장애인재활상담사가 경청하고 있는 중이라는 것을 표현할 뿐만 아니라, 관심, 연관, 수용, 온화함과 긍정적인 관심을 표현할 수도 있다. 또한 이용자의 자기표현을 복돋음으로써 면접이 중단 없이 유지되게 하는 역할을 한다. 반응에 집중하기는 이용자가 이미 이야기한 주제에 관해서 더 많은 이야기를 하도록 한다.

Miller(1972)는 반응을 이원집중과 비이원집중으로 분류하였다. 이원집중 반응은 '예' 또는 '아니요'로 대답하는 폐쇄형 질문이다. 이것은 장애인재활상담사가 특정 정보를 찾고 있는 중이고, 제한된 방식으로 이용자의 언어적 행동 방향으로 이끌고자 하는 인상을 준다. 비이원집중 반응은 개방형 질문으로, 이야기식의 대답을 요구한다. 이것은 이용자에게 표현의 자유를 더욱 많이 허용함으로써 이용자의 언어적 행동에 있어서 이원집중 반응보다 더욱 많은 유연성을 부여한다. 초기 유사상담 면접에서 이용자의 정서적인 자기언급 빈도에 있어서 장애인재활상담사의 개방형 질문에 대한 연구는 초기면접에서 이용자의 감정에 대한 논의를 활성화시킨다고 하였다(Highlen & Baccus, 1977; Hill & Gormally, 1977).

반응 점검하기는 대화 중에 '점검'이 이루어지는 것이다. 종종 반영으로 설명되기도 하는 반응 점검 단계에서는 장애인재활상담사가 이용자의 말을 이해하고 있으며, 이용자가 정보 제공을 계속해야 한다는 사실을 이용자에게 전달한다. 초기면접 시 이용자의 정서적 자기언급 빈도에 있어 반응 점검의 영향에 대한 연구에서는 장애인재활상담사의 감정적인 반응을 반영하는 것은 이용자의 감정을 활성화시킨다고 하였다(Highlen & Baccus, 1977).

이용자의 관심에 집중하고 이용자가 표현의 자유를 최대한 누리도록 하는 장애인재활상담사의 언어적 반응은 라포 형성을 촉진시킨다. "나에게 ……에 관해 더 말씀해 주세요."와 같은 개방형 질문과 진술, "당신은 ……에 관해 어떻게 느끼셨습니까?"와 같은 질문, "당신은 그 직업을 ……와 같은 이유로 좋아하지 않았다고 말씀하신 것 같은데요."와 같은 반영은 이용자로 하여금 말하고, 자신의 생각과 감정을 탐색하도록 복돋아 준다. 이러한 질문들은 이용자로부터 이야기식의 진술을 하도록 하며, 더 많은 표현의 자유를 부여한다. 그러므로 이용자의 자기탐구를 촉진한다. 또한 개방형 진술과 질문들은 면접을 시작할 때 유용하다. "당신이 여기에 오게 된 이유를 말씀해 주시는 걸로 시작합시다."와 같은 진술은 면접이 즉시 이용자의 관심사에 집중되도록 한다. 또한 이용자에 대한 장애인재활상담사의 이해를 반영하는 진술은 이용자 중심의 면접을 유지하기 위한 언어적 반응으로 유용하다. 이해를 하고 있다는 것을 자주 알려 줌으로써 라포를 형성하고 강화하며 유지할 수 있다.

장애인재활상담사는 폐쇄형 질문(이용자가 짧고 빨리 대답하도록 하는 반응)의 과도한 사용은 피해야 한다. 이러한 응답들은 초기면접(예: 서류 양식을 채우기 위해 특정 정보가 필요할 때)에 사용될 수 있다. 폐쇄형 질문은 이름, 나이, 주소, 주민등록번호 등과 같은 사실적인 정보를 모으는 가장 직접적 수단이다. 그러나 폐쇄형 질문이 이용자로부터 정보를 모으는 데 가장 두드러지고 빈번하게 사용되어서는 안 된다. 응답에 있어서 이러한 유형의 반응을 광범위하게 사용하게 되면 이용자는 장애인재활상담사를 단지 사실만을 알고자 하고 자신이 어떻게 생각하고 느끼고 행동하는지에는 관심이 없는 것으로 인지하게 된다. 그러므로 이용자는 어떤 정보에 대해 깊이 설명하지 않아야겠다고 생각하게 되고, 그럼으로써 적절한 정보를 공유하지 않게 된다.

Miller(1972)는 이용자에게 외부의 정보를 제공하는 기능을 하는 장애인재활상담사 반응을 진술적인 반응으로 보았다. 장애인재활상담사가 이용자에게 정보를 전달할 필요가 있을 때 이러한 유형의 반응이 사용된다. 바꾸기 반응은 한 주제에서 다른 주제로 대화를 이끄는 반응이다. 바뀌는 주제는 새롭게 소개된 것이거나 기존의 주제를 다시 언급하는 것일 수도 있다. 반응의 이러한 유형은 이용자로 하여금 이미 충분히 이야기한 문제에 대해 그만하도록 유도하는 것으로, 이는 상담의 목표를 달성하는 데 때때로 필요하다.

초기면접을 이끌기 위해 앞서 언급한 반응들을 사용하는 것만으로 반드시 라포를 활성화할 수 있는 것은 아니다. 그러나 다양한 반응의 적절한 사용은 적절한 라포 형성에 긍정적 영향을 준다. 적절한 사용이란 '적당한 균형'과 유사하다. 이는 언제나 이용자와 상황에 따라 결정되므로 훌륭한 장애인재활상담사의 판단에 맡겨야 할 듯하다. 장애인재활상담사의 언어적 반응은 적절한 라포 발전에 중요하다. 이용자의 문제에 중점을 둔 면접 유지하기는 자기표현의 자유를 최대한 허용하는 반응 보이기, 폐쇄형 질문의 지나친 사용 삼가기, 투사적인 응답, 경청하고 있음을 나타내는 짧고 신속한 언어적 반응하기 등을 사용함으로써 관심, 연관, 흥미, 존경, 온화함, 진실과 이해를 표현하여 라포 증가를 촉진하는 데 도움을 얻을 수 있다.

2. 면접기술

1) 목적

(1) 기관의 서비스에 대한 소개

① 기관의 목적과 제공 가능한 서비스 안내
② 서비스가 적절한 분야와 이용자의 권리
③ 장애인재활상담사의 역할: 서비스 공급자, 조정자, 옹호자, 비밀보장의 원칙
④ 이용자의 책임: 초기면접의 목적

(2) 정보수집 이용자의 사회적 · 직업적 이력 파악

초기면접을 위한 주제별 정보수집 지침은 다음과 같다.

① 신체적 요인: 장애 유형 및 정도
② 심리사회적 요인: 개인적 적응, 가족 및 친구 관계
③ 교육–직업적 능력개발 요인: 학력, 직업력
④ 경제적 요인

표 6–1 확인 질문

1. 이용자는 특정한 직업 목적을 가지고 있는가?
2. 이용자는 한 개 이상의 잠재적인 직업 목표를 가지고 있는가?
3. 이용자는 각각의 직업목표를 달성하는 데 필요한 자신의 능력에 대해 낙관적인가, 비관적인가?
4. 이용자는 직업훈련에 관심이 있는가?
5. 이용자는 어떤 특정한 직업훈련에 관심이 있는가?

출처: Roessler & Rubin (1998).

(3) 적절한 상담관계 형성

상담관계는 장애인재활상담사의 효과적인 면접 준비와 이용자에 대한 면접 반응 여부에 따라 크게 좌우된다. 장애인재활상담사가 면접을 잘 준비하여 면접 시 효과적으로 반응한다면 이용자의 만족도는 높아질 것이다. 첫째, 목적이 있는 관계로, 궁극적 목적이 있는 한 사람에게 필요한 치료, 변화를 통해 그들의 생활을 변하도록 돕는 것이다. 또한 사례관리자와 이용자 두 사람이 함께 도전하고 도울 수 있는 전반적인 과정에 대한 목표를 두는 것이다. 둘째, 상호적인 관계로, 문제를 해결해 가는 과정에서 이용자와 함께 서로의 모습을 알아 가며 상호 경험을 통해 배움을 갖기도 하고 해결책에 대해 함께 고민하고 모색하는 과정을 통해 함께하는 것에 대한 즐

표 6-2 초기면접 단계의 과업

1. 사례관리 및 사례관리자에 대한 소개, 사례관리의 목적 설명
2. 제공 가능한 서비스에 대한 개괄적인 설명
3. 장애인의 욕구 확인
4. 장애인과 사례관리자 간의 상호 기대 확인
5. 사례관리 활동에 대한 합의
6. 사례관리자의 개입에 대한 발달장애인 가족의 부정적인 감정에 대한 적절한 처리
7. 긴급한 욕구에 대한 정보 제공
8. 참여유도

표 6-3 초기면접 단계의 사례관리자 직무

1. 서비스에 대한 장애인의 기대 확인
2. 의뢰된 자료를 통해 발달장애인의 배경 검토
3. 필요한 특별한 의학적 검사가 있는지 검토
4. 장애인과 사례관리자의 역할과 책임에 대한 논의
5. 장애인과 사례관리자 간의 대화내용에 대한 비밀보장원칙 설명
6. 장애인이 사례관리과정에서의 권리와 책임을 이해하고 있는지 확인
7. 유용한 재활 및 자립생활 관련 권리 설명
8. 다양한 지역사회 자원 서비스와 한계를 발달장애인 가족에게 설명
9. 장애인과 사례관리자가 상호 기대와 관계의 특징을 명확하게 인식하도록 함
10. 장애인에게 지역사회서비스, 레크리에이션, 교통 등의 정보를 제공

출처: Rosseler & Rubin (2006).

거움을 느끼게 된다. 셋째, 친밀한 관계로, 사례관리자는 우선적으로 이용자가 사례관리자와의 관계 속에서 존중과 수용, 온화와 보호 그리고 즐거움을 경험하고 느낄 수 있도록 도와야 한다. 넷째, 신뢰적인 관계로, 사례관리자와 이용자의 관계는 상당히 높은 수준의 신뢰를 기반으로 해서 형성되어야 한다. 신뢰 형성을 위해서 사례관리자는 솔직해야 하며, 지키기 어려운 약속은 하지 않도록 한다. 다섯째, 역량강화하는 관계로, 이 관계는 이용자가 자기 자신을 문제해결 과정의 책임자로 인식하게 만든다.

2) 초기면접 과정

(1) 사례발견

① 이용자의 직접 요청(self-referral): 이용자나 가족이 자발적으로 사례관리기관을 방문하여 직접서비스를 요청하는 것을 말한다. 이 경우 서비스 욕구가 강하며 변화의 의지가 크기 때문에 사례관리자가 개입이 용이하다.

② 의뢰(referral): 초기 상담한 장애인재활상담사가 다른 전문가나 외부기관에 사례를 연결시키는 것을 말하며, 사례 발견의 가장 빈번한 방법이다. 의뢰는 외부인이 사례관리자에게 사례를 의뢰하는 경우도 있고, 사례관리자가 외부 기관에 이용자를 의뢰하는 경우도 있다.

③ 사례관리자에 의한 발굴(outreach): 사례관리자나 기관의 판단에 의하여 잠재적 이용자에게 직접 접근하여 지역사회 대상자를 발굴하는 것이다.

(2) 초기면접

초기면접(intake interview)은 재활사례관리 이용자에 대한 기본적인 정보를 수집하고 서비스욕구를 파악하며 서비스 제공의 적합성 여부를 판단한다. 이 과정에서는 '초기면접지' 작성이 이루어지는데, 장애인복지관 직업재활사업에서 주로 사용되는 초기면접지 양식은 다음과 같다(박희찬 외, 2010).

① 상담일시, 의뢰요청기관, 의뢰일자

② 인적사항: 이름, 성별, 주민등록번호, 주소, 연락처

③ 욕구 및 기대: 이용자, 보호자
④ 장애력: 장애 유형 및 등급
⑤ 현재 건강 상태: 약 복용, 이용 의료기관, 보장구 사용, 시각 · 언어 · 청각 문제, 질환 등
⑥ 가정환경: 가족 구성원의 성명, 생년월일, 직업, 동거 여부, 장애 여부, 지지 정도, 주거환경, 수입 현황
⑦ 교육 및 훈련 사항: 학교명/기관명, 기간, 교육/훈련 내용, 적응 수준, 기타
⑧ 직업 경력: 사업체명, 근무 기간, 담당직무내용, 급여, 퇴직 사유 등
⑨ 기초학습 능력: 시간개념, 형태변별, 수개념, 비교/위치, 색개념, 쓰기/읽기/이해 등
⑩ 생활적응 능력: 외모/청결 상태, 일상생활, 이동능력(교통), 의사소통, 대인관계, 자격 및 면허, 기타 등
⑪ 취업 욕구: 희망직종, 고용 형태, 취업조건(근무 지역, 희망임금, 근무 시간), 취업 시 고려사항 등
⑫ 종합소견
⑬ 평가계획: 직업평가 필요성, 직업평가 실시방법, 직업평가 영역 등
⑭ 상담자 및 이용자 성명 및 서명

(3) 이용자 선정

재활사례관리에서 이용자 선정기준은 다양하지만 기본적으로 복합적이고 만성적인 어려움(치료, 교육, 훈련, 직업재활, 자립생활 등)을 경험하거나 호소하는 장애인 개인과 그 가족이 사례관리의 대상이 된다. 이용자 욕구의 구체적인 내용에 대하여 사례관리자와 이용자가 동의하는지의 여부와 이용자가 욕구를 해결하고자 하는 동기를 가지고 있는지의 여부가 사례관리 대상자 선정의 실제 기준이 된다.

① 의뢰를 고려하는 이유를 명확히 해야 한다. 의뢰하려는 문제는 이용자에게 매우 중요하며 해결을 원한다는 것에 이용자가 동의해야 한다. 만약 이용자가 낮은 관심을 보이는 문제에 대해 의뢰하는 경우 실패할 가능성이 높다.
② 이용자가 자기 문제 및 상황, 필요한 서비스, 해야 할 일 등에서 가장 중요한

인물임을 인식하고 의견과 선호를 존중한다.

③ 의뢰는 이용자가 원하는 서비스가 없을 때 적절하다. 어려운 이용자를 피하기 위해 의뢰하는 것은 부적절하다.

④ 다른 기관으로 의뢰 결정을 내리기 전에 소속기관 내에서 활용할 수 있는 모든 원조를 고려했는지 확인한다.

⑤ 다른 기관과 전문가들이 이용자에게 제공할 것에 대해 현실적으로 평가하여야 한다. 즉, 다른 기관을 지나치게 과대평가하거나 현재의 자원을 과소평가해서는 안 된다.

⑥ 이용자가 전문적 서비스를 선택하도록 도울 때, 능력 있고 윤리적인 서비스 제공자를 찾기 위해 최선을 다한다.

⑦ 의뢰를 고려하기 전에 이용자와 이미 관련되어 있는 모든 기관을 확인해야 한다. 어떤 문제에 대해 이미 서비스를 받고 있는 기관에 자문을 구하는 것이 효과적인 방법이다.

⑧ 의뢰를 고려하기 전에 원조 자원으로서 이용자의 친구, 친척, 이웃, 자연적 원조자 그리고 비공식적 자원들을 고려한다.

⑨ 필요한 경우에는 이용자의 가족과 다른 중요한 개인들이 의뢰와 관련된 참여를 한다.

⑩ 이용자에게 도움이 될 특정 서비스를 고려할 때, 그것의 활용에 장애가 될 수 있는 특정 문제(이동수단이 없는 경우나 문맹)에 대해 특별한 주의를 기울여야 한다.

⑪ 서비스 자격 여부를 확인하기 위해 관련 정보를 상세히 확인해야 한다.

⑫ 이용자로 하여금 과거에 이용했거나 혹은 거절당했던 자원과 기관에 대해 말하도록 한다. 또한 이용자가 이들 자원에 접근하고 상호작용하는 방법을 확인한다. 이는 의뢰를 촉진하는 데에 필요한 단서를 제공할 것이다.

⑬ 이용자가 가진 의뢰에 대한 양가감정을 확인하고 특정 자원의 활용에 대한 두려움과 걱정을 표현하도록 돕는다.

⑭ 많은 이용자에게 의뢰과정은 스트레스나 좌절을 낳는다. 그러므로 의뢰과정 동안에 감정적 지지가 필요하다.

⑮ 장애인재활상담사는 필요한 자원을 찾는 데에 도움을 주는 이들 목록에 접근

하는 방법을 알아야 한다.

⑯ 다른 전문가 혹은 기관을 통해 얻게 될 서비스에 대해 설명할 때, 서비스들의 이점과 한계를 모두 설명한다.

⑰ 의뢰를 새로운 원조과정의 첫 단계로 이해하고 그 과정을 통해 필요한 자원을 확보하는 방법과 기술을 배울 수 있도록 한다.

⑱ 비용을 받는 전문가 혹은 기관의 서비스에 의뢰할 때는 이용자의 지불능력을 고려한다.

⑲ 이용자와 자원의 연계를 확인하고 연계를 공고히 하기 위한 조치를 취한다. 첫 접촉 이후 전화를 통해 즉각적인 감사 표시를 하고, 이후의 접촉 다음에도 이용자나 서비스 제공자에게 연락을 취하는 것이 중요하다.

⑳ 의뢰에 대해 평가한다.

3) 초기면접 기술

전체적인 재활사례관리를 원활하게 진행하기 위해서는 초기면접부터 주요 상담 기법을 활용하는 것이 필요하다. 이를 위해서는 관계형성 기술과 자료수집 및 사정 기술, 의사소통 기술, 의뢰 및 연계 기술, 옹호기술 등이 필요하다.

(1) 관계형성 기술

사례관리자가 상담 단계에서 요구되는 다양한 직무를 수행하기 위해서는 장애인이나 그 가족과의 신뢰관계 형성에 관심을 기울여야 한다. 이를 위하여 사례관리자는 감정이입과 진실성을 가지고 의사소통을 하도록 노력하여야 한다. 사례관리자는 장애인의 정체성과 경험에 대하여 공감은 하되 지나친 동정이나 불쌍한 감정은 피해야 한다. 또한 이용자의 능력과 관련하여 성급하게 속단하지 않도록 노력한다.

Miller(1972)는 전문적인 상담관계가 형성되면 다음과 같은 이점이 있다고 제시하였다. 첫째, 잘 형성된 관계는 문제해결 과정에 생기와 활력을 불어넣어 준다. 둘째, 역량강화(empowerment)된 느낌과 행동을 취할 수 있는 느낌을 갖게 한다. 셋째, 이용자와 장애인재활상담사 모두 자신과 타인에 대한 이해의 폭이 넓어진다. 넷째, 이용자가 자신의 가치에 대해 높이 평가하게 되어 자신감과 능력을 향상시킬 수 있다.

다섯째, 타인과 접촉하고 관계를 형성하려는 욕구가 이전보다 강해진다.

- 선심을 쓰는 체하거나 겸손한 체하는 방식으로 상호작용하는 것
- 빠르고 끊어지는 듯한 방식으로 질문함으로써 인터뷰를 한다기보다 심문하는 것처럼 느끼게 되는 것
- 이용자의 경험을 주로 일차원적으로만 응대하는 것
- 코멘트나 질문을 해 이야기를 중단시키는 것
- 경청을 하지 않는 것
- 이용자의 이름을 사용하지 않거나 잘못 발음하는 것
- 적극적 경청으로 이용자를 이해하고 있다는 점을 보여 주지 못하는 것
- 절대적 의미를 시사하는 용어(항상, 결코, 모든, 아무도 등)를 사용하여 말하는 것 등

(2) 자료수집 및 사정 기술

초기단계에서 문제가 명확해지면 개입 목표를 설정하기 위해 욕구를 더 정교화하고 구체적인 자료를 수집하여야 한다. 사정의 목적은 무엇이 변화되고 어떤 요소들이 문제를 유지하고 통제하는지, 변화를 가져오기 위해서 어떤 자원들이 필요한지, 어떤 변화가 평가될 수 있는지에 대한 자료를 모으는 것이다. 자료수집 및 사정 과정에서 장애인 당사자의 참여가 보장되어야 하고 포괄적이고 체계적인 사정이 이루어져야 한다.

(3) 의사소통 기술

의사소통이란 한 개인이 다른 사람에게 정보를 전달하는 과정을 의미하며, 언어적 · 비언어적 행위를 통하여 일어난다. 장애는 종종 효과적인 의사소통에 저해요소로 작용할 뿐만 아니라 인간관계를 형성하고 긴밀한 상호작용을 유지해 나가는 데에도 부정적으로 작용하는 경우가 있다. 이용자가 감각이나 언어 기능에 손상을 입은 경우, 발달장애를 가지고 있거나 이동이 자유롭지 못한 경우 등에서 의사소통의 어려움이 발생할 수 있는데, 사례관리자는 이들과 원활하게 소통하기 위하여 효과적인 의사소통 기술과 방법을 강구하여야 한다. 상담 상황에서 상담자는 효과적

이라고 생각하지만, 실제 그렇지 않은 반응이 있다.

① 너무 빠른 조언

조언은 보통 사람들은 효과적이라고 생각하지만 상담에서는 도움이 되지 못하는 대화법이다.

- 상담 초기에 상담자는 이용자의 특성과 이용자가 가진 문제의 배경에 대해 충분히 알지 못하기 때문에 이때 조언은 자제한다.
- 상담자는 아직 이용자에게 영향을 줄 정도로 심리적인 힘을 가지고 있지 못하다.
- 대체로 상담 초기에 제시하는 상담자의 대안들은 대부분 이용자가 한두 번씩은 생각해 본 경우가 많고, 나름대로 제시한 대안을 실행할 수 없는 이유가 많다.
- 정보를 너무 빨리 줄 경우 이용자의 의존성을 강화할 수 있다.
- 상담자가 제시하는 조언이 이용자의 생각과 너무 동떨어진 것이거나 이용자가 이해할 수 없는 조언은 받아들이지 않는다.

② 가르치기

가르치기는 다른 형태의 조언이다. 조언에서와 같이 이용자는 상담자가 가르치기 시작하는 순간, 자신에 대한 이야기를 더 이상 하지 않거나 상담자에게 지나치게 의존하는 경향을 보이게 된다. 특히 권위적인 위치에 있는 사람과 갈등을 경험한 이용자는 가르치는 상담자에 대해 방어적이 되는 경향이 있음을 기억한다.

③ 지나친 질문

상담자의 질문은 이용자를 탐색하기 위한 필수조건이라 할 수 있지만 가능한 한 줄이도록 하는 것이 좋다. 질문은 이용자로 하여금 수동적인 위치에 있게 할 수 있으며, 상담자로 하여금 이용자에 대한 공감이나 반응을 하기 어렵게 하기 때문이다. 따라서 반드시 필요한 질문에 대해서는 '예, 아니요'로 짧게 대답할 수 있는 폐쇄형 질문보다는 개방형 질문이 효과적이다. 또한 침묵을 하는 이용자에게는 침묵을 깨는 질문보다는 "저와 편안한 마음으로 이야기하기가 어려운 것 같습니다."라고 이야기하는 것이 도움이 된다. 또한 '왜'라는 말 대신 '어떻게' 또는 '어떤 이유로'라는 말을 쓰는 것이 이용자 방어를 방지하는 데 도움이 된다.

④ **상담자 경험의 진술**

상담자가 "제가 그와 같은 경험을 가지고 있기 때문에 저는 당신을 잘 이해할 수 있습니다."라는 식으로 자신의 경험을 이야기해 주는 경우가 있다. 하지만 이것은 몇 가지 문제가 있다.

- 이용자는 상담자가 자신과 똑같은 경험을 했으리라고 믿기 어렵다.
- 실제로 상담자가 이용자와 아주 똑같은 경험을 하고 똑같은 감정을 느끼며 똑같은 상황을 경험하기는 거의 불가능하다.
- 일반적으로 자신의 이야기를 하는 것은 표면적인 의도와는 달리 상담자가 자신의 불안을 감추기 위한 방법으로 사용될 때가 많다.
- 상담자는 이용자에게 자신의 이야기를 하는 것이 이용자를 자신의 이야기에 감탄하는 청중으로 이용하는 것이 될 수 있다.

(4) 의뢰 및 연계기술

의뢰 및 연계 기술은 장애인뿐만 아니라 가족의 다양한 욕구를 사정하고 필요한 서비스에 의뢰하거나 연계하는 활동을 의미한다. 사례관리자는 장애인을 위한 서비스 인프라가 취약한 상황에서, 손쉬운 공적인 서비스만 연계하는 것을 넘어서서 지역사회 내의 비공식적 지원체계를 동원하고 자원을 발굴하고 개발하는 적극적 역할을 수행하여야 한다. 사례관리자가 장애인과 관련된 다양한 서비스 체계와 시설, 기관에 대하여 파악하고 장애인을 서비스에 연계해 주는 것은 장애인의 요구에 대처하고 권리를 보장해 주는 기초적인 업무이다.

(5) 옹호기술

사회복지 영역에서 옹호의 개념은 '사회정의를 확보·유지하기 위한 목적에서 하나 이상의 개인이나 집단 또는 지역사회를 대신해서 일련의 조치를 직접 주장, 방어, 개입, 지지, 추천하는 행위'로 정의할 수 있다(이문국 외, 1999).

이용자가 자신의 권리를 주장할 능력이 취약하거나 자신의 권익을 확보할 능력과 지식이 부족할 경우, 사례관리자는 이용자의 최선의 이익을 위해 다양한 직간접적인 옹호활동을 통해 함께 힘을 키우고 체계에 대한 직간접적인 개입활동을 행하게 된다. 옹호자로서 사례관리자는 이용자를 대변하거나, 이용자와 함께 체계의 변화를 이끌어 내는 역할을 하게 된다.

옹호서비스는 사회복지를 다른 전문직과 차별화해 주는 것으로 전통적으로 매우 높게 평가되어 온 활동이다. 이용자와 합의한 목표를 달성하기 위해 개인 각고의 변화도 필요하지만, 때로는 개인과 가족을 뛰어넘는 더 큰 환경에 대한 개입과 변화를 추구해야 할 때가 있다. 옹호는 재활상담사가 이용자가 원하는 변화와 자원 확보를 위해 이용자를 포함한 다양한 체계에 이용자의 이해와 입장을 대변하여 문제 해결을 돕는 노력이고, 최대한 이용자와 함께하며 이용자의 자기결정을 존중하는 것이 중요하다. Robert와 Schneider(2001)는 옹호 개념을 〈표 6-4〉와 같이 제시하였다.

표 6-4 옹호 개념의 11가지 차원

1. 대신하여 말하거나 탄원하기	7. 이용자의 대표자로 행동하기
2. 조치 취하기	8. 변화를 촉진하는 것
3. 권리와 혜택에 접근하는 것	9. 동지로서 행동하는 것
4. 영향력과 정신적 기술들을 과시하는 행동	10. 사회정의 보장
5. 이용자 역량강화	11. 이용자와 문제를 동일시하기
6. 법률적인 것에 기반을 두는 것	

출처: Robert & Schneider (2001).

4) 정보수집 및 초기 과업

(1) 정보수집

① 취업을 원하는 장애인에게 취업에 대한 욕구를 저해시키거나 자신감을 위축시키지 않도록 하고 이용자의 주된 욕구를 정확하게 파악해야 하며 진솔하고 친절한 태도로 상담을 진행한다.

② 중증장애인의 경우 가족이나 관련 기관 담당자와의 동행을 요구하는 것이 바람직하며 청각장애인의 경우에는 수화통역사를 제공한다.

③ 라포가 형성되기 전에 장애에 대한 부분이나 이용자의 기능에만 화제를 삼지 말아야 한다.

④ 이용자와 편한 상태에서 상담이 가능한 장소를 확보한다.

(2) 초기면접 정보

① 자립생활 및 직업 경력

② 학력 및 직업훈련 경력

③ 현재 건강 상태 및 약 복용 여부

④ 장애 정도(기능적 장애 파악)

⑤ 취업을 하고자 하는 동기와 욕구

⑥ 장애 수용 여부

⑦ 대중교통 사용 가능 여부

⑧ 재활공학 내지는 보조기구 사용 여부

⑨ 가족 관계 및 사항

3. 이용자 환경 분석

재활사례관리자가 이용자와 가족의 욕구를 파악하는 데 사용되는 도구들은 가계도와 생태도, 생활력표, 소시오그램, 사회적 지지망 그리드 등이 있다.

1) 가계도

가계도(genogram)는 3대에 걸친 가족의 구조를 도식화하여 한눈에 알 수 있도록 고안된 사정도구로서 보이지 않는 가족 내 갈등과 삼각관계 등을 파악할 수 있다(양옥경 외, 2006). 가계도는 상징적인 기호를 사용하여 가족에 관한 정보를 도식화하여 보여 주기 때문에 복잡한 가족 유형의 형태를 쉽게 파악할 수 있게 해 준다. 여기에는 또한 가족 구성원들의 만성질환이나 종교, 교육, 취업/실업, 퇴직, 알코올/마약 중독, 이혼, 사망 등의 정보도 기록할 수 있다. 가계도는 이용자 및 가족과 함께 그려

야 한다. ① 다양한 부호를 정확하게 사용하여 많은 정보를 담아낼 수 있도록 한다. ② 이용자와 가족이 통찰력을 발휘하여 변화가 필요한 욕구를 발견할 수 있도록 노력을 기울여야 한다.

2) 생태도

생태도(eco-map)는 이용자나 가족을 중심으로 어떻게 환경체계들과 네트워크가 이루어지고 있는지 확인하는 사정도구로서, 이용자가 제시하는 주된 욕구내용을 환경과 연결하여 보다 포괄적이고 전체적인 그림을 그릴 수 있게 해 준다. 생태도는 보통 지난 3개월을 기준으로 그린다. 중앙에 있는 원을 중심으로 이용자 환경 속 사람들을 원으로 그린다. 이때 이용자 원을 중심으로 크기와 거리를 조정한다. 생태도를 통해 ① 환경 속에 있는 인물이나 체계 등에 대하여 대화를 나눈다. ② 각 체계에 대한 이용자의 경험에 대하여 대화한다. ③ 이용자로 하여금 전체적인 인상에 대하여 평가하고, 차후 노력할 부분을 함께 논의한다.

3) 생활력표

생활력표(life history grid)는 이용자의 생애 동안 발생한 사건이나 문제의 발생과정을 한눈에 파악할 수 있도록 정리한 사정도구이다. 이용자가 아동이나 청소년일 경우 효과적으로 적용될 수 있는데, 이는 성장과정에서의 사건이 사회심리적 기능에 큰 영향을 미치기 때문이다. 이용자에게 재활서비스를 제공한 기관의 기록 등 다양한 정보원에서 수집된 생활력이 한 장의 생활력표에 집약된다. 생활력표는 장애인재활상담사가 이용자의 문제 원인에 대한 가설을 세우고 심층적 평가와 개입 영역을 계획하는 데 매우 유용하게 활용된다. 생활력표의 활용 효과를 구체적으로 살펴보면 다음과 같다.

- 이용자나 가족이 겪고 있는 문제의 발생 시점과 촉발 사건 등을 파악할 수 있다.
- 사건 간에 보이는 양상이나 관계를 파악할 수 있다.
- 이용자의 생애 동안 발생한 사건이나 문제의 발전과정을 알 수 있다.

- 특정 발달단계의 생활 경험을 이해하는 데 도움이 된다.
- 가족의 다양한 시기의 자료를 조직화하여 표현한다.
- 가족 구성원의 삶의 중요한 사건을 시계열적으로 나열한다.

4) 소시오그램

간접적인 질문 또는 생활과정을 관찰하여 누가 누구와 가까우며 거리가 있는가를 발견하여 선으로 연결한 도표로 집단 내에서의 인간관계를 알아보기 위한 방법이다. 소시오그램(sociogram)은 사회학 · 심리학 · 사회심리학 및 교육 현장에서 널리 사용될 수 있으며, 이 방법을 통하여 집단 내의 친소(親疏)관계 및 전체적인 인간관계 구조를 알아볼 수 있을 뿐만 아니라 집단 내의 소집단 분포와 집단의 실질적인 리더를 발견할 수 있다. 소시오그램은 특히 학급을 지도하는 교사가 그것을 통하여 학급 내의 학생들의 친소관계 · 소집단 분포 등을 정확하게 분석할 수 있으므로 학급을 지도함에 있어 보다 바람직한 교우관계를 맺는 데 도움을 줄 수 있으며, 학급 분위기를 개선하는 데 필요한 기초 자료로 활용할 수도 있다.

5) 사회적 지지망 그리드

사회적 지지망 그리드(social support network grid)는 Tracy와 Whittacker(1990)가 개발한 치료적 개입을 위한 도구로서 재활과정에 있는 장애인이나 사회적 지지체계가 매우 빈약한 이용자와 가족을 위한 사정도구이다. 사회적 지지망 그리드의 작성방법은 다음과 같다(〈표 6-5〉 참조).

- 이용자가 중요하다고 생각되는 사람, 즉 사회적 관계망 구성원을 선택한다.
- 사회적 관계망 구성원의 이름을 표 맨 왼쪽에 한 사람씩 기록한다.
- 각각의 사람들을 삶의 어떤 영역에서 접촉하게 되는지에 따라 '생활영역'에 해당 번호를 기입한다.
- 표를 다 작성하면 장애인재활상담사는 이용자가 활용 가능한 중요한 지지망을 문제해결이나 대처 자원으로 활용할 수 있도록 지원한다.

표 6-5 사회적 그리드 작성표

성명	생활 영역	물질 지지	정서 지지	정보 조언	비판	도움 방향	친밀도	접촉 빈도	알고 지낸 기간
	가족/친척 직장/학교 조직 친구 이웃 전문가 기타	가끔 자주 항상	가끔 자주 항상	가끔 자주 항상	1. 가끔 2. 자주 3. 항상	양방향 내가 그에게 그가 나에게	양방향 내가 그에게 그가 나에게	보지 못함 1년에 몇 번 월 1회 주 1회 매일	1년 미만 1~5년 5년 이상
김○○	1	2	2	1	3	3	1	3	3
선○○ (첫째 딸)	1	2	2	1	2	2	1	3	3
선○○ (둘째 딸)	1	2	2	1	2	2	1	3	3
선○○ (아들)	1	2	1	1	2	2	1	2	3
김○○	7	1	2	3	3	3	1	4	1
맹○○	7	1	3	3	3	3	1	5	2
윤○○	7	1	3	3	3	3	3	5	2

사회적 지지망 그리드 요약 및 소견

대상자의 사회적 지지망은 가족 구성원 4인과 병원에서 접촉 중인 3인의 전문가, 2명의 고등학교 동창생으로 구성되어 비교적 협소하고 작은 사회적 지지망을 보이고 있다. 특히 현재 가족 및 친구들과의 접촉이 부족한 상황이기에 전문가 그룹의 지지가 가장 큰 영향을 미칠 것으로 보인다. 그러나 퇴원 이후 대상자의 원활한 지역사회 활동을 고려한다면 현재 구성된 지지망 이외에도 보다 넓고 다양한 지지망이 형성되어야 할 필요가 있으며, 이를 위해 각종 여가활동이나 종교활동 등을 통해 사회적 자원을 늘려 나가는 것이 좋을 것으로 판단된다.

4. 자원사정

자원이란 우리가 삶을 지탱하고 성장과 발달을 계속하기 위하여 필요한 재화와 서비스를 제공하는 사람들 또는 사회기관들을 말한다. 이용자의 욕구를 해결하기 위하여 동원되는 자원에는 내부자원과 외부자원이 있고, 외부자원은 다시 공적 자원과 민간 자원으로 나누어진다.

1) 내부자원

내부자원이란 이용자와 가족이 가지고 있는 개인적인 장점이나 특질을 말하며, 그것이 이용자의 변화를 위하여 사용될 때 자원이 된다. 이용자가 자신의 욕구를 변화시키거나 문제를 해결할 때 사용하는 개인의 성격 또는 특별한 지식, 능력, 태도, 자신감 등이 여기에 속한다. 가족의 경우 가족 구성원에 대한 감정적 지지나 충성심을 제공할 수 있는 능력을 말한다.

2) 외부자원

외부자원은 이용자와 가족을 넘어서는 공식적 및 비공식적 자원을 말하는데, Ballew와 Mink(1996)는 공식적 자원을 다시 공적 자원과 민간 자원으로 나누었다.

(1) 공적 자원

운영예산이 세금으로 충당되며 법이나 규정에 의하여 통제되는 자원

예) 장애인복지관이나 보호작업장 운영 예산

(2) 민간 자원

법이나 규정의 근거 없이 자선적 기부에 의하여 충당되는 자원

예) 공동모금회, 기업 복지재단, 아름다운재단, 어린이재단, 구세군 등

직업평가

직업평가란 이용자의 환경을 포함한 제반 상황을 이해하는 집중적이고도 체계적인 과정이다. 종합평가 단계에서 이용자의 강점을 인식하는 것은 평등하고 협조적인 원조를 촉진하게 된다. 강점에 초점을 둔 평가과정은 이용자 가족과 지역사회 환경의 낙인으로부터 자유롭다.

표 7-1 평가의 분류

평가유형	분류	범주
이용자 욕구와 기능에 관한 사정	이용자 욕구	1. 소득, 2. 주택, 3. 고용 · 직업, 4. 건강, 5. 정신건강, 6. 사회활동, 7. 여가활동, 8. 일상활동, 9. 이동수단, 10. 법률, 11. 교육, 12. 기타
	이용자 능력	1. 신체적 기능, 2. 인지적 기능, 3. 정서적 기능, 4. 행동적 기능, 5. 직업적 기능
이용자를 원조하기 위한 자원에 관한 사항	공식적 지역사회 자원체계	1. 자원목록, 2. 유용성, 3. 적정선, 4. 적절성, 5. 수용성, 6. 접근성
	비공식적 사회적 관계망 및 지지	1. 사회적 관계망의 구조, 2. 사회적 관계망의 상호작용, 3. 정서적 수단, 4. 수단적 지원, 5. 물질적 지원

출처: Moxley (1995).

평가의 분류는 이용자 욕구와 기능에 관한 사정으로 이용자 욕구, 이용자 능력에 대한 사정이며 이용자를 원조하기 위한 자원체계는 공식적 지역사회 자원체계와 비공식적 사회적 관계망 및 지지로 구분한다.

1. 신체적 기능평가

직업재활 과정에서 의료평가(medical evaluation)는 이용자의 신체적 한계점과 잔존능력을 파악하는 것이다. 특히 직업평가사는 다양한 직업적 요구를 수행할 수 있는지를 중점적으로 파악한다. 이용자의 의료적 정보는 보다 발전적인 재활계획 수립에 기초 자료로 중요한 한 부분을 차지한다(Brodwin & Brodwin, 1993).

의료평가의 관점은 ① 의료평가를 위한 의사의 선택, ② 효과적 진료 의뢰(effecitve medical referral), ③ 평가에 임하는 의사들에게 무엇을 기대할 것인가, ④ 의료적 상담의사의 이용이다. 의사의 역할은 상담사가 이용자의 현재 또는 잠재적으로 가지는 장애와 관련된 한계점과 다양한 직업의 요구 사이의 관계를 더 잘 이해하도록 돕는 것이다.

의료평가 과정을 계획하고 그 결과물을 이용하기 위해서 상담사는 의학적 전문용어와 서비스뿐만 아니라 각기 다른 장애 양상에 대해서도 알고 있어야 한다.

직업평가사가 일정한 지침을 따른다면 의료적 조회과정은 더 바람직한 결과를 가져올 수 있다. 직업평가사는 과거에 이용자를 치료한 적이 있거나 아니면 이용자의 의학적 상태에 따라 적합한 분야의 전문가에게 이용자를 의뢰해야 한다. 의사는 이용자의 한계점이 직업에 어떤 영향을 미치는지를 알아내기 위해 이용자가 고려하고 있는 직업이 어떤 것인가를 알아야 한다. 또한 이용자의 직업적 · 사회적 · 의료적 경력은 의사가 정확한 결정을 내리는 데 충분히 좋은 정보가 될 수 있다.

직업평가사가 얻고자 하는 정보에 대해 구체적으로 의사에게 요청을 하는 것이다. 직업평가사가 의사로부터 요청해야 하는 자료들에는 이용자의 일반적 건강, 장애의 범위, 장애로 인한 기능적 한계, 부가적으로 요구되는 검사, 추천할 만한 치료법, 근거, 치료 장소, 기대되는 효과, 피해야 하는 작업 조건, 다시 일하게 될 수 있을지에 대한 예측 등이 포함된다. 이러한 모든 질문은 개인에게 적합할 수 있다. 상담

사가 의사에게 질문을 하는 것이 의사로 하여금 이용자의 장애에 대한 상황을 더 명확하게 설명하게 한다. 그로 인해서 상담사는 직업적으로 관련된 국면을 극복하기 위한 서비스를 더 잘 찾아낼 수 있다.

1) 의사의 선택

부적절한 의사를 선택하면 부적합한 의료적 평가가 나오기 쉽기 때문에, 효과적으로 의료서비스를 의뢰하기 위해서는 무엇보다 기본은 현명한 의사를 선택하는 것이라고 할 수 있다. 여기서 고려해야 할 기준 중 하나는 장애인과 라포를 형성할 수 있는 의사의 능력이다. 의뢰된 이용자와 의사 사이의 효과적인 의사소통은 상호 형성된 라포 수준에 달려 있다. 그러므로 라포의 형성은 의료평가 보고서에 대한 타당성인 정보의 질과 양에 영향을 미친다(Felton, 1993b).

지속적으로 이용자를 치료해 온 의사가 의료평가에 적합한 의사가 될 수 있으며 그 이유는 ① 이용자의 병력에 대한 지식, ② 현재의 구체적인 장애에 대한 전문적 의료 지식, ③ 이용자와의 라포 수준이다. 물론 이전에 이용자와 접촉이 없었더라도 이용자와 라포를 발전시킬 수 있고 또한 특정 장애를 치료하는 데 전문가라면 적합한 의사로 생각하게 된다. 따라서 직업평가사는 많은 의료 전공 분야와 친숙해져야 한다. 직업평가사는 이용자의 의료평가 결과를 수집하는 과정에서 여러 분야의 의료 전문가들과 의사소통을 수행한다.

2) 효과적인 진료 의뢰

신체적 기능평가를 효과적으로 의뢰하기 위해 직업평가사는 의사에게 의뢰자가 필요로 하는 정보가 무엇인지 명확히 전달하여야 된다. 이러한 정보의 요구는 사전에 의사에게 질문 목록을 작성하여 전달할 수 있다. 의뢰 질문은 개인적 사례에 맞추어져야 하지만, 일부는 이용자와 관계가 있는 것도 있다. ① 이용자의 일반적 건강상태(general health), ② 장애의 진행상황, 제어 가능성, ③ 추천된 치료법, 치료 장소, ④ 생활 유형 및 상태를 악화시킬 수 있는 스트레스 요인, ⑤ 장애로 인한 일상생활의 불편함, ⑥ 처방된 약물치료가 작업 수행 중 미칠 수 있는 잠재적 효과, ⑦ 장애로 인해 발생할 수 있는 잠재적 합병증, ⑧ 부가적 평가 등을 포함해야 한다.

의료평가가 진행되는 동안 기본적인 사항은 장애가 관련된 직무 요구를 만족시키기 위한 개인의 능력에 어떤 영향을 미치느냐 하는 것이다. 예를 들어, 팔다리의 기능은 사람과 직무를 연결하는 데 필수적 고려사항이다. 팔 기능의 제한은 손의 미세한 움직임, 움켜쥐기, 손가락으로 집기, 어깨 위로 팔 올려 작업하기, 촉감으로 구별하기, 밀기, 어깨선 위나 아래로 손을 뻗치기, 글씨 쓰기 등에 영향을 미친다.

다리 기능의 제한점은 무릎 굽히기, 웅크리기, 서 있기, 균형 잡기, 기어오르기, 걷기에 영향을 미친다(Andrew, 1994). 그 외 의료평가와 관계되는 다른 기능적 제한점으로는 장시간 앉아 있기, 운반, 들어 올리기, 습도, 연기, 추위, 더위, 먼지, 곰팡이, 건조와 같은 환경에 대한 내성에 영향을 미치는 요소들이다(Andrew, 1994).

직업평가사는 의뢰 질문과 함께 필요하다고 생각되는 이용자의 의료적 · 사회적 · 직업적 경력을 의사에게 알려 주어야 한다(Velton & Bondi, 1973). 이 경력은 초기면접에서 수집한 개인적 · 사회적 · 직업적 자료뿐만 아니라 과거 1년간(만성질병인 경우 그보다 더 오랜 기간)의 의료기록도 포함되어야 한다. 의료평가 과정에서 의사가 이용자의 시험적인 직업 목표에 관한 정보를 제공받는다면 더 효과적으로 평가할 수 있다. 그러한 정보가 있으면 의사가 이용자의 직무 적합성에 대해 더 명확하게 진단할 수 있다.

3) 진단 결과 참고하기

직업평가사는 의료평가 결과로부터 ① 육체적 혹은 정신적 장애의 존재 여부, ② 개인이 활동을 수행하는 데 조건에 영향을 미치는 정도, ③ 물리적 재활서비스를 통해 장애 상태가 교정되거나 개선될 수 있는 정도나 방법 등을 결정하는 데 도움이 되는 모든 의료 조회에 대한 구체적인 정보들을 고려해 보아야 한다(Hylbert & Hylbert, 1979).

Nagi는 의료적 평가로부터 얻을 수 있는 정보를 정하였다. 예를 들면, 병리학적 과정에서 "단일 증세, 정기적으로 일어나는 급성 증세, 장기적인 부전증 혹은 정기적으로 일어나는 급성 증세를 수반하는 장기적 부전증"과 같은 것들을 밝혀내야 한다. 병리학의 과정은 '급성 단계, 회복 상태, 급성 단계가 통제된 상태, 급성 상태가

통제되긴 했지만 안정되기 위해서는 계속적 감독이 필요한 상태, 급성 상태가 통제되긴 했지만 자칫 하면 재발하거나 전이되거나 기능저하를 수반할 수 있는 상태, 통제할 수 있게 급속히 또는 천천히 진행되는 상태'로 평가될 수 있다(Nagi, 1969).

의료평가 보고서는 후유증에 대해서 '전혀 없다, 일부 있다, 분명치 않다, 꾸준한 후유증이 나타날 것이다'부터 '점차 후유증이 더 심해질 것이다'에 이르기까지 그 정도를 설명해야 한다. 의료평가 보고서에서 예후를 논의할 때에 의사는 장애가 '충분히 통제되어 향후 재발할 위험이 없다, 지속적인 감독에 의해 통제할 수 있다, 현재 통제할 수 있지만 자칫하면 후에 합병증의 위험이 있다, 훈련이나 보장구 사용 등을 통해 기능을 보상받을 수 있다, 부분적으로 기능을 보상받을 수 있다, 개선할 수 있다, 분명치 않다(현재의 물리치료 기술에 기초를 둔 결과)'인지 혹은 '지금까지 알려진 방법으로 개선이 불가능하다'인지 그 상태를 지적해 주어야만 한다.

직업평가사는 이용자들에 대한 구두 또는 문서화된 보고서를 이해할 수 있도록 의학 용어를 충분히 이해할 수 있어야 한다(Felton, 1993a). 일부 의사는 추상적 용어로 의학적 견해를 설명하는 데 어려움을 느껴 전문적인 단어, 구, 문장을 사용하여 설명한다. 따라서 직업평가사가 의학 용어에 대한 전문 지식을 가지고 의사와 의사소통을 한다면 좀 더 쉽고 완벽하게 이용자의 의학적 상태를 이해할 수 있게 된다. 축적된 의료 정보는 직업평가사와 이용자가 개인의 직업에 대한 가능성과 내성을 고려하여 실제 결정을 내리는 데 유용한 정보가 된다. 예를 들면, 신체적 장애의 유형에 따라 다음과 같은 각각 다른 수준의 작업이 가능할 수 있다.

① 심한 육체노동: 땅파기, 물건 들어 올리기, 기어오르기 등이 주요 작업으로, 규칙적으로 행해짐.
② 육체노동: 부수적이거나 이따금씩 일어나는 심한 육체노동을 포함
③ 통제된 섭생(식사, 운동 등)을 조건으로 하는 심한 작업을 제외한 모든 일
④ 규칙적인 작업 시간과 식사가 지켜지며 앉아서 하는 작업
⑤ 특정 조건하에서의 작업
⑥ 가정에서의 작업
⑦ 적합한 작업이 없음.

작업능력은 개개인이 가지는 지구력에 의해 달라질 수 있으며, 그에 따라 시간제 근무를 하여야 하거나 전일제가 가능한가를 판단할 수 있다. 중증 지체장애인들의 평가에 있어 의사는 반드시 개인의 독립생활 능력에 관련된 정보를 장애인재활상담사에게 제공해야 한다. 일상생활 활동(개인적인 몸치장, 식사, 옷 입기, 용변처리, 이동성)을 수행하기 위한 개인의 역량에 있어 장애와 관련된 제한점, 그리고 스스로 할 수 있는 의료보호뿐만 아니라 자립적인 기능을 향상시킬 수 있는 의료적 서비스(보장구와 보장구 사용법) 등도 의료평가 보고서에서 다루어져야 한다. 재가장애의 경우 진단에 관한 부가적 질문이 필요하다. 집 안에만 있는 이용자를 위해 의사는 상담사에게 이용자가 집 밖에서 적당한 지원서비스와 원조를 받으며 활동할 수 있도록 도와줄 수 있다.

유감스럽게도, 의료평가 보고서가 항상 정확한 예측을 제공하는 것은 아니다. 이용자의 능력, 한계, 환경에 대한 내성에 의사가 명확히 진술하지 않는 것이 보통이다. 이러한 경우 장애인재활상담사는 의료상담 의사의 도움을 받아 이용자의 재활계획과 서비스 준비에 대한 토대로서 의료적 정보를 활용하여 직업적 의미를 파악해야 할 책임이 있다(Swisher & Hylbert, 1973).

4) 의료상담 의사의 이용

의료상담에서 효과적으로 의사를 이용하기 위해서는 직업평가사는 장애, 질병, 상해의 영향을 기본적으로 인식하고 있어야 한다. 의료적 진단과 치료과정 그리고 그 과정에서 의사의 역할, 아울러 의학적 용어에 대해서도 충분한 이해와 지식을 가지고 있어야 한다. 그러나 의료적 사실을 아는 것만으로는 충분하지 않다. 직업평가사는 자립생활과 직업기능의 장단기 한계점에 관하여 이용자가 어떻게 자신의 장애를 인지하고 있는지에 대해서도 이해해야 한다.

직업평가사는 의료상담 의사와 회의에 앞서 실질적인 논의내용을 사전에 준비해야 한다. 의료상담 시 의사와 논의할 사례를 모두 재검토해야 한다. 또한 전문 의료상담 의사에게 물어볼 특정 질문들을 준비해야 한다. 보통 의료상담 의사에게 의뢰되는 사례들은 중복장애를 가졌거나, 의료적 치료, 수술 혹은 보장구가 필요한 경우이다.

어떤 경우는 이용자 사례관리 파일에서 상충되는 정보에 대해 의료상담 의사의 도움을 필요로 하게 된다. 의사와 이용자 그리고 초기면접 자료들을 비교할 때 이용자의 한계점과 예측에 관한 상충되는 의견들을 발견할 수 있다(Mcgowan, 1969).

의사의 자문을 통해 직업평가사는 여러 가지 전문적 도움을 얻을 수 있다. 의사는 이용자의 기능적 제한점 그리고 직업적 핸디캡을 포함한 의료평가 보고서의 진단을 명확히 할 수 있다. 기존 자료들을 검토하는 과정에서 의사는 더 나아가 진단서비스나 치료서비스를 추천할 수 있다. 의사와 의료적 회의를 통해 얻을 수 있는 다른 이점은 다음과 같다. ① 질병의 성질, 진단, 치료법을 가르쳐 준다. ② 의료서비스를 조절하는 데 도움을 줌으로써 이용자가 재활의료 서비스에 투자해야 하는 시간을 최소화한다. ③ 효과적인 의료 프로그램이 있는 재활시설을 선택할 수 있도록 지원한다(Hylbert & Hylbert, 1979).

2. 심리 · 정서적 평가

심리평가는 현존하는 장애, 그 장애가 직업생활에 미치는 영향, 심리서비스의 추천, 개인의 지적 · 심리적 기능에 대한 잠재력 등 가치 있는 정보를 제공할 것이다. 직업평가사의 목표는 이러한 정보를 해석하여 다양한 직업적 역할을 충족시킬 수 있는 개인의 능력을 밝히는 것이다. 물론 재활서비스를 찾는 모든 사람을 심리평가에 의뢰해서는 안 된다. 어떤 사람들은 성공적인 직업 경력이 있고 의료적 회복과 사례관리 서비스 등을 받아 같은 분야의 직업으로 돌아갈 수 있다. 어떤 사람의 경우에는 오직 심리평가를 통해서만 상담사가 답변을 얻을 수 있는 경우도 있다. 바람직한 심리평가사의 특성은 올바른 직업재활 과정을 이해하고, 직업기능상의 장애에 대한 영향을 분석하는 것이다. 따라서 심리평가사의 보고서는 개인의 지적기능, 성격, 행동에 대한 분석뿐만 아니라, 그러한 분석표가 특정 직업 역할에 대한 기능의 연관성 정도를 제시해야 한다. 심리평가사는 장애 그 자체에 대한 심리적 영향, 개인이 그 장애를 어떻게 받아들이는가에 대한 심리적 영향, 다른 사람들이 보여 주는 부정적 반응을 이해하여야 한다. 심리평가사에게 의뢰를 할 때 직업평가사는 개인의 신체적 · 심리적 · 교육적 · 직업적 내용을 제공하여야 한다.

이러한 정보를 제공하면 심리평가사의 시간을 절약할 수 있을 뿐만 아니라 심리평가사가 개인의 직업적 역할과 관련된 심리적 기능에 집중하도록 할 수 있다. 구체적 의뢰 질문을 제공함으로써 직업평가사는 심리평가사로부터 좀 더 구체적인 평가를 받을 가능성이 있다.

직업평가사는 또한 심리검사와 평가의 본질을 설명함으로써 심리평가를 받는 이용자를 미리 준비시켜야 한다. ① 개인의 문제를 명확히 아는 데 도움 받기, ② 개인의 강점과 약점을 잘 이해하기, ③ 개인이 적당한 계획을 세우고 결정을 내릴 수 있도록 돕기 등 개인을 심리평가사에게 의뢰하는 이유가 있어야 한다. 장애인재활상담사는 심리평가 보고서에 대한 어떠한 명확한 기대가 있어야 한다. 보고서는 구체적이고 분명한 용어를 사용하고, 심리학적 서비스와 개인을 위한 적합 직업 을 제안하는 것으로 종결되어야 한다.

심리학적 서비스를 추천할 때에는 지역사회 내의 서비스 위치와 자원에 대해서도 언급해야 한다. 직업적 추천을 할 때, 심리평가사는 지역사회 내의 직업세계에 대한 현실성을 염두에 두고, 실제로 존재하는 직업적 역할을 제안해야 한다. 불필요한 지연을 피하기 위해서 심리평가사는 보고서를 신속하게 제출하여야 한다(대략 2주 정도). 또한 보고서는 3~5쪽 정도로 간략하게 작성하는 것이 좋다.

심리평가는 ① 심리평가로 무엇을 기대하는지, ② 심리평가사의 선택, ③ 효과적 심리평가 의뢰하기, ④ 심리보고서의 활용 등을 파악하는 데 있다. 심리정보를 확보하는 목적은 현재 존재하는 장애, 즉 지적장애, 학습장애, 정서불안 등을 확인하는 것에서부터 직업적 역할에 필요한 개인의 지적 능력, 신경심리적 특성, 성격과 행동적 기능들을 잘 이해하고 발달시키고자 하는 내용을 포함한다. 심리평가의 결과를 통해 직업평가사는 이용자의 욕구를 확인하고, 이러한 욕구에 맞는 서비스를 선택하고, 궁극적으로는 '양호 혹은 충분'이란 직업적 적합성을 제시하도록 한다.

1) 심리평가 분석

심리평가의 목적은 일상생활의 요구를 극복할 수 있는 개인의 능력을 판단하는 것이다. 심리평가는 여러 가지 상황에서 개인의 행동을 예측하는 결과를 초래한다. 장애인재활상담사의 책임은 이러한 예측의 적합성을 판단하고, 개인이 직업과 사

회적 역할에서 행동능력을 개발하기 위해 필요로 하는 서비스를 확보하는 것이다. 심리평가를 의뢰할 때, 장애인재활상담사는 대인관계 기술, 새로운 직무를 습득하는 능력, 정서적 안정성, 직업 목표에 대한 책임감 등과 관련된 구체적인 정보를 얻기 원한다. 따라서 전문적이고 이론적인 용어(예: libidinal forces), 내면적 정신갈등(intrapsychic conflicts)으로 쓰여 있는 심리학적 해석은 의미가 없다.

심리평가사들은 구체적 상황에서 개인의 반응 예측, 언제 어떻게 개인이 효과적이고 비효과적으로 기능할 것인지, 그리고 기능의 효과를 높이기 위한 상황이나 재활 서비스 유형에는 어떤 것이 있는지 등에 대해 구체적으로 진술해 줄 것을 요구한다(Bush, 1922; Plummer, 1976). 심리평가는 개인의 성격과 상황이 요구하는 것 사이의 적합성, 즉 개인이 직업으로부터 원하는 것들(희망하는 강화요인), 특정 직업으로부터 가능한 강화요인, 그리고 개인의 능력과 직무 요구 간의 관계에 대한 실마리를 제공해 주어야 한다(Dawis & Lofquist, 1984).

심리평가 보고서는 이용자의 강점, 약점, 갈등, 개인의 방어기능이 개인의 기능에 영향을 미치는 방법에 대해 광범위하게 초점을 두기보다는, 오히려 개인이 다양한 직업적 역할에서 요구하는 기술과 대인관계를 충족시킬 수 있는 정도에 대해 구체적으로 설명되어야 한다. 심리평가사의 보고서는 이용자가 일반적으로 직업에 적응하는 데 겪을 잠재적 문제에 대해 설명하여야 하며, 장애인재활상담사가 요청할 경우 특정 직무 역할에 대한 잠재적 적응의 문제에 대해서도 설명해야 한다. 그리고 심리문제가 진단되면 이에 따른 재활서비스도 추천한다.

2) 심리평가사의 선택

장애인재활상담사는 장애가 심리적 적응과 개인의 기능에 미치는 영향을 이해하고 있는 심리평가사를 선택해야 한다. 그러한 심리평가사들은 장애로 인한 행동의 영향은 본질적으로 심리적이거나 기질적이라는 사실을 인식하고 있어야 한다. 또한 심리평가사들은 장애 그 자체에서 기인한 행동적 영향을 인식하고 있어야 한다. 뇌손상, 신부전증, 중추신경계 손상(예: 뇌성마비)과 같은 문제들은 특별한 행동 반응을 유발할 수도 있다. 또한 외상성 뇌손상과 같은 장애는 신경심리평가를 전문으로 하는 심리평가사의 검증을 받아야 한다. 일련의 심리평가 도구에 포함된 지능검사와 기억력검사로 신경심리평가를 구성하는 것은 금물이다.

신경심리평가는 뇌의 지력, 언어 이해, 언어 추론, 기억과 학습, 시공간 지각능력, 문제해결 및 인식 기능 등을 측정함으로써 고차원적인 뇌기능에 영향을 미치는 능력에 초점을 맞춘다. 신체적 기능(촉각, 청각, 시각에 의한 인지능력), 운동 조절, 정서적 기능은 검증의 다른 중요한 요소들이다. 흔히 쓰이는 신경심리평가 도구로는 할스테드-라이턴 신경심리학 검사도구(Halstead-Reitan Neuropsychological Test Battery), 루리아-네브래스카 신경심리학 도구(Luria-Nebraska Neuropsychological Test Battery)가 있다(Hallover, Prosser & Swift, 1989).

심리평가사는 직업평가사가 구체적 장애의 일시적 적응 반응과 사회적 학습기능에 의한 일시적 적응을 구분할 수 있도록 한다. 예를 들면, 자신의 장애에 대한 한 개인의 태도는 크게 장애 발생 이전의 경험, 장애를 일으키게 된 질병이나 사고가 시작되었을 때나 진행 중일 때 겪은 불안과 공포, 장애에 대해서 개인이 알고 있는 정보, 친구와 가족이 개인을 어떻게 대하는지, 그리고 개인이 가지고 있는 재활 욕구에 좌우된다(Rubin & Roessler, 2008).

직업평가사는 장애에 대하여 패배주의적 태도를 가지고 있지 않은 심리평가사를 반드시 선택하여야 한다. 간혹 심리평가사들은 현재 상황에만 중점을 두므로 장애인의 잠재 가능성을 제한하게 될 것이다. 또한 심리평가사들은 이용자의 문제에 과도하게 집중하지 않도록 한다. 개인의 많은 강점을 간과함으로써 '패배적 관점(succumbling perspective)'에 빠질 위험이 크다.

장애의 심각성은 그것이 개인적 손상보다는 신체적 · 사회적 · 환경적 제약에 따른 기능장애라는 것이다(Wright, 1980). 장애에 대한 심리적 반응은 부분적으로 장애인에 대한 타인의 행동과 태도로 작용한다(Bolton, 1981; Safilios-Rothschild, 1970; Wright, 1968). 장애를 가진 사람에 대한 부정적 반응은 완전함, 신체적 호감 그리고 동질성을 강조하는 문화에서 유래된 것이다(Korata, 1993).

Vandergoot와 Engelkes(1980)의 고용사례 연구에 의하면, 장애가 외형적으로 드러날수록 장애인은 더 심각한 차별을 겪게 된다. 밖으로 드러나는 장애가 있는 사람과의 상호작용에서 장애를 가지지 않는 사람은 불안을 느껴 더 이상의 사회적 접촉을 회피하게 될 수 있으며(Bolton, 1981), 또한 과잉 배려나 과잉 반응으로 나타난다(Safilios-Rothschild, 1970). 이러한 부정적 반응은 가치의 저하를 가져오게 되고 자존

감의 저하를 초래한다. 심리평가사는 또한 장애가 능력에 구체적으로 어떠한 영향을 미치고, 심리측정 평가의 결과에 어떠한 영향을 미치는지를 알아야 한다. 한 예로, 반응을 하는 데 눈과 손의 조화로운 움직임이 어느 정도 필요한 지필검사는 장애를 가진 사람(예: 뇌졸중, 뇌성마비)의 반응에 영향을 미치므로 그 사람의 적성과 잠재능력을 정확히 추정할 수 없다. 또 다른 문제점은 시각적 손상이나 언어적 의사소통(청각적 손실을 포함하여)에 제한점을 가진 사람 역시 편향된 평가를 받을 가능성이 높다.

국립청각장애인협회(National Association of the Deaf)는 기호언어(American Sign Language: ASL)로 승인된 것 이외에 다른 방식의 표준화된 검사들은 청각 손실을 가진 사람에게 타당하지 않다(Bolton, 1981). 심리평가사들은 또한 재활과정의 목적과 목표를 이해하고 있어야 한다. 재활의 목적은 직업배치이므로 심리평가사는 개인의 강점과 심리학적 · 사회적 그리고 지적 능력에서의 제한점에 대한 직업적 중요성과 관련한 질문에 대답할 준비가 되어 있어야 한다.

전체적으로 심리평가사는 상담사와 개인이 계획에서 고려할 수 있는 가능한 직업적 역할을 찾는 데 도움을 주어야 한다. 충분한 평가를 수행할 능력이 없는 심리평가사를 활용하여서는 안 된다. 모든 이용자에 대해 비슷한 심리평가를 내리는 것은 무능함을 보여 주는 하나의 지표이다. Bush(1992)는 재활기관에서 심리평가사에게 심리평가를 의뢰하는 것을 중지하여야 한다고 주장하였다. 98%의 심리평가 보고서는 혼합된 성격장애 진단을 포함한다. 심리평가사는 단순히 매우 제한된 관찰(혹은 때로 제한된 자료)을 통하여 진단을 할 뿐 아니라 의미가 없고 유용성에 가치가 없는 진단을 부여하게 된다.

3) 효과적 심리평가

심리평가사에게 의뢰하기 전에 몇 가지 고려사항이 있다. 첫째, 상담사는 이용자 중 누가 심리평가를 필요로 하는가를 알아내야 한다. 둘째, 개인이 심리평가사에게 의뢰하기 전에 개인을 준비시켜야 한다. 마지막으로, 상담사는 심리평가사에게 의뢰자의 중요한 사회 경력 정보와 주요 의뢰 질문을 알려 준다.

4) 심리평가의 필요성 판단

비슷한 유형의 사람을 위해서는 능력, 적성, 관심, 성격, 행동 등에 관한 정보들을 필요로 한다. 주립직업재활기관에서는 적합한 목적을 위하여, 즉 심리평가를 정신지체 또는 정서불안인지, 그리고 1985년부터는 구체적 학습장애 진단에 대해 기록할 것을 구체적으로 요구한다(Biller & White, 1989).

심리평가가 필요한 경우는 ① 이용자가 경력이 없는 분야에서 장기적이고 고비용의 훈련을 받게 되었을 때, ② 개인에게 명확한 직업적 대안이 나타나지 않았을 때, ③ 여러 가지 직업적 목표가 적합하게 나타났을 때, ④ 상담사가 볼 때 이용자의 직업적 목표가 적합하지 않아 보이고, 그 적합성을 확인할 수 있는 정보가 필요할 때, ⑤ 사례 파일에서 정보가 서로 모순되거나 학력 혹은 직업적 경력에 중요한 차이가 나타났을 때, ⑥ 상담사가 개인이 밝혀지지 않은 어떠한 제한점이나 능력을 갖고 있을 것이라고 추측될 때, ⑦ 이용자가 뇌나 머리 손상, 시력 상실, 청력 상실, 중추신경 손상 등의 장애를 가지고 있어 능력, 기술, 관심, 성격 중 특별한 평가가 필요할 때이다. 또한 심리평가는 매우 제한적 가치만을 지닌다. 긍정적 직업 경력을 가지고 있고 이전의 직업으로 복귀하려는 사람에게는 심리평가가 필요치 않다. 심리평가에 대해 비협조적이고 부정적인 생각을 지닌 또 다른 사람들은 저항만큼 역효과를 초래할 것이다.

5) 이용자 준비

심리평가를 받도록 이용자를 준비시키기 위해서 상담사는 반드시 심리평가의 목적과 어떤 질문을 하는지, 그리고 그 대답이 재활계획과 과정에 어떤 도움이 되는지를 설명하여야 한다. 상담사는 반드시 평가의 비용을 누가 지불하는지, 언제 어디서 이루어지는지, 그리고 심리평가사의 이름을 말해 주어야 한다.

심리평가 결과는 ① 자아인식의 수준을 높이고, ② 행동의 강점과 제한점을 확인하며, ③ 직업적 목표와 계획을 개발하고, ④ 향후 검사와 치료 프로그램을 결정하는 데 도움이 될 수 있다. 심리평가 의뢰는 자신이 심각하게 불안한 상태임을 입증하는 것이라고 받아들일 수 있다.

직업평가사는 심리평가를 통해 개인과 상담사가 성공적인 직업훈련과 직업배치에 방해가 될 수 있는 문제를 찾아 해결하는 데 도움을 받을 수 있다는 사실을 강조한다(Groth-Marnat, 1984).

6) 제공할 정보

심리평가의 활용성을 증대시키기 위해서 직업평가사는 심리평가사에게 의뢰한 직업적 목표, 병력, 직업적 경력에 관한 구체적인 정보를 제공하여야 한다. 이미 직업평가사가 수집해 놓은 정보를 심리평가사가 개인으로부터 다시 얻기 위해 시간을 낭비하지 않도록 다음 영역에 해당하는 개요를 제공하여야 한다. ① 신체적: 장애의 내력, 이전 치료, 현재 의료상태, 최근 의료검사 결과, ② 교육적: 직업적, 교육 연수, 좋아하거나 싫어하는 과목, 이전 직업훈련, 과거 직업, 좋아하거나 싫어하는 일의 유형, ③ 심리사회적: 이전 심리치료 내역, 현재 복용약물, 친구와 가족 간의 관계의 질, ④ 경제적: 현재 경제적 상태, 재정 지원의 원천, 장애나 다른 이유로 발생된 현재 부채나 앞으로 생길 것으로 예상되는 부채, 사회보장이나 근로자 임금 등 기타 경제적 지원, ⑤ 직업적 선택: 이용자가 표현한 직업적 관심과 목표, 희망하는 직업훈련의 유형, 직업적 목표를 성취할 능력에 대한 지각, 희망하는 급여 수준이다(Maki, Pape, & Prout, 1979; Rubin & Roessler, 2001). 이와 같은 정보와 더불어 직업평가사가 심리평가사에게 일시적인 서비스와 직업적 목표를 알려 주는 것도 중요하다.

심리평가 보고서의 활용성을 높이기 위해 직업평가사는 구체적인 의뢰 질문을 제공하여야 한다. 이러한 질문은 개인의 신체적 기능(신경학적), 심리사회적 기능(성격 특성-행동 유형, 상이한 상황 요구에 대한 반응), 인지적 기능, 그리고 직업적 관심과 목표와 관련하여 확실하지 않은 부분에 초점을 맞추어야 한다. 신체적 기능은 심리평가 결과에 의하면 뇌나 중추신경의 손상이 있는가? 이러한 손상은 개인의 기능에 어떠한 영향을 미치는가이다.

그리고 심리사회적 기능은 ① 현재 개인의 심리적 적응이 재활에 어떻게 장애가 되고 있는가, ② 개인의 판단, 추론, 이해 수준이 어떻게 손상되었는가, 이러한 영향은 행동에 있어서 어떻게 나타나는가, ③ 정서불안의 증거가 있는가, 어느 정도 심각하며, 그 유형은 무엇인가, ④ 개인의 적응 문제는 직업 훈련의 수행과 완성, 그에 수반하는 직업적 기능에 어떠한 방식으로 영향을 미칠 가능성이 있는가, ⑤ 개인의 환경에 대한 지각에 있어서 어떠한 측면이 개인의 업무환경에의 적응에 영향을 미칠 수 있을 것인가 등이다.

① 직무 적응에 방해가 될 수 있는 대인관계 기술의 부족함에 대한 증거가 과거와 현재에 있는가?
② 생활의 어떠한 측면이 업무적응에 있어서 중요한가(예: 평상시에 가족으로부터 받는 스트레스가 있는가)?
③ 성격상의 특성이 직업 선택과정에 어떠한 영향을 주는가(예: 특정 업무환경에 대해 개인이 너무 걱정스러워하지는 않는가)?
④ 직무 수행에 영향을 줄 수 있는 특정 행동이 있는가(예: 개인의 주의집중 범위가 특정 직무 유형에 적합한가)?
⑤ 개인에게 좀 더 적합한 근무환경이 있는가(예: 다수의 근로자 집단이 더 적합할 것 같은가)?
⑥ 경쟁적 직무 상황에 적응할 수 있는가(예: 생산량, 임무 위임 등 기대를 충족시킬 수 있도록 압력받는 상황에서 개인이 일할 수 있는가)?

인지적 기능은 ① 지적장애의 증거가 있는가, ② 학습장애에 대한 증거가 있는가, ③ 이용자의 인지적 기능의 어떠한 측면을 재활계획 시 고려해야 하는가, ④ 이용자의 지적 능력이 새로운 직무기술을 익히는 데 어떠한 영향을 미치는가, ⑤ 직업훈련 수준에 어떠한 한계가 주어져야 하는가이다.

직업적 관심과 목표는 ① 이용자의 직업적 관심은 무엇인가, ② 이용자의 직업적 관심과 자신이 표현한 직업적 목표는 일관성이 있는가, ③ 개인의 관심과 목표는 다른 영역(교육적-직업적 · 심리사회적 · 신체적)에서의 그 사람의 기능 수준과 모순이 없는가이다.

Groth-Marnat(1984)은 심리평가 보고서를 위한 요점을 제공하였다. 영역에는 ① 의뢰 질문에 대한 논의, ② 주어진 검사와 기타 평가 절차의 목록, ③ 행동 관찰, ④ 관련 기록, ⑤ 검사 결과, ⑥ 인상과 해석, ⑦ 추천이 포함된다.

물론 심리평가사는 Groth-Marnat이 제시한 형식에 Isett와 Roszkowski(1979)이 제시한 정보를 통합할 수 있다. 조사 결과에 의하면 직업평가사와 행정가들은 일반적으로 그들이 받는 심리평가에 대해 만족하는 것으로 나타났다(Cull & Levinson, 1977). 그러나 동일한 연구에서 몇몇 영역에 대해서는 불만족으로 확인되었다. 재활행정가들의 몇몇 보고서는 심리학적 자료와 개인의 일상 사회와 직업기능과의 관계를 모호하게 다루고 있다. 심리평가사들이 상담사에게 보고하기까지 걸리는 시간 또한 문제로 나타났다(Cull & Levinson, 1977).

심리평가 보고서의 내용을 보면 특정 문제점이 나타난다. 예를 들어, 몇몇 보고서는 너무 길고 전문적이며 이론적이다. 전문 용어가 너무 많이 쓰이거나 글을 빈약하게 쓰기도 한다(Rennick, 1975). 이러한 보고서들은 직업적 예측에 통합되지 않고, 각기 다른 평가 결과들을 요약만 한 것일 수 있다(Amble & Peterson, 1979).

Amble과 Peterson의 연구에서 12~17%에 해당하는 표본 보고서에는 해석과 추천에 문제가 있음이 나타났다. 심리평가사가 추천한 직업적 목표는 농촌 지역에 사는 사람에게 집단치료를 추천하는 등 비현실적이고 불가능한 것이었다. 직업평가사는 어떤 추천은 너무 일반적이어서 도움이 되지 않았다. 또한 일부 상담사(12%)는 보고서가 알아볼 수 있을 만큼 유사하다고 지적하였다(Amble & Peterson, 1979).

Amble과 Peterson(1979)은 효과적 심리평가의 특성을 2주 내에 완성할 수 있는 간략한 보고서를 추천하였다. 보고서들은 의뢰 질문에 대한 구체적인 답변을 제공하여야 한다. 연구에 참여한 일부 직업평가사들(15~30%)은 효과적인 보고서는 ① 이용자를 위한 직업적 추천, ② 특정한 대인 관계 기술 및 직업적 기술, ③ 지역사회 내에서의 가능한 취업 기회, ④ 평가를 통해 확인된 기능에서의 제한 예측 등과 같은 내용이 포함되어 있어야 한다고 지적한다. 다른 상담사들은 가족치료, 직업적응, 정신치료 등 구체적인 심리치료를 추천해 줄 것을 요구했다.

Gill(1972)은 심리평가사들이 적합한 자원과 적절한 치료 기관을 제시해 줄 것을 제안하였다. 지적장애에 관한 연구(Isett & Roszkowski, 1979)는 심리평가 보고서의 중요성, 특히 보고서의 내용 중 행동관리를 위한 추천 부분의 중요성을 증명하였다. 지적장애의 공통적 문제점을 다룬 연구에서 Wittman, Strohmer와 Prout(1989)는 심리평가사의 바람직한 정보 범위를 확대하였다. 그들은 다음과 같은 영역과 관련된 정보의 필요성을 강조하였다. ① 일반적인 대인관계 대처 기술과 사회적 기술, ② 자아 존중감과 자아상과 같은 심리적 기능, ③ 직무 관련 적응 문제, ④ 가족 적응 및 사회적 지원체계 등이다.

7) 장애인재활상담사의 책무

심리평가사가 신속하게 특정의 보고서를 제출했을 때 장애인재활상담사는 이를 이해하고 잘 활용할 수 있어야 한다. 보고서에 사용된 기법, 신뢰도와 타당도, 그리고 이용자 수행을 평가하는 데 사용된 기준을 충분히 이해하고 있어야 한다(Maki et al., 1979). 이와 같은 이해를 통해 상담사가 심리학적 정보에 대한 적절한 판단을 내려 상담사와 이용자가 재활계획 단계로 이동할 수 있다.

8) 검사도구

검사도구로는 웩슬러 성인지능검사(WAIS-III; Wechsler, 1997), 미네소타 다면적 인성검사(MMPI; Hathaway & Mckinely, 1970), 주제통각검사(TAT; Murray, 1993) 등이 있다.

9) 행동관찰 결과

한 예로, 김○○ 씨는 기분이 좋은 상태였고, 몸치장을 잘하고 있었으며, 협조적이었다. 그녀는 자신의 문제가 다루어지길 바라고, 일을 하고 싶어 했으며, 경제적으로 스스로 꾸려 나갈 수 있기를 바랐다. 그녀는 최근 약물 복용의 결과 자신의 정신건강 상태가 향상되었다고 하였다. 그러나 두 아들에 대한 이야기를 시작했을 때 특히 긴장하고 불안해하였다. 만일 그녀의 아들들이 잘 되지 못했을 때, 부모로서 실패한 것으로 보일까 봐 걱정을 많이 했다. 명백하게도, 한 아들은 교도소에 있고, 다른 아들은 학교를 중퇴하겠다고 벼르고 있는 상황이 김○○ 씨의 걱정을 가중시키고 있었다.

10) 보고서 작성

김○○ 씨의 웩슬러 검사 결과가 다음과 같이 언어 113, 수행 106, 총 지능지수는 111, 웩슬러-3의 총 111 점수로 나타났다면 김○○ 씨는 평균보다 상위의 지능이 있음을 의미한다. 언어성이 동작성보다 높으나 그 차이는 크지 않다. 가령 MMPI 검사에서 불안과 신경증 성격 특성이 중등도인 것으로 나타났다. 미래에 대한 불안으로 특정 지어지는 MMPI 분석표의 2, 7번은 신체적 증상(가슴 통증, 신경성 위통, 설사, 어지럼증)과 연관성이 있다. 신경증, 긴장, 우울증, 강박증 또한 빈번하게 나타날 가능성이 있다.

2~7번 상승 프로파일 사람들은 자신들에게 높은 기준을 부여하고, 그 결과 수행은 좋은 편이다. 그러나 그러한 높은 기준과 만성적인 불안 탓에 생활의 다양한 스트레스 요인을 다루는 데에 어려움을 겪고 있다. 김○○ 씨의 불확실한 재정, 직업, 건강 상태, 그리고 아들들과의 관계 등이 생활에 있어서 상당한 스트레스를 초래하고 있다. MMPI 분석표에 기초하여 TAT를 실시하였다.

내용 분석에서 김○○ 씨의 이야기들은 긴장과 불안이 혼합된 불안정한 상태를 보였다. 그녀는 수차례 자신이 잘해야 하며, 남들의 기대를 충족시켜야 한다고 말했다. 그녀는 자신의 이야기 속의 주요 인물에 대해서 다른 사람들이 어떻게 평가를 하는지, 그러한 평가가 그 사람에게 어떤 영향을 미치는지에 중점을 두었다. 그녀의 이야기 속에는 '자기충족적' 예언, 혹은 성공에 대한 욕구 같은 것이 있었으나, 마음 깊은 곳에서는 그 사람이 실패할 것이라는 것을 알고 있었다. 김○○ 씨가 자신의 비현실적이고 자기패배적인 기대를 좀 더 깊이 고찰하는 것이 중요할 것이다.

MMPI와 마찬가지로 불안과 우울이 TAT의 주요 내용이다. MMPI, TAT 검사와 면접과정 결과 김○○ 씨는 기분부전장애의 진단분류에 속하는 우울증적 반응 등 개인 적응을 경험하고 있다. 개별상담을 통해 긴장과 불안에 대처하는 방법을 익히고, 긴장 이완과 스트레스 관리를 익힘으로써 도움을 받을 수 있다.

3. 직업평가

직업평가의 활용은 중증장애를 가진 많은 사람의 직업적 잠재력을 평가하기 위해 필요하다. 평가 목적은 직업적 목표를 세우고 성취하는 것을 도와주는 효과적 서비스를 결정하는 데 도움을 주는 것이다. 이러한 평가는 이용자의 재활 목표와 부합하여야 한다. 직업평가사는 이용자가 평가 결과를 실현 가능한 목표와 연결시킬 수 있도록 도움을 제공한다. 직업평가사는 이용자의 욕구를 적합한 평가 자원과 연결시킬 수 있어야 하고 이러한 가치 있는 직업재활 서비스가 가장 효과적으로 제공되기 위해 필요한 직업평가사와 이용자의 라포를 발전시킬 수 있도록 해야 한다. 직업평가의 목적과 특성에 대해서 논하고자 하며 또한 효과적 의뢰를 사용하는 방법 등을 제안한다.

1) 목적

직업평가 목적은 직업적 목표와 그 목적을 달성하는 데 필요한 서비스를 결정하기 위해 직업적 태도, 흥미, 행동을 평가하는 것이다. 직업평가 서비스의 최종 목표는 이용자와 서비스 관련 정보를 종합한 것을 기초로 하여 세부적 목표를 확고히 하는 과정이다.

직업평가사는 직업평가가 ① 직업과 관련하여 이용자의 최근 사회, 교육, 심리사회, 생태학적 기능 수준에 대해 정보를 파악하는 것, ② 개인의 행동 변화와 기술 습득에 대한 잠재력을 평가하는 것, ④ 이용자의 가장 효과적인 학습 유형을 결정하는 것, ⑤ 이용자가 다른 직업재활 서비스를 받지 않고도 할 수 있는 직업이 무엇인지 알아내는 것, ⑥ 직업적인 잠재력을 높이는 교육 프로그램이나 특별한 훈련 프로그램을 알아내는 것, ⑦ 직업재활 서비스를 받은 후에 가능한 직업들을 알아내는 것, ⑧ 성공적인 직업배치 이후 직업생활을 잘 유지하기 위해 필요한 지역사회 자원의 요소를 파악하는 것과 같은 목적으로 이루어지도록 해야 한다.

직업평가는 다양한 질문에 대해 답을 줄 수 있는 것도 아니고, 직업평가사가 장애인재활상담사가 의뢰한 이용자의 직업재활 프로그램 전체에 대해 책임져야 하는 것도 아니다. 의료평가와 심리평가처럼 직업평가도 직업재활 프로그램을 효과적으로 구성할 수 있게 하는 또 다른 정보라 할 수 있다.

직업평가의 진단적 목적은 직업적 목표 및 관련 서비스를 인식하는 데 필요한 정보를 모으는 것인 반면에, 이용자 중심적인 관점에서 보았을 때의 목적은 다양한 상황에서 현재 개인의 기능적 한계뿐만 아니라 향후 서비스를 받았을 때 발생할 수 있는 잠재적인 이익 또한 개인에 대한 이해를 촉진하기 위한 것이다.

개인이 평가계획을 세우는 데 기여하고, 직업적 능력과 한계, 직업과 관련된 행동, 기술적 잠재력 등이 어떻게 자신의 직업재활의 성공과 관련될 수 있는지를 이해할 때, 향후 직업재활 프로그램에서 순기능 역할을 할 수 있다(Cutler & Ramm, 1992; Vash, 1984). 불행하게도, 직업평가에서 이용자 중심의 목표는 때때로 간과된다. 개인에게 서비스를 제공하고자 하는 열정에서 직업평가사들은 이용자가 평가 프로그램의 근거를 이해하도록 한다.

2) 직업평가의 특성

평가의 질은 ① 평가 직원의 전문적인 기술, ② 활용할 수 있는 평가도구와 기술, ③ 평가과정에 이용자를 참여시키는 직원의 능력, ④ 평가 결과를 효과적으로 보고하는 평가사의 상호작용에 의해 결정된다.

(1) 직업평가사

직업평가의 효율성은 직업평가사의 전문적인 기술에 크게 의존되기 때문에 직업평가 훈련을 받은 직원의 중요성은 아무리 강조해도 지나치지 않다. 직업평가사와 장애인재활상담사의 훈련과정이 유사함에도 불구하고(예: 둘 다 기본적인 재활의 철학, 재활의 의학적 · 심리학적 측면, 많은 심리검사와 그 검사의 해석 기술에 대한 훈련 등을 받음) 직업평가사는 작업 표본과 행동관찰을 사용하고 해석하며, 직업과 관련된 환경 및 개인의 특성과 관련하여 해석하고 그룹으로 검사를 하며, 평가 자료를 해석하고 분석할 뿐 아니라 종합적으로 평가 보고서를 작성하는 것에 대해서도 훈련을 받아야 한다.

직업평가사들은 직업적응 및 직업평가 전문가 자격인증위원회에서 자격증을 받는다. 이러한 자격증을 보유한 직원이 있다는 사실이 활용 가능한 직업평가 서비스의 질을 보장해 주어야 함에도 불구하고, 주어진 의뢰에 대해 적절한 프로그램을 보장하는 것은 아니다. 상담사는 이용자의 욕구, 특정한 유형의 평가 가능성 등 여러 가지 요소를 고려한다.

(2) 직업평가에서 고려할 점

직업평가 프로그램이 다양한 장애를 가진 사람을 대상으로 하기는 하지만, 그러한 프로그램들이 세분화된 유형의 직업적 잠재력을 평가하기 위해 똑같이 사용될 수 있는 것은 아니다. 직업적 평가는 기능 수준이 낮은 사람뿐만 아니라 높은 사람에게까지 의미 있는 정보를 제공해 줄 수 있는 많은 언어, 동작 검사를 실시해야 한다. 평가 프로그램은 또한 성별이나 이동능력에 맞게 평가할 수 있도록 작업 현장에서의 평가가 모두 가능해야 한다.

가장 제한된 프로그램은 표준화된 지필검사만을 사용하는 것이다. 왜냐하면 이러한 프로그램을 가지고서는 다양한 직업 현장과 같은 환경과 상황에서의 개인의 수행 관찰을 통해 이용자의 태도를 평가할 수 없기 때문이다. 이러한 프로그램은 학교에서 치르는 시험에서 좋은 성과를 거두지 못했고, 지필검사의 타당성을 이해하지 못하여 이에 부정적으로 반응하는 경향이 있는 나이 어린 이용자를 평가할 때 특히 제한적이다(Weldon & McDaniel, 1982).

표준화된 지필검사들은 검사에 대한 불안을 일으키고, 학습 유형의 차이나 타당도에 대한 특정 장애요소의 영향을 반영하지 못하기 때문에(Power, 1991; Rosenverg, 1973; Schlenoff, 1974), 일부 이용자가 이러한 검사를 잘 수행하지 못했을 때 그 결과가 진단적 관점에서 다소 오해를 초래할 수도 있다.

작업표본, 모의 작업장, 현장평가 등을 포함하는 평가 프로그램을 통해서 좀 더 명확하게 작업에서의 기능적인 문제를 알아낼 수 있다. 그러한 프로그램을 통해서 개인의 장애가 기능적으로 미치는 영향을 충분히 탐색할 수 있고, 배치 전에 개선되어야 하는 직업적응과 관련한 특정한 문제(특정한 직업적 기술이나 바람직한 근로자가 갖추어야 할 일반적인 기술의 부족)들을 알아낼 수 있다. 그러나 이렇게 다양한 직업평가 프로그램들에도 한계점이 없는 것은 아니다. 왜냐하면 추천되는 직업적 선택의 범위가 기관이 가지고 있는 일련의 작업표본이나 모의 작업환경에 의한 것으로 제

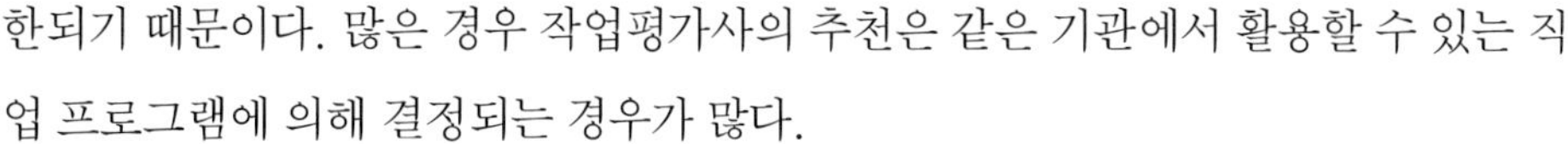

한되기 때문이다. 많은 경우 작업평가사의 추천은 같은 기관에서 활용할 수 있는 직업 프로그램에 의해 결정되는 경우가 많다.

만약 직업 프로그램에 사용되는 작업들이 낮은 수준의 직업적 활동에 국한되어 있다면 이 평가 프로그램은 높은 기능을 가진 대상자들을 평가하는 데 적합하지 않다.

기관의 직업평가 능력을 키우기 위해 Ditty와 Reynolds(1980)는 직업평가에서 지역사회와 관련된 개별화된 접근방법을 주장하였다. 개인의 학습 잠재력과 한계를 더 잘 평가하기 위해 표준화된 평가와 작업표본들을 단순화하고 재조합할 것을 권고하였다. 그리고 개인이 거주하는 지역사회의 직업을 모의적으로 나타내는 지역사회 중심 직업표본을 개발하는 것이 필요하다. 이용자는 (실제 직무에서 중요한 작업 기능과 유사한) 업무에 대한 사전평가를 받아야 하고, 강점과 한계점에 대해 평가를 수행하여야 한다. 개별화되고 통합된 직업훈련에 대한 기본적 평가가 이루어져야 한다.

직업평가 프로그램을 선택할 때에는 통합적 평가를 완수하는 데 걸리는 시간과 전통적인 평가를 완수하는 데 걸리는 시간 또한 고려한다. 전통적인 평가과정에 의존하는 프로그램은 작업표본이나 모의 작업장 평가기술을 사용하는 평가보다 시간이 적게 걸린다. 그러나 분석 단계에서 직업평가사는 지역사회에서 활용할 수 있는 평가 프로그램의 강점과 한계점에 대해서 잘 알아야 하며, 어떠한 평가를 필요로 하는지가 확실하지 않은 상황이라면 평가 프로그램의 적합성에 기초하여 선택한다.

시간이 문제가 될 때 직업평가사는 옵티콘, 인사이트, 메사 등과 같이 효율적으로 전산화된 많은 평가 시스템을 활용할 수 있다. 짧은 시간 동안 피평가자는 컴퓨터를 통해 적성과 흥미 측정검사에 답할 수 있다. 더욱이 컴퓨터 평가 시스템은 매우 짧은 시간에 개인의 직업적 적성에 대해서 분석하고, 이를 일련의 직업명과 관련지을 수 있다. 직업명은 직업평가 보고서에 유용하게 사용할 수 있다. 물론 컴퓨터 시스템은 가격이 비싸고, 자주 업데이트하는 것이 필수적이다. 평가자는 이용자가 컴퓨터에 익숙하지 않다거나 사용하는 데 불안감을 가지고 있다면 결과 타당성에 영향을 줄 수 있다(Cutler & Ramm, 1992).

3) 평가계획 세우기

직업평가는 의뢰 질문으로부터 시작된다. 상담사의 의뢰질문은 직업평가사가 전체 평가계획을 설정하는 것을 돕고, 의뢰 질문에 답하는 방향으로 평가활동을 수행할 수 있도록 돕는다. 계획 설정 시 평가도구와 기술을 결정하기 위해 질문과 문서화된 목적을 사용하면 더욱 효과적이고 효율적인 서비스를 제공할 수 있다(Cutler & Ramm, 1992).

앞서 제시한 김○○ 씨 예의 경우 기본적인 의뢰 질문은 ① 사무직이나 다른 직무에서 일하는 것, ② 직업훈련의 혜택, ③ 스스로 직업을 찾는 것에 대한 것이었다. 상담사의 요청에 기본을 두고 있었음에도 불구하고 평가계획은 그러한 의뢰 질문에 대답하는 데 필요한 정보 수집에 사용되는 도구와 기술들에 대해서 상세히 설명하고 있다. 이 평가계획은 직업적성과 신체적 지구력, 현재 가능한 기술 수준, 흥미, 대인관계 기술, 다양한 스트레스 상황에 대한 반응, 약물치료의 효과, 구직기술에 대해 다루고 있다.

김○○ 씨는 여성 장애인 및 소수민족에 속하는 사람 중 장애인인 경우 이들의 직업적 적성과 관심 평가의 타당성에 부정적인 영향을 미칠 수 있는 몇 가지 요소를 발견해 내었다. 영향을 미치는 변수로는 "수행 동기, 문화적응, 부적절한 규범, 성적 구속" 등이 있다(Parker & Schaller, 1996).

수행 동기는 지필검사와 같은 평가에 응하는 데 있어서 기꺼이 노력하고자 하는 것이다. 평가사나 평가도구에 대한 의심은 피평가자가 평가 결과의 궁극적 사용에 대해 질문을 할 때 일어난다(예: "평가 결과가 어떤 방식으로든 나를 차별하는 데 사용되나요?"). 이러한 의심은 수행 동기를 저하시키고, 따라서 부정확한 평가 결과를 초래한다.

가령, 평가 결과는 문화적응의 척도 중 하나인 언어의 유창함에도 영향을 받는다. 영어로 측정된 적성과 흥미 수준에 대한 결과는 대상자가 영어에 숙달되지 않은 사람인 경우 매우 의심스럽다. 그러므로 평가사는 먼저 개인이나 가족 혹은 상담사와의 인터뷰를 통해 개인의 영어 사용능력에 대해 알아야 한다. 언어의 유창성 평가는 개인의 다양한 인식, 단어, 이해, 철자법을 결정하는 데 근거가 된다(Martin & Swartz, 1996). 이러한 다양한 자원으로부터의 자료는 평가사가 대표적인 검사도구의 적절성을 결정할 수 있게 한다. 불행하게도, 언어 장벽에 대응하는 것은 단순히 평가도구를 대상자의 모국어로 번역하는 것으로는 해결되지 않는다. 번역된 평가도구 자체의 신뢰도, 타당도, 적절한 기준 등에 대한 정보 또한 필요한 것이다(Parker & Schaller, 1996).

그러나 문화적 적응성은 특정한 언어의 유창성보다는 더 넓은 개념이다. 문화적 적응성은 문화권마다 각기 다른 가치와 신념의 체계가 있고, 일의 중요성, 가족의 의사결정 양식, 개인의 삶에서 장애나 성과 관련된 변수의 의미와 같은 직업평가에서의 중요한 논점과 관련이 있다. 그러므로 평가사는 그들이 평가하는 다양한 인종, 문화집단에 속하는 사람들의 가치와 인습에 대하여 알아야 한다(Martin & Swartz, 1996).

장애를 가진 사람들, 특히 여성 장애인의 점수를 해석하기 위해 적절한 표준을 사용하는 것은 때로는 불가능한데, 그 이유는 비장애인이 다수의 표본 중에서 남자와 여자 점수가 혼합된 기준으로 되어 있기 때문이다. 주어진 직업 분야에서 경험이 없는 장애인은 직업 경험이 있는 비장애인과 비교할 때 잘못된 해석이 된다. 더 나아가 남녀 혼합 표본을 기준으로 하는 표준은 전통적이지 않은 직업적 역할에 대한 여성의 선호나 그러한 역할에서 예측되는 성공에 대한 정확한 결론을 이끌어 내지 못할 수 있다. 동성의 표준, 장애 그룹을 기준으로 하는 표준, 성의 균형을 맞춘 검사(남성과 여성의 성역할 사회화의 차이를 나타내는 검사)의 표준은 이러한 문제의 적합한 해결방법이며(Parker & Schaller, 1996), 타당성이 낮은 평가 보고서 문제를 해결하는 방법이기도 하다.

4) 평가 보고서

평가 보고서는 직업평가 서비스의 최종 산물이다. 보고서는 이용자의 평가에 대한 기록이고 특히 장애인재활상담사의 의뢰 목적에 대해 잘 설명하고 있는 것이어야 한다.

종합적 직업평가 보고서는 ① 의뢰 이유에 대한 간단한 요약, ② 장애 및 관련 배경에 대한 정보, ③ 중요한 행동에 대한 관찰 및 그것이 직업과 관련하여 가지는 의미, ④ 평가 결과와 평가 동안 사용된 작업 표본, 그리고 그 결과에 나타난 기능적 · 직업적 의미, ⑤ 일상생활과 사회기능적 기술에 관련된 정보, ⑥ 관찰과 검사 결과를 종합하여 일반적인 강점, 전이될 수 있는 기술, 한계, 향후 프로그램 계획에 고려할 수 있는 필요한 조정사항 등에 대한 일반적 진술 요약, ⑦ 유용한 정보에 비추어 보아 가장 적합하다고 여겨지는 직업적 또는 기타 잠재적 선택사항을 추천하고, 그러한 선택사항을 실현할 수 있는 단계를 제안하는 부분을 포함한다(Cutler & Ramm, 1992; Thomas, 1986).

추천은 특별히 초기 의뢰 질문과 관련된 것이어야 하고, 향후 다른 서비스가 제공되지 않을 때에 가장 적합한 선택, 부가적인 서비스가 성공적으로 완료되었다고 가정하였을 때에만 가능한 선택사항도 포함해야 한다. 이러한 방식으로 작성된 추천은 직업평가사가 직업에 있어서 향후 서비스의 잠재적 이점을 더 잘 이해하도록 할 뿐만 아니라 이용자가 실현 가능한 서비스 결과와 장기적인 직업 목표 사이의 관계를 이해하는 데 도움을 준다.

Power(1991)와 Thomas(1986)는 평가 보고서의 질을 평가하기 위한 중요한 요소들을 제공한다. 효과적인 직업평가 보고서는 다음 질문에 대해서 높은 점수를 받는다. ① 보고서는 의뢰 질문을 반영하고 있는가, ② 재활계획의 의미가 보고서에 명확하게 나타나 있는가, ③ 추천사항이 잘 작성되어 있는가, ④ 정보와 추천내용 간에 모순되는 부분이 있는가, ⑤ 이러한 모순되는 부분은 각기 다른 평가의 결과에서도 나타나는가, ⑥ 추천사항이 구체적이고 현실적인가, ⑦ 개인의 직업적 가능성과 직업 준비성에 대해 이해할 수 있는 분석표를 제공하는가, ⑧ 훈련과 고용에 대한 추천사항이 지역사회 내에서의 구직 기회와 일관성이 있는가, ⑨ 보고서는 짧고 간결한가 등이다.

5) 적절한 의뢰

직업평가 의뢰의 적절성은 기본적으로 두 가지 요소, 즉 의뢰된 사람의 특성과 활용할 수 있는 직업평가 프로그램의 특성에 대한 상담사의 지식에 달려 있다. 예를 들어, 부적절한 의뢰 결과는 어떤 직업평가 프로그램이 평균이나 그 이상의 지적 수준을 가진 신체장애인의 직업적 잠재력을 평가하기 위해 고안되었기 때문일 수 있다. 직업훈련, 계속되는 교육 프로그램, 노동시장으로 바로 진입하기 위한 피평가자에 중점을 둔 이러한 프로그램은 심각한 지적·심리적 장애를 가진 대상자를 평가하는 데에는 적합하지 않다. 이러한 특성을 가진 사람들은 지도감독을 수용할 수 있는 능력, 다른 사람과 함께 일하는 능력, 적정한 생산성을 유지하는 능력과 같은 일반적인 고용 가능성의 요소를 평가할 수 있는 직업평가 프로그램에 의뢰되는 것이 더 적절하다.

그다음에 이어지는 추천은 고용을 통해서나 기본적인 작업기술을 가르치기 위해 고안된 직업적응 프로그램을 통해서 노동시장 진입에 초점을 두어야 한다.

장애인재활상담사가 어떤 프로그램이 가장 효과적인 서비스가 될 수 있는지를 알아내는 것은 어려운 일이지만, 다른 상담사와 함께 살펴보거나 의뢰 목적을 체크하는 것을 통해 이러한 정보를 산출할 수 있게 한다. 김○○ 씨의 경우에서 적절한 평가 프로그램은 사무직 또는 그와 관련된 직업기술 그리고 직업적으로 관련 있는 행동들을 평가하기 위한 것이었다. 일반적인 직업 수준에 맞추어 고용 가능한 행동을 평가하기 위한 직업평가 프로그램은 적합하지 않다.

장애인재활상담사의 지식은 적합한 평가 프로그램을 결정하는 데 명백히도 절대 필수적인 것이다. 개인의 직업재활 과정에 대한 기대, 개인의 장애, 관심, 과거 직업 경력, 현재 직업능력과 관련된 특정한 고려할 사항 등을 이해하는 것은 직업평가 과정에서 질문들을 해결하는 데 있어 중요한 역할을 한다.

마지막 분석에서 적절한 평가 프로그램을 결정하는 것은 이용자의 사회-직업-의학적 기록의 내용과 이전에 상담사와 이용자가 함께 논했던 잠재적 직업재활계획 목표에 따라 결정된다.

직업평가 프로그램에 의뢰할 때에는 장애인재활상담사가 필요로 하는 유형의 정보를 해당 직업평가기관에 명확히 설명해야 한다. 또한 직업평가사가 효과적인 평가계획을 세우는 데 도움이 될 수 있는 정보가 기관에 제공되어야 한다(Power, 1991). 예를 들면, 직업평가사가 개인에 부합하는 평가활동을 더 잘 선택할 수 있다. 더욱이 직업평가 보고서는 적절한 의학적 제한점에 대해 설명하게 된다. 김○○ 씨의 경우, 그녀의 약 복용량에 대한 구체적인 정보를 통해 졸음, 운동성, 속도를 요하는 작업에서 점수가 낮은 것에 대해 더 정확한 해석을 할 수 있다. 호흡기 상태와 관련한 정맥류에 대한 정보는 그녀가 직업평가 동안 유해할 수도 있는 작업을 피하는 데 도움이 되었다. 이는 또한 평가사가 직업을 추천할 때에도 영향을 미쳤다. 이와 비슷하게 그녀의 가족 상황과 정서적 상태에 대한 이해 또한 평가사에게 중요한 지를 받을 수 있는 작업환경에 배치하는 것이 필요하다는 제안이 나왔다. 또한 이를 통해서 그녀가 자신의 가족에게 더 충분한 경제적 지원을 할 수 있도록 그녀의 능력을 높여 보다 높은 수준으로 고용될 수 있게 하는 훈련을 받도록 제안하게 되었다. 그녀의 교육과 직업 경력에 대한 다른 정보들은 재훈련을 받을 동기가 지속된다고 가정했을 때 그러한 직업훈련을 통해 다시 연습해야 할 수도 있는 실마리를 제공해 주었다.

장애인재활상담사가 직업평가사에게 대상자와 관련된 사회적 · 직업적 · 교육적 · 의학적 정보를 적절하게 제공하지 못하는 것은 매우 심각한 일이다. 그러한 경우 평가 이전에 이미 존재하는 유용한 정보를 사용하지 않음으로써 이용자가 불필요한 평가에 임하게 만들 수 있으며, 더 심각한 문제는 평가사가 관련된 사항들을 제대로 고려하지 못한 채 추천을 할 수도 있다.

지속되는 서비스를 추천하는 데 있어 평가 정보는 이용자의 기능 수준을 개인이 평가사에게 의뢰할 때 신체적 · 정서적 기능이 어떤 상태인지 예측한다. 만약 이러한 과정이 완벽하게 이루어지지 않는다면 사용 가능한 재활서비스를 받은 후 가까운 미래에 이용자의 신체적 · 정서적 기능이 어떠할 것인지에 대한 예측이 있어야 한다. 이러한 방법을 취함으로써 보고서는 이용자의 장애의 잠재력을 예측하고, 직업적응이나 직업훈련 계획을 추천하는 데 기본이 되는 정보로 높은 타당성을 띠게 될 것이다. 예를 들어, 평가가 완료된 후에 대상자가 도수 안경을 쓰기 시작했다면 안경을 착용하는 대상자의 수행 정도에 어떻게 영향을 미쳤을지에 대해 판단할 길이 없다. 만약 개인의 생활환경, 신체적, 약물 복용, 기타 상황에 있어 뚜렷한 변화가 있다면 의뢰는 이미 변화가 일어나고 대상자가 적응할 수 있는 기회가 주어진 후에 하는 것이 적절하다. 만일 의뢰를 늦추는 것이 불가능하다면 의뢰 정보와 함께 변화에 의해 영향을 받을 가능성 등을 직업평가사에게 전달해야 한다.

요약하면, 적절한 의뢰는 평가 프로그램이 이용자의 욕구에 맞는 것인지 그 적합성을 결정하는 것뿐만 아니라 평가 프로그램과 관련된 의학적 · 정서적 · 교육적 · 경제적 그리고 직업적인 정보를 제공하며, 상담사와 이용자의 기대를 반영하는 평가 목적을 명확하게 설명하는 것이다. 단지 일상적인 일로, 이용자가 수행해야 하는 활동을 의뢰하는 것은 가치가 없다(Power, 1991).

6) 직업평가의 준비

이용자가 갖는 직업평가에 대한 기대는 평가서비스의 시행과 목적에 대한 직업평가사의 설명에 기인하므로 평가사의 오리엔테이션은 이용자가 경험하게 될 평가를 자세히 반영해야 한다. 이 둘 사이의 불일치는 이용자를 혼란스럽게 하며, 평가 및 관련 재활 프로그램에 적극적으로 참여하려는 이용자의 동기에 심각한 영향을 미친다. 예를 들어, 예측되는 결과와 실제 결과가 모두 특정한 직업적응훈련을 추천하기 위한 것인 반면, 이용자는 평가 결과가 곧바로 직업배치와 연결될 것이라고 생각하면 혼란이 일어날 수 있다. 이는 합격과 불합격 증후군(pass-fail syndrome)으로, 평가에서 합격을 기대했고 상담사는 '대상자가 얼마나 잘하는가에 달려 있다고 믿게 했다면 대상자는 불안과 긴장 속에서 직업평가 과정을 수행'할 것이다. 불안은 잠재적 역량을 발휘하는 데 영향을 줄 수 있다. 직업평가사는 직업평가를 위해 이용자를 효과적으로 준비시키는 과정이 중요하다. 오리엔테이션에서 직업평가사는 다음과 같이 알려 준다.

① 직업평가의 목적에 대한 설명: 상담사는 현실적인 직업 목표를 찾는 데 도움을 받기 위해서 직업적 장점에 대한 평가를 한다는 점을 강조해야 한다. 평가에 불합격은 없으며, 평가는 가장 적합한 직업과 훈련 프로그램을 결정하기 위한 것이라는 사실을 주지시켜야 한다.

② 평가의 특정한 목표: 상담사는 필요로 하는 특정한 정보와 직업평가 프로그램을 통해 어떻게 이러한 정보를 얻을 수 있는가에 대해 이용자와 논의해야 한다.

김○○ 씨 경우 이러한 이야기는 사무직 혹은 비서직의 가능성, 그리고 가장 적합한 훈련이나 재훈련의 유형을 결정하는 데 평가가 필요한 것이라는 점에 초점이 맞추어져 있었을 것이다. 대상자의 앉은 자세 및 선 자세에서의 지구력에 대해서 알고, 그녀의 호흡기장애에 맞게 주어지는 작업환경을 탐색하는 것 또한 직업평가사와 이용자가 논의하였을 것이다. 또한 평가의 전반적인 목적이 그녀와 상담사가 향후 직업재활 프로그램을 설계하는 데 유용한 정보를 제공하기 위한 것임을 이해해야 한다.

③ 이용자가 경험할 수 있는 기술: 지필검사, 컴퓨터 시스템을 이용한 검사, 작업 표본, 상황 평가에 대한 일반적인 두려움을 완화하고 오해를 바로잡기 위해 논의하여야 한다. 이러한 정보가 평가 프로그램에 사용되는 실제 기술과 일치하는 것이 중요하다.

④ 절차상의 문제: 의뢰 전에 상담사는 평가의 시작과 종료일, 유지 기간, 교통수단, 생활 패턴, 참석과 관련된 기대, 문제가 생기면 누구에게 전화를 해야 하는지 등에 대해 명확하게 설명해야 한다. 이러한 과정에 대해 주의 깊게 논의하고 문제를 해결함으로써 개인이 평가에 원활하게 참여할 수 있도록 한다. 그러므로 이용자를 준비시키는 것은 평가과정에서 개인의 현실적인 기대를 발전시키고, 더 많은 가능성을 보장하며, 평가과정에서 일어날 수 있는 외부적인 문제를 최소화할 수 있도록 지원한다.

4. 이용자 중심 평가

1) 강점 평가

평가 단계에서 이용자의 강점을 인식하는 것은 협조적인 원조관계를 촉진하게 된다. 강점에 초점을 둔 사정은 이용자가 가족과 지역사회 환경 안에서 낙인으로부터 자유롭게 한다. 재활서비스 실천에 있어서 강점관점(strength perspectives)은 중요한 원리 중 하나이다. 이 관점은 모든 이용자에게 행하는 원조의 전 과정에 필요하며 장애인재활상담사가 사용하는 수많은 실천 이론과 모델에 내재되어 있으며, 서비스 전달체계에 만연되어 있는 이용자의 병리, 문제, 취약점들에 대한 선입관 등을 상쇄시키는 중요한 영향력을 가진다. 이러한 접근은 상황이 얼마나 힘든가와는 상관없이 무언가 긍정적인 것을 행하려 하고 그러한 점들을 내재하고 있는 개인과 조직들에게 일깨워 주는 일이다. 이때 전문가의 역할은 촉진자 혹은 자문가로서 충분하다. ① 이용자가 상황에 대하여 이해하는 것이 중심이 되어야 한다. ② 이용자를 신뢰한다. ③ 이용자가 원하는 것이 무엇인지 발견한다. ④ 이용자와 그를 둘러싼 환경(문제가 아닌)의 강점을 사정한다. ⑤ 다차원적으로 강점을 사정한다. ⑥ 이용자의 독특함을 발견하는 데 사정 틀을 사용한다. ⑦ 이용자의 언어를 사용한다. ⑧ 사정을 장애인재활상담사와 이용자의 공동 작업으로 진행한다. ⑨ 사정의 내용에 대하여 합의에 이르도록 한다. ⑩ 이용자를 비난하지 않는다. ⑪ 인과적 사고를 지양한다. ⑫ 진단하지 말고 평가한다.

2) 강점기반 사례관리의 원칙

강점기반 사례관리의 원칙을 구체적으로 살펴보면 다음과 같다.

① 사례관리자는 모든 개인, 집단, 가정 및 지역사회가 강점을 가지고 있다는 것을 인식해야 한다. 문제는 단지 역경만 있는 것처럼 보일 때 강점을 찾아내는 것이다. 이용자의 강점을 감지하고 인정하기 위해서 사례관리자는 이용자의 경험과 가정 및 지역사회의 환경과 문화적 특징을 이해해야 한다.

② 역경은 문제의 근원인 동시에 기회일 수 있다. 사례관리자는 자신이 관리하는 많은 가정이 이전에 마음의 상처와 학대를 받으면서도 꿋꿋이 살았다는 것을 인지해야 한다. 그러므로 당면한 문제를 들추어내는 것보다 계속 그렇게 견뎌 낼 수 있게 도와주는 것이 중요하다. 이 원칙은 대다수 장애인이 수많은 고통을 관리하고 극복할 수 있는 회복력(고통과 절망을 겪고 나서 다시 원위치로 돌아갈 수 있는 능력)의 수준까지 말하는 것이다. 장애인의 회복력 수준은 새로운 문제에 직면했을 때 종종 시험대에 오르게 되는데, 사례관리자는 이용자가 자신의 능력으로 희망과 변화를 향해 움직일 수 있도록 그들의 장점을 인지하게 한다.

③ 사례관리자는 이용자가 변화할 수 있게 도와주는 과정에서 모든 권한을 행사하지 않고, 오히려 이용자의 변화에 대한 동기와 포부를 이해하고 원조 제공의 근거로 삼아야 한다. 간혹 이용자에게 정말 중요한 것이 무시된 채 계획에 따라 그들의 생활이 평가되고 규정되는 경우가 있다. 이것은 옳지 않은 방법으로 변화하고자 하는 이용자의 정서적 상태가 중요하다는 것을 인지해야 한다. 이용자가 동기를 갖게 된 근원을 이해하는 것이 원조 과정에서 사례관리자가 확인하고 구체화해야 할 필수적 요소이다. 동기가 강한 이용자는 성공할 확률이

훨씬 높다.

④ 원조과정은 사례관리자와 이용자 간의 협조 아래 이루어져야 한다(Saleebey 2006). 이 원칙은 이용자와 사례관리자 간의 공동체의식이 형성됨을 전제로 한다. 이용자에게는 경험과 지식을, 사례관리자에게는 노련미를 인정해 주는 상호 간의 공동체 의식이 있어야 사례관리자에 대한 이용자의 의존 가능성을 낮출 수 있고 원조과정이 더 효율적이다.

⑤ 이용자의 강점은 어떤 환경에서도 발견될 수 있다. 비록 많은 지역사회가 그 환경 외적인 원인으로 인하여 계속적인 변화를 필요로 하는 사회 · 경제적 불공평의 산물이라 하더라도 재능, 포부와 이상을 가진 사람들이 많다는 것을 고려해야 한다. 여러 형태의 복지수단을 안정적으로 제공할 수 있는 기관을 설립하고 이용자의 이익을 위해 활용할 수 있어야 한다. 이 원칙은 사례관리자가 사무실에만 안주하지 말고 이용자가 거주하는 지역사회의 긍정적인 복지수단을 찾아 나서도록 지원한다.

3) 기타 자원의 평가

이용자가 사회적 자원을 활용하는 데 있어서의 장애물로는 내부 장애물, 선천적 무능력, 외부 장애물 등이 있다. 내부 장애물은 이용자에게 있는 잘못된 신념, 태도, 가치 등을 말한다. 잘못된 신념 또는 행동 패턴에는 비관주의, 비판주의, 운명주의, 냉소주의가 있다. 그리고 선천적 무능력은 이용자가 통제할 수 없는 것으로, 사회복지 실천에서 이용자와 효과적으로 의사소통하거나 적극적으로 참여하는 데 장애가 될 수 있다. 예를 들면, 신체적 · 정신적 장애나 약물중독 등의 문제를 말한다. 외부 장애물은 이용자가 처한 환경에 포함된 자원과 관련된 장애물을 말하며, 다음 중 적어도 한 가지 이상 부족한 상황이 발생할 수 있다.

첫째, 부적절한 자원으로, 결혼 이민자들이 언어적 문제로 인하여 어려움을 겪고 있다면 그들의 일차 언어인 모국어는 현실적응에 부적절한 자원이라 말할 수 있다. 둘째, 자원 이용에 대한 무능력으로, 이용자가 필요한 정보를 획득하는 데 문자 해독력이 중요함에도 불구하고 문맹인 경우, 필요한 자원이 있어도 이를 이용할 수 있는 능력이 없기 때문에 문제가 될 수 있다. 셋째, 고갈된 자원은 이용자의 심리적 소

진, 프로그램을 지원하는 자치단체의 예산 부족 등을 말한다. 그리고 이차적으로 필요한 자원 직업적응훈련을 마친 발달장애인이 사회적 편견으로 인하여 취업을 하지 못한다면 이때 사회적 편견은 이차적으로 해결하여야 할 과제이다.

개별화재활계획

개별화재활계획은 목표, 정보처리, 의사결정, 계획, 행동, 자기평가 과정을 통해 적극적으로 이용자를 참여시키는 과정이다. 재활계획은 잠재적인 직업 목표의 적절성을 평가하기 위해 충분한 정보가 수집되어야 한다. 초기면접을 통해 얻은 사전 정보와 평가과정을 통한 의료평가, 심리평가, 직업평가의 종합 정보를 처리해야 한다. 따라서 평가 자료를 실용적으로 이해할 수 있도록 최초 목표를 설정한다.

고용은 직업재활에서 중요하게 다루어지며 이 목표는 개인의 자아상과 직업적 이미지와 관련된다. 정보처리 과정에서 이용자는 신체적 · 심리사회적 · 교육적 · 직업적 측면에서 자신의 강점과 제한점을 고려하여 실현 가능한 직업을 선택하게 한다. 이는 교통, 육아, 주거, 재정적 지지 등 다양한 분야에서 개인에게 필요한 사항을 고려한다.

정보처리는 의사결정 단계로, 재활 프로그램 개발에 지침이 될 직업 목표를 선택한다. 적절한 직업 목표는 직업의 요구와 강화요인, 개인의 기술과 선호도 사이의 일치성에 기인한다. 직업 선택이 지역사회 내에서 주어진 직업훈련과 고용 기회를 감안하여 이상과 성취할 수 있는 대안 간의 협의를 통해 결정되는 경우이다.

재활계획 단계는 직업 목표뿐만 아니라 타당한 신체적 · 심리사회적 · 교육적 중간 목표를 분명하게 한다. 중간 목표를 달성하기 위한 단계들은 다양한 재활서비스를 통해 보다 구체화된다. 이를 통해 이용자가 어떤 직업의 요구를 충족시키고 성공에 방해가 될 수 있는 다른 문제가 일어날 가능성을 줄이기 위해 자신의 능력을 증진시킬 수 있다.

장애인재활상담사는 주된 목표와 부수적 목표를 성취하기 위해 필요한 활동을 하며 모니터해야 한다. 행동 단계에 있는 이용자에게 유연성을 가지는 것은 매우 중요하다. 어떤 단계는 수정되거나 제거되어야 하며, 또 새로운 단계나 서비스를 추가해야 한다는 것을 알게 된다. 이용자가 직업배치 이후에도 계속 성과 모니터를 하는 것이 중요하다. 업무 변경, 직장(건물)에의 접근성, 직업교육 및 직업 변경 등과 관련한 지원을 통해 이용자의 고용 상태를 유지하고 더욱 향상시킬 수 있다. 개별화재활계획을 완성하는 것은 문제해결 방식과 이용자 참여과정의 실제 예를 보여 준다. 재활 기관에서 개별화재활계획은 기관의 역할에 초점을 둔 톱다운(top-down) 방식이다.

1. 면접 준비

이용자가 실현 가능한 직업을 확인하는 능력은 초기면접, 의료평가, 기타 필요한 평가에서 획득한 정보에 좌우된다. 가능한 직업적 목표를 찾아내는 것이 중요한 단계일지라도 이러한 선택 사항들은 단순히 이용자가 고려해야 할 선택 가능한 제안이라는 것을 명심해야 한다. 재활사례관리자와 이용자가 공동으로 재활계획을 발전시키기 전 단계인 직업 목표를 찾아내는 과정은 초기면접과 의료평가, 심리평가, 직업평가를 하는 동안 얻어진 정보를 기반으로 한다. 장애인재활상담사가 개인적 성격과 환경적 특성을 감안하여 실행 가능한 잠재적 직업을 결정할 수 있다.

특정한 직업에 대한 욕구를 알아보기 위해서는 직업사전(Dictionary of Occupational Titles)을 참고한다(노동부, 2017). 이용자의 장점과 한계점에 대해 면밀히 고려함으로써 해당 직업의 신체적 · 심리사회적 · 교육적 · 직업적 한계점을 줄이거나 없애기 위하여 필요한 서비스를 알아낼 수 있다.

실질적인 관점에서 보면 이러한 재활서비스는 그 지역 내에서 혹은 이동 가능한 적당한 거리 내에서 이루어져야 한다. 그러한 서비스의 공급자를 염두에 두어야 하며, 서비스 비용에 대해서도 알고 있어야 된다.

정보처리 요약서는 신체적 · 심리사회적 · 교육적 · 직업적 서비스 및 특별히 고려해야 할 분야와 서비스를 보여 주고 있다. 각각의 직업은 측정된 직업적 관심과 능력 정도와 조화를 이룬다. 이러한 직업을 성공적으로 수행하는 데 신체적 · 정신적 · 직업적 · 교육적 장애 요소들은 재활서비스를 통해 해결할 수 있다. 이러한 직업들은 해당 지역사회에서 선택하는 것이 가능하다.

선행 자료의 목적은 장애인재활상담사의 업무에서 정보처리 단계의 구조를 보여 주기 위해서이다. 처리될 정보는 질문과 평가 단계에서 비롯되고 다듬어진 질문에 대한 답에서 얻어진다. 그 후에 장애인재활상담사는 정보처리 요약서를 통해 그러한 정보를 직업적 관점으로 편성한다.

장애인재활상담사는 크럭스 모델의 중간 정도에 해당하는 단계를 완성한다. 예를 들어, 정보 처리서의 다양한 부분을 통해 생각함으로써 ① 각기 다른 직업에 대한 이용자의 능력, ② 필요한 재활서비스, ③ 이용자가 제안한 직업 목표 중 현실성이 없는 것으로 보이는 것들 등에 대한 결론을 추론할 수 있다.

추천할 사항이 많다고 하더라도, 장애인재활상담사가 인지한 실현 가능한 직업적 목표들이 이용자에게 직업적 필수사항으로 제시되어서는 안 된다. 이용자는 의심의 여지없이 다른 직업들도 염두에 두고 있는데, 이는 같은 정보처리 단계를 적용함으로써 함께 연구해 볼 수 있다.

이 장은 새로운 보고서나 기록의 요구사항을 만들어 내기 위해서가 아니라 오히려 이러한 논의의 진단적 사고 과정을 구체화하기 위한 것이다. 정보처리 요약서의 요구사항에 맞추어 생각함으로써 장애인재활상담사는 자신의 직업상담 역할에 매우 중요한 요소인 정보를 종합하는 일을 수행한다. 평가 결과, 직업 선택, 궁극적으로 재활 계획 자체에 대한 의미 있는 논의의 장에 장애인을 참여시키고자 한다면 장애인재활상담사는 이러한 문서양식에서 요구하는 정보를 확보하고 있어야 된다.

표 8-1 정보 처리 요약서

직업목표:

1. 보조평가 자료
   a. 직업을 수행하기 위한 이용자의 능력과 관련한 신체적 강점과 한계
   예시:
      신체적 지구력
      손과 손가락의 민첩성
      운동성
      상체의 힘
      하체의 힘
      말하기, 듣기, 보기
   b. 직업을 수행하기 위한 이용자의 능력과 관련한 심리사회적 강점과 한계
   예시:
      장애에 대한 적응도
      장애로부터의 얻어지는 이차적인 징후
      정신신체의 성향
      건강에 대한 과도한 염려
      현재 감정적인 안정도
      가족과 사회적 환경의 영향
   c. 직업을 수행할 수 있는 이용자의 능력과 관련한 교육적-직업적 강점과 한계
   예시:
      교육적 기술(기본적인 읽기 능력과 산수 능력)
      직업능력의 정도(현재 및 잠재적 능력)
      직업에 대한 관심
         사람이나 사물과 일하는 것
         개인적인 책임감의 정도
         일하는 환경의 특징
         창의력을 발휘할 수 있는 기회
         일상적인 일 또는 변화가 많은 일
         근무 시간
         수입
         신체적인 에너지 소비량
         자기발전의 기회
      직업에 대한 자기인식, 즉 아래에 대한 현실적 개념
         강점
         약점
         직업적 잠재력
         실업의 원인
      직업 취득 또는 유지의 문제

d. 특별히 고려해야 할 사항
- 경제
- 교통
- 집
- 육아
- 배치
- 근접함
- 현장에서의 업무 요구

2. 직업목표를 달성하기 위해 필요한 서비스

	필요 조건	지역사회 내에서 이용 가능	지역사회 밖에서 이용 가능	공급자	비용
a. 직업의 신체적 한계를 줄이거나 없애기 위해 필요한 서비스					
보철서비스	☐	☐	☐	☐	☐
보조기	☐	☐	☐	☐	☐
물리치료	☐	☐	☐	☐	☐
직업치료	☐	☐	☐	☐	☐
생체의학	☐	☐	☐	☐	☐
수술	☐	☐	☐	☐	☐
일반의료	☐	☐	☐	☐	☐
언어치료	☐	☐	☐	☐	☐
b. 직업의 심리사회적 한계점을 줄이거나 없애기 위해 필요한 서비스					
직업적응훈련	☐	☐	☐	☐	☐
개인적응훈련	☐	☐	☐	☐	☐
개인심리요법	☐	☐	☐	☐	☐
그룹치료	☐	☐	☐	☐	☐
가족상담	☐	☐	☐	☐	☐
c. 직업의 교육-직업적 한계점을 줄이거나 없애기 위해 필요한 서비스					
읽기 교육 보충	☐	☐	☐	☐	☐
산수 교육 보충	☐	☐	☐	☐	☐
직업훈련	☐	☐	☐	☐	☐
구직 능력 훈련	☐	☐	☐	☐	☐
현장 훈련	☐	☐	☐	☐	☐
d. 특별히 고려할 사항에 대한 서비스					
지원고용	☐	☐	☐	☐	☐
재정적 유지	☐	☐	☐	☐	☐
교통(자동차, 기타)	☐	☐	☐	☐	☐
주거	☐	☐	☐	☐	☐
육아 필요	☐	☐	☐	☐	☐
배치(업무 변경 및 접근도)	☐	☐	☐	☐	☐

표 8-2 정보 처리 요약서 작성 예시

이름: 홍○○

1. 평가기록을 고려한 잠재적인 직업 목표

a. 가장 최적: 자동경리계산기 조작자
(이용자가 이미 제안하였다. ______ Yes __×__ No)

보조 평가 자료:

신체: 이용자는 직업요구를 만족시킬 수 있는 신체적 지구력을 가지고 있다. 이 업무는 기본적으로 앉아서 하는 일이나 조금 서서 하는 업무도 있다(정맥류 이상 확장 증세에 적합). 연기, 먼지, 염료 등이 없는 작업 환경, 사람들이 담배 피는 곳에서는 일해서는 안 된다.

심리사회적: 인쇄소와 같이 심리사회적 요구가 있는 일을 잘해 낸 경험이 있다. 현재 홍○○는 자기패배적 사고와 기대를 극복해야 한다. 건강에 대해 지나치거나 비현실적인 걱정을 하는 것 같지는 않다. 두 아들은 계속해서 걱정거리가 되고 있다.

교육-직업적: 사무직 교육 훈련을 예전에 받은 적이 있다. 직업적 관심이나 능력의 수준과 부합하는 직업. 홍○○는 혼자서 구직활동을 할 수 있다. 일을 시작할 때 처음에는 슈퍼바이저의 지지가 필요할 것이다.

특별 고려사항: 재정적인 보조가 필요하다.

b. 두 번째: 회계 사무직원
(이용자가 이미 제안하였다. ______ Yes __×__ No)

보조 평가 자료:

신체적: 가장 최적의 목표로 간주된다.

심리사회적: 가장 최적의 목표로 간주된다.

교육-직업적: 사무용 기기를 사용하는 능력을 보여 주었다. 업무를 수행하기에 충분한 언어적 · 수적 능력과 사무 업무에 대한 개념 및 적성이 있다. 직업적 관심 또한 직업과 조화를 이룬다.

특별 고려사항: 가장 최적의 목표로 간주된다.

c. 세 번째: 보험회사 사무직원 I
(이용자가 이미 제안하였다. ______ Yes __×__ No)

보조 평가 자료:

신체적: 가장 최적의 목표로 간주된다.

심리사회적: 가장 최적의 목표로 간주된다.

교육-직업적: 가장 최적 혹은 두 번째 최적의 목표로 간주된다.

특별 고려사항: 가능한 한 빨리 취업하는 것이 재정적 지원을 해야 하는 홍○○의 욕구를 충족하는 데 도움이 될 것이다.

2. 직업적 목표를 성취하기 위해 필요한 서비스

a. 가장 최적: 자동경리계산기 조작자
신체적: 의료 관리
심리사회적: 개인상담, 가족치료
교육-직업적: 사무용 기계와 부기를 위한 상업학교 훈련

특별 고려사항: 재정적 상담, 재정적 보조(저렴한 주거, 식량 배급표, 복지)

b. 두 번째: 회계 사무직원

신체적: 가장 최적으로 간주된다.
심리사회적: 가장 최적으로 간주된다.
교육-직업적: 사무실 실무 및 타이핑에 초점을 둔 위에서 언급한 바와 같은 상업학교 훈련

특별 고려사항: 가장 최적으로 간주된다.

c. 세 번째: 보험회사 사무직원

신체적: 가장 최적으로 간주된다.
심리사회적: 가장 최적으로 간주된다.
교육-직업적: 타이핑이나 사무실 실무에 대한 단기 상업학교 코스, 현장 훈련

특별 고려사항: 가장 최적으로 간주된다.

3. 평가 자료에 기초하여 보았을 때 부적합하게 보이나 이용자가 관심을 보인 직업 목표 중에서 열쇠 천공기 조작자나 타이피스트 집단에 속하는 타이피스트처럼 장기간 앉아서 일해야 하는 직업은 주의를 기울여 검토해야 한다.

2. 직업재활계획 과정

직업재활계획은 목표 설정, 정보처리, 의사결정, 계획, 활동 및 자기평가의 과정으로 설명할 수 있다. 이 단계는 ① 목표 설정: 장애인재활상담사와 이용자의 연계를 위한 최초의 목표 설정(고용), ② 정보처리: 평가과정 동안 수집된 모든 관련된 정보 검토, ③ 의사결정: 재활 프로그램의 발전시키기 위한 직업 목표 선택, ④ 계획: 직업 목표와 활동 계획을 위한 단계와 관련된 중간단계 목표 세우기, ⑤ 활동 및 자기평가는 활동계획을 따르고 정보를 활용하는 과정으로 정의된다(D'Zurilla, 1986; Heppner & Krauskopf, 1987; Nezu 1987).

1) 목표 설정

Murphy(1988)는 이용자의 기대에 대한 한 심화 연구에서 그가 면접한 장애인들에게 있어 참여는 고용에서 '필수적 요소'라 하였다. 재활상담 과정은 이용자가 직업인으로서의 자기에 대한 개인적 이미지와 이상화된 탐구, 즉 Glasser(1981)가 '당신 자신에게 초점을 맞추시오.'라는 목표를 설정하는 활동으로 시작한다. 이러한 자료와 일치된 직업 선택의 적절성을 논한다(Holmes & Karst, 1989).

2) 정보처리

장애인재활상담사는 ① 직업재활계획에 적절한 평가 결과, ② 직업 정보, ③ 이용자의 감정 등의 분야에 대한 정보의 중요성을 탐색하게 된다. '정보처리 요약서'는 다양한 정보를 제시함으로써 이용자의 신체적 · 심리사회적 · 교육적 · 직업적 · 경제적 평가 자료와 직업 선택 간의 관계를 고려할 수 있게 된다. 잠재적 이용자의 직업적 관심에 비추어 요약서의 내용에 대해 함께 이야기함으로써 의사결정, 계획, 직업배치 단계에 대한 현실적 방향과 목표 설정을 고무할 수 있다(Jagger et al., 1992).

직업재활 정보는 이용자가 직업의 일상적 요구, 보상, 장애물 등을 이해하는 것을 지원하기 위해 제공된다. 특히 이러한 정보는 장애인재활상담사가 제안한 각기 다

른 직업의 ① 직업만족과 연관된 내부 강화요인, ② 급여 수준과 부가적 이득과 같은 외부 강화요인, ③ 직업의 기술적 요구사항, ④ 승진 가능성, ⑤ 지역사회 내에서의 고용 기회에 대해 다루어야 한다. 특정 직업에 대한 설명이 구체적일수록 다양한 직업의 역할에서 자신이 어떻게 기능할 수 있을 것이며, 직업환경에 어떻게 적응할 수 있을 것인가 상상할 수 있다(Dolliver & Nelson, 1975; Salomone, 1996).

장애인재활상담사는 다양한 직업 선택의 실현 가능성에 영향을 미칠 수 있는 문제에 대해 고려해야 한다. 예를 들어, 작업 장소는 이용자의 집에서 너무 멀지 않은 곳에 있어야 한다. 이러한 거리에 대한 문제는 대중교통 수단이 부족할 때나 도시의 스프롤 현상, 즉 도심의 주택지나 공업지역이 도시 외곽으로 무질서하게 확대되어 농경지나 삼림지를 잠식해 가는 현상을 의미한다. 시골에 사는 사람들은 매일 통근하는 데 더욱 많은 어려움을 경험하는 경우이다. 직업 기회는 경제 상태와 주어진 자원이나 지역 특성과 밀접하게 연관되어 있다. 경제적 불황에는 생산이 줄고 실업률이 높아지며, 따라서 장애인이 직업을 갖는 기회는 더욱 어려워진다.

어떤 지역은 몇몇 특정 산업에 대한 의존도가 높을 수 있다. 이 경우 실현 가능한 대체직업이 제안될 수 있다. 반면, 출산율 감소는 궁극적으로 노동력 부족을 초래하므로 이전에 직장을 구하는 데 어려움을 겪었던 사람들에게는 고용 기회가 증대된다(Roessler, 1987).

장애인재활상담사는 이용자의 감정적 반응이 어떻게 직업 선택에 영향을 미치는지를 알고 있어야 한다. 직업적 중요성에 대한 감정을 탐색하도록 돕기 위해서는 그 사람의 직업에 대한 자기인식을 연구해야 한다. 예를 들어, 장애인재활상담사는 "현재 당신이 실직 상태인 가장 큰 이유는 무엇입니까?" "당신은 당신 자신을 한 사람으로, 또한 한 노동자로 각각 어떻게 묘사하겠습니까?" "당신이 현재 하고 있는 활동 중 긍지를 느끼게 하는 것은 무엇입니까?" "미래에 대한 계획 중 어떠한 부분이 당신에게 긍지를 느끼게 합니까?"와 같은 질문을 통해 자기인식을 점검한다. 적절한 직업 선택을 돕기 위해서는 이용자가 자기 자신과 세상을 받아들이는 방법을 이해해야 한다. 감정에 대한 개방된 논의를 통해 행동하도록 준비시킬 수 있고, 직업을 갖기 위해 반드시 극복해야 하는 장애물들을 스스로 알 수 있다.

정보처리 단계를 통하여, 잠재적 직업 선택의 수를 늘리거나 줄이는 역할을 하는 현실에 대한 생각을 잊어서는 안 된다. 이용자를 위한 직업 선택의 범위는 과거와 관련된 많은 요인에 의해 형성된다. 부모의 교육 수준, 수입, 직업, 주거 장소를 통해 나타나는 그 사람의 사회적 배경은 직업적 발전에 큰 영향을 준다. 부모와 형제자매의 목표, 가족 내에서 개인의 역할, 가족 가치의 수용 등은 이용자가 포부를 형성하는 데 영향을 준다. 또한 동료 집단이나 교직원들의 가치와 관련하여 교육적 배경이나 특별 훈련 등은 직업 목표를 형성하는 데 영향을 준다. 이러한 요인들은 변할 수 없다 하더라도 그것을 한 번 더 생각해 봄으로써 자신의 직업적 선호가 어떻게 영향을 미쳤는지를 이용자는 좀 더 잘 알 수 있다(Eigner & Jockson, 1978; Osipow & Fitzerald, 1996; Roessler & Greenwood, 1987).

3) 의사결정

의사결정(decision making) 단계에서는 이용자의 선택사항을 결정하고 전 단계에서 얻어진 정보와 대치되는지를 평가한다. 향후 추구할 특정 직업 목표를 선택하기 위해서는 ① 지역사회에서의 취업 기회, ② 대내적 강화에 대한 선호, ③ 기술, 자아상, 직업적 관심, ④ 개인의 생활 방식과 가족의 생활 방식에 미치는 영향에 대해 정확히 이해한다.

이러한 의사결정의 결과는 직업계획의 발전 방향을 제시하는 목표를 통해 나타난다. 대차대조표(balance sheet; Janis & Mann, 1977)를 사용하여 재활계획의 방향을 제시하는 실행 가능한 직업 목표의 선택을 촉진할 수 있다. 대차대조표의 단계는 개인이 열망하는 정도에 따라 직업 목표를 순서대로 배열하는 것이고, 그런 후에 상위 등급에 있는 목표의 장단점을 다음에 나오는 범주에 맞추어 대차대조표를 작성한다. ① 자신에게 있어 이익과 손해, ② 타인에게 있어 이익과 손해, ③ 다른 사람들의 찬성과 반대(사회적인 승인), ④ 자기 자신의 찬성과 반대이다. 네 가지 범주에 따라 직업 선택의 영향을 분석할 때 고려한다.

개인의 이익과 손해에 관한 고려사항은 수입, 일의 난이도, 일에 대한 개인의 관심, 업무에 대한 선택의 자유, 승진 기회, 안전성, 부업을 할 수 있는 시간적 여유 등을 포함한다. 타인에 대한 이익과 손해는 가족을 위한 수입, 가족의 상황, 가족을 위해 쓸 수 있는 시간, 가족을 위한 생활환경, 가족에 대한 부가적 이익, 조직이나 집단을 도울 수 있는 능력과 관련된다.

사회적 승인과 반대는 다른 사람들이 이용자가 특정 직업을 선택했을 때 어떻게 반응할지를 고려함으로써 예측할 수 있다. 여기서 다른 사람들이란 부모, 친구, 남편이나 아내, 직장 동료, 공동체, 정치적 · 종교적 · 사회적 집단 등을 포함한다. 마지막으로, 이용자는 해당 직업 선택에 대한 자기 자신의 반응을 고려할 수 있다. 즉, 좋은 동기에 대해 공헌하고 있다는 존중심, 과제가 윤리적으로 정당하다는 정의감, 혹은 반대로 자기 자신과 타협하고 있다는 생각, 업무의 창의성과 독창성, 장기간 삶의 목표를 달성하는 기회이다.

장애인재활상담사의 지원을 받아 이용자는 직업적 의사결정에서의 다양한 장단점의 의미를 가치 있는 것이라 판단되면 주변 사람들을 위해 바람직하다고 생각되는 직업적 선택의 장단점을 적고, 각각 5점 척도로 평가한다(5=매우 중요, 1=거의 혹은 전혀 중요하지 않음). 이는 대차대조표의 분석과 평가된 장점과 단점에 대한 토론을 통해 직업 목표를 선택하는 데 의미를 부여한다.

4) 재활계획

재활계획은 목표를 성취하기 위한 프로그램을 개발하는 것이다. 프로그램은 좀 더 높은 단계의 목표를 성취하기 위한 '하향식' 계획이다(Heppner & Krauskopf, 1987). 계획은 여러 목적의 계층적 순서 및 그러한 목표에 도달하기 위한 단계를 명시한다. 가장 높은 순서에 위치한 목표는 그 직업을 가짐으로써 얻을 수 있는 삶의 질을 의미한다. 직업 목표를 성취하는 것은 신체적 · 정신적 · 교육적 · 직업적 목표에 의한 중간 목표와 관련하여 어떻게 행동하느냐에 달려 있다.

목표분석을 통하여 개인을 참여하도록 유도할 수 있다. 목표분석은 이용자가 직업 목표를 성취하기 위해 무엇이 필요한지를 결정하는 쪽으로 방향이 설정된다. 이용자는 다음 영역에서 재활과정에 필요한 사항을 재확인한다. ① 신체적 기능(의료적 상태), ② 심리적 기능(개인적 문제), ③ 교육적 기능, ④ 특별한 고려사항 등이다.

각각의 필요 사항과 해결할 문제는 직업재활의 목표를 달성하기 위해 반드시 성취를 위한 중간 과제가 된다. 신체적 기능에서 수술이나 보조기구 등을 요하는 기능적 한계에 대해 대처하게 한다. 프로그램 계획의 후기 단계에는 '발의 통증 때문에 오래 서 있을 수 없음'과 같은 제한점을 중간 목표로 보여 준다. 중간 목표로 이용자의 필요가 충족되기 위해 취해야 할 단계에 대해 이용자와 논의한다. 예를 들어, 어떤 이용자가 “저는 신체적 문제를 해결할 필요가 있어요.”라고 한다면, 그 사람은 신체적 목표를 더 작은 단계로 나눌 필요가 있다. 첫째, 의사에게 진찰을 예약한다. 둘째, 의사에게 문제점에 대해 질의한다. 예를 들면, ① 인슐린 투약, ② 식이요법, ③ 손발의 상태, ④ 수술에 관한 것이다.

3. 실행과 자기평가

계획의 단계를 마치고 실행과 자기평가 단계에서 성과의 수용 여부를 결정한다. 직업 목표의 성취 가능성은 명확한 전략과 계획을 세움으로써 증대된다(Locke, Saari, shaw, & Larham, 1981). 어떠한 계획도 완전하지는 않으며, 의도한 결과에 긍정적 또는 부정적으로 영향을 미치는 심리적 · 환경적 요인에 유연하게 반응해야 한다. 그것은 개인의 심리적 요인이나 성공에 대한 기대, 자신에 대한 믿음, 성취에 대한 필요성을 포함한다(D'Zurilla, 1986; Locke et al., 1981; Roessler, 1987). 배우자와 가족의 지지, 직업훈련의 질, 고용주 태도와 기대, 교통수단 이용, 일하는 장소에 대한 접근성 등 환경적 요인이 성과와 관계를 가진다(Anthony, 1980).

장애인재활상담사는 이용자의 심리적 · 환경적 요인의 영향을 관찰하고, 필요한 경우 전략을 수정하여 계획에 동참시켜야 된다. 결과가 예상과 일치하지 않을 경우, 이용자의 문제점을 알아내어 특정 단계로 돌아가 새롭게 시작하여야 한다. 개인의 목표 지향적 행동은 계획의 다양한 결과에 대한 주기적 평가(feedback)에 의해 강화된다(Locke et al., 1981). 관찰의 결과 계획은 더욱 종합적으로 형성되며, 이용자의 성공 가능성 또한 증대된다.

계획의 성과는 신체적 · 심리사회적 · 교육적 · 직업적 분야의 중간 목표를 달성하려는 과정에 종종 나타난다. 관찰은 개인이 직업에 처음 적응하는 시기뿐만 아니라 승진이 주된 관심사가 되는 단계도 매우 중요하다(Salomone, 1996). 계획에 대한 노력은 직장 진입을 위한 준비에 집중적으로 쓰이게 되고, 개인이 고용으로부터 얻을 수 있는 보상이나 지위를 향상할 기회를 늘리도록 더 높은 수준의 훈련이나 직업을 선택하게끔 도울 수 있다(Hagner, Fesko, Cadigan, Kiernan, & Butterworth, 1996;

Pumpian, Fisher, Certo, & Smalley, 1997).

4. 개별화재활계획

여러 재활기관에서 직업상담 서비스를 제공한다. 기관은 상담과정의 최후 성과가 직업적 계획의 형태로 나타난다. 직업계획의 예는 1973년 기관에서 수립한 개별화재활계획인데, 이는 이용자의 인지, 직업재활 목적을 위한 직업재활사전 설명, 직업 목표를 위한 평가, 이용자의 권리와 책임, 서비스 제공자, 직업재활, 이용자, 이와 유사한 수익자 비용, 실제 서비스 성과 등을 포함한다.

① 재활 목표(직업적 목표)
② 중간 재활 목표
③ 재활 목표와 중간 목표가 성취되었는지를 알기 위한 목표, 기준, 평가절차 및 일정
④ 함께 계획한 직업재활 서비스
⑤ 서비스를 시작하고 완수하는 예상일(예상되는 서비스 기간)
⑥ 계획된 목표와 서비스에 대한 이용자의 관점
⑦ 프로그램의 주기적 검토일

1) 재활 목표

직업계획은 이용자가 선택한 개별화재활계획의 지침이 된다. 이러한 재활 목표는 중간 목표와 재활서비스의 적격성을 판가름하는 기준이 된다. 재활 목적을 달성하는 데 중간 목표나 서비스는 프로그램에 포함되어서는 안 된다. 재활 목표는 주로 노동시장, 보호작업장(sheltered workshop), 자영업, 기관이 운영하는 사업체(가사노동 및 농장 포함), 주부, 가족노동자, 학생 등으로 구분할 수 있다. 만일 이용자가 원하는 직업을 정확히 알 수 있다면 개별화재활계획(IPE)에 직업재활사전(1991) 코드를 기재한다. 프로그램의 특정 직업 목표는 재활의 투입 시간과 그 직업을 선택 근

거도 함께 밝혀야 한다. 이러한 진단의 근거는 재활 목표의 실현 가능성과 일치하는 신체적 · 교육적 · 직업적 · 심리적 기능에서 강점과 제한점을 포함한다.

2) 중간 목표

직업적 목적이 달성되려면 신체적 · 정신적 · 교육적 영역과 특별히 고려할 사항에서 이용자가 성취하여야 한다. 중간 목표의 선택을 위한 이론적 근거는 목표분석에서 나온다. 목표분석을 통해 장애인재활상담사는 전문화된 평가 자료를 재확인한다. 적절한 목표는 이용자가 할 수 있을 것으로 기대되는 활동이나 행동, 행동의 정도, 수준, 양, 이용자가 기대되는 행동의 실행을 완수할 날짜 등을 설명한다. 이러한 목표는 다양한 재활 프로그램을 포함시키는 이유가 된다.

3) 진척평가

재활 목표와 중간 목표에는 목표달성을 향한 진척 상황을 측정할 수 있는 기준이 기재되어 있다. 즉, 이용자가 기대하는 행동을 적당한 수준으로 설정하기까지 수행할 수 있을 것인가이다. 이러한 정보를 얻기 위한 과정으로 이용자 진척 상황과 관련한 성과 자원을 파악해야 한다. 이러한 자원은 물리치료사, 직업치료사, 심리학자, 의사, 대학의 성적표, 고용주가 지불한 급료, 이용자 자신의 보고서 등이 포함될 수 있다. 신체적 중간 목표에 대한 평가(feedback)를 확보하기 위하여 장애인재활상담사는 이용자, 내과의사, 고용주가 제공하는 정보에 의존한다.

장애인재활상담사는 실제 서비스 성과와 관련된 정보를 IPE 양식에 기입한다. 계획은 복잡하기 때문에 업무에 논리적으로 접근해야 된다. ① 직업 목표의 확인, ② 진단의 명확화, ③ 중간 목표의 개발, ④ 재활서비스 선택에서 강조점을 둔다. 동시에 장애인재활상담사는 계획에 대한 이용자 책임성에 대한 중요성을 인식한다. 따라서 계획의 종결 단계에서 이용자가 프로그램에 대한 염려, 주위 사람에 대한 프로그램 영향, 프로그램의 필수 단계, 프로그램을 수행함으로써 이용자가 기대할 수 있는 보상에 관해 논의된다.

표 8-3 개별화재활계획서

개별화재활계획서

이름: 사례: 사회보장번호:

주소:

계획 유형: 확대평가 □ 최초(Original) □ 개정(Revision)

재활서비스를 위한 계획

1. 직업목표: 보험 사무원

2. 계획의 당위성
   a. 직업적 장애: 폐질환 때문에 격렬한 활동에 제한을 받는다. 쉽게 접근할 수 있는 직장을 가져야 한다(예: 가파른 계단을 오르는 것을 피할 것). 정맥류 때문에 앉았다 섰다를 자유롭게 할 수 있는 작업이 요구된다. 현재의 신체적 · 정신적 장애로 인해 하루에 다섯 시간을 초과하는 일이나 교육일정은 불가능할 것이다. 스트레스는 불안과 우울증을 악화시킨다. 따라서 판매나 커미션을 받는 작업은 안 된다. 연기, 알레르기를 일으키는 물질 등이 없는 공간에서 일하는 것이 필요하다.
   b. 직업목표: 보험 사무직: 홍○○는 상담 및 의료 서비스와 더불어 사무직에 필요한 충분한 힘과 기능적 능력을 획득해야 한다. 삼년 전에 고등학교 졸업 검정고시를 통과했다. 일반적 적성검사(General Aptitude Test Battery)의 일반적 지능에서 평균 수준 이상을 보였다. 언어 수행분야에서는 가장 좋은 점수를 기록했다. 홍○○의 관심은 보험사무직과 일치하지만 기술을 향상시키기 위해서 단기간의 직업 교육이 필요할 것이다.
   c. 경제적 상황: 교육기간에 생계비 명목의 생활비가 필요할 것이다.

3. 제공되는 서비스

	비용부담		
	DRS	이용자	기타
a. 진단평가			
내과의 전문가에 의한 의료 검사를 통해 신체적 장애를 입증했다.	×		
전문 심리학자에 의한 심리 검사를 통해 심리학적 장애를 입증했다.	×		
공인 직업평가사에 의한 직업평가	×		

	비용부담		
	DRS	이용자	기타
b. 상담과 지침			
개인적 상담-정신보건센터			
목표:			
우울증 증상 발현을 감소한다. - 우울증으로 인한 결근 없이 60일간 일할 것(10/17~12/17)	×		
이용자가 IPE의 단계들을 완수하고 성공적으로 고용되도록 한다.	×		
가족상담 - 정신보건센터			
목표:			
1월 1일까지 15세 아들과 다투는 횟수 줄이기(1주일에 5회 이하)	×		
아들의 고등학교 졸업(5월) 및 선원학교 입학(12월) 돕기	×		
c. 교육:			
보험 사무직원 교육 - 학교			
목표:			
보험 사무직원 교육을 9/1까지 성공적으로 이수	×		
d. 회복:			
의료 서비스 - 재활기관			
목표:			
이용자의 폐기종과 관련한 기관지 상태를 치료 - 근무 60일 동안 질병으로 인한 결근이 2일이 넘지 않는 것(10/17~12/17)	×		
e. 훈련자료			
교과서 및 관련 교육 자료를 구입한다.			
목표:			
이용자가 직업교육에 참여하도록 한다.	×		
f. 생계비와 교통수단:			
상업학교와 재활기관에 가는 교통수단과 교육기관에 필요한 비용 원조			
목표:			
이용자가 교육과 의료 치료를 획득하도록 한다.	×		
g. 장비, 설비, 자격증			
h. 배치(직업배치 및 사후점검)			
i. 기타			

4. 이용자 책임:
재활 및 교육 프로그램에 대한 보고서를 작성한다. 보험 사무직원 프로그램을 성공적으로 이수한다. 사무직 직업을 찾는다.

5. 해당란에 표시하시오.
( ): 나는 IPE에 요약된 목표, 목적, 서비스에 기본적으로 동의하여, 장애인재활상담사와 함께 이러한 계획을 세우는 데 참여했다.
( ): 나는 이러한 서비스를 계획하는 데 참여하였으나 이 IPE에 동의하지 않는다.

견해(Comments):

이용자의 서명: ______________________ 날짜: ______________

장애인재활상담사 서명: __________________ 날짜: ______________

직업배치

1. 장애인재활상담사의 역할

직업능력 평가에 기초한 재활계획은 장애인의 삶의 질과 생산성을 높이기 위해 필요한 사전배치 단계인 평가, 계획에서 얼마나 효과적 서비스를 수행하였는지에 상관없이, 직업배치 단계에서 비전문적으로 과제를 수행한다면 이용자는 불완전 고용이나 미고용 상태로 남게 된다.

대부분의 재활 전문가는 직업배치 서비스가 중요하며, 직업배치야말로 장애인재활상담사의 적절한 직무라는 데 쉽게 동의한다(Leahy, Shapson, & Wright, 1987). 그러나 취업을 위해 재활서비스를 찾는 이용자들은 장애인재활상담사가 이용자의 경쟁력 있는 고용 목표 달성에 책임이 있다는 사실을 인식하고 있다(Murphy, 1988). 이는 1992년의 「재활법」에 명시되어 있다(Hagner, Fesko, Cadigan, Kiernan, & Butterworth, 1996). 고용 목표의 중요성에 대한 보편적 동의가 있기는 하지만, 직업배치 활동의 적절한 수준과 형태에 대해서 의견이 분분하다.

장애인재활상담사의 직업배치 투자 시간은 전체에서 대략 10%를 사용하는 것으로 추정되며, 직업배치에 분배한 시간은 개별적으로 차이가 난다. 소수 장애인재활상담사는 '직업배치 시간에 20~30% 이상을 쓰고 있다.'고 보고한다(Leahy et al., 1987). 이러한 차이는 단순히 직업배치에 들이는 시간 차이보다는 그 이상의 의미를 담고 있다.

장애인재활상담사가 고용주와 연락을 취함으로써 이용자가 직업을 구하는 데 있어 상담사의 지원에 더 많이 의존하게 되는가에 대한 논쟁이 있다. 장애인재활상담사의 원조에 대한 구직자 의존도는 구직기술훈련과 같은 전문적인 서비스를 통해 개인의 독립적 기능을 향상시킴으로써 최소화할 수 있다. 그러나 독립적 구직활동을 위한 준비가 호소력을 지니기는 하나, 직업배치 과정에서 실행 가능한 전략은 아니다.

중증장애를 지닌 많은 장애인은 이전 직장으로 복귀할 수 없거나 구직시장에 대하여 마땅한 접근방법이 없거나 직업을 얻기 위해 지역사회 네트워크 활용방법을 잘 모른다(Hagner et al., 1996). 이러한 노동시장의 환경에서 직업배치를 위해 장애인재활상담사가 고용주와의 접촉을 적극적으로 수행하지 않는다면, 재활서비스 이용자는 결국 미고용 상태로 남게 된다.

실제 직업배치 서비스에서 장애인재활상담사가 관여하지 않는 소극적 태도(hands off attitude)를 취한다면 지역사회에 감추어진 고용시장을 스스로 찾아서 가기가 어렵다(Jackson, 1991; Hagner et al., 1996). 관여적 태도(hands on attitude)를 취할 때 직업을 찾는 자원을 활용하도록 시도한다.

직업배치 전략과 관련하여 직업서비스 기관의 중등교육 전환 프로그램에 관한 연구는 '잠재적 고용주를 찾기 위해 개인적 연줄을 이용하는 방법으로 친구나 가족 등에게 호소하는 것이 가장 많다고 한다. 예를 들면, 한 장애인 부모는 '아들의 직업을 구하기 위해 동네 슈퍼마켓에 문의를 하였다'고 한다(Hagner, Batterwotth, & Keith, 1995).

중증장애인의 직업배치를 위해 고용기관에만 의존한다면 명백한 불이익을 받게 될 수 있다. 구직자를 위한 성공적 직업요인에 관한 연구에서는 취업알선을 통해 15% 정도만 직업을 획득한다고 설명한다(Zadny & James, 1977). 다수의 고용주는 고용기관으로부터 획득한 정보의 유효성에 의문을 제기한다. 취업알선 기관과 이용자의 관계는 매우 간단하다. 취업알선 기관이 제공할 수 있는 정보는 상당히 제한될 수밖에 없다. 직업재활 기관에서 면밀한 평가를 실시하기 때문에 장애인재활상담사는 잠재적인 고용주 관계에서 신뢰받는 위치에 있다. 노동시장에서 특정 형태의 업무와 이용자 능력과 기술의 조화를 고려하기 위하여 시범적으로 장애인을 고

용해 보는 비용을 축소함으로써 장애인재활상담사는 구직자와 고용주 사이에서 조정자 또는 중개인의 역할을 취한다(Hagner et al., 1996). 가치 있는 서비스를 제공하고 잠재적 구직자에 대한 정보를 종합적으로 전달할 수 있기 때문에 이용자의 취업을 효과적으로 옹호할 수 있다.

1) 직업세계의 지식

장애인재활상담사는 고용주와의 개별적 접촉을 통해 지역 노동시장의 직업적 특징들을 알게 된다. 이러한 접촉은 공동체에서 독특한 직업이 소수 존재하는 것을 인식한다. '딤섬' 종사자는 중국인 공동체 식당에서 찾을 수 있는 직무이다. 지역 노동시장에 대한 지식이 없다면 장애인재활상담사는 직업평가와 재활계획을 수립하는 데 어려움을 가질 수 있다. 직업세계에 대한 지식은 재활과정에서 평가와 계획 수립에서 효과적으로 일을 처리하는 데 필수적이다. 이용자가 적합한 직업 선택을 인지하도록 지원하고 관련 문제를 해결하기 위해 직업에 대한 환경과 요구 사이의 일치 정도를 결정해야 한다.

[그림 9-1]은 직업개발과 직업배치에 있어 공동체의 직업 특성과 노동의 기회에 대한 지식에 대해 설명한다. 이러한 지식을 이용자 평가 및 계획 세우기 단계에서 실현 가능성을 결정하고 의사결정에 활용한다. 따라서 직업개발 과정을 통해 직업 정보를 창출하고 재활서비스 과정에서 활용한다. 장애인재활상담사는 문서화된 자료를 통해 지역의 적합한 직업에 관하여 배우겠지만 직업사전(Dictionary of Occupational Titles, 1991), 직업안내서(Occupational Outlook Handbook), 지역신문, 직업관련 안내서는 실제 직업에서 요구하는 직무만을 보여 준다.

이러한 단편적 지식은 오해의 소지를 불러온다. 만일 '천공기 조작자는 뛰어난 손재주를 요구한다.'로 정의되면 구멍을 뚫는 물건이 휴지통 덮개나 우유통이라면 오히려 강인한 체력이나 이동성이 요구된다(Flannagan, 1977). 현장에서 실제 뛰어난 손재주는 부적절할 수 있다. 일과 작업환경은 현장마다 차이가 있다. 실제 노동 관련 출판물이 제공하는 정보는 종종 보충적 설명이 필요할 때가 있다. 제품의 생산은 심리적 · 신체적 스트레스 요인이 각기 반영되므로 작업 현장에서 각기 다르게 나타난다. 어떤 현장에서는 근로자가 하루의 대부분을 서서 일하는 반면, 또 다른 작

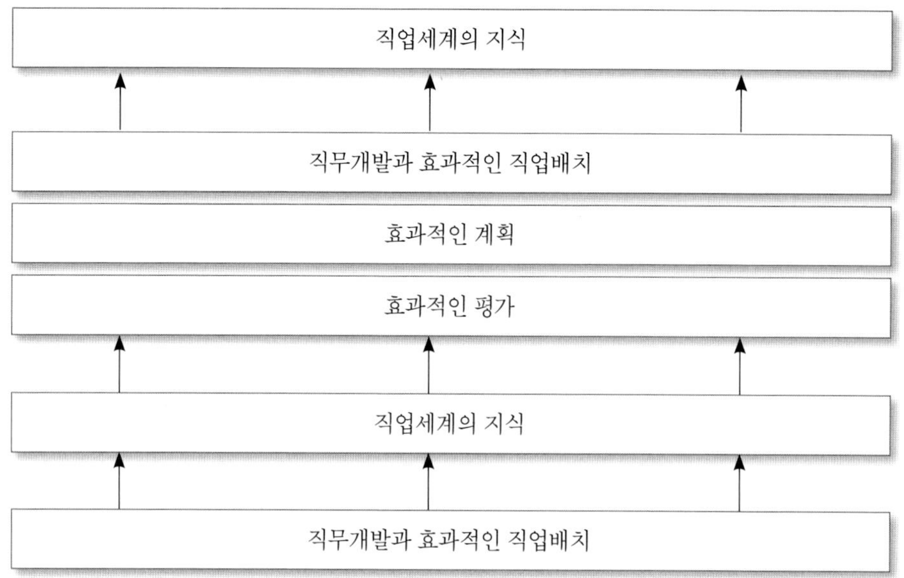

[그림 9-1] 직업배치의 중심적 역할

업 현장에서는 그 일이 배달일 수도 있다.

그러므로 지역 노동시장에서 직업의 종합적 정보를 얻기 위해서 고용주와 접촉하고 직접 시설을 조사할 필요가 있다. 현장 방문은 이직률이 높은 직업들을 보다 잘 찾아낼 수 있다(Mund, 1981; Roessler & Hiett, 1983). 현장을 통해서 지역사회의 특정 직업에 대한 관련 정보를 획득하는 것은 직무분석에 있어 복잡한 학습을 필요로 하지 않는다. 작업현장을 방문함으로써 작업장의 접근성, 교통 등 물리적 환경에 대한 정보를 획득할 수 있다.

직업에 대한 직접적 관찰을 통해 대부분의 장애인재활상담사는 다섯 가지 의문에 답할 수 있다(Minton, 1977). ① 근로자는 무슨 일을 하였는가, ② 어떻게 그것을 하였는가, ③ 왜 그것을 하였는가, ④ 무슨 기술이 필요한가, ⑤ 그 일을 수행하는 데 따른 대안적 방법이 있는가를 확인하는 일이다.

이러한 질문에 답을 한 후 장애인재활상담사는 세 가지 영역에서의 조정이 필요한지 탐색한다. ① 장애요인의 제거를 위한 환경수정, ② 작업 도구와 장비의 수정, ③ 작업이나 일의 순서 등의 변경을 통한 수정이다. 신체장애인은 장비나 환경수정에 의한 지원을 필요로 하는 경향이 있다. 지적장애, 학습장애, 뇌손상 등 정신장애인은 작업의 과정에서 수정으로 종종 큰 효과를 본다. 작업현장을 방문하는 동안 장

애인재활상담사는 작업환경의 심리사회적 요소를 쉽게 이해할 수 있는 경험을 하게 된다(Canelon, 1995).

이러한 요인은 두 가지 환경에 초점을 둔다. ① 심리사회적 환경은 직장 동료들과의 상호작용, 지도받는 형태와 정도, 일의 스트레스와 중압감의 차이, 일상적 업무의 양이며, ② 사회환경은 이용자가 접촉하게 될 고용인의 유형, 직장 내에서 일어나는 사회적 활동의 범위와 역할로, 직업이 한 개인에게 적합한지를 결정하기 위해서는 직업적 · 심리사회적 요구를 고려해야 된다(Minton, 1977).

2) 직업배치

직업재활서비스를 찾는 사람들은 몇 가지 특징이 있다. 공공 및 비영리 프로그램 이용자 중 상당수가 한 가지 특징을 보여 주었는데, 이 집단에 속하는 이용자들은 대체로 나이가 많고 중증장애의 경향을 보여 왔다. 고등학교 교육을 받은 그들은 그저 단순한 직업재활 서비스를 받은 경험이 있다. 이 특징은 직업배치에 큰 도움이 되지 않는다. 이러한 사람들은 노동시장에서 한계선상에 있는 잠재인력(marginal lavor market potential)으로 특징지어질 수 있다(DeLoach & Greer, 1979; Matkin, 1980; Vandergoot & Swirsky, 1980).

장애인재활상담사는 평가와 직업배치 서비스가 완료된 후에도 현장에서 많은 개인을 지원하고 있다. 이러한 지원은 만성적 정신장애, 즉 지적장애, 정신장애, 중증지체장애나 직업기술이 거의 없으며 직업 경력이 빈약한 나이 든 사람들이다. 숙련기술을 요하는 직업훈련은 이러한 사람들에게 잘 맞지 않는다.

그러나 적절한 지원고용(supported employment)을 통해서 관리, 주방 보조, 세탁소 근로자, 신발 수선, 웨이터 조수, 생산직 근로자, 농장 근로자, 정비원, 우체부 점원, 우편물 배달, 목수보조 등과 같이 숙련된 기술이 필요하지 않은 초보적인 직무에 고용될 가능성이 높다(Smith, 1981). 이러한 직업을 가지기 위해서는 장애인재활상담사가 적극적으로 고용주를 개발하여 지원고용계약(supported employment contracts)과 직무지도(job coaching)를 지원한다. 최근 직업배치 서비스를 찾는 부류는 학교에서 직업적 전환교육 서비스를 필요로 하는 중증장애를 가진 청년들이다.

장애인고용대통령자문회의(President's Committee on Employment of People with

Disabilities) 통계에 의하면, 장애를 가진 65만 명의 학생들이 매년 고등학교를 졸업하거나 나이가 많아 작업적 서비스를 받지 못하고 학교를 떠나고 있다. 이러한 전일제 고용은 겨우 21%에 불과하다(Johnson & Atkins, 1987).

이 집단의 직업배치 지원은 직업교육에 초점을 둔 학교 프로그램과 여름방학 프로그램을 이용한 인턴십으로 시작된다. 미국 인구조사 자료에서 일반 인구 중 16~24세의 수가 감소하는 경향을 지적하였다. 이러한 집단 중 장애청년 비율이 과거보다 낮아지고 있다는 점이다. 1980년대 중반 직업적 장애를 가진 청년 수는 노동가능 연령에 속하는 인구 중 약 8~9%만을 차지했다. 이러한 장애인의 다수는 너무 나이가 많아 전환서비스의 혜택을 받을 수 없는 25~54세의 집단이다(Bowe, 1987).

다수의 사람은 직업적 환경에 익숙해진 후 장애를 경험했기 때문에 특히 어려움을 겪는다. 이러한 직업재활 대상자 중 특히 30~40세 근로자들은 직접서비스들을 찾는 것 같지 않다. 경력자 직업배치 서비스는 약간의 직무 변경, 재훈련, 비교적 단순한 직무의 할당이나 유연한 작업 일정을 통한 현장 개입이 요구된다. 성공적 고용을 위한 비결은 가능한 동종 산업에서 동일한 직무로 복귀시키는 일이다(Pimentel, 1995; Tate, Habeck, & Galvin, 1986).

그러나 여성장애인 직업재활은 고용기회에 창의적 사고방식을 요한다. Parent와 Everson(1986)은 고용주와 직장 동료의 낮은 기대감 때문에 직업배치에 상당한 제한을 받는다. 직업배치에 대한 고정관념을 바꾸는 데 더욱 많은 노력을 기울여야 한다. 이런 경우 장애를 가진 다양한 사람의 직업을 고용주에게 알려 주는 것이다. 컴퓨터 프로그래머, 컴퓨터 조작자, 전자 조립, 교수, 기능공, 관리인, 제트엔진 조립 기술자, 오프셋 인쇄 기술자, 도안자, 기상학 기술자, 도서관 사서, 엑스레이 기술자를 소개하는 것이다. 이용자 집단에 관계없이 직업배치 효과는 상당 부분 고용주의 협조에 의존하게 된다.

고용주들은 지원고용 프로그램의 지원을 필요로 한다. 또 다른 고용주들은 작업현장에서 의료서비스, 재훈련 등을 통한 신속한 개입을 필요로 한다. 고용주들은 청년과 여성 장애인의 능력에 대해서 기대를 높일 필요가 있다. 장애인재활상담사는 여러 회사에 성공 가능성을 높이고 직업배치에 최선을 다해야 한다. 고용주가 한 번만 긍정적인 경험을 하게 되면 장애인을 추가 고용하는 것에 대한 망설임이 대폭 줄어들 것이다. 그러한 긍정적 특성이 고용주에게 존재한다는 확신에서 고용주와 이용자의 주기적 점검을 통해 직업배치 이후에 발생하는 모든 문제를 해결할 수 있도록 지원한다.

2. 고용주 개발

장애인 고용과 관련된 고용주는 다수의 고민에 직면하게 된다. 장애인을 고용하는 것이 산재보험 요율에 어떤 영향을 가져오는지 걱정하게 된다. 당연히 보험료가 오를 것이라는 두려움 때문에 고용주는 취업지원자를 선발하지 않는다.

장애인재활상담사는 이러한 고용주들에게 정보를 제공함으로써 이 문제를 해결할 수 있다. 산재보험은 두 가지 요소를 기반으로 한다. 첫째, 산재보험을 계약한 기관에 의해 수행되는 일의 위험요소에 기인한다. 둘째, 보험료율은 회사의 이전 사고율과 보험사에 청구된 보상액 및 의료비용에 기초한다. 조사에 의하면 장애를 가진 근로자들이 비장애인 근로자들보다 높은 사고율을 나타내지 않기 때문에 미국상공회의소와 미국제조업협회가 시행한 한 조사에서 279개 회사 중 90% 이상이 장애인을 고용한 것이 보험료에 영향을 미치지 않는다(Sears, 1975).

미연방정부는 2차 상해로 인한 추가비용을 보상하기 위한 기금 제공을 위해 이차 상해법이 존재한다. 이러한 상해를 입은 근로자들은 전체 장애를 보상받으나 고용주는 근로자가 고용되어 있는 동안 발생하는 상해에 대하여만 보상한다. 2차 상해기금은 이미 존재하는 상해가 두 번째 상해와 결합하여 두 번째 상해만 따로 보았을 때보다 결과적으로 문제에 대처하도록 고안되었다. 이 기금은 ① 신체장애인 고용을 촉진하고, ② 고용인에게 혜택을 제공하는 비용을 좀 더 공정하게 할당한다. 근로자가 장애와 관련된 모든 상해에 대해 보상을 받는 반면, 고용주는 기본적으로 이차 상해만으로 발생된 보상금을 지불한다. 이 차액은 이차 상해기금으로 충당된다(고용노동부, 2016).

고용주는 종종 장애인의 잠재된 생산성에 대하여 의문을 가진다. 사실 장애인을 고용한 고용주의 반응에 대한 연구에서 고용주의 일차적 염려는 개인의 직업을 위한 자격 요건과 잠재적 생산성에 관한 것이다(Berven & Driscoll, 1981; Greenwood, Johnson, & Schriner, 1988; Zadny, 1980).

고용주에게 장애인 근로자의 업무 수행이 생산율, 전직, 장기결석의 측면에서 비장애인 근로자와 비교하여 좋은 편이라는 연구 결과를 알려 주어야 한다. 장애 근로자와 비장애 근로자(Parent & Everson, 1986), 중증장애 근로자(뇌손상, 간질, 시각, 청각, 척수 장애)와 비장애 근로자(Gade & Toutges, 1983; Goodyear & Stude, 1975) 간의 생산 양과 질의 비교 연구 등에서 양호한 결과를 찾을 수 있다.

샌프란시스코와 포틀랜드에서 조사한 고용주 표본의 90% 이상이 장애인 근로자들의 업무 수행이 다른 근로자들과 비교해서 평균 또는 평균 이상이라고 평가하였다(Zadny, 1980).

Harris 조사에서도 경영주들은 장애를 가진 근로자에 대한 자신들의 경험을 다음과 같이 요약하였다. 다수의 경영주가 전반적 업무 수행에 대해서 장애인 근로자들을 '좋음' 혹은 '매우 좋음'으로 평가하였다(Louis Harris & Associates, 1987). 20명의 경영주 중 한 사람만이 장애 근로자들의 업무 수행능력이 '보통'이라고 평가하였으며, '나쁨'으로 평가하지 않았다.

상위 경영주 중 88%가 장애인 근로자들의 업무 수행능력을 '좋음'이나 '매우 좋음'으로 평가하였다. 거의 모든 장애 근로자는 업무 수행 면에서 다른 근로자와 같은 수준으로 하거나 오히려 그들보다 나았다. 고용주가 정신, 감정, 의사소통에 문제가 있는 근로자들에 대하여도 특별히 고용을 꺼릴 수 있다(Becker & Drake, 1994; Rojewski, 1992; Thomas, Thomas, & Jorner, 1993). 따라서 장애인의 직업 경력 정보가 이러한 집단에 개인을 배치하는 데 더욱 중요하다(Johnson, Greenwood, & Schriner, 1988).

장애인재활상담사는 적합한 편의시설을 과소평가하지 않도록 고용주들과 협상해야 한다. 장애를 기능적 제한에만 초점을 맞춘다면 적절한 편의시설이 있을 때 실제 직무를 수행하는 개인을 관찰하지 않은 채 잘못된 결론을 내리게 될 수 있다(Brodwin, Parker, & Delagarza, 1996). 적합한 편의시설을 설치하도록 고용주들에게 추천할 때 장애인재활상담사는 장애와 결부된 기능적 제한, 그러한 기능적 제한이 어떻게 작업의 필수 기능들을 수행하는 데 개인의 능력을 방해하는지, 적절한 편의시설이 장애와 결부된 기능적 제한에도 불구하고 직무를 수행할 수 있도록 충분히 설명해야 한다. 상담사의 이러한 사전 준비와, 장애인이 강점과 제한점을 가진 사람으로 보이기 때문에 고용주가 느끼는 염려를 줄이는 데 도움이 된다(Brodwin et al., 1996).

Muller(1990)는 장애와 결부된 기능적 제한을 다음 15개 범주로 분류하였다. ① 정보를 이해하는 데 어려움, ② 시각적 제한이나 장애, ③ 청각적 제한이나 장애, ④ 언어적 제한, ⑤ 실신 · 현기증 · 발작, ⑥ 성격 불일치(incoordination), ⑦ 기운의 부족, ⑧ 두뇌활동의 제한, ⑨ 감각의 제한, ⑩ 들어 올리기, 닿기, 운반하기의 어려움, ⑪ 조종이나 손가락 움직임의 어려움, ⑫ 상지 사용 불가능, ⑬ 앉기의 어려움, ⑭ 하지 사용의 어려움, ⑮ 불균형 상태(Brodwin et al., 1996)이다.

적절한 편의시설을 설치하면 위와 같은 기능적 제한점을 지닌 개인은 다양한 작업을 수행할 수 있다(Brodwin et al., 1996). 시각장애인들을 위한 작업 편의시설은 조명, 색상, 공간, 크기, 거리 등에 적응하는 것을 포함한다. 가장 보편적인 시각장애 장치로는 확대경과 망원경이 있다. 전형적인 전맹 지원 장치는 전자장치를 통해 출력물을 확대하는 폐쇄회로 텔레비전과 출력물의 확대, 언어 송출, 스캐너 기능이 있는 컴퓨터 및 주변기기 등이 있다.

다발성 경화증이 만성질병과 결부되는 직업적 기능에 어떻게 영향을 미치는지를 설명하였다. 연구자들은 1990년 미국장애인법(ADA)에 인용된 합당한 편의시설 전략을 사용함으로써 제한점들을 어떻게 극복하는지를 제시한다(Roessler & Rumrill, 1995). 장애인재활상담사는 적합한 편의시설의 비용과 관련하여 비현실적인 고용주 예측을 줄이도록 시도해야 한다. 민간 영역에서 고용주가 제공한 합당한 편의시설의 상당수가 적은 비용으로도 설치가 가능했던 것으로 밝혀졌다(Brodwin et al., 1996).

그럼에도 불구하고 국립장애위원회(National Council on Disability, 1993)는 ADA의 시행에 따른 적절한 편의시설의 제공을 예외 조항으로 한정하고 전체적으로 원활하게 진행되었다고 「ADA 1주년 경과 보고서」에 밝혔다. 그러나 뇌성마비연합회(United Cerebral Palsy Association) 조사는 표본 기업의 40%가 ADA 시행 후 약 2년이 경과할 때까지 ADA에 직시한 행동을 취하지 않았다고 하였다(Douglas, 1994).

고용주들이 편의시설, 특히 취업 지원자들에게 필요한 편의시설을 제공하는 비용에 관하여 염려하고 있다는 연구를 인용하였다(Satcher, 1992).

ADA 1장은 합리적 편의시설에 대한 장애인의 권리를 뒷받침하고 있다. 합리적 편의시설은 장애를 가진 근로자들이 "작업의 필수적인 기능을 수행하는 데 동등한 기회를 가지기 위해서"(Satcher & Dooley Dickey, 1992), '수행하는 분야를 동일 수준으로 맞추려는' 의도이다(O'keeffe, 1994). '수행하는 분야를 동일 수준으로 맞추기'

표 9-1 다발성 경화증에 따른 편의시설

작업기능	다발성 경화증 요소	가능한 편의시설
기존 시설의 재구성		
사업장 진입	근력 약화	자동문
업무의 재구성		
체육관에서 활동을 감독하기	하지의 근력 손실	체육관 활동 대신에 연구실 감독하기
업무 일정 변경		
하루 8시간 이상 의료 검사 수행하기	피로	휴식과 함께 하루 8시간 일하기
다른 직무로 재배치		
농장일 감독하기	피로와 조정/균형문제	사업 관리자로서 사무실 안에서 앉아서 일하는 업무로 재배치
장비의 수정		
명령기계 끄기	손의 마비, 눈-손 조정문제	통제 장치에 발페달을 장착
새로운 장비 설치		
상세한 것 기억하기, 우선순위 정하기, 생산일정 정하기	인식능력 단기 기억에 영향이 있음	프린터와 연결할 수 있는 휴대용 컴퓨터
자격을 갖춘 정보전달과 배치(reader and interpreter)		
보고서 읽기와 타이핑하기	시각이 흐려짐	필요할 때 정보를 전달할 수 있는 인력(정보를 읽어 주는 사람, reader or proofer)을 사무실에 배치

위해 고용주들이 최고의 편의시설을 제공하도록 기대하는 것이 아니라 작업의 요구를 충족시키는 데 효과적인 편의시설이 오히려 고용주와 근로자 모두에게 받아들여질 수 있는 것이며 따라서 이러한 편의시설은 기업에 과도한 영향을 주지 않는다(O'keeffe, 1994).

〈표 9-1〉에서 ADA는 기존 시설의 재구성, 작업의 재구성, 업무 일정의 변경, 다른 직무로 재배치, 장비의 조정, 새로운 장치의 설치, 그리고 자격을 갖춘 정보 전달자(reader or interpreter) 배치 등 현장 생산성에 방해가 되는 요소를 해결하는 방식을

설명하고 있다.

일부 고용주가 종종 보이는 또 다른 염려는 장애를 가진 근로자가 잘 수행하지 못하여 해고에 직면해야 하는 불편한 상황에 관한 것이다(Louis Harris & Associates, 1987).

성공을 보장할 수는 없다고 하더라도 장애인재활상담사는 고용주에게 관심, 능력, 신체적 · 심리학적 가능성 등과 관련한 면밀한 검토를 통해 이용자가 해당 직무를 잘 수행할 것으로 평가되었다는 사실을 어필할 필요가 있다(Berven & Driscoll, 1981). 장애인재활상담사는 고용주에게 고용 후 어떠한 문제가 생긴다면 이를 해결하는 데 도움을 주기 위해 개입하거나, 현장 지지 집단을 통해 지원할 것이라는 의지를 확인시켜야 한다(Emener & McHargue, 1978; Gade & Toutges, 1983).

장애인재활상담사가 직업배치 과정에서 이용자를 옹호하는 역할을 수행하기는 하지만, 그들은 전문가로서 직업배치를 위한 이용자의 준비에 대해 고용주에게 솔직해야 한다. 이에 대해서 솔직하지 못하다면 비윤리적일 뿐만 아니라 향후 그 고용주에게 다른 이용자를 배치하는 것을 제한하는 결과를 초래한다.

직업배치가 얼마나 성공적일 것인가를 논하는 고용주와 인사담당자에게서 상담사는 좋은 명성을 얻을 수 있어야 한다. 장애인재활상담사가 이용자에 대해 솔직하게 설명한다는 것을 고용주가 느끼면, 직업배치는 고용주 자신의 최대 관심사이기 때문에 협조적으로 행동할 것이다(Mund, 1981). 그러나 이용자를 지적장애나 정신장애와 같은 부정적 이미지(diagnostic label)를 통해 설명해야 한다는 것은 오히려 부정적인 측면만을 강조하는 것이다. 특정 직업에서 문제로 연관될 때 강점과 약점에 초점을 맞추는 노력이 필요하다(Borgen, Amundson, & Biela, 1987).

1) 합리적 배려

1973년 「재활법」 타이틀 V 501~503조항, 그리고 ADA의 타이틀 I은 장애인재활상담사의 직업배치에 대한 직무를 더욱 수월하게 한다. 501조는 장애인 고용에 확실한 조치를 취하도록 연방정부에 명령하고 있고 503조는 1만 달러를 초과하여 연방 계약(federal contracts)을 받는 개인 기업에 대하여도 동일한 적용을 제정했다.

Harris 연구소에 따르면 503조는 막대한 영향을 주었고 연방정부에 등록한 기업들은 장애인 고용정책을 수용하고 있다. 그러나 1990년 ADA의 통과는 법률적 측면에서 가장 확고한 입지를 굳히게 되었다(Louis Harris & Associates, 1987).

ADA는 장애인들에게 시민적 권리로 가장 뛰어난 법률이다. 공공편의 시설과 서비스 그리고 고용을 강조한 ADA는 장애인재활상담사들을 지지하는 몇 가지 조항이 있다.

① 장애인의 고용차별은 법적으로 금지된다. 더욱이 15명 이상 근무하는 회사에는 장애인을 위한 '적당한 편의시설'을 설치하도록 명령한다. 장애인은 고용차별의 고발문을 EEOC(Equal Employment Opportunity Commission)에 제출할 수 있다.

② 공공편의시설(호텔, 레스토랑, 극장, 박물관, 학교, 사회 서비스 기관 등)은 장애인이 '쉽게 도달할 수 있는' 장소에 있어야 한다. 법무부(Department of Justice)는 공공편의시설의 접근 용이성에 대한 불만을 처리한다.

③ ADA의 통과로 개발된 수송서비스는 접근이 용이해야 한다(예: 신형 대중버스, 철도시설 및 기차 객실). 대중수송과 관련된 문제는 연방교통위원회에 제기한다.

④ 청각장애나 언어장애가 있는 장애인들은 전자통신을 반드시 사용할 수 있어야 한다. 그리고 전자통신과 관련된 모든 불만은 연방교통위원회에 제기할 수 있다.

501조, 503조 그리고 ADA의 덕택으로, 1970년대 후반 Weisenstein의 평가가 이전보다 현실적으로 받아들여졌다. 근로자가 장애인을 고용하는 산업체에서 일할 수 있는 방법들을 고용주가 모색하도록 초점이 모아진다. 장애인재활상담사들은 장애인을 고용하는 고용주들에게 세제 혜택을 지원해 주어야 한다. 1976「세제개혁법안(Tax Reform Act)」(상호재정 서비스의 190개 항, Section 190 of the Internal Revenue Service code)의 조항에는 장벽 제거를 위해 고용주들에게 매년 3만 5,000달러 이상 세금감면 혜택을 주도록 명시되어 있다. 건축상의 장벽 제거에도 인도, 주차장, 경사로, 건물 입구, 문과 출입구(현관), 음료대, 공중전화, 엘리베이터, 경고 표지판, 경사로, 휠체어 리프트의 설치 등이 포함된다.

TJTC(Targeted Jobs Tax Credit program; Tax Reduction and Simplication Act, P.L. 95-30; Barnow, 1996)를 대체한 WOTC(Work Opportunity Tax Credit)에서는 장애인, 퇴역군인, 혜택을 받지 못한 청년, 장기실업자와 같은 대상 그룹에 속하는 근로자를 고용한 고용주들에게 특별세제 혜택을 제공하였다. 고용주들은 적합한 개인을 고용한 것에 대해 한 사람당 2,100달러까지 세제 혜택을 받을 수 있다. 최대 세제 혜택을 받는 고용주에게 근로자는 고용된 첫해에 최소 6,000달러를 받아야만 한다(Salomone, 1996).

고용주 대다수는 과거에 TJTC나 정부 또는 개인이 주관하는 직업 사업에 대해 알지 못했다(Louis Harris & Associates, 1987). 따라서 장애인재활상담사들은 특정 세제 혜택의 개발을 찬성하는 수준에 있어야 했으며, 고용주, 특히 소기업 고용주에게 해당 정보를 알려 주는 수준에 있었다. 특정한 직무에 생산력이 낮은 장애인을 고용하는 고용주들은 장애근로자에게 최저임금 이하로 지급할 수 있는 특별 인증을 얻을 수 있다. 이러한 표준은 노동고용기준국의 임금 및 근무시간(Wage and Hour Division of the Department of Labor's Employment Standards Administration)에서 시작되었다(Barnow, 1996). 장애 근로자의 생산성이 일반 근로자의 75%라고 한다면, 장애근로자의 시간당 임금은 대략 7,000명의 고용주가 인증을 받았으며 약 20만 명의 근로자가 그 프로그램에 고용된 것으로 평가하였다.

이 프로그램을 통해 일자리를 얻은 다수의 장애인은 지적장애로 판단된다(Barnow, 1996). 경쟁고용에 대한 중증장애인들의 이동은 지원고용에 우선 배치함으로써 촉진될 수 있다. 지원고용은 다음과 같이 정의된다. ① 이전에 경쟁 고용이 없었던 사람들, ② 장애의 결과로 경쟁고용이 중단됐거나 간헐적으로 중단되는 사람들, ③ 장애의 본질과 심각성 때문에 집중적인 지원고용 서비스가 필요한 사람들과 같은 가장 심각한 장애를 가진 개인을 위한 통합 작업장에서의 경쟁 직무이다(Reha-bilitation Act Amendments, 1986; Hanley-Maxwell, Bordieri, & Merz, 1996).

주립재활기관을 위한 보충 프로그램이 1987년 최초로 기금이 조성되었지만, 1992년「재활법」이 개정될 때까지 지원고용은 그들의 서비스 범위에서 정규 부분으로 인식되었다(Danek et al., 1996). 지원고용 프로그램은 직무지도원(job coach) 같은 개별적 지원을 통해 현장의 근로자에게 지속적으로 서비스를 제공할 수 있다.

2) 구직자 면접 준비

사업주가 구직자를 선발하는 경우, ADA를 준수할 준비가 되어 있어야 한다. 장애를 지닌 구직자들과 면접을 할 때 고용주들이 ADA를 준수하도록 준비시키기 위해서 장애인재활상담사는 자격 요건을 갖춘 이용자를 고용해 달라는 주장을 효과적으로 펼칠 수 있다. '평등고용기회위원회(Equal Employment Opportunity Commission: EEOC)' 자료를 인용하여 장애인재활상담사는 고용주들에게 장애인 구직자들과 면접을 할 때 '해야 할 일'과 '해서는 안 될 일'에 대해서 교육할 수 있다.

1995년 10월 평등고용기회위원회는 조건부 일자리를 제공하기에 앞서 고용주가 구직자에게 합법적으로 물어볼 수 있는 질문에 대한 지침을 개정하였다. 〈표 9-2〉에 제시되어 있는 평등고용기회위원회 지침(1995)은 면접과정에서 허용될 수 있는 질문과 허용될 수 없는 질문을 조명하고 있다. 이러한 지침을 준수함으로써 고용주가 장애인 구직자들의 권리를 침해하는 일이 없도록 한다.

표 9-2 장애인 구직자와의 면접을 위한 지침
(Equal Employment Opportunity Commission, 1995)

- 이 법률에 의해서 고용주는 장애와 관련된 질문을 해서는 안 되며, 지원자에게 조건부 구직을 제안하기 전에는 어떠한 의료 검사도 실시해서는 안 된다.
- 일자리를 제공하기 전 단계에서 고용주는 장애에 대한 정보를 유도해 낼 수 있는 질문을 해서는 안 된다. 여기에는 지원자가 어떤 특정한 장애를 지니고 있는지에 대해 직접적으로 질문하는 것도 포함된다.
- 고용주들은 지원자들에게 어떤 특정한 직무를 수행할 수 있는 능력이 있느냐는 질문을 할 수 있다. 예를 들어, 고용주는 어떤 직업에 대한 신체적인 필요조건(일정 무게를 들어 올릴 수 있는 능력, 사다리를 타고 올라갈 수 있는 능력)을 설명하고, 지원자가 이러한 필요조건들을 충족시킬 수 있는지 질문할 수 있다.
- 고용주는 지원자에게 교육, 직업 경력, 요구되는 자격증 및 면허증과 같은 의료와 상관없는 자격요건과 기술에 대해서 질문할 수 있다.
- 고용주는 지원자에게 해당 직무를 어떻게 수행해 낼 것인지에 대해서 설명해 보라고 요구할 수 있다.

- 고용주가 '어떤 지원자는 이미 알고 있는 어떤 장애 때문에 그 직능을 수행해 낼 수 없을 것'이라고 믿는 점이 이치에 합당하다고 여겨지는 경우, 그 고용주는 해당 지원자에게 그 직능을 어떻게 수행해 낼 것인지 설명해 볼 것을 요구할 수 있다. 이 경우, 지원자의 장애가 쉽게 식별될 수 있는 것(예: 지원자가 휠체어를 사용하고 있는 경우)이기 때문이거나, 혹은 그 지원자가 자신에게 숨겨진 장애가 있다는 사실을 자발적으로 털어놓았기 때문에 지원자의 장애는 '이미 알고 있는 장애'에 해당되어야 한다.
- 고용주는 지원자에게 고용과정에 어떤 사항들이 포함될 것인지에 대해 이야기해 줄 수 있으며(예: 면담, 시간제한이 있는 필기시험, 직능 시연 등), 이 과정에서 그들이 어떠한 편의시설 등 조정을 필요로 하는지 지원자들에게 질문할 수 있다.
- 만약 조정을 해야 할 필요성이 명백하게 드러나지 않는데 지원자가 고용 과정에서 어떤 합당한 조정을 요구한다면(고용주에게 시험의 형식을 수정해 달라는 요구나 직능 시연과 관련해서 조정을 해 달라는 요구 등), 고용주는 지원자에게 자신의 장애에 대한 '합당한' 서류를 요구할 수 있다. 고용주는 지원자가 어떤 감춰진 장애를 지니고 있고 어떤 조정을 필요로 하고 있는지를 알 권리가 있다.
- 지원자가 일상생활에서의 주요 활동들을 수행해 낼 수 있는가에 대한 질문은 장애에 대한 정보를 유도해 내는 경우가 많기 때문에 거의 항상 장애와 관련된다. 예를 들어, 한 지원자가 서거나 걸을 수 없다면, 그것은 장애로 인한 결과일 것이다. 그러므로 어떤 직능을 수행해 낼 수 있는 능력에 대한 구체적인 질문이 아니라면, 이러한 질문을 조건부 구직을 제안하기 이전 단계에서 하는 것은 금지된다.
- 고용주는 지원자에게 직업과 관련해 입었던 부상이나 과거에 근로자 보상을 받았는지 등을 물어서는 안 된다. 이러한 질문은 지원자의 장애 정도와 직접적으로 연관된다. 따라서 이러한 질문은 장애에 대한 정보를 유도하게 될 가능성이 높다.
- 고용주는 현재나 과거의 합법적인 약물 이용에 대한 여러 질문이 장애에 대한 정보를 유도해 낼 수 있기 때문에 일자리를 제공하기 전에 이러한 질문을 하는 것이 허용되지 않는다는 사실을 알아야 한다. 예를 들어, "현재 당신은 어떤 약품을 복용하고 있습니까?"나 "AZT를 복용한 적이 있습니까?"와 같은 질문은 분명 지원자가 장애를 가지고 있느냐에 대한 정보를 유도한다.
- 고용주는 지원자에게 직접적으로 물어볼 수 없는 질문을 제3자(근로자 보상청구에 대한 정보를 제공하는 서비스 기관, 정부 기관, 지원자의 친구, 가족, 전 고용주 등)에게 해서는 안 된다.
- (고용주가 약물 사용을 근거로 해서 의사 결정을 내릴 때) 현재 불법 약물을 복용하고 있는 사람은 ADA의 보호를 받을 수 없기 때문에, 고용주는 지원자에게 현재 불법 약물을 복용하고 있는지 질문할 수 있다.

3) 구직자 원조

취업 지원자를 준비시킬 책임이 있음에도 불구하고 장애인재활상담사는 이 영역에 적절한 서비스를 잘 제공하지 않는다. 200명의 청년장애 성인을 대상으로 이루어진 조사에서 McCarthy(1986)는 응답자 75%가 직업재활 과정에서 '구직기술훈련 및 취업알선에 만족하지 못했음'을 보고하였다. 1천 명의 장애인들을 무작위로 추출한 표본 조사에서 Harris 연구소(1987)는 McCarthy의 조사 결과를 재확인하는 계기가 되었다.

직업재활을 접해 보았던 장애인들은 구직자 원조에 대해서 '불만족' 하였다. 이러한 평가를 개선하기 위해 구직자들이 다음 사항을 이행할 수 있도록 좀 더 많은 비중을 두어야 한다고 생각했다. ① 면접에서 어떤 것인가에 대해 정확하게 예상하는 것, ② 취업 지원서를 효과적으로 작성하는 방법 가르치기, ③ 적절한 면접기술을 사전에 훈련하는 것이다.

(1) 면접 시 기대사항

장애인재활상담사는 이용자가 면접을 준비하는 동안 기대에 대해 예상할 수 있도록 지원한다. 가령, '당신은 만족스러운 급여 수준이 어느 정도라고 생각하십니까? 그 직업을 위해서 당신은 어떤 기술을 보유하고 계십니까? 전에 해고당한 경험이 있습니까? 전에 다른 직원들과 문제가 발생된 적이 있습니까?'와 같이 이용자가 받을 수 있는 질문 목록을 제공할 수 있다. 대체로 구직자 면접은 20~35분 정도로 인지하고 있어야 한다(Galassi & Galassi, 1978).

(2) 취업지원서 작성

장애인재활상담사는 필요한 경우 이용자가 대부분의 취업 지원서에 기재하는 여러 가지 항목인 개인 정보, 교육 경력, 직업 경력, 추천서에 기입하는 방법을 지도한다. 지원자들은 어떤 질문에 대해서 해당 직업과 무관한 정보를 제시하지 않고, 해당 직무를 정확히 수행할 수 있는 능력을 강조하는 방식으로 취업 지원서를 작성한다. 답변은 정확하면서도 그 질문에 적합한 것이어야 하고, 이해하기 쉬우며, 정확한 절차로 이루어져 있고, 주어진 양식에 알맞게 기재되어야 한다.

연구 결과를 보면 면접이 이루어지는 동안에 지원자의 행동에 상관없이 지원서에 대한 답변이 고용 의사결정에 영향을 끼칠 수 있다(Stone & Sawatzki, 1980). MBA 학생들의 장애와 직업 이력 등 취업 전 면접 정보가 피면접자의 면접 수행 점수와 고용 가능성에 미치는 영향을 수행하였다. 그 결과, 사전 정보가 피면접자의 수행에 대한 MBA 학생들의 평가 점수에 그다지 중요한 영향을 끼치지 않았다. 반면, 직무의 유형과 장애 유형은 고용 가능성 평가 점수에 중대한 영향을 끼치는 것으로 나타났다. 정신장애인은 신체장애인보다 고용 가능성 평가 점수에서 훨씬 낮게 나타났다. 이로 인해 면접훈련의 중요성이 감소되지 않겠지만, 취업지원서나 이력서에 있는 내용이 일자리를 제공받을 수 있는 가능성을 증대시키거나 감소시킬 수 있다(Stone & Swatzki, 1980).

(3) 면접기술

장애인재활상담사는 여러 가지 방식으로 구직자들의 면접기술을 향상시킬 수 있도록 도와야 한다. 예를 들어, 상담사는 복장, 시간 엄수, 면접에서 구체적인 행동이 면접관의 의사결정에 끼치는 영향에 대해 논해야 한다. 고용주들은 면접이 시작되고 처음 4분여 동안에 그 사람을 고용할 것인지 말 것인지를 결정하기 때문에 의복과 외모를 통해 전달되는 첫인상은 매우 중요하다(Arvey & Campion, 1982).

여성을 위한 적절한 복장에 대한 지침으로 재킷이나 스웨터 같은 복장이나 치마 정장을 입는 것이 적절할 것으로 제안되고 있다. 남성은 바지, 셔츠, 넥타이와 함께 스포츠 코트를 입거나 정장을 입어야 한다. 의복에 대한 또 다른 일반적인 지침은 고용주의 직원들과 비슷한 옷을 입되 육체 노동직에 지원하는 경우가 아니라면 청바지는 입어서 안 된다. 과거의 한 연구에서는 첫인상을 좋게 만들기 위해서는 시간 엄수가 외모보다 훨씬 더 중요하다는 것을 시사해 준다.

보통 기본적으로 면접 시작 시간보다 10분 정도 일찍 도착하는 것이 좋다. 고용주들은 면접 시간에 늦게 도착한 지원자들이 대개 직장에 출근할 때도 지각을 할 것이라는 결론을 내린다(Galassi & Galassi, 1978).

구직자들은 그 직무에서 요구하는 사항을 충족시키기 위해 자신이 지니고 있는 기술 및 인간관계 기술을 이야기할 수 있도록 준비되어 있어야 한다. 깔끔하게 인쇄된 자료를 제출하는 것은 이러한 여러 가지 질문에 답변하는 데 도움이 될 것이다.

면접이 이루어지는 나머지 시간 동안 고용주는 지원자들로부터 개인적인 경력, 기술 및 능력, 대인관계, 교육 경력, 직업 경력, 직업상 욕구, 열망, 계획의 영역에서 보다 세부적인 정보를 얻기 위해 여러 가지 질문을 할 것이다.

모의면접에서 그러한 질문에 대해 적절하게 답변하는 연습을 할 때 구직자들은 '무엇을 말하는가'와 '그것을 어떻게 말하는가'가 둘 다 중요한 것임을 명심한다. 지원자들이 무엇을 말하는가는 그 직무에 대한 지원자의 특별한 자질을 전달해 주게 된다. 고용주의 질문에 대해서 적절한 답변을 함으로써 구직자들은 자기 자신이 장애라는 도전 과제를 성공적으로 극복해 낸 생산적이고 성실하며 믿을 만한 근로자상을 그릴 수 있도록 해 준다. 물론 지원자들은 자신의 장애를 설명할 것인지, 그리고 어떻게 호소해야 할 것인지에 대해 결정해야 한다. 많은 장애인은 장애가 있을 경우 고용주에게 솔직히 털어놓을 것을 먼저 조언한다.

① 면접 전에 고용 가능성이 있는 고용주에게 자신의 장애에 대해서 알려 주라.
② 이력서나 취업 지원서 혹은 둘 다에 장애에 대한 내용을 언급하라.
③ 면접 시간을 결정할 때 고용주 비서에게 말하라.
④ 면접 초기에 면접관에게 알려 주라. 장애가 현장에서 업무 수행에 영향을 끼치지 않는 이유를 설명하라.

물론 지원자들에게 자신의 장애에 대한 직접적 질문에 답변할 의무는 없다. 조정을 요하는 상황이건 그렇지 않은 상황이건 간에 필수적 직능을 어떻게 수행해 낼 수 있느냐에 대해서 설명할 것만을 요구받게 된다. 그들은 '일자리를 제공한 후 합당한 조정'을 위해 필요한 사항을 논의할 때만 장애에 대한 언급이 필요하다.

장애인재활상담사는 질문에 대한 답변 방식(언어적인 및 비언어적인) 역시 중요한 것임을 이용자에게 각인시켜 주어야 한다. 면접 결과에 영향을 끼치는 언어의 다양한 변수는 성량, 유창성, 장애, 말이 많은 것, 문장의 복잡성이다. 단정한 차림새와 개인적인 외모뿐만 아니라 큰 비중을 차지하는 비언어적인 행위에는 자세, 적절한 몸동작, 침착함, 눈 맞춤, 미소 등이 포함된다.

장애인재활상담사는 이용자의 비언어적인 행위에 대해서도 적절한 양태로 발전시키도록 도울 수 있다(Roessler & Johnson, 1987). 이용자들은 각기 다른 면접능력을 보인다. 장애인재활상담사가 면접관의 역할을 하고 이용자가 구직자의 역할을 하는 모의면접을 통해서 장애인재활상담사는 이용자가 필요로 하는 것이 무엇인지 분석한다. 장애인재활상담사는 이러한 평가 결과를 토대로 가장 효과적인 서비스 개입전략을 파악할 수 있다. 하지만 장애인재활상담사에게 시간이나 비디오 녹화 장비, 기술훈련 및 자료가 비치된다면 직접 이용자를 대상으로 면접기술을 개선시키는 일을 담당할 수 있다.

4) 직업배치에 대한 태도

장애인재활상담사가 이용자에게 직업배치 상담을 해 주는 것이 업무에 상당한 부분을 차지한다고 해도, 고용주에 비해 동일한 비중을 두지 않는 것으로 보고된다(Emener & Rubin, 1980; Rubin et al., 1984; Thomas et al., 1993). 직업재활과 관련된 조사 보고서에 따르면 후자는 실제 직무 때문이 아니라 선호적 경향을 보여 준다(Flanngan, 1977; Urban Institute, 1975). 직업배치 활동을 기피하는 장애인재활상담사의 성향은 그러한 과업을 신망이 낮은 활동으로 간주하는 시각에서 비롯된 것일 수 있다(Starkey, 1969). 직업을 소개하는 일이 '판매활동'으로 인식되어 왔다는 사실은 그 일에 대한 신망을 떨어뜨리는 역할을 하였다. 이러한 측면에서 Granovetter (1979)은 다음과 같이 진술하였다.

> 그것은 진공청소기 판매원이 주인의 허락을 겨우 받아내고 집에 들어가서는 제품 성능에 대한 실제적인 홍보 효과를 촉진시키기 위해서 카펫에 흙을 뿌리는 이미지를 떠올리도록 만든다. …… 어떤 한 사람의 인성은 거의 언제나 한결같이 동일하며, 그 결과는 전적으로 다른 누군가의 의사결정에 달려 있는 것이다. …… Arthur Miller의 유명한 희곡인『세일즈맨의 죽음(Death of a Salesman)』에서, 주인공 윌리 노먼은 이러한 사회적인 지위를 극명하게 반영하듯 '천박한 사람(low man)'이라는 이름까지도 얻게 된다.

직업배치는 장애인재활상담사의 역할을 각인시켜 주는 전문성에 기인한다(Usdane, 1976). 취업을 위해 이용자를 준비시키는 것, 유능한 상담사이자 사례관리자(case manager)가 되는 것을 강조하고 있다. 장애인재활상담사를 교육시키는 데 있어 이러한 불균형을 시정하기 위해서 Hershenson(1988)은 '직장에서 사회심리학, 직업적응 및 재조정, 직무의 재구성'에 대한 학습을 늘릴 것을 주장하였다. 재활기관의 관리들 또한 Hershenson와 같은 주장을 펼쳤다. 재활기관의 관리들은 장애인재활상담사들이 최우선으로 고려해야 할 사항으로 ① 직업배치, ② 직업개발, ③ 직무분석을 제기하였다.

이 세 가지 영역에서 장애인재활상담사의 역량이 강조되고 있다(Herbert & Wright, 1985). 장애인재활상담사를 직업배치에 적극적으로 참여시키는 대안으로 직업배치 전문가를 활용하는 방법이다.

Granovertter(1979)는 고용 가능성이 있는 고용주 관점에서 볼 때 정보의 신뢰성에 대한 문제를 야기시킬 수 있다. 고용주에게 있어 자신이 고용할 사람들에 대한 가장 확실하고 신뢰할 수 있는 정보는 지원자들을 가장 잘 알고 있는 사람, 즉 지원자들의 재활 프로그램을 계획하고 이행했던 사람들에게서 얻을 수 있다고 할 수 있다. 그리고 취업 전문가들이 활용되는 상황이라면 취업 전문가들이 직업을 소개해 줄 지원자들과 직접적으로 관계를 가지는 정도에 따라 그 효과가 결정될 것이다. 이것은 취업 전문가를 재활 프로그램 운영상의 일부분으로 마지막에 투입하는 존재로 인식하는 것이 아니라, 처음부터 끝까지 재활과정에서 그들의 능력이 통합적으로 사용되어야 한다.

5) 직업배치 기술의 활용

직업배치가 중대한 직능이라는 사실과, 설사 그 업무를 수행하는 것이 법적으로 명시되어 있다는 사실을 알려 주는 것만으로는 충분치 않다. 장애인재활상담사가 직업배치 활동에 지속적으로 참여하기보다는 구체적 접근방법이 필수적이다.

Salmone과 Usdane(1977)은 성과주의 방식으로 연말 보너스, 매년 말 개최되는 정부의 만찬 및 시상식 참가, 승진 등을 포함한 성과에 대한 강화전략을 제안하였다. 성과평가에서 지나치게 저조한 경우 징계를 가하는 것도 동기유발로 작용한다.

장애인재활상담사에게는 고용주와의 긴밀한 접촉을 증진시키는 행정적 의무도 중요하다(Molinaro, 1977). ① 직업개발 이론, ② 고용 가능성을 높이는 일반적 품행,

③ 취업에 대한 사회적 장애물, ④ 직업정보 자료, ⑤ 직무변경 및 직무재구성, ⑥ 긍정적인 행위 규약뿐만 아니라 다음에 제시되는 사항도 수행할 수 있어야 한다. ① 직업정보 자료의 활용, ② 직업배치 파일의 개발, ③ 직무분석, ④ 특정 직무를 위한 교육 및 훈련에 필요한 사항, ⑤ 직업 정보 및 직업 선택에 대한 조언, ⑥ 고용주가 염려하는 문제 해결하기, ⑦ 고용주들의 도움 및 원조 얻어 내기, ⑧ 직업배치의 효율성을 평가하기 위한 사후관리 등이다.

직업배치 과정에서 장애인재활상담사의 참여를 증가시키는 것은 대학의 훈련부터 시작되어야 한다. 실무자, 교육자, 직원, 개발 전문가, 정부기관 관리자, 시설 전문가 등은 업무개발 및 직업배치 능력을 위한 훈련이 직장 내 직원 연수교육에서 책임을 전가하지 않으면서 이루어질 수 있는 환경을 깨닫게 되었다(Sink, Porter, Rubin, & Painter, 1979).

Zadny와 James는 서부 7개 주의 장애인재활상담사 208명을 대상으로 상담사가 주당 직업배치 활동에 할애하는 시간과 성과 간 관계를 조사하여 통계학적으로 유의미한 관계를 확인하였다. 직업개발 및 직업배치 활동에 할애하는 시간이 증가하면 장애인재활상담사가 이용자를 사회에 복귀시키지 못하고 종결하는 상담 사례의 비율은 대폭 감소하였다. 그들은 중증장애를 지닌 이용자 수가 많을수록 직업개발에 할애하는 시간의 양이 증가한다는 사실도 발견하였다(Zadny & James, 1977). 직업배치 및 직업개발을 위해 방문하는 사업처가 얼마나 멀리 있는가, 또한 장애인재활상담사가 이용자를 사회에 복귀시키는 데 성공을 거둔 성공적 사례관리와 밀접한 관계를 보였다.

평가와 종결

1. 평가

평가는 사례관리의 필수적인 구성요소로서 이용자에게 제공된 서비스, 이용자의 진척사항, 서비스 계획, 서비스 활동 및 서비스 체계의 효과성과 효율성을 종합적으로 판단하는 과정이며, 사례관리자의 판단에 근거하여 이용자에게 서비스가 더 이상 필요하지 않을 때 사례관리를 종결하는 단계이다.

평가는 사례관리의 마지막 과정이지만, 평가가 사례관리의 종결을 의미하는 것은 아니다. 평가에 의한 새로운 서비스 계획이 다시 수립될 수도 있고 이용자의 욕구나 상황의 변화에 따라 새로운 계획의 수립이 평가에서 결정된다.

Moxley(1989)는 사례관리 접근방법을 다음과 같이 네 가지로 제안하였다. ① 이용자에 대한 서비스 계획은 가치 있는 것인가? ② 특정한 목표의 달성이 목표로 하는 욕구 영역에 긍정적인 변화를 가져왔는가? ③ 이용자에 대한 서비스 계획 수행이 이용자의 생활에 변화를 가져왔는가? ④ 이용자는 서비스 계획, 계획의 수행 그리고 그 효과성에 어느 정도 만족하는가? ⑤ 이용자의 능력개발 정도, 대인서비스 제공자들의 능력 정도 등도 평가항목으로 보았다.

사례관리에서는 평가의 대상을 무엇으로 삼느냐에 따라, 개입 과정을 주요 평가 대상으로 삼는 과정평가와 개입의 결과나 변화내용을 확인하기 위한 결과평가 두 가지로 구분할 수 있다(한국사례관리학회, 2015).

1) 과정평가

사례관리 과정에는 다양한 요소가 있고 이들이 서로 영향을 주고받는데, 모든 요소에 대한 평가를 수행하는 것은 매우 어려운 일이다. 주로 사례관리의 실천과정은 접수부터 사후관리까지 이루어지며 그 과정이 사례관리의 성과 파악과 잘 연결되도록 기록되고 관리되는지를 평가하는 과업(실천과정에 대한 평가), 이용자의 욕구에 부합되는 서비스와 자원이 잘 계획되고 전달되는지를 평가하는 과업(서비스와 자원에 대한 평가), 실천환경에 대한 평가과업(운영체계와 실천환경에 대한 평가)의 세 가지 과정평가 방법이 제시되고 있다.

표 10-1 사례관리 과정평가 영역

평가 내용	평가 영역
사례관리 실천양식 내용분석	1. 정보수집 및 기록의 적절성 2. 합의된 변화 목표 수립의 적절성 3. 목표한 활동주기의 준수 여부 4. 실천원칙에 근거한 이용자 지원여부 확인
사례관리 실무자 대상 면접	1. 사례관리실천과정(접수–사후관리)의 경험과 개선 의견 2. 지역별, 기관별 특성에 따른 실천과정의 고유성이나 차이점 3. 외부기관과의 연계와 협력활동에 대한 경험과 개선 의견 4. 기관이 전한 사례관리의 원칙들을 실천과정에 어떻게 반영하고 있는지에 대한 정보
서비스 이용자/가족면접	1. 사례관리의 각 과정에 대한 경험과 개선 의견 2. 사례관리자들이 실천과정에 적용된 실천의 원칙들을 잘 반영하여 일하는지 여부 3. 서비스 이용자의 입장과 변화에 가장 도움이 되는 사례관리자와 기관의 노력
외부기관 실무자	1. 사례관리 과정의 협력자/참여자로서 실천과정에 대한 경험과 개선 의견 2. 기관 간 연계와 협력 활동에 대한 경험과 개선 의견

과정평가에는 다양한 자료수집 방법이 사용될 수 있는데, 사례관리 기록양식에 대한 내용분석, 이용자 본인과 가족을 대상으로 한 설문조사나 초점집단면접(Focus Group Interview: FGI), 서비스와 연계 자원에 대한 과정 기록의 분석, 사례관리자를 포함한 실무 대상자의 조사나 면접 등을 통하여 과정평가가 이루어진다.

2) 결과평가

결과평가는 이용자와 서비스 체계의 두 가지 수준에서 이루어진다. 이용자 수준에서의 평가 척도는 ① 서비스 제공자는 이용자가 수용할 수 있는 형태와 수준의 서비스를 제공하고 있는가, ② 이용자에게 제공되는 서비스는 적당한가, ③ 서비스가 일반적으로 수용할 수 있는 양질의 실천기준에 적합한가, ④ 제공된 서비스가 의도한 결과를 초래하는가, ⑤ 이용자는 제공되는 서비스에 대하여 만족하는가, ⑥ 한정된 서비스의 공급이 극한 위기에 처해 있는 이용자에게 전달되는가 등이 있다.

서비스 체계 평가 척도는 ① 서비스 계획이 이용자의 장단기 목표를 달성하는 데 적절한가, ② 서비스 계획에서 기술한 활동과 과업은 적절한 방법으로 실행되는가, ③ 서비스 계획은 이용자의 욕구를 충족시키기에 적합한가, ④ 서비스 제공기관의 정책과 프로그램은 이용자의 욕구 충족에 기여하는가 등이다.

2. 종결

종결은 사례관리 과정을 통하여 목표가 달성되었거나, 서비스가 이미 이용자의 복지를 위해 필요하지 않거나, 이용자의 중대한 변화로 인하여 사례관리 과정을 계속 수행할 수 없을 경우에 서비스의 제공을 중단하는 과정이다.

종결 이후의 사례관리자와 이용자 간의 지속적인 의사소통은 사례관리 서비스가 다시 필요할 때면 언제나 이전의 이용자에게 서비스를 이용할 수 있는 기회를 제공하며, 이전의 이용자를 통하여 새로운 이용자의 의뢰를 촉진하고 이용자에게 계속적인 관심과 우호적인 태도를 보임으로써 지속적인 정서적 지지를 제공하며, 바람직하지 않은 변화가 발생했을 때 이용자로 하여금 쉽게 접근할 수 있도록 한다.

이상적인 종결은 서비스 목표가 달성되었을 때 사례관리자와 발달장애인 가족의 상호 결정에 의해 이루어지는 것이다. 그러나 때로는 이용자와 사례관리자의 변수에 의해 목표에 도달하기 전에 종결이 이루어지기도 한다. 사례관리의 목표 설정이 구체적이지 못한 경우 사례관리가 지지부진해지는 경우가 발생될 수 있으므로 목표설정 단계부터 구체적인 목표를 설정하고 그에 따라 계획된 종결이 될 수 있도록 해야 한다.

〈종결을 위한 점검표〉

- 종결을 위한 명확한 기준이 있는가? 그리고 장애인은 이를 알고 있는가?
- 사례관리자의 경험은 종결을 위한 기준이 필요하다고 느끼는지 또는 변경되어야 한다고 생각하는지를 제시할 수 있는가?
- 종결을 위해 사례관리자는 어떤 절차를 장애인을 위해 준비해야 하는가?
- 장애인 또는 사례관리자에 의해 종결이 요구되었다면, 사례관리자는 장애인에게 개인적으로 그것이 무엇을 의미하는지 탐색해 보았는가? 그리고 서비스에 대한 접근과 장애인의 기능에 대한 종결의 영향력에 대해 고려해 보았는가?
- 종결이 요청되었을 때 서비스 기관은 종결에 대해 모니터링하고 종결에 대해 재심사할 수 있는 절차가 마련되어 있는가?

출처: 정순둘(2006).

3. 기록

사례관리 실천 기록은 사례관리 목적과 과정이 이용자 중심으로 이루어지고, 사례관리자가 이용자, 가족, 지역사회와 함께 기록하고 공유할 수 있어야 한다. 이 과정에서 이용자는 스스로 문제와 욕구를 정의하고 자신의 역량과 가능성, 해결방법 등을 찾을 수 있다. 사례관리 실천 기록을 기록 자체로서의 행위로 국한하지 않고 사례관리 실천 과정, 방법으로 가치와 철학을 담는다면 전문성 있는 사례관리 실천 기록이 가능하다.

1) 기록의 목적

① 이용자 스스로 문제와 욕구를 정의
② 이용자의 역량과 가능성, 해결방법을 탐색
③ 변화목표와 성과를 평가하고 점검

2) 기록의 주체

① 이용자, 가족, 이웃, 공공기관 등 직간접적으로 관계 맺고 있는 이해관계자
② 당사자 및 이해관계자들은 초기면접, 사정 과정뿐 아니라 개입계획 수립, 평가, 종결과정에 참여

3) 기록의 내용

① 이용자의 신체 · 사고 · 정서기능
② 이용자, 가족, 지역사회의 욕구 · 강점 · 장애물
③ 비공식 · 공식적인 자원, 이용자 자원, 자원 간의 관계
④ 개입 목표, 방법, 우선순위, 평가기준
⑤ 계획에 따른 실천, 변화, 성과

4) 기록의 방법

① 사실에 근거
② 명료하고 구체적인 표현
③ 이용자와 관련자에 대한 인권, 옹호 관점
④ 상호 동의 및 계약, 개인정보 보호

5) 슈퍼비전 체계

(1) 수시 슈퍼비전

- 사례관리 각 과정에 대한 구체적인 슈퍼비전 제시 및 점검
- 상담기록지, 사례회의록 등 양식에 직접 슈퍼비전 기록
- 동료 슈퍼비전

(2) 정기 슈퍼비전

- 팀 연계 사례회의(통합사례회의) 정례화
- 외부 자문위원 위촉을 통해 사례관리 실천 기록에 대한 실제적 자문

Case Management for Rehabilitation

재활사례관리 분석과 모형

재활사례관리 분석

1. 기초재활 사례관리

기초재활 사례관리는 이미 장애인복지관에 마련되어 있는 서비스에 대한 욕구로 기관에서 전문적인 서비스를 안정적으로 받을 수 있고 필요한 서비스를 한 장소에서 원스톱으로 이용할 수 있다는 장점을 갖추고 있는 반면에 적극적인 외부자원 연결을 통한 이용자 욕구 해결에는 한계가 있다.

1) 초기면접

(1) 기본사항

① 성명:

② 성별:

③ 생년월일:

④ 학력:

⑤ 종교:

⑥ 거주지:

⑦ 진단명:

⑧ 사례 의뢰 경로: ○○구로 이사 온 지 얼마 안 되어 인터넷에서 관련 기관을 찾다가 본 복지관 홈페이지를 발견하고 전화상담을 신청함.

⑨ 주 욕구: 이용자에게 적절한 교육 및 치료

⑩ 문제

- 이용자가 1개월 때 저산소증으로 인해 장애를 가지게 됨.
- 이용자의 장애로 인한 적절한 치료 및 교육이 필요함.
- 자모가 이용자의 치료 및 교육에 대해 전담하므로 많이 지쳐 있는 상태임.

⑪ 가족사항: 부모와 누나가 있음. 현재 누나는 조모 집에 거주하고 있으며, 이용자는 부모와 함께 거주 중임.

(2) 진료 및 치료

- 이용자는 생후 1개월 때 저산소증으로 인해 ○○가톨릭병원에서 치료 및 진단을 받음.
- 생후 100일 이후에는 주 2회 물리치료를 받았으며, 돌 지나서부터는 경북 구미 ○○어린이집에서 물리 · 작업치료를 받음.
- 2세 3개월부터 2세 7개월까지 ○○병원에서 물리치료를 받음.
- 2세 5개월부터 2세 8개월까지 ○○장애인복지관에서 물리 · 작업치료를 받음.
- 2003년 1월 13일 뇌병변 2급으로 장애등록을 함.

(3) 생육사

- 출생 전: 질환 및 충격은 없었으나, 이용자와 10개월 차이 나는 누나 때문에 스트레스가 많았음.
- 출생 시: 31주 조산 및 2.16kg로 태어났으며, 한 달 동안 인큐베이터를 사용하였음.
- 생후 1개월 때 저산소증으로 병원 치료를 받음.

(4) 발달사항

- 신체발달: 15개월 때 목 가누기, 24개월 때 앉기가 가능했으며, 아직 서기 · 걷기 등의 발달은 이루어지지 않고 있는 등 신체발달 지연을 보이고 있음.
- 언어발달: 옹알이, 첫말 등이 지연되었으며, 현재 엄마, 아빠 정도의 언어 표현이 가능함.

(5) 건강 상태

현재 이용자는 특별한 질환 및 복용 중인 약은 없으며, 사시가 있고 약시가 의심된다는 소견을 들었음.

(6) 가정환경

현재 월세인 주택에 살고 있으며, 수입은 90만 원 정도로 4인 가족이 생활하기에 빠듯한 편임.

(7) 교육사항

- 이용자는 2개월 때부터 조기교육을 시작하였으며, 돌 후부터 장애아동 전담어린이집을 이용하는 등 비교적 빠른 교육을 시도하였음.
- 서울로 이사 오면서 새로운 교육기관을 찾고 있는 상황임.

(8) 담당자 소견

- 이용자는 여러 곳의 치료 경험은 있으나 꾸준한 치료를 받지 못하고 몇 개월 이용하다 그만두는 식의 치료가 이루어져 왔음.
- 이에 물리 · 작업 등 지속적인 치료를 해 주는 것이 필요함.

2) 영역별 사정

(1) 사회적 사정

이용자는 뇌병변 2급으로 장애등록을 하였으며, 신체 · 언어발달이 지연되고 있음. 그럼에도 현재 이용자에게는 지속적이고 체계적인 치료나 교육이 이루어지지 않고 있는 상황이며, 가족의 지원도 적은 편임. 자부는 회사일로 바빠서 이용자에게 소극적인 태도를 보이고 있음. 자녀의 양육은 주로 자모가 담당하고 있으며, 더욱이 연년생인 누나까지 있어 자모는 심적 · 시간적 부담을 많이 받고 있는 상태이나 다행히 최근 가족이 서울로 이사 오면서 자녀양육에 있어 친조모의 도움을 받을 수 있게 되었음. 현재 연년생인 누나가 조모 집에 거주하고 있으나, 이 역시 장기적으로 지속되었을 때 누나의 심리적인 면에서 문제가 발생할 수 있다고 보임. 또한 이용자의 장애와 관련하여 교육 및 양육 정보도 적은 편임([그림 11-1] 참조).

(2) 교육적 사정

포테이지 발달평가를 실시하였으며, 사회성 11개월, 언어 11개월, 인지 1세 5개

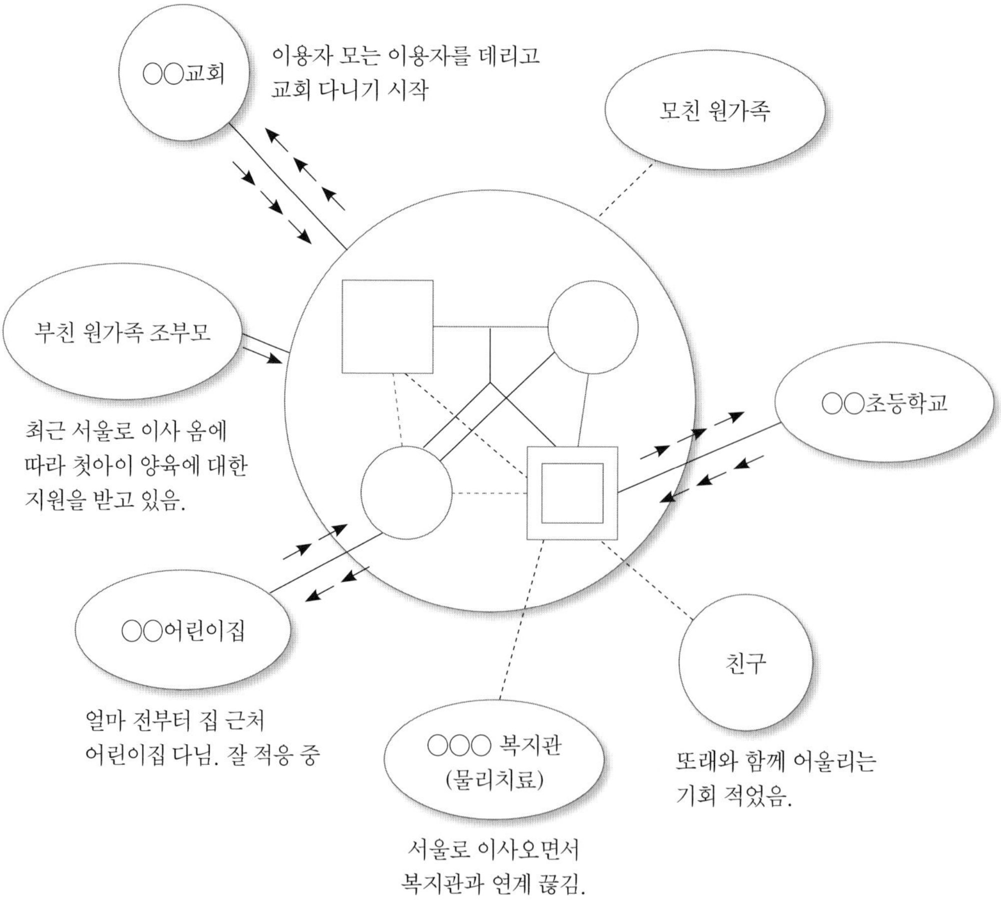

[그림 11-1] 생태도

월, 신변처리 1세 4개월, 운동성 7개월 등의 발달 수준을 보여 전반적으로 자신의 생활연령에 비해 낮은 발달 수준을 보이고 있음. 신체 사용 면에서는 모에게 의존적이나, 언어적인 면에서는 조금씩 자신의 의사를 표현하고자 하는 모습을 보이고 있음. 독립적인 활동을 할 수 있도록 적극적인 신체 움직임 유도와 이용자의 잠재력을 개발할 수 있는 집단 및 개별 조기교육이 필요할 것으로 보임.

(3) 의료적 사정

뇌성마비이며, 경기는 없었음. 앉기유지 좋은 편이며 까치발을 걸음. 앉기 자세유지, 서기 유지를 유도하고 보조하여 걷는 것까지 가능하도록 치료 필요함. 독립적인 일상생활훈련이 필요함.

3) 실행계획

각 영역의 사정 전문가들이 모여 아동의 진단 결과에 대해 공유하고 추후 재활방향 설정을 위한 재활계획 회의 결과는 다음과 같음.

(1) 이용자에 대한 개입

① 이용자의 발달 수준에 맞는 특수 조기교육이 필요하여 대기함.
② 일상생활훈련 및 보행훈련을 위해 물리치료, 작업치료, 수치료 대기함.
③ 본 복지관의 대기 기간이 길어짐에 따라 빨리 이용 가능한 타 기관을 의뢰 및 안내함.
④ 이용자의 언어발달 지연으로 인지교육 선행 후 언어적 사정을 권유함.

(2) 환경에 대한 개입

① 자모의 소진에 따른 지원으로 자모의 스트레스 경감과 자존감 향상을 위해 본 복지관의 가족지원 프로그램 부모아카데미를 이용할 것을 권유함. 또한 지원 가능한 자원(조모)의 활용방안 모색이 필요함.
② 부모에게 이용자의 장애에 대한 이해와 치료 및 교육 방안에 대한 정보를 제공해 주기 위해 우편 부모교육을 실시함.

③ 자부가 이용자의 장애를 수용하고, 이용자에 대해 소극적인 태도에서 벗어날 수 있도록 돕기 위해 본 복지관의 아버지 지원 프로그램 참여를 권유함.

④ 이용자의 치료 및 교육에 드는 비용이 많고, 자녀가 두 명인 데 비해 자부의 수입이 적은 편으로 경제적 안정성이 낮음. 현재 기초생활보장수급권자도 아닌 복지 사각지대에 있는 상황으로 경제적으로 부담이 클 것이 예상되어 백미 지원 등 후원 대상자로 추천함.

4) 실행 과정

표 11-1 이용자 서비스 실행 과정

구분	계획	실행 과정	세부내용
이용자에 대한 개입	1. 운동치료, 수치료, 작업치료, 조기특수교육 대기	재활계획 회의 결과 통보 및 동의 확인 (전화 및 서면)	사정 결과에 대해 설명해 드리고, 이에 대한 개입방향에 대해 논의함. 이용자에게는 우선 물리·작업치료가 필요하며, 단기간이 아니라 꾸준히 이루어져야 함을 알려 드리고, 빠른 치료의 실시를 위해 타 기관을 안내해 드림. 또한 본 복지관의 부모교육을 권유함
		수치료 시작(내관)	서비스 계약서를 작성함. 예상보다 빨리 수치료를 시작할 수 있어 다행이라며 좋아하심
	2. 빠른 치료 위한 타 기관 의뢰 및 안내	수치료 초기평가 관련 상담실시(전화)	이용자가 물에 잘 적응하며, 장난도 곧잘 친다 함. 부모님은 담당 치료사가 친절하다며 만족을 표현하심. 현재 대기 중인 프로그램에 대한 안내를 함께 해 드림
		본 복지관 물리치료 시작	서비스 계약서를 작성하였으며, 2년간의 운동치료를 시작함
	3. 인지교육 선행 후 언어사정 권유	수치료 중간평가 관련 상담실시(전화)	수치료에 만족해하시나, 주차장 이용이 불편함을 호소하심. 이에 대한 복지관의 노력을 알리고 이해를 부탁드림. 이용자가 언어표현이 늘었으므로 언어적 사정을 권유해 드림
		재활계획 회의 결과 통보(전화)	언어치료가 필요하며 본 복지관에 대기되었음을 안내해 드림. 이용자의 부모가 이에 대해 동의하여 언어치료는 오전 이용이 가능함을 확인함

<table>
<tr><td rowspan="5">환경에 대한 개입</td><td rowspan="3">1. 가족지원프로그램 부모아카데미 참여 권유
(부모아카데미 프로그램은 장애아동 가족지원을 위해 집단음악활동을 통해 부모의 스트레스를 경감시키고, 동료 집단과의 교류를 통한 정서적 지지 프로그램임. 매주 토요일 오전 총 6회 진행함)</td><td>부모아카데미 참여 권유(전화)</td><td>부모아카데미 시작에 대한 안내 드림. 자모는 본 프로그램 참여에 관심을 보이셨으나, 자녀양육과 관련하여 시간을 낼 수 있을지 걱정하심. 이에 조모나 자부의 지원을 받을 것을 권유함. 조모와 논의 후 연락하겠다 하심</td></tr>
<tr><td>부모아카데미 시작
(내관)</td><td>부모아카데미 참여 시간 동안 조모가 이용자를 돌봐 주기로 하였다 함. 또한 자부를 설득하여 6회 중 2회는 자부가 쉬는 토요일에 이용자를 돌보기로 함
자모는 자신을 위해 이런 활동에 참여해 본 적이 거의 없었다면서 약간은 상기된 모습으로 오셨음. 부모아카데미의 주 활동인 음악활동에 대해서 자신은 음악에 소질이 없는데 괜찮을지에 대해 걱정이 된다 하심. 이에 음악을 잘하고 못하고와는 상관이 없음을 알려 드리고, 그냥 편하게 음악활동을 즐기실 것을 설명해 드리면서 안심시켜 드림
총 6회의 활동 시간을 통해 자모의 에너지를 회복할 수 있는 시간이 될 수 있도록 지속적인 관심이 필요할 것으로 보임</td></tr>
<tr><td>부모아카데미 종결
(내관)</td><td>자모는 한 번도 결석하지 않고 부모아카데미에 참여하였음. 이에 긍정적 지지를 해 드림. 총 6회의 길지 않은 시간이었지만, 이 활동을 하고 나면 기분이 좋아지고 심란한 마음이 안정되는 것 같았다고 하심. 음악을 긍정적으로 활용할 수 있는 방법을 배웠으니 추후에도 아이와 어머니에게 적용해 볼 것을 권유 드리고 상담을 마침</td></tr>
<tr><td>2. 지원 가능한 자원(조모) 활용 방안 모색</td><td>재활계획 회의 결과 통보 시 상담(전화)</td><td>자모의 부모아카데미 참여 시간 동안 이용자를 돌봐 주는 것에 대한 지원 요청을 하도록 함</td></tr>
<tr><td>3. 부모교육 실시
(우편 부모교육은 사정 시 부모교육이 필요한 자에게 월 1회 우편을 통해 재활정보를 제공하는 프로그램임)</td><td>우편 부모교육 실시</td><td>내관 시 우편 부모교육에 대한 의견을 물어보았더니 “좋은 정보 받아 보는 것 같다.” “자부에게도 보여 주었더니 의외로 관심 있게 읽더라.”며 만족해하심
전화상담 시 월 1회 실시되는 우편 부모교육을 읽고 있는지 물으니, 가끔 보고 있다고 하심. 그러나 이용자에게 어떻게 해 주어야 하는지 아직 잘 모르겠다고 하심</td></tr>
</table>

	4. 아버지 지원 프로그램 참여 권유	아버지 지원 프로그램 참여 권유 (전화/자부)	본 복지관 아버지 지원프로그램 실시일이 다가옴에 따라 자모와 함께 프로그램에 참여할 것을 권유드림. 그러나 자부는 바쁘다는 이유로 참석하기 어려움을 밝히심. 추후 시간이 되면 본 복지관 프로그램에 참여해 보겠다고 하심 아직 자부의 참여를 이끌어 내기에는 시간이 필요한 것으로 보임. 다행히 우편 부모교육에 관심을 보이고 있으므로 이를 활용하여 재활정보 제공 및 심리적 지지를 해 줄 수 있도록 함
	5. 후원 대상자 추천	김장김치 지원대상 추천	자부의 수입이 적으며, 이용자의 장애로 인한 양육 부담이 큼을 고려하여 사례회의를 통해 김장김치 지원 대상으로 추천함. 이에 지원 대상으로 결정되어 김장김치를 지원함

5) 점검 및 재사정

(1) 재접수

지난 번 전화상담 시 이용자의 언어 표현이 많이 늘었다고 하여 언어적 사정을 받아 보기로 함. 이용자가 발음은 부정확하나 언어모방은 잘한다고 하며, 간단하고 일상적인 지시 수행이 가능하다 함. 상담 중 이용자는 상담자의 인사에 수줍어하면서도 밝게 웃음.

2004년 사정 시 본 복지관의 대기 기간이 길어짐에 따라 빨리 이용할 수 있는 타 기관을 안내해 드린 바 있어, 현재 타 기관에서 물리 · 작업치료 프로그램을 이용 중이며, 조기교육도 받고 있다고 함. 본 복지관의 조기교육은 아직 대기 상태임.

(2) 언어진단

착석 유지가 가능하였으며, 소리 모방이 이루어지나 발음이 부정확한 편임. 의사표현 기능으로 요구하기 및 거부하기가 가능하며 일상적인 표현어휘 '엄마' '아빠' '말' '우유' 등은 자발적 산출이 가능. 이는 이용자의 뇌병변장애로 인한 이동의 어려움에 따른 경험 부족 때문으로 예상됨. 따라서 이를 보완하기 위해 다양한 경험 제공이 필요하며 표현언어 능력 향상을 위한 언어중재가 필요할 것으로 보임.

(3) 재활계획회의 실시

언어치료가 필요하여 언어치료 대기 조치함.

6) 평가 및 사후관리

① 첫 진단 시에는 이용자가 받고 있는 치료 및 교육이 전혀 없었으나, 현재는 본 복지관의 운동치료 · 수치료를 이용하고 있으며, 타 기관의 물리 · 작업 · 조기교육을 받고 있음. 이용자에게 적절한 치료 및 교육을 시작하게 된 점은 매우 긍정적으로 보임. 그러나 현재 여러 가지의 서비스가 중복되는 경향이 있으며, 추후 본 복지관의 조기교육을 이용하게 되면 더욱 많은 서비스가 제공될 것이므로 서비스 간 조정이 필요함.

② 현재 이용 중인 프로그램의 중간 · 종결 평가 기간을 이용해 전화 및 내관 상담을 지속적으로 실시, 경제적 사항과 관련하여 자부의 수입, 가계지출 등 변동사항 발생 여부 점검 필요함.

③ 처음에는 자모가 많이 지쳐 있고 소진되어 있었는 데 비해 현재는 자모에게 에너지가 생긴 것 같음. 이는 이용자의 치료 시작, 조모의 아동양육에 대한 도움, 우편 부모교육 및 부모아카데미 참여 등의 개입이 있었기 때문으로 보임. 추후 지속적인 상담 필요함.

7) 사례관리의 한계

장애인복지관을 이용하고자 하는 욕구에 비해 장애인복지관의 수가 적고 서비스 공급의 한계 때문에 프로그램을 이용하기 위해서는 오랜 대기 기간을 거쳐야 하는 경우가 대부분임. 본 사례 역시 '사정 및 계획'을 하고 난 후 바로 개입이 이루어지지 못하고 대기 기간을 거친 후 개입하게 되는 어려움이 있었음.

2. 지적장애 기초재활 사례관리

1) 초기면접

(1) 기본사항

① 성명:

② 성별:

③ 생년월일:

④ 학력:

⑤ 종교:

⑥ 거주지: 서울시

⑦ 진단명: 지적장애 3급(등록일: 1999. 2. 22.)

⑧ 사례 의뢰 경로: 모가 인천의 ○○생활시설에 보내려고 알아보았으나, 거주지 문제 등으로 본 복지관에 의뢰한 사례임.

⑨ 주 욕구: 직업훈련과 사회성 향상

⑩ 문제

- 몇 년 전까지만 해도 오락실 주인과 친하게 지냈으나, 이사 후에는 집에서 주로 낮잠, TV 시청, 강아지랑 놀기 등을 하며 혼자 지냄.
- 직업의식이 부족함.
- 감정을 조절하는 데 어려움을 보임. 욕구가 충족되지 않을 때 순간적으로 감정이 폭발하기도 하며, 누나와의 갈등도 심한 편임.

⑪ 가족사항: 부(계부)는 2003년에 사망하였으며, 모와 누나가 있으나, 누나는 이용자와의 성격 차이 및 잦은 다툼으로 인해 혼자 자취를 하고 있으며, 이용자와 모가 단둘이 거주함.

(2) 진료 및 치료

- 돌 무렵부터 놀라거나 체하면 경기를 하였으며, 10세 때 한의원에서 진단 결과 간질이라는 소견을 들었음.

- 뇌전증과 관련하여 21세까지 개인병원에서 치료 및 약물 복용을 하였으며, 22세부터 ○○병원에서 치료 및 약 복용을 하면서 증상이 호전되었음.

(3) 생육사
- 출생 전: 특이사항 없음.
- 출생 시: 정상 분만으로 순산하였으며 특이사항 없음.
- 출생 후: 돌 무렵부터 놀라거나 체하면 경기를 함.

(4) 발달사항
- 신체발달: 전반적으로 또래와 비슷한 발달과정을 보임.
- 언어발달: 또래에 비해 지연되었음.

(5) 건강 상태

현재 간질약을 복용 중(오전 · 오후 6정씩)이며, 2001년 마지막 발작 후 현재까지는 간질 증세가 나타나지 않았음. 그 외 특이사항 없음.

(6) 가정환경
- 현재 방이 2개인 7평 정도의 전셋집에서 살고 있음.
- 모가 식당에서 월 70만 원 정도 받고 새벽까지 일하고 있으며, 이는 대부분 생활비와 모의 병원비로 지출되고 있음.

(7) 교육사항
- 간질로 인해 학교생활 적응이 어려워 초등학교 2학년 때 중퇴함.
- 이후 13세에 천주교 재단에서 운영하는 생활시설에서 5년간 생활하였으며, 이 외 교육 경험은 없음.

(8) 직업훈련 및 직업 경력
- 작은 이모네 편직 공장에서 업무보조로 근무한 경험이 있으나, 공장 폐업으로 인해 그만두게 됨. 당시 임금으로는 용돈 정도 받고 다님.

- 공공근로를 한 경험이 있으나 적응이 어려워 일주일 만에 포기하였음.

(9) 담당자 소견

- 직업능력평가 및 직업훈련, 취업지도가 필요함.
- 모자 가정으로 경제적 지원이 필요함.

2) 영역별 사정

(1) 사회적 사정

본 대상자는 현재까지 교육 및 직업 훈련의 기회가 거의 없었음. 특히 적절한 학습 및 교육을 받아야 할 시기에 학교 중퇴, 모의 정보 부족, 경제적 어려움 등으로 교육적인 부분에서 거의 방치되었음.

가족환경을 보면, 이용자의 모는 이용자의 친부 사망 후 재혼을 하였으나 2003년 계부가 사망하여 이용자와 이용자 누나만 있음. 이용자 모는 식당에 나가 저녁부터 새벽까지 일하여 기상시간이 늦은 편이며, 당뇨로 인해 건강이 나빠 병원비 지출이 많은 편임. 누나는 이용자의 센 고집과 잦은 다툼으로 분가하여 따로 살고 있으며, 현재 휴대전화 매장에서 일하고 있음([그림 11-2] 참조).

이러한 상황을 고려해 볼 때, 현재 대상자의 교육 및 직업재활을 지원해 줄 수 있는 가정환경 체계 및 자원도 빈약함으로 판단되며, 이에 적절한 학습 기회 제공 및 직업훈련을 위한 지원이 필요할 것으로 보임.

(2) 현장평가

기본 일상생활은 대부분 독립적으로 가능하며, 인지 및 학습 능력이 양호하여 적절한 자원 활용과 독립생활이 가능하리라 보이나, 지금까지의 가족 지원과 경험의 부족으로 다소 발달이 지체되어 있으므로 자원 활용기술 및 경제활동과 관련된 훈련이 필요할 것으로 보임. 이용자는 직업적응훈련 프로그램을 이용하면서 취업에 대비하는 것이 적절할 것으로 평가됨. 이와 함께 직업의식 및 자아상 강화, 적절한 감정조절 지원을 통해 직장 적응력을 향상시킬 수 있는 훈련이 필요할 것으로 보임.

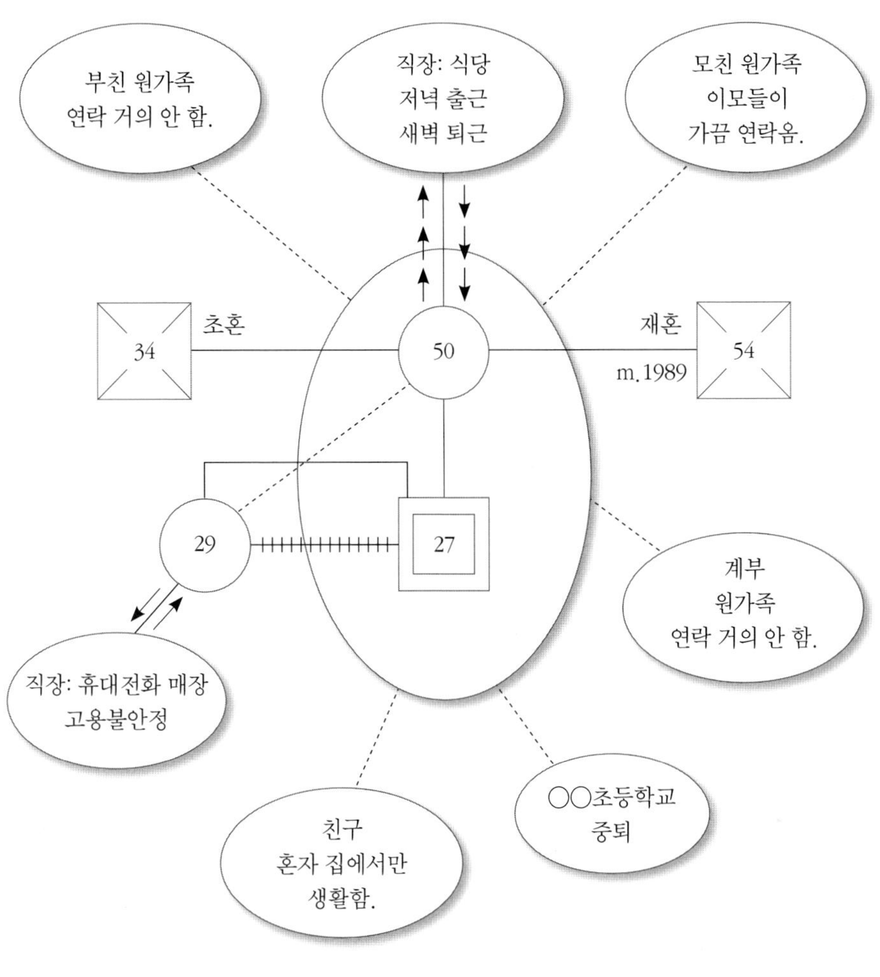

[그림 11-2] 생태도

3) 실행계획

각 영역의 사정 전문가들이 모여 이용자의 진단 결과에 대해 공유하고 추후 재활 방향 설정을 위한 재활계획 회의 결과는 다음과 같음.

(1) 이용자에 대한 개입

① 직업적응훈련 프로그램이 필요함.

② 단절된 대인관계를 회복하고 사회성 증진을 위하여 사회성 향상 프로그램이 필요함. 이를 위해 직업적응훈련 프로그램 내 사회성 증진활동 및 자연스러운

동료와의 상호작용 접근이 필요함.

③ 감정 조절의 어려움을 해소하고 적절한 자기표현을 위하여 심리적 지원이 필요함. 이를 위해 타 기관 상담 관련 프로그램 안내 및 상담전문 자원봉사자를 발굴, 연결하도록 함.

④ 추후 취업 지원 및 적응지도 실시로 이용자가 직업적 자립을 할 수 있도록 도움. 그리고 사후 자모의 걱정에 대한 준비도 필요함.

(2) 환경에 대한 개입

① 자모가 이용자의 장애에 대한 이해와 직업재활 관련 정보가 취약하므로 이에 대한 보완을 위해 정기적인 상담 및 교육이 필요함.

② 이용자와 이용자 누나의 관계 개선을 위한 가족상담기관 안내가 필요함.

③ 현재 수급자가 아니나 자모의 적은 수입과 병원비 지출 등으로 경제적 부담이 크므로 무료 급식 등 경제적 지원이 필요함.

4) 실행 과정

표 11-2 이용자 서비스 실행 과정

구분	계획	실행 과정	세부내용
이용자에 대한 개입	1. 직업훈련 프로그램 대기	재활계획 회의 결과 통보 및 동의 확인 (전화 및 서면)	진단결과에 대해 설명 드리고, 이에 대한 개입방향에 대해 논의함. 직업적응훈련반 대기됨을 안내해 드림. 저소득 모자가정 지원에 대한 정보 제공
	2. 직업훈련 실시	직업적응훈련반 입소	서비스 계약서 작성함. 프로그램 이용에 대한 안내 및 재활정보 제공함
		사례 평가 실시	직업적응훈련반 이용관련 초기평가 실시함. 이용자의 적응이 빠르고, 훈련과정에도 충실히 따르고 있어 추후 취업연계 시도가 가능할 것으로 보임
	3. 지속적인 상담 실시	사회성 향상 위한 자원봉사활동 협의	본 복지관 재활목욕 담당자와 이용자의 관내 목욕 자원봉사 활동 가능여부에 대해 논의. 논의 결과 내년부터 재활목욕실 자원봉사 활동의 기회 제공하기로 함

	4. 사회성 향상 지원	상담	적절한 감정표현 태도 형성 지도. 사회적응훈련(노래방 이용) 중 팀을 구성하면서 동료와 싸움. 동료들이 다툼의 책임을 이용자에게 넘기려 하자 욕을 하면서 뛰쳐나가 버림 이와 관련하여 직업재활담당자의 상담 실시. 무조건 화를 내고 욕을 하는 행동은 타인의 이해를 얻는 것이 아니라 오해만 일으키게 되므로 차분히 상대방의 얘기를 들은 후 자신의 이야기를 하는 태도를 기르도록 지도함
		자원봉사활동 실시(관내 재활목욕실)	자신감과 대인관계 능력 향상을 위해 재활목욕실 자원봉사 실시(매주 목요일 오후). 본인이 자원봉사자로 활동하는 것에 대해 매우 뿌듯해하고 만족스러워하였음
	5. 취업알선 및 적응지도	진로상담	현장실습 기회제공 및 취업관련 욕구를 파악하기 위해 진로상담 실시함. 작고 힘없는 목소리로 "내가 할 수 있을까요?"라고 담당자에게 질문함. 처음부터 누구나 잘하는 것은 아니며, 노력하면 가능하고, 이용자에게 충분한 능력이 있음을 말해 줌. 이에 용기를 얻은 듯 한번 해 보고 싶다고 함
		취업 전 교육	면접 및 직장적응 시 유의사항 지도
		취업 알선	(주) ○○○ 취업 결정됨. 매주 목요일 휴무하기로 함. 이용자가 먼저 '현재 하고 있는 목욕봉사를 위해 매주 목요일에 쉬겠다'고 함
		취업	설거지 외 다른 업무를 시켰더니 30대 중반인 캡틴님에게 욕을 하면서 "너가 시키는 일은 안 해."라고 하면서 대들었다고 함
		적응지도: 직장 내 비협력적 작업태도 지도함	직장 내에는 자신이 하고 싶은 일만 할 수 있는 것이 아니며, 업무가 바쁘면 서로 도와가며 업무를 해야 함을 이해시킴. 또한 캡틴은 상급관리자로 상급관리자의 지시를 잘 따르는 것이 직장예절 중 하나임을 지도함. 이에 일단은 수긍하는 듯함
		적응지도: 취업자 자조모임 참석	여가시간 활용방법을 습득하여 취업 시 발생하는 스트레스를 원활히 해소하고 궁극적으로 취업유지를 할 수 있도록 지원하기 위해 취업자 자조모임에 참석하도록 함
		적응지도: 적응정도 파악	시간이 지날수록 동료들과의 관계도 좋아지고 자신의 업무에 책임감을 가지고 근무하고 있어 점장님 및 동료들이 좋아한다고 함. 이에 근무한 지 100일 째 되는 날 매장에서 식사를 대접해 주기로 약속하였다고 함
		사례회의 실시	3개월째 취업유지를 잘하고 있음. 본인이 장기고용을 원하고 고용주가 이용자의 근무태도 및 근무능력에 만족을 하고 있으므로 장기고용이 가능할 것으로 보임 이에 훈련 종결하기로 함. 지속적인 적응지도 및 부모상담 필요함

	6. 심리프로그램 지원	심리지원 관련 상담	전문자원봉사자(미술치료사) 섭외함. 이용자의 미술치료 프로그램(12회 진행) 실시 가능할 것으로 보여 이용자에게 의사를 물어봄. 이용자도 활동을 해 보고 싶다 하여 다음 주부터 실시하기로 함
		미술치료 시작	전문자원봉사자의 협조로 미술치료 시작. 매주 목요일 복지관 프로그램 끝난 후 미술치료 실시하기로 함
		미술치료 관련 상담 (전화)	전화상담을 통해 일하면서 주 1회 자원봉사 하는 것이 힘들지 않은지 물어보니 "미술하는 거 재미있어요."라고 함
		미술치료 종결	처음 계획한 12회가 끝나 미술치료 종결하기로 함. 미술치료사의 평가에 따르면, 이용자는 처음 시작할 때보다 활동에 자신감 있어지고, 자신이 원하는 바를 잘 표현하는 모습이 많이 관찰된다 함
환경에 대한 개입	1. 정기적 부모 상담	부모상담	직업재활서비스 초기평가와 관련하여 모와 상담 실시함. 복지관 이용에 대한 만족을 표현하심. 아직 조기취업에 대한 욕구는 없다 하심
		부모상담	취업알선 관련 부모상담. 취업알선 업체에 대한 안내 및 취업알선 동의 구함. 이용자가 할 수 있다고 하고, 훈련을 받으면서 성격도 밝아지고 자신감도 생긴 것 같아서 덜 걱정된다고 하심
		부모상담	취업 안내 및 취업 시 부모 협조사항 안내드림. 이용자가 취업을 했다는 사실에 매우 기뻐하심. 장기적으로 유지할 수 있도록 지원해 줄 것을 요청하심
		부모상담	지속적 · 안정적 취업유지로 본 복지관 훈련 종결하게 됨을 알려드림. 이에 동의하심. 그러나 훈련종결에 대한 약간의 두려움을 보이시며 추후에도 지속적인 관심 보여 줄 것을 희망하심. 그에 대해 지속적으로 사후관리 하겠음을 알려 드림
	2. 가족상담 기관 안내	가족상담 기관 안내 및 권유	누나와의 악화된 관계로 인해 가족상담 기관을 안내 드리며, 가족상담을 받아보실 것을 권유함. 그러나 누나가 바빠서 시간을 낼 수 없으며, 모 또한 식당일로 시간을 비울 수 없다고 하심. 가족상담에 대해 아직 부담스러워하시는 듯함. 가족상담보다는 지속적인 모 상담 및 누나와의 접촉이 우선 필요할 것으로 보임
	3. 무료급식 실시	무료급식 담당 팀과 무료급식 관련 협의	이용자의 경제적 어려움으로 인해 본 복지관 프로그램 이용 시 무료급식 실시 요청함. 담당 팀과의 협의를 통해 이용자에게 무료급식 지원해 주기로 결정됨
		취업에 따른 무료급식 종결	이용자의 취업에 따라 본 복지관의 무료급식을 종결하기로 함

5) 평가 및 사후관리

① 이용자는 본 복지관에서 직업적응훈련을 이용하였으며, 훈련과정에 적응을 잘하여, (주) ○○○으로 취업알선 및 3개월간의 적응지도를 통해 안정적 · 지속적인 취업유지가 되고 있음. 훈련에 임하는 대상자의 적극적인 자세 및 프로그램 개입(직업적응훈련, 심리적 지원), 지속적인 부모상담으로 인해 빠른 취업, 유지의 성과를 보일 수 있었음.

② 장기 고용 유지가 가능하도록 지속적인 사후관리가 이루어져야 함. 이를 위해 월 1회 사업체 방문, 월 1회 취업자 자조모임 참석, 월 1회 부모와의 전화상담 등 정기적인 적응지도 및 부모상담을 실시할 계획임.

3. 재가복지 사례관리

재가복지 서비스 중심의 사례관리는 기초재활 서비스와는 달리 찾아가는 서비스를 중심으로 지역사회 자원을 개발, 연결 및 조직화하는 일련의 과정 속에서 지역사회에서 이용자의 욕구를 해결할 수 있는 다양한 방법을 동원한다는 데 장점이 있다.

1) 초기면접

(1) 기본사항

① 성명:

② 연령:

③ 성별:

④ 생년월일:

⑤ 학력:

⑥ 거주지:

⑦ 진단명: 지체 2급(지체, 청각 중복장애)

⑧ 의뢰 경로: 보건소 방문간호사에 의하여 의뢰된 사례로 전화상담 이후 가정방

문이 이루어짐.

⑨ 주 욕구: 신체기능 회복을 위한 물리치료

⑩ 문제

- 신체기능: 왼쪽 편마비로 제한적 독립보행 가능
- 언어기능: 필담으로 언어소통 가능
- 심리 상태: 감정 기복이 크며 불안정함.

⑪ 가족사항: 아내와 1남 2녀로 구성, 아내는 2년 전 가출을 하여 별거 중인 상태이며, 자녀들은 매우 비협조적인 상태임. 가출한 부인은 자녀들과는 연락을 하고 있고, 본 복지관에도 이용자의 상황을 논의하기 위해 방문 및 전화 연락을 하고 있으며, 전혀 무관심한 상태는 아님([그림 11-3] 참조).

(2) 건강 상태

- ○○○보건소 방문간호사에 의해 의뢰된 사례로 혈압으로 인한 뇌졸중으로 왼쪽 편마비가 옴.
- 오래전부터 청각장애가 있었으며, 현재 잔존능력에 비해 매우 무기력한 상태임.

(3) 가정환경

- 부인이 2년 전 가출하여 현재 별거 상태이며, 자녀가 셋 있으나 이용자에게 매우 비협조적임.
- 집 안이 청결하지 못해 심한 악취가 나는 열악한 상황임.

(4) 경제적 상태

부인이 자녀들을 통해 경제적인 지원을 하고 있는 것으로 보이며, 큰딸과 아들이 어느 정도 기여하는 것으로 보임.

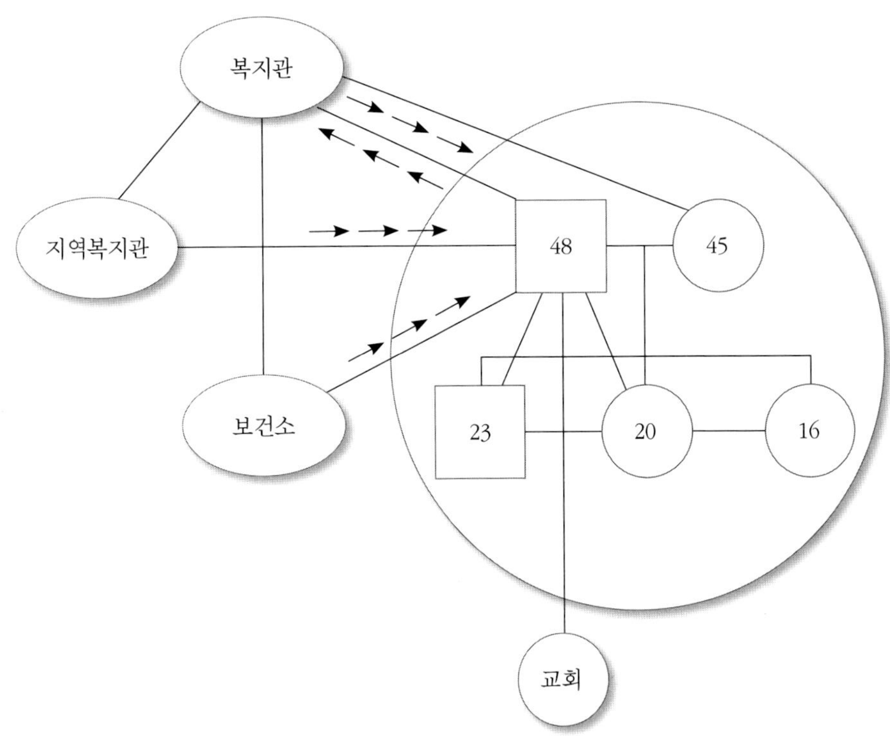

[그림 11-3] 생태도

(5) 담당자 소견

이용자는 정서적으로 매우 무기력한 상태에 노출되어 있으며 신체적인 기능 회복이 우선적으로 필요한 사례로 의료적 지원과 함께 가족의 관심과 참여를 이끌어 낼 수 있는 지원을 통하여 정서적인 안정을 이룰 수 있는 다각적 방법이 필요할 것으로 사료됨.

2) 사정

(1) 사회적 영역

부인과 별거하고 있는 상태이며, 세 자녀와의 관계도 협조적이지 못한 상태임. ○○교회에서 가끔씩 와서 예배 인도를 해 주고 있고, ○○보건소에서 혈압약을 지급하고 있음. 가족 외의 친척은 없는 것으로 보이며, 이웃과의 관계 형성도 제대로 되어 있지 않음.

표 11-3 가족관계 정보

성명	관계	성별	나이	비고
윤○○	본인	남	48세	
김○○	부인	여	45세	별거 중
윤○○	자	남	23세	직업군인
윤○○	자	여	20세	직장에 다님
윤○○	자	여	16세	고3 재학

(2) 신체적 영역

왼쪽 편마비이며, 청각장애를 동반한 상태이나 장애등록이 되어 있지 않았으며 지팡이를 이용하여 보행이 가능한 정도임.

(3) 정서 · 인지 영역

하루 종일 집안에서 혼자 보내고 있으며, 손상에 대한 수용은 어느 정도 하는 듯하나 케어(care)해 줄 보호자가 없음.

(4) 일상활동 영역

- 개인유지 능력은 능력 정도로 보아서는 씻기, 신변처리 등이 가능하나 자신을 청결히 해야 하는 것에 전혀 관심이 없고, 무기력하기 때문에 매우 불결한 상태이고, 이동능력은 지팡이를 이용하여 인근 지역을 돌아다니는 것이 가능함.
- 가사 수행능력, 직업 수행능력이 전혀 없고, 여가 활용능력은 가끔 혼자 집 주변을 산책하는 정도임.
- 현재 생활 상태는 혼자서 주로 누워 있는 시간이 대부분임.

3) 실행계획

- 사회진단 및 자원조사: 사회복지사
- 의료진단: 물리치료사
- 이용자의 신체기능 회복 및 정서적인 안정, 청결 상태 회복을 위한 사회적응훈

표 11-4 이용자 서비스 실행 과정

구분	계획	실행 과정	세부내용
직접적 서비스	1. 신체적 기능회복	물리치료	근력기능 강화와 A.D.L의 향상, 보행기능 강화 등의 목표를 가지고 물리치료서비스를 제공하여 어느 정도 진전이 있었으나 이용자의 감정기복이 심해지면서 치료를 거부하여 종결함
	2. 대인관계 능력 향상	사회적응훈련	초기에는 사회적응훈련에 참여하기를 기피하였으나 지속적인 권유로 캠프, 현장체험, 견학 프로그램에 참여를 함
	3. 청결상태 유지	이동목욕	청결상태를 유지하기 위해 이동목욕서비스를 의뢰하였고, 정기적으로 목욕 이루어짐. 그러나 침을 많이 흘리고, 음식 흘리는 등의 행동은 여전히 남아 있음
	4. 외출지원	통원보조 등	장애등록건으로 ○○재활병원 통원, 나들이, 한의원 동원 시 자원봉사자 또는 공공근로 도우미에 의해 외출지원서비스 제공됨
	5. 정서적 지원	상담 및 정서지원	사례관리자의 정기적인 상담으로 필요한 욕구 파악 및 심리적인 지지가 이루어졌고, 경증장애인 공공근로자를 파견하여 하루 종일 케어하면서 말벗 서비스를 제공함으로써 정서적인 안정에 도움을 제공함
간접적 서비스	1. 가족지원	가족상담, 정보제공	이용자가 중환자실에 입원한 후 부인이 상담을 원했으며, 이용자의 향후 방향에 대해 논의함. 그러나 이용자를 보호하려는 의지보다는 이용자와 함께 살고 있는 자녀들의 걱정으로 인한 문제를 가지고 주로 호소함 가족들이 이용자가 입소하기를 원하여 ○○재활원에 이용자와 함께 입소 절차를 위해 방문했으나 다녀온 후 이용자가 입소를 완강히 거부하여 취소됨
	2. 자원연결	가정봉사원	경증장애인 공공근로도우미를 연결하여 말벗, 외출지원, 산책지도 등을 실시함으로써 일상생활능력을 향상시킴
	3. 의뢰	타기관	이용자의 영양 상태가 좋지 않아 ○○복지관에 밑반찬 서비스를 의뢰함 또한 도우미 연결로 가사지원 및 이용자의 식사문제를 해결하는 것이 필요할 것으로 보여 가정도우미를 신청함

련 및 이동목욕 서비스 등 제반의 재활 의욕을 고취시킴. 이에 따른 서비스 계획과 과정, 목표 및 세부 내용은 〈표 11-4〉와 같음.

4) 점검

- 본 이용자는 지역사회의 다양한 자원을 활용한 접근이 이루어졌으나 초기 상태를 반복하는 등 별다른 진전을 기대하기가 어려운 상태임.
- 이는 가족들의 비협조적인 태도가 큰 원인이라고 할 수 있으며, 이용자의 건강 상태를 우선 유지하는 것이 필요하나 영양 상태의 불량, 보호자의 부재 등이 이유라고 하겠음.

표 11-5 지역사회 지원조사

자원		역할
○○보건소		혈압약 투여
○○주민센터		자활보호대상자에게 해당되는 물품 지급
서부○○병원		장애등록
○○교회		예배인도
장애인복지관	사회복지사	상담 및 정보 제공
	물리치료사	물리치료서비스
	간호사	이동목욕서비스 및 건강체크
	천사○○봉사자	외출지원서비스
	공공근로도우미	말벗, 외출지원, 산책지도 등
○○한의원		침, 한방 등

5) 사후관리

- 본 이용자는 1차 욕구로 표현했던 물리치료에 대한 욕구를 다시 보이고 있으나 현 상태로는 물리치료에 대한 효과를 기대하기가 어려울 것으로 보임.
- 우선은 균형 있는 영양 섭취, 청결한 주거 상태 유지 등이 오히려 신체기능을 회복하는 데 도움이 될 것으로 보이기 때문에 자녀들과의 면담을 통해 이의 중

요성에 대한 논의가 요구됨.

- 또한 지속적인 가정봉사원 파견을 통해 이용자가 정서적인 안정을 유지할 수 있도록 함이 필요하겠고, 보건소와의 사례 협의를 통해 동반될 수 있는 합병증 관리가 이루어질 수 있도록 방문 횟수를 늘리는 것이 필요할 것으로 보임.
- 이동목욕 서비스 횟수를 늘려 청결 상태를 유지할 수 있도록 하고, 사회적응훈련 프로그램에 지속적인 참여를 유도하여 대인관계 능력을 향상시킬 수 있도록 개입할 계획임.

4. 직업재활 사례관리

장애인복지관 취업알선 중심의 사례관리는 분명한 욕구(취업)에 의한 개입이 이루어지는 비교적 단순한 절차를 거치게 되지만, 취업으로의 연결과 안정적인 고용유지를 위해서는 직업 영역에 초점을 둔 사정과 사후관리가 필요하다.

또한 정신장애가 법적 장애 유형으로 포함되었지만, 장애인복지관에서 제공되는 서비스에는 한계가 있기 때문에 기존 정신장애인의 사례관리 역할을 수행하여 왔던 기관 간의 연계에 초점을 둔 역할 수행이 이루어지고 있다. 전체적인 사례관리는 정신보건센터에서 그 역할을 수행하고 있으며, 장애인복지관에서는 장애인 취업과 관련된 경험을 통하여 정신장애인 취업알선 또는 지원고용에 초점을 둔 일자리 창출의 역할을 분담하고 있다.

1) 초기면접

(1) 기본사항

① 성명:

② 성별:

③ 생년월일:

④ 학력:

⑤ 거주지:

⑥ 장애 유형: 정신장애(조현병)

⑦ 의뢰 경로: 연계된 정신보건센터에서 의뢰된 사례로 취업에 강한 욕구를 보임.

⑧ 주 욕구: 취업

⑨ 제시된 문제

- 대인관계의 어려움으로 안정적인 고용 유지가 힘듦.
- 과도하게 꼼꼼한 성향을 나타내며, 망상, 환청 등의 증세로 인한 집중력 저하 등이 발생함.

⑩ 가족사항: 부와 누나, 형 둘이 있으나 현재 자부와 함께 거주하고 있음. 자부는 이용자에 대해 불만을 가지고 있으며, 이용자도 자부와의 관계에서 소극적이며 대화가 거의 없는 상태임.

(2) 직업 경험

이용자는 자의적으로 제과제빵 훈련을 받은 경험도 있으며, 베이커리 등에 취업을 한 적도 있는 등 적극적인 생활력을 가지고 있으나 대인관계의 어려움으로 안정적인 고용 유지가 힘듦.

(3) 기타사항

- 군복무 중(이등병 말) 망상, 환청 증상 발현 후 의병 제대함. 현재 자부와 함께 거주하며, 자부는 이용자에 대해 불만을 가지고 있으며, 이용자도 자부와의 관계에서 소극적이며 대화가 거의 없는 상태임.
- 약점으로는 과도하게 꼼꼼한 성향을 나타내며, 망상, 환청 등의 증세로 인한 집중력 저하 등이 발생함.

2) 사정

- MDS 평가 결과 직업수준 점수는 84.86점으로 전환적 훈련/직업준비 영역에 해당함.
- 이용자는 작업이해력이 뛰어나고 작업속도 대근력 및 소근력 기능이 우수하여 세밀한 작업도 정확하게 수행할 수 있으며 집중력도 양호함.

- 작업능력상 약점으로는 지나치게 집중하려는 성향 때문에 심리적 부담감이 나타날 수 있으며, 동료관계는 비교적 원활하지만 과도하게 꼼꼼한 성격과 제한된 대인관계 형성 패턴이 직장에서 부정적인 요소로 작용할 수 있음.
- 취업 욕구와 자신의 일에 대한 책임감이 강하며 지속적으로 취업을 유지하려는 생각을 갖고 있음.
- 문제행동으로 단위 사건에 과도하게 몰두하며, 스트레스 · 망상 등의 증상이 재발하는 경우가 나타나며 취업의 지속이 어려움.

3) 계획수립

(1) 사업체 개발

지역신문을 통하여 회사와 유선 상담 후 사업체를 방문하여 직무분석을 실시하고 정신장애인에 대한 정보 제공 후 현장실습 과정을 협의함.

(2) 직무분석

① 직무내용: 보석 케이스 조립 및 포장(케이스 조립 작업 및 원자재 운반, 비닐 opp 포장)

② 직무요건

- 4시간 이상 지속할 수 있는 작업지속력
- 케이스, 원단, 포장박스 물량 운반 시 요구되는 대근력
- 작업 수행은 착석하여 수행함.
- 과제집중력이 중요하며 검수 가능해야 함.
- 과제 변화 다섯 가지 이상이며 변별기술 요함.
- 셈하기, 한글 인지, 시간 인지가 가능해야 함.

③ 직무과정: 조립직무/운반직무/기타직무

(3) 사업체 정보

표 11-6 지역사회 사업체 정보 조사

회사명	○○케이스	전화번호	02)○○○-○○○○
주소	서울시		
대표자	○○○	감독자	이○○ 부장
직종	보석 케이스 제조 (제조단순노무)	생산품	디스플레이, 보석 케이스
직무	케이스 조립, 포장, 운반	장애인근로자/ 근로자 수	4/30여 명
복리후생	4대보험 가입	평균급여	60~65만 원
시설 및 기계	재단실, 프레스기, 절단기 등 다수	물리적 환경	제품성형 및 조립 시 본드 냄새가 심하게 발생. 프레스기 등 기계소음 있음
고용주 태도	기존 장애인 고용 중이며 정신장애인도 채용 가능함	장애인 고용계획	면접 이후 실습을 통하여 정신장애인 2명 고용

(4) 적합성 비교에 따른 지원계획

고용 대상자 개인 정보와 사업체 직무분석을 상호 비교한 적합성 비교분석에 의해서 중요한 항목 및 필요한 지원내용은 〈표 11-7〉과 같다.

표 11-7 적합성 비교에 따른 실행방안

항목	실행방안
대근력 기능	케이스 원자재 또는 완성품 박스 운반 시 안전사고에 대한 주의가 요망되며, 중량이 제품에 따라 다양하므로 안전한 방법으로 운반하도록 개별지도
소근력 기능	보석 케이스 부품이 미세하여 소근력 기능 작업이 대부분이며 과제 수행 시 정확한 손기능이 요망되며 이에 따른 집중력이 필요함 → 부품변별, 조립작업 수행에서 불량품이 발생하지 않도록 집중력 향상과 함께 소근육 기능 활용 지도
작업지속력	작업물량이 많고 착석하여 4시간 이상의 작업지속력이 요망되므로 작업인 내력이 필요함 → 자신의 판단에 따른 적절한 휴식과 지나친 책임감 부여가 되지 않도록 동료의 협조 요청
작업 수행속도	작업량 많고 조립라인의 흐름에 따른 신속한 작업속도 요망됨 → 신속하게 수행, 작업 흐름에 적절하게 반응 지도

동료관계	기본적인 동료관계 형성 요구되며 작업 시 협동관계 필요함 → 동료에게 대화 및 협동에 대한 협조를 요청하고 심리적인 지원을 제공하도록 함
증상관리 (스트레스 요인)	망상 및 강박적 사고로 증상재발의 징후가 있으므로 심리적 지지와 스트레스 관리에 대한 지원

4) 실행

(1) 현장실습

① 현장실습 기간: 3주간

② 현장지도 과정

- 대근력 기능: 이용자의 대근력 기능은 양호한 상태이나 무리하게 물량을 운반하려는 경향과 부주의한 행동으로 안전사고에 대한 위험성이 나타남. 물량을 들고 일어서는 방법 및 운반 요령을 지도하고 운반 중량이 다양하므로 대중량의 경우 특히 주의하도록 하고 이동 시 사람이나 물건에 부딪히지 않도록 지도함.
- 소근력 기능
  - –작업이해력이 우수하여 보석 케이스의 종류나 부품 인지 등에서 특별한 개입 없이도 독립적으로 수행이 가능함.
  - –다양한 제품에 따른 소근력 기능도 양호하지만, 작업속도에 대한 부담감으로 불량이 발생하여 수정 · 지도하고, 초기에는 수행속도보다 정확성을 높이도록 지도함.
- 작업지속 및 인내력: 4시간 이상의 작업지속력이 요망되는 작업환경에 초기에는 인내하지 못하다가 점차 적응하는 양상을 나타냄. 적절한 휴식(화장실 이용하기, 작업장 밖에서 휴식 취하기)을 취할 수 있도록 감독자에게 요청하고 이용자의 판단에 따라 시간을 조절하도록 지도함.
- 작업 수행속도
  - –이용자는 작업속도가 빠른 편이나 시간에 쫓기듯이 조급하게 수행하려는 성향이 나타나 스스로의 부담감이 크게 발생함.
  - –가능한 한 빠른 속도로 수행해야 하지만 심리적 부담감으로 인한 스트레

스 발생이 우려되므로 적절한 속도로 수행하도록 조정하고 동료와의 협조 및 작업량을 분배하도록 함.

- 동료관계
  - 작업 수행 외의 동료 및 감독자 관계의 중요성을 인지시키고 점심시간에 휴식과 함께 작업 동료와 대화를 하도록 유도함.
  - 이용자는 비교적 원만하게 관계를 형성하며 점심시간에 스스로 커피를 준비하여 대접하는 등 적극적인 태도도 나타남.
- 증상관리: 작업물량의 과다로 인한 야근이 잦을 경우 스트레스가 발생하고 이에 따른 심리적 부담감과 망상 등의 증세가 발생하므로 병원 사례관리자와의 상담과 외래진료를 통한 지속적인 약물 복용을 하도록 함. 외래진료 횟수를 월 2회로 조정함.
- 부모상담 및 가족 지원: 이용자와 자부는 가정에서 상호 부정적인 태도를 보이고 대화가 거의 없으며, 이용자는 조기에 출근하고 늦게 귀가하는 등 자부를 회피하는 행동이 있음. 자부와 전화 및 내관 상담을 실시하였으며, 가정에서 이용자와의 대화 시도와 심리적 지지를 하도록 요청함.

5) 평가

(1) 현장실습

표 11-8 현장평가 소견서

평가 항목	평가 소견
대근력 기능	이용자는 무리하게 운반하는 경우가 가끔 있으나 전반적인 근력 사용은 양호하며 안전사고에 대한 주의도 본인이 판단하고 있음
소근력 기능	이용자는 세밀한 과제 수행이 좋고 불량품생산도 거의 없으나 작업 수행에 대한 강박증으로 실수를 하기도 함. 케이스 부품 조립 및 포장작업 시 매우 꼼꼼하고 치밀하게 작업을 수행함
작업지속력	산만한 행동과 잦은 이동으로 집중력이 부족한 부분에 개입하여 다소 집중력은 높아졌으나 만족할 만한 수준은 아니며 휴식시간, 점심시간을 정확히 지키고 충분히 휴식을 활용하도록 함

작업 수행속도	작업속도 매우 빠르며 감독자 만족도도 높음
동료관계	비교적 원만하게 관계 형성하며 휴식시간 활용과 대화시도 등의 적극적 모습 나타남
증상관리	사례관리자의 방문상담, 외래진료, 지속적 약물복용 및 심리적 지지 등으로 망상이 소거되었으며 안정적임

(2) 현장실습 결과 및 사후 지원

이용자의 직무능력에서 대근력 · 소근력 기능, 작업이해력, 작업속도 등이 전반적으로 우수하여 보석 케이스 작업 수행이 원활하며, 작업 동료와의 관계에서도 적극적인 태도를 보이며 직무환경에 잘 적응하고 있음.

사업체의 월드컵 기념 주화 케이스 물량 과다로 야근이 잦아 매우 힘들어하였으며, 이로 인한 스트레스 등으로 망상이 재발됨. 그러나 사례관리자의 회사방문 상담과 병원 주치의 상담으로 다시 안정을 찾게 되었으며, 고용주와 감독자의 만족도는 비교적 높은 수준으로 고용 체결하기로 협의하였음.

- 근로계약일: ○○○○년 ○월 ○일
- 급여: 50만 원
- 근무시간: 8:30~18:00
- 보험가입: 4대보험 가입
- 휴일규정: 일요일 휴일(법정공휴일 상황에 따라 조정)

6) 사후관리

(1) 현장방문 지원

취업 후 지속적인 작업 수행에 대한 확인과 야근이 잦은 상황이 계속되는 근로환경에 대한 조정을 실시함.

- 감독자와의 상담을 통하여 야근 횟수가 잦아 이용자의 심리적 스트레스 및 건강상의 문제가 야기될 수 있으므로 주 2~3회로 조정해 줄 것을 요청함.

• 월드컵 케이스 물량 이후 야근 횟수는 많이 줄었으나 간헐적으로 실시하는 상황임.

(2) 문제행동 지원

• 조기에 출근하여 사업체 작업장에서 부족한 잠을 보충하는 등의 행동이 나타나 자부와 면담을 실시하고, 근무시간에 적절하게 출근하도록 지도함.
  → 이후 조기 출근하는 습관이 지속되다가 점차 줄어드는 양상을 나타냄.
• 여가 활용 및 사후 지원 강화를 위한 행복한 모임(정신장애인 취업자 모임)에 참석하도록 하고 모임 담당자와 협의하여 상담을 실시함.
• 초기의 잦은 야근과 망상 재발 등으로 약물을 조정하고 사례관리자와의 방문상담을 실시하였으며 이후 계속되는 야근과 조기출근 등의 문제가 나타났으나 지속적인 취업자 모임 참여와 사후 지원의 제공으로 차츰 안정적인 고용 유지를 지속하고 있음.
• 이용자를 포함한 3인의 장애인이 고용되었으나 현재 지적장애 동료는 퇴직한 상태이며, 정신장애 동료는 작업장 위치가 변경(성형반)되었음.

(3) 향후 계획

개별상담과 약물 복용, 정기적 방문지원을 통하여 안정적인 고용 유지와 증상관리를 도모하고 병원 주치의 · 사례관리자와 공동으로 지속적인 사후 지원을 제공하도록 함.

5. 집단 프로그램 사례관리

집단 프로그램 사례관리는 복지관의 서비스 및 이미 구조화되어 있는 프로그램 참여에 해당되는 경우로 이용자의 선택과 참여 등 자기결정에 의해서 이루어지는 경우가 많다. 단, 프로그램 규모에 의해서 일정 및 참여자 수가 제한될 수 있다. 물론 해당 프로그램 참여 외에도 이용자의 욕구에 따라 기관 내외의 자원이 연결될 수 있다.

1) 초기면접

(1) 기본사항

① 성명:

② 성별:

③ 생년월일:

④ 학력:

⑤ 거주지:

⑥ 진단명: 뇌병변장애 2급

⑦ 주 욕구:

⑧ 제시된 문제

- 신체기능: 독립보행은 가능하나 불안정한 상태(지팡이 사용), 상지기능 저하, 우측 상지 – 어깨만 움직임이 가능
- 언어기능: 언어 구사력 저하, 한음절 표현 어려움.
- 심리 상태: 1년 전 장애가 발생하였으며, 장애 수용이 아직 이루어지지 않았음. 언어 표현이 되지 않아 심리 상태를 파악하기에 다소 어려움이 따름.

⑨ 가족사항: 아내와 2남의 가족으로 구성되었으며, 아내와는 9년의 나이 차이가 있음. 장남은 18세, 막내는 10세로 10년 터울을 가짐. 자녀 간 나이 차가 커서 교류가 적은 편임.

(2) 진료 및 치료

이용자는 뇌졸중 발병 이후 1여 년간 병원에서 치료적 접근을 시도하였으며 퇴원 후에는 가정에서 한방치료(침)를 하였음.

- 발병 직후: ○○병원에서 뇌수술을 받았으며 25일간 입원치료를 받음.
- 발병 1개월 후: ○○재활원에 3개월간 입원, 5개월 낮병동 이용하였으며, 주로 물리/작업/언어/음악치료를 받았음.
- 병원 퇴원 이후: 한방치료를 받음.

* 고혈압이 있으며, 뇌졸중의 원인이 고혈압인 것으로 의증됨. 고혈압 외의 건강 상태는 양호한 편이며, 현재 혈압약과 뇌졸중 예방을 위한 약을 복용하고 있음.

(3) 현 신체적 기능

- 지팡이를 사용한 상태에서 독립보행이 가능하며, 우측 하지에 통증이 있음. 식사는 왼손으로 하며, 착탈의 및 용변 시 독립 수행이 가능함.
- 수용언어는 양호한 편이며, 표현언어는 거의 되지 않음.

(4) 학력 및 직업사항

학력은 고졸이며, 발병 직후까지 구두공장, 구두수선 등 구두와 관련하여 여러 가지 일을 한 경험 있음. 발병 전까지 구두수선을 하였음.

(5) 가정환경

- 아내
  - 9년의 나이 차이가 나지만 외형적으로 이용자와 차이가 크지 않아 보임(이용자는 나이에 비해 젊어 보이는 편임). 상담 시 남편에 대해 지친 듯한 표현을 곧잘 사용하였으며, 남편이 말을 듣지 않는다고 함.
  - 성격이 강해 보이며, 다소 신경질적인 부분이 있음. 하지만 상담자에게는 친절한 어투로 대답함. 아내의 심정에 대한 파악이 명확히 이루어지지 않음. 겉으로 표현하는 것과 심적으로 내재되어 있는 부분이 크게 차이 있어 보임.
  - 남편이 발병하기 전까지 남편의 구두수선 일을 도왔는데, 남편이 장애인이 되어 생계에 어려움이 크다고 함. 현재 아르바이트를 하고 있기 때문에 남편을 적극적으로 지원하거나 돕는 데에는 한계가 있을 것으로 보임([그림 11-4] 참조).
- 장남: 내성적이고 소극적인 성격. 아버지의 장애에 대해 이해하고 수용할 수 있도록 하기 위해 ○○재활원에서 자원활동을 하도록 하였으나, 장애에 대한 이해는 거의 이루어지지 않음.
- 막내: 나이가 어려서 아버지의 장애에 대해 알지 못함. 아버지를 잘 따르기 때문에 이용자가 가장 아낀다고 함.

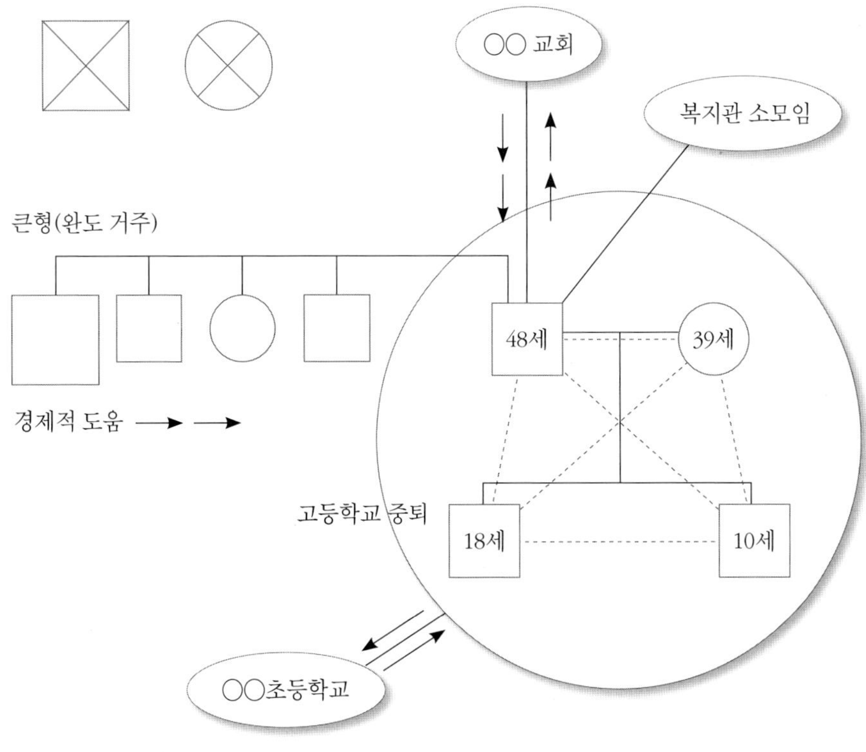

[그림 11-4] 생태도

- 부부관계: 장애에 대한 이해와 수용의 부족으로 다소 소원해 보임. 아내가 다소 모진 소리를 하며 무시하는 경향이 있음.
- 자녀 간의 관계: 장남과 막내의 나이 차이가 커서 교류할 기회 및 시간이 적음.
- 부모-자녀 관계: 장남은 내성적인 성격과 사춘기 시기로 부모와의 관계가 많이 서먹함. 특히 아버지와의 관계가 어색한 상태. 막내는 부모를 적극적으로 따름.

(6) 타 기관 이용 현황

○○재활원 낮병동에서 사회적응 및 음악치료 등을 하였으며, 그 외 타 기관에서의 서비스는 받은 경험이 없음.

2) 영역별 사정

(1) 사회진단

장애를 입은 지 1년여가 되어 장애수용에 어려움이 있으며, 특히 언어 표현의 어려움으로 매우 답답함을 느낌. 자신에 대한 자신감이 저하되었음. 장애발생 전에는 적극적이고 활동적인 성격이었던 것으로 보고됨. 아내가 부정적인 표현을 사용할 때 무표정한 모습을 보였으며, 화를 내거나 싫어하는 기색을 보이지는 않음.

장애인복지관 이용에 대한 거부감은 보이지 않았으며, 다소 수동적인 자세로 이용 안내를 받음. 병원 퇴원 후, 지속적 치료와 운동을 위해 복지관에 내관하였는데, 이와 아울러 자신감 향상을 위한 프로그램 안내가 필요할 것으로 보임. 또한 아내의 장애 수용에 대한 지속적인 상담이 필요할 것으로 사료됨.

(2) 의료진단

언어구사에 심한 장애가 있으나 이해는 가능한 상태. 우측 상지는 어깨만 움직임이 가능하며, 지팡이 사용하여 독립보행 가능. 일상생활은 대부분 독립적 수행 가능한 상태로, 반사기능 및 감각기능은 양호한 편. 배뇨 및 배변에 이상 없으며, 우측 상하지의 관절가동범위가 제한적임. 우측 편마비와 운동성 실어증이 있는 것으로 진단됨. 각 영역의 치료적 접근이 필요함.

(3) 언어진단

- 대구실어증검사: 수용력 68%, 표현력 30.7%, 우반구 기능 28.6%
- 관찰에 의한 상태: 혀의 떨림이 많고 움직임이 불안정함. 명명하기는 초반에는 원활하게 하다가 횟수가 증가할수록 엉김 현상이 나타남. 조음명료도가 낮음.

(4) 작업진단

상지기능 향상 및 탈골에 따른 견관절 관리를 중점적으로 치료적 접근을 해야 함.

- 뇌졸중 상지기능검사: 3/32
- 일상생활동작: 100/100

• 정신상태: 16.5/30

3) 실행계획

(1) 체력단련실

체력단련실 이용에 대한 욕구를 가지고 있으나, 보행이 다소 불안정한 상태로 물리치료가 우선시되어야 함. 물리치료 후 보행 상태에 따라 체력단련실 이용 여부에 대한 상담이 필요함.

(2) 작업치료

오른손의 자발적 움직임/두손 사용하기/근력강화훈련/관절기능운동

(3) 언어치료

조음기관의 원활한 움직임/조음명료도 높이기/일상적인 대화에서의 표현능력 신장

(4) 프로그램 참여

- 뇌졸중 장애인을 대상으로 하는 집단상담 프로그램을 통해 자아 찾기/동료 만들기/자신에게 필요한 내용(프로그램, 교육 등)을 스스로 선택할 수 있는 능력 향상 등을 목표로 함.
- 가족개입: 남편의 장애에 대한 이해와 그에 따른 가족으로서의 지지가 이루어질 수 있도록 아내와의 상담이 필요함.

4) 실행과정

- 통증치료: 주 2회 – 핫팩, 간섭과 치료
- 개별물리치료/언어치료/작업치료: 주 1~2회 – 개별치료에 대해 회기별로 서비스 내용 정리
- 집단상담 프로그램: 주 1회/12회기 – 집단상담/활동, 신체활동, 나들이

- 가족상담: 간헐적으로 이루어짐/아내와의 연락이 잘 이루어지지 않음. 아내가 가정에 소원해지고 있으므로 관심을 가질 수 있도록 이용자의 상황을 계속적으로 전함.
- 경제적 어려움이 있어 재가복지봉사센터의 협조로 쌀(20kg)을 제공함.

5) 프로그램 점검

(1) 물리치료

- 초기평가: 독립보행 가능하지만 불안정함. 일정 정도 기간이 경과한 후 평가/결과에 따라 물리치료적 접근에서 체력단련실 이용 가능 여부 결정이 필요함.
- 중간평가: 치료 6개월 후 중간 진단한 결과, 경증체력단련실 이용이 가능할 것으로 소견됨. 이용자의 욕구 또한 체력단련실 이용이었으므로, 물리치료를 중도 종결하고 경증체력단련실을 이용하기로 함. 경증체력단련실 이용을 위한 운동상담이 필요함.

  ▶ 경증체력단련실 특수체육 및 운동처방 전공자와의 면담일 조정

(2) 체력단련

- 초기평가: 독립보행 가능하며, 보행 시 간헐적으로 지팡이를 사용함. 운동기구 사용 시 스스로 사용 가능하며, 무리한 운동은 하지 않고 담당자의 주의사항에 맞게 자가운동을 하고 있음.

(3) 언어치료

- 초기평가: 혀의 움직임이 향상된 편이며, 조음명료도가 높아졌으나 컨디션에 따라 변동이 나타남. 명료도 증대와 일상적인 표현능력 증가에 초점을 맞추어 다양한 언어 표현을 할 수 있도록 지속적인 지도가 요구됨.
- 중간평가: 구강 움직임은 향상되었으나 일상적인 대화에서는 막힘이 나타나서 언어에 대한 자신감이 없음. 앞으로 과제 수행을 위한 언어훈련보다 실생활에서의 대화능력 증진에 중점을 두고 치료할 계획임.

(4) 작업치료

- 초기평가: 가정 내 문제로 심리적·정서적 안정이 요구되고 우측 상지의 자발적 움직임과 두 손 사용하기, 근력강화운동, 관절가동운동, 언어 표현하기 등이 요구됨. 이에 따른 치료적 접근을 시도하고 있음. 가정 내 문제에 대해서는 사례관리자로부터 정보를 확보함.
- 중간평가: 관내 다양한 프로그램에 적극적으로 참여하면서 정서적으로 많이 안정된 상태. 체조나 체력단련실 이용을 통해서도 근력강화 등의 효과를 기대할 수 있지만 현재 근력강화에 있어서 중요한 시점(치료사의 전문적 견해)이므로 지속적인 치료가 필요함.
  - 오른손의 자발적인 움직임은 전혀 되지 않으나 우측 상지의 근력이 많이 증가함. 스스로 잡을 수 있도록 하기 위한 치료적 접근 지속 필요함.

(5) 집단상담 프로그램

- 초기평가: 언어 표현에 어려움이 있기 때문에 집단 내에서 이야기 및 피드백을 나눌 때 '~모르겠다'고 말하는 경우가 많음. 다른 멤버들이 괜찮다며 말을 경청해 주자 몇 마디씩 천천히 말함. 전반적으로 반응이 느리지만 참여하려는 의지가 있음. 지속적인 언어적 지지와 긍정적 반응이 필요함.

6) 종결 및 사후관리

(1) 체력단련

지속적으로 이용하고 있으며, 이용에 불편함 및 어려움 없음. 자유롭게 이용할 수 있도록 함.

(2) 언어치료

실어증에서 출발. 구강훈련과 문장 완성하기, 언어표현 훈련을 실시. 대화력 향상에 초점을 맞추고 치료하였음. 일상에서의 대화량이 많아지는 것이 급선무, 주 1회의 빈도로 한 달간 구강훈련에 대한 가정지도가 필요함. 대화의 기회를 증가시킬 수 있는 프로그램이나 기회 마련. 가정지도 실시. 타 프로그램 연계(성인장애인노래교

실, 등반동호회 등)

(3) 작업치료

우측 상지의 자발적 움직임이 약간 나타남. 두 손 협응 증진 및 우측 상지의 근력 증진. 어깨관절의 운동 범위가 증가함. 가능한 한 현 상태를 유지·발전시키기 위해 가정에서 할 수 있는 자가운동 방법의 가정지도가 요구됨.

(4) 집단상담

12회기 동안 결석을 전혀 하지 않았으며, 참여율 및 참여도가 높았음. 초기에 비해 좀 더 적극적인 모습 보임. 특히 언어장애로 인해 언어표현에 대한 자신감이 매우 낮았으나, 최근 표현하고자 스스로 노력하는 모습이 많이 나타남.

7) 사후관리

이용자는 여러 가지 치료 및 프로그램 등을 통해 신체능력이 향상되었으며, 안정적인 독립보행이 가능해짐. 언어 표현 시 자신의 욕구와 의사 표현을 하고자 노력하며, 상대방이 이해할 수 있을 정도로 언어 표현이 가능해짐(단단어/단문장 사용). 언어치료와 작업치료는 가정지도(언어치료 1개월, 작업치료 2회)를 통해 가정 내에서 할 수 있는 자가방법을 터득할 수 있도록 안내해 드렸으며, 체력단련실의 경우, 자가운동이 가능하므로 자율적으로 이용할 수 있도록 함. 등반활동과 노래교실 등에 적극적으로 참여함.

아내와의 관계가 소원하고, 아내의 외도와 자녀의 반항 등으로 인해 가정 내 문제가 있었으나 지속상담과 자원 활용(이용자의 큰형 – 완도에 거주하며 공무원임)으로 문제 해결이 어느 정도 이루어짐. 최근 아내와 지하철 가판대(임대)에서 신문판매를 하게 되면서 경제적인 부담이 줄어들고 생활의 활력을 갖게 됨. 함께 일을 하게 되면서 아내와의 관계가 호전됨.

현재 가판대 일로 인해 이전에 비해 다양한 프로그램에는 참여할 수 없지만, 본인이 필요한 교육이나 프로그램을 스스로 찾아서 선택·신청할 수 있으며, 자신의 일정을 조정·정리할 수 있는 상태임. 필요할 경우, 사례관리자를 찾아 상담하거나 문

의하고 있음.

지속적인 사례관리는 중단하고, 본인이 필요한 경우 사례관리자와 언제든 상담하고 연계할 수 있는 통로를 열어 두었음을 말씀드림.

6. 청각장애 재활사례관리

1) 초기면접

(1) 기본사항

① 성명:

② 성별:

③ 생년월일:

④ 학력:

⑤ 거주지:

⑥ 진단명:

⑦ 주 욕구:

⑧ 제시된 문제

- 취업알선: 일정한 소득도 없고 빚도 많아서 돈을 벌고자 함.
- 주거환경 개선: 현재 사는 집이 너무 낡아서 전반적인 수리가 필요함.
- 심리적 고독감: 가족 없이 오랜 시간 혼자만 살아와서 매우 외로움을 느낌.

⑨ 가족사항

- 전남편과 1982년 이혼(이혼 사유는 이용자가 밝히지 않음) 후 1985년 재혼함.
- 전남편과의 사이에 자녀 둘이 있으나 전혀 연락을 하지 않고 지내며 어디에 사는지도 알지 못한다고 함. 그 후 재혼한 남편은 1990년 사망하였고 슬하에 자녀 없이 현재는 혼자 살고 있음([그림 11-5] 참조).

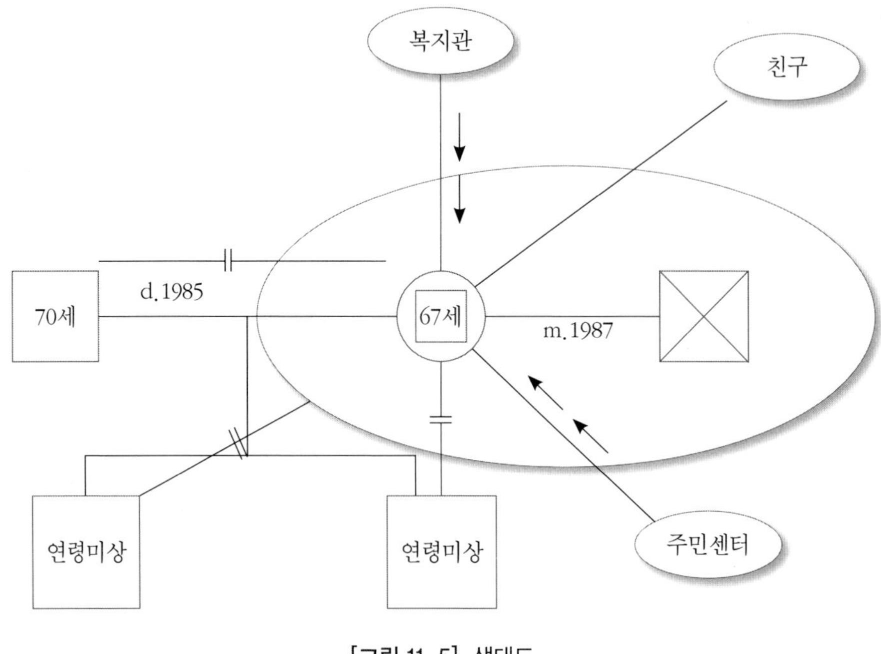

[그림 11-5] 생태도

(2) 장애 관련 사항

- 40세 때부터 진행성 난청으로 서서히 청력을 상실하였으며 현재는 좌우 모두 전혀 들리지 않으며 보청기는 착용하지 않음(과도한 정신적 스트레스로 인한 신경성 난청).
- 중도실청이라 언어구사는 매우 정확하며 수화는 하지 못하고 주로 필담으로 의사소통을 함.

(3) 신체적 기능

나이에 비해 비교적 건강한 편이며 특별히 호소하는 건강상의 문제는 없으나 청력 상실 이후부터 두통이 있어서 거의 매일 두통약을 복용하고 있음.

(4) 경제적 사항

- 기초생활수급권자로 생활비 지원 외에 별도의 수입은 없음.
- 남편이 사망하면서 남긴 빚과 그동안의 생활비 등으로 인한 빚 2,000여 만 원

이 있음. 카드 돌려막기를 하면서 카드 연체금 형태로 남아 있음.

(5) 사회적 지지체계

- 공식적인 지지체계로는 수급권자로서 받는 생계비 지원이 전부임.
- 장애 발생 이후에는 친구 1~2명과 간단한 연락을 주고받을 뿐 이웃들과의 교류는 단절되어 비공식적인 지지체계는 거의 없음.

(6) 주거사항

- ○○동의 지하빌라에 전세를 살다가 카드 빚을 갚기 위해 최근에 △△시로 이사하였으며, 허름한 농가를 350만 원에 구입함. 차액으로는 일부 빚을 갚았으며, △△집은 너무 낡아서 수리가 필요함.

2) 영역별 사정

(1) 사회적 사정

- 중도 실청으로 장애를 입은 지 20여 년의 시간이 지나 장애 수용이 잘 이루어지고 있으며 익숙해져 있음. 주위에 대화를 나눌 사람도 거의 없고 의사소통이 잘 안 되기 때문에 복지관에 오면 많은 이야기를 자발적으로 하려는 경향이 강하며 복지관에 대한 심리적 의존도도 강함.
- 열심히 생활하려는 의지는 강한 편이어서 많은 나이에도 불구하고 취업을 하고자 함.

(2) 직업적 사정

- 그동안 식장이나 가사도우미(파출부) 일을 하면서 생계를 유지해 왔으나 최근 1년 동안은 거의 일을 못하고 있음.
- 가급적 여러 사람과 관련되지 않고 혼자서 할 수 있는 일을 원하며 식당이나 가사도우미 일을 원함. 급여는 약 150만 원을 원하고 수급권자 자격에 영향을 주지 않는 조건을 원함.
- 이용자가 식당일이나 가사도우미의 경험이 있긴 하지만 나이도 많은 편이며

거주 지역도 농촌이어서 적절한 취업체의 선정에 어려움이 예상됨. 정규취업과 더불어 부업 형태의 알선도 고려할 필요가 있음.

3) 실행계획

(1) 취업알선

소규모 식당을 위주로 취업알선 서비스를 하기로 함(일반고용).

(2) 카드 연체금

현재 수입이 없고 수급권자로서 받는 생계비가 전부라서 소액으로 분할 상환하는 방법이 필요함. 신용회복제도 등을 통하여 단계적으로 상환하는 방법을 마련하기로 함.

(3) 주거환경 개선

공공기관이나 민간단체에서 시행하는 무료지원사업 현황을 파악한 후 신청해 보기로 함(외부자원 연결).

(4) 심리적 고독감

주 1회 정도의 상담을 진행하기로 함(내방 및 방문, 팩스상담).

4) 실행 과정

표 11-9 취업알선 실행 과정

계획	실행 과정	세부내용
1. 취업알선 실시	1차 취업알선 (식당일)	적합성 비교를 통하여 소규모 공장에서 직원들의 점심을 만들어 주는 식당일을 소개. 그러나 이용자는 자신이 없고 집과 거리도 좀 먼 편이라며 포기함 경제적 어려움 때문에 돈을 벌고자 하는 욕구는 강하나 막상 일을 하려는 시점에서는 매우 자신감을 상실하며 주저하심 약 1년여간 일을 하지 않았고 카드문제 때문에 많은 심리적 압박감을 느껴서 자신감을 많이 상실한 것 같다며 위로해 드리고 좀 더 쉬운 일을 찾아보기로 함
	2차 취업알선 (부업) 및 상담	복지관에서 시행하는 부업 프로그램을 소개함. 라벨을 만들거나 구슬에 종이의 모양대로 부착하는 작업임. 2~3일 해 보았으나 비교적 섬세함을 요구하는 작업이라 자신과는 맞지 않는다며 포기함 이용자와 다시 작업에 대한 상담을 진행함. 두 번의 알선을 통해 이용자는 이제는 일을 하기도 겁이 나고 자신이 없다며 취업은 포기하겠다고 함. 채무상환은 어떻게 하느냐고 묻자, 정부에서 받는 생계비로 채무상환을 하고 그 대신 최대한 절약하며 생활비를 줄여 보겠다고 함
2. 카드연체금 상환 지원	카드 연체금에 대한 상황 파악	이용자를 통해 카드 연체금의 규모를 파악함(3개 카드에 약 2,000여만 원임) 이용자는 신용불량자가 될까 무척 우려하며 불안해하고 있음 신용회복지원제도를 활용하면 해결방법을 찾을 수 있을 것이라고 설명하고 이용자를 안심시켜 드림
	신용회복 지원상담	신용회복위원회에 이용자의 상황을 설명하고 지원자격이 된다는 설명을 들음(전화상담) 이용자와 함께 해당 지점을 방문하여 자세한 상담을 실시 이용자에게 신청 자격이 있으니 신청을 하라고 함

	신용회복 지원신청	그 후 서류를 구비하여 신청을 하였으며(심사기간은 약 2개월 소요), 신용회복위원회로부터 해당 전화를 꼭 받아야 정상적인 지원절차가 가능하다는 안내문을 받음 사례관리자가 위원회에 연락을 하여 이용자의 상황을 설명하고 필요시에는 복지관으로 연락을 하도록 조치하고 이를 이용자에게 설명 그 후에도 모르는 번호의 전화가 계속 걸려온다며 팩스로 문의해 옴. 사례관리자가 해당 번호를 연락을 하니 카드회사의 채권추심팀이며 카드대금 독촉 때문에 연락을 했다고 함. 따라서 신용회복신청을 한 상태라고 설명하자, 신용회복지원결정문이 카드회사에 전해지지 않아 전화추심명령을 하고 있는 것이라고 함. 이용자에게 이를 설명해 주자 안심
	신용회복 지원확정	신청일로부터 2개월 후 지원대상 확정되었으며 3개 카드사 채무를 96개월간 매월 20만 8천 원씩 상환하라는 통보를 받음 채무상환에 대한 교육을 이수하기 위하여 신용관리교육에 참석하였으며, 채무조정합의서를 작성하고 채무상환을 위한 계좌를 개설함. 이용자가 매우 만족스러워하며 그동안 매우 불안했는데 이제야 마음 편히 잠들 수 있다고 하심
3. 주거환경 개선 지원	주거환경 현황	이용자의 집을 방문하여 주거상태를 살펴보고 수리가 필요한 부분을 모두 기록하며 사진촬영도 실시(하수도 시설 마비, 흙으로 된 외벽의 붕괴위험, 기둥에 비해 지붕이 너무 무거워 붕괴위험 있음) 주거환경개선사업을 하고 있는 기관을 몇 곳 파악함(시청, 자활후견기관, 민간기관 등)
	주거환경 개선 지원기관 현황 및 신청	민간단체에서 실시하는 무료집수리사업인 프로그램에 주거환경개선 신청을 하였으나 해당 지역이 아니어서 제외됨 △△시청 사회복지과에 사랑의 집짓기사업(사회복지공동모금회)에 대해 문의하였으나 올해 사업은 신청 완료되었으며 다음 해에 신청하라고 함 2017년에 주민센터를 통해서 신청하여 집수리를 받음

4. 심리지원	심리적 지지를 위한 상담	이용자는 오랫동안 혼자 살아오면서 느끼는 고독감과 카드 대금으로 인한 불안감이 매우 큼 식사를 제때 했는지, 감기에 걸리지는 않았는지 등 안부 인사를 묻는 팩스를 자주 보내 드리면서 관심을 표했고 이용자도 답을 하면서 매우 좋아하심 특히 신용회복이나 집수리 등의 문제해결과정에서 관련기관과의 상담이나 협의, 신청 등의 절차를 사례관리자가 대행해 주자 사례관리자에게 심리적으로 많이 의지하면서 점차 불안감에서 벗어남 이용자의 내방 및 사례관리자의 방문, 팩스 등의 방법으로 주 2~3회의 연락을 꾸준히 주고받음
5. 기타지원	일반지원	△△시로 이사하니 ○○구에 거주할 때와 달리 장애수당이 약 3만 원이 차이가 있는데 왜 그런지 문의, ○○구에서는 자치구의 예산으로 월 3만 원을 추가 지급하고 있어서 다른 곳과 차이가 있음을 설명해 드림
		연말에 복지관에서 실시하는 '따뜻한 연말 보내기'의 일환으로 쌀 20kg과 약간의 부식을 지원 농아인협회에서 실시하는 TV 자막수신기 보급사업에 신청하여 TV 자막수신기를 지원해 드림

5) 프로그램 점검

- 전반적으로 사례관리가 잘 진행되고 있으나 취업은 포기함. 나이가 많고 거주지가 농촌이어서 조건에 맞는 업체를 찾는 것도 쉽지 않고 이용자도 일에 대한 자신감을 상실하여 어려운 상태이며 이용자도 이를 수용하고 있음.
- 점검과정에서 이용자에게 새로운 욕구가 발생함. 최근 들어 유방의 통증이 많이 느껴진다며 검진을 받고 싶다고 함. 공공기관이나 민간단체에 무료검진을 의뢰해 보았으나 무료검진이 어려워 복지관의 지원으로 삼성의료원에서 유방암 검진을 받은 결과 아무 이상이 없는 것으로 나타남. 1년에 1회씩 정기적인 검진을 받도록 조언함. 그리고 연말에 수급권자 중 노인을 대상으로 하는 암검진사업이 있어 이를 소개하고 받을 수 있도록 조치함. 검사 결과는 이상이 없는 것으로 나옴.

- 카드 연체대금은 잘 상환하고 있음(소득이 없어 수급권자로서 받는 생계비로 상환 중).

6) 종결 및 사후관리

(1) 취업

이용자가 원하는 식당일과 복지관의 작업장을 알선하였으나 둘 다 적절하지 않아 취업 자체를 포기함.

(2) 카드 연체금

신용회복제도를 통하여 분할 상환하고 있음.

(3) 주거환경 개선

집수리 지원사업을 통하여 수리를 완료함.

(4) 심리적 고독감

지속적인 상담을 통하여 많이 밝아짐. 종결 이후에도 팩스나 내방을 통한 꾸준한 사후관리가 필요함. 사례관리자와 팩스를 통해 안부를 묻고 지내며 친밀한 관계를 맺고 있음.

(5) 기타

사례관리 기간에 발생한 건강 문제에 개입하였으며 부분적으로 지원이 이루어짐.

(6) 사후관리

- 취업은 포기하였지만 카드 연체금 상환도 해야 하므로 가급적 소득을 올릴 수 있는 방법에 대해 꾸준히 고려하며, 연체금 상환이 밀리지 않도록 정기적으로 점검이 필요함.
- 생계비만으로 연체금 상환과 생계 유지를 해야 하므로 가급적 소비를 최소한으로 줄이며 더 이상 빚이 늘지 않도록 지속적인 지도가 필요함.

- 이용자의 집이 복지관과 너무 먼 관계로 간단한 도움은 지역사회 내의 다른 복지관을 통해서도 받을 수 있음을 알려 주고 정보를 제공함.
- 이용자와의 팩스상담은 월 2~4회 정도씩 유지하며, 다른 도움이 필요하면 언제든지 연계할 수 있다고 얘기함.

재활사례관리 모형

재활사례관리의 모델을 형성하는 일반적인 목표는 보다 종합적인 서비스 프로그램을 개발하고, 사례관리의 종합적인 기능을 구축하여 이용자의 서비스 욕구에 신속하게 대응할 수 있는 효과적인 서비스 체계를 확립하는 데 있다. 즉, 사례관리는 복합적이고 다양한 서비스 욕구를 지닌 이용자를 대상으로 그들의 서비스 욕구와 문제를 해결하고, 사회적 기능을 증진시키기 위해 그들이 필요로 하는 서비스를 효과적으로 제공받을 수 있도록 공식적 · 비공식적 자원체계를 통합 · 조정 · 관리하는 과정이라고 볼 수 있다.

따라서 사례관리의 모델은 연구자에 따라 매우 다양하게 형성 · 개발되고 있고, 모델의 성격은 일반적으로 사례관리의 목표, 대상자의 특성, 사례관리자의 역할, 서비스의 범위 및 내용, 자원 활용의 정도, 어디에 초점을 두느냐에 따라 달라질 수 있다.

황성철(1995)은 재활사례관리의 다양한 기능과 실행 및 조직구조 차원의 변수들을 종합적으로 고려하여 실천모형을 단순형, 기본형, 종합형, 전문관리형의 네 가지로 정리하고, 각각에 대해 사례관리의 목적, 기능, 사례관리자의 역할, 전문성 정도, 자율성의 정도, 조직 내의 위치, 담당사례의 수, 팀 또는 개별적 접근의 여덟 가지 차원에서의 특성을 상호 구별하여 제시하고 있다. 그리고 이러한 실천적 모형을 우리나라의 제반 사회복지 서비스 분야의 과업환경적 측면에서 갖는 특수성과 한계를 고려하고, 장애인재활상담사들의 근무여건 및 업무 수행 정도를 면밀이 검토한 후 각 분야별로 적용시켜, 각 분야별로 가장 적합한 것으로 간주되는 실천 모형을 제시하고 있다.

사례관리실천 모형의 한국적 적용 결과에 따르면, 공적부조사업인 생활보호사업에서는 사회복지 전문요원의 신분과 담당 업무상의 한계를 고려한다면 기본형이 적합하고, 사회복지관 사업과 재가복지 서비스에는 종합형이 권장되었으며, 의료 및 정신의료 사회사업에는 전문관리형이 가장 적합한 실천 모형으로 제시되었다.

그리고 각 분야에서 활동하는 자원봉사자들을 사례관리자로 활용할 경우 단순형이 가장 적합한 실천 모형으로 간주되었다. 그러나 엄밀한 의미에서 사례관리기법의 적용은 기관이 지향하는 근본 목적, 대상으로 하는 이용자와 적용하는 기관의 특수성 또는 사회복지사의 전문성 정도에 따라 가장 적합한 방법이 달라질 수 있다.

따라서 황성철(1995)이 제시한 사례관리 실천모형의 특성과 각자 실천 현장의 특수성을 충분히 고려하여 이용자를 위한 가장 적합한 사례관리 방법을 모색하는 것이 바람직할 것이다.

장애인재활상담사는 다양하고 복잡한 문제와 욕구를 가진 사람들과 일을 하는 것이기 때문에 이러한 문제들에 장애인재활상담사가 어떻게 접근할 것인가는 재활과정의 성공 여부를 결정하게 된다. 따라서 연구자들에 의해 체계적인 접근방법이 다양하게 연구·개발되고 있다. 사례관리 모델의 성격은 일반적으로 사례관리의 목표, 대상자의 특성, 사례관리자의 역할, 서비스의 범위 및 내용, 자원 활용의 정도, 어디에 초점을 두느냐에 따라 달라질 수 있다. Chubon(1992)은 자원 조정과 통제라는 측면에서 연계체계와 통합체계 모델로 구분하였고, 이윤로(2006)는 서비스 방법에 따라 중계 모델, 판매 모델, 통합된 중계 모델, 자원개발 모델, 조직의 변화 모델로 구분하였다. 그리고 Rapp(1995)은 사례관리의 체계적 접근이라는 기존 연구 모델을 종합적으로 검토하여 종합적인 측면에서 재활 분야의 적용 가능한 사례관리 모델을 중재자 모델, 재활 모델, ACT 모델(assertive community treatment model), 강점 모델로 구분하였다. 다음에서 사례관리 접근 방법을 구체적으로 분류해 보자.

표 12-1 재활사례관리의 실천적 모형과 특성

특성	단순형	기본형	종합형	전문관리형
1. 사례관리의 근본 목적	지역사회의 자원 및 서비스 연계	지역사회의 자원 및 서비스 연계와 기초 상담 및 조언	지역사회 자원 및 서비스 연계와 심층상담 또는 치료	직접적·간접적 서비스 제공과 관리자로서 서비스 관리
2. 사례관리의 기능	욕구인식 및 사정, 사례계획과 서비스 연계, 서비스 점검	적극적 사례발굴, 사정, 사례계획 및 개입, 서비스 연계, 상담, 서비스 점검	Rothman의 15개 기능을 수행	기본적인 사례관리 기능과 자원배분, 통솔, 의사결정 기능 포함
3. 사례관리자의 역할	자원 및 서비스 중재자(broker)	중재자, 상담자, 교육자, 지지자, 서비스 점검자	자원 및 서비스 중재자, 상담 또는 치료자, 교육자, 이용자, 옹호자	연계자, 상담자, 치료자, 교육자, 관리자
4. 사례관리자의 교육 및 전문성 정도	준전문가/비전문가 (전문대 졸업자 또는 훈련된 자원봉사자)	준전문가/전문가 (전문대 졸업자 또는 초년생 사회복지사)	전문가 (경력이 풍부한 선임 사회복지사)	특수분야별 전문가
5. 조직 내 사례관리자의 위치와 슈퍼비전	기존의 조직 및 업무 수행부서에서 수행, 전문가에 의한 엄격한 슈퍼비전	기존의 조직 내에서 수행, 경험이 많은 사회사업가의 슈퍼비전이 필요	독립된 사례관리부서, 최소한의 슈퍼비전	독립된 팀의 형성, 슈퍼비전이 필요 없음
6. 사례관리자의 담당 사례자 수	비교적 많을 수 있음	적절한 수의 사례 (30사례 내외)	비교적 적은 사례의 수(10~20사례)	최소한의 사례 (10사례 미만)
7. 개별/팀 접근	팀 접근이 가능, 그러나 주로 개별적 접근	개별적 접근	개별적 접근	팀 형성에 의한 접근
8. 사례관리자의 업무에 관한 자율성 및 권위 정도	자율적인 결정권이 없음. 전문가와 협의 요망	어느 정도의 자율성이 보장	자율적인 의사결정이 보장	전문 분야별 자율성 보장, 그러나 공동결정 요망

1. 사례관리자 역할에 따른 분류

사례관리의 접근방법은 사례관리자가 어떤 역할을 하느냐에 따라 체계적으로 분류하는 방법으로 단순형, 기본형, 종합형, 전문관리형으로 구분한다.

1) 단순형 모델

단순형 모델은 사례관리의 기본적인 목적을 이용자와 지역사회 자원 그리고 서비스와 연계시키는 데 초점을 두고 있다. 여기에서 사례관리자는 주로 중재자의 역할을 하고, 이용자를 인식하고 사정, 사례계획 및 서비스 연계, 전달 서비스의 효과성을 점검하는 세 가지 기능을 수행한다. 이 모델은 주로 준전문가와 비전문가에 의해 수행될 수 있고, 비용 효율적 서비스 차원에서 팀 접근보다 개별 접근이 더 적합하다.

2) 기본형 모델

기본형 모델은 사례관리자가 공식적·비공식적으로 지역사회 기관과 원조관계를 형성하여 이용자와 서비스를 연계하는 기능을 수행하고, 개별화된 조언이나 상담 등의 직접적인 서비스를 제공하는 것이다.

이 모델의 목적은 이용자와 서비스의 연계를 도모하고, 동기 부여와 자조능력 배양을 포함한 상담 서비스를 제공하는 데 있다. 또한 사례관리자가 단순히 서비스 중재자에서 이용자의 일차적인 상담가가 되어야 한다는 점이 강조됨으로써 때때로 준전문가나 충분한 훈련과 경험이 없는 전문가가 사례관리자로 선임될 경우, 문제행동을 분석하고 치료하는 등 심층적 상담을 전개하는 데 어려움을 야기하기도 한다. 따라서 이 모델에서 사례관리자는 적극적인 이용자의 발굴, 사정 및 사례관리, 서비스 제공, 서비스 점검기능, 이용자의 기술 습득을 위한 정보 제공, 그리고 교육기능을 수행함으로써 중재자·교육자·지지자 등의 역할을 수행하며 팀 접근보다 개별 접근이 더 적합하다.

3) 종합형 모델

종합형 모델에서 사례관리자는 다양한 역할을 수행하는데 그 목적은 이용자의 문제상황과 행동을 치료하는 데 있다. 이 모델은 보통 전문가에 의해 수행되는 것이 바람직하며 기존의 전통적인 서비스 전달체계와는 별도의 독립된 부서를 설치하여 전개하는 것이 전문성과 이용자의 개별적인 접근에 유리하다. 또한 사례관리의 효

과성에서 볼 때 이용자의 삶의 질 향상, 스트레스와 고독감 감소, 행동 변화 등의 차원에서 긍정적인 결과가 나타나고 실제로 비용이 절감되는 면도 있다.

따라서 이 모델은 많은 양의 서비스와 자원이 투입되는 데에 비해 상대적으로 효과가 크지 않은 기존의 전통적 접근보다 훨씬 효과적이다. 그러나 사례관리 대상 사례 수가 많으면 많을수록 행정적인 업무에 보다 많은 시간을 소비할 수 있기 때문에 전문적 서비스를 위해서라면 10~20 케이스 사례로 제한하는 것이 바람직하다.

4) 전문관리형 모델

전문관리형 모델은 사례관리자가 직접 서비스로 분류되는 이용자의 가족이나 지역사회를 대상으로 하는 활동뿐만 아니라 직접 상담하고 치료서비스를 제공하는 것이다. 이 모델에서 사례관리자는 관리자로서 과업과 책무를 수행하고, 조직에서 계획 · 의사결정 · 점검 · 조정 · 자원배분 · 통솔의 역할을 담당하며, 이용자에 대한 직접적인 서비스 제공과 간접적인 대상을 통해 그 역할을 수행한다.

따라서 사례관리자는 조직 내 전문가의 위치와 권위를 갖고, 사례관리의 직접 목표와 간접 목표를 동시에 추구하는 과정에서 관리자의 기능을 수행하며, 접근방법에서는 개별적 접근보다 팀 접근이 보다 효과적이며 일반적인 영역보다 특수하고 전문적인 재활 영역 등에 잘 적용될 수 있다.

2. 자원조정과 통제에 따른 분류

사례관리 모형을 자원 조정과 통제에 따라 구분하는 접근이론은 연계체계 모델과 통합체계 모델을 주장하고 있다.

1) 연계체계 모델

연계체계 모델은 전통적인 사례관리 모델을 의미하며, 특히 사례 조정과 연결 기능에 초점을 둔다. 즉, 다양한 자원을 효과적 및 효율적으로 대상에게 연계시키는지가 중요한 관심사가 된다. 이 경우 사례관리자는 서비스 구매에 대한 직접적인 통제권을 갖지는 않으며 이용자에게 자원들을 연계에 초점을 둔다.

이 모델에서 사례관리의 초기과정에서 사정은 사례관리자가 담당하기도 한다. 연계 모델에서는 사례관리자의 전문성이 중요한 이슈가 된다. 실제로 연계 모델에서는 사례관리자가 꼭 장애인재활상담사나 간호사와 같은 전문가일 필요는 없다. 그러나 이용자의 욕구에 충분한 대응을 위해서는 단순한 연결 이상의 전문성이 요구되는 경우가 많고, 전문가의 개입은 사례관리의 원래 목적달성에 충실할 수 있다.

이 연계체계 모델은 책임 사례관리자를 어떻게 구성하는가에 따라 다시 단일사례관리(single case management) 모형과 팀 사례관리 모형으로 구분한다.

단일사례관리 모형은 사례관리의 책임자인 사례관리자가 한 사람인 경우가 오늘날 전형적인 사례관리 기법이다. 즉, 단일사례관리자가 전반적인 욕구사정, 계획 작성, 조정 및 실행, 모니터링 및 수정을 행하며 사례관리 제공 전반에 책임을 진다.

팀 중심 사례관리 모형은 사례관리자가 속한 팀이 먼저 구성되고 사례관리의 많은 결정이 팀에 의해 이루어진다. 단일사례관리의 단점 중 한 가지는 서로 다른 영역의 연계 측면에서는 사례관리자의 전문성이 상대적으로 약한 타 영역의 자원 확보가 용이하지 못하다는 점이다. 예를 들어, 장애인재활상담사, 간호사 및 사회복지사가 단독 사례관리자로 활동하는 경우 상대 분야에서의 협조나 자원 제공이 상대적으로 낮아질 가능성이 있다. 따라서 연계를 위한 연계체계 사례관리 모형으로는 팀 접근이 적절하다.

2) 통합체계 모델

통합체계 모델은 주관 서비스 기관을 중심으로 다양한 서비스의 통합체를 구성하여, 이용자의 기능 상태 혹은 욕구 정도에 따라 이용자에게 다양한 케어를 통합적으로 제공하도록 하는 시스템이다. 이 모델은 단지 기능적이나 물리적 통합 이상의 전달체계와 비용관리가 통합된 정도를 말한다. 지역사회에서 이 통합 모델의 발달은 미국의 경우 고단위 비용의 시설중심 장기요양 서비스의 비용절감 전략으로 대두되었다. 시설입소 정도의 중증을 대상으로 재가 서비스 통합체계에서 관리하여 상대적으로 비용절감 효과를 볼 수 있다.

또 사례관리의 만족도나 서비스가 용이하다는 장점이 있다. 그러나 통합체계는 통합을 통해 얻게 되는 인센티브가 낮을 경우 통합 주체가 어느 정도의 위험을 갖게 된다는 단점이 있다. 통합체계 모델의 비용통제 전략은 항목 방식의 예산 집행 및 재정 운영과 사례관리자가 유연성을 갖는 예산 집행의 유연성 방식을 둘 수 있다. 품목별 방식에 의한 사례관리 모형의 특징은 사례관리자의 담당 대상자 수만큼 예산을 편성받아 그 한도 안에서 사례관리를 통한 서비스 구입을 대상자의 욕구에 맞게 유연하게 집행해 나가는 것이다. 통합체계 모델의 핵심사항은 사례관리의 실천이 전통적 연계적 기능만을 담당해서는 안 된다(Applebaum & Austin, 1990). 특히 오늘날 재정 관련 사례관리자 역할은 중요한 사례관리의 기능으로 여겨진다.

(1) 이용자중심 모델

① 이용자와 사례관리자의 관계에 초점을 두는 모델이다.

② 사례관리자는 이용자를 적극적인 행동의 주체로 보고 그들의 강점, 잠재력, 성장 가능성, 능력 등을 확인하고 개발하는 데 역점을 둔다.

③ 이용자의 욕구를 포괄적으로 사정하고, 비공식 지원체계의 역할을 강조하며, 이용자의 자율성 증대와 자기확신의 발전에 관심을 집중시킨다.

(2) 제공자중심 모델

① 서비스 계획에 초점을 두는 모델이다.

② 이용자를 수동적인 객체로 보고 그들의 문제와 병리를 확인하고 해결하는 데 역점을 둔다.

③ 이용자를 서비스 계획에 대한 적극적인 참여자가 아닌 순응자로 보며, 현존하는 서비스에 대한 안내와 의뢰에 역점을 두고, 공식지원 체계의 활용을 강조하며, 문제 확인과 이용자의 치료계획에 관심을 집중시킨다.

표 12-2 통합체계 모델 특성

특성	이용자중심 모델	제공자중심 모델
이용자에 대한 기본적인 인식	이해하고 행동하는 주체로서의 이용자	인식되고 수동적인 객체로서의 이용자
이용자에 대한 관심	강점의 확인과 개발	문제의 확인과 병리의 처리
사례관리자가 추구하는 노력	적극적인 참여, 결함의 재구성, 방향의 제시	서비스 계획에 대한 순응과 적응
사례관리의 목표	긍정적인 방향제시, 단계의 이행, 자기확신	서비스 소비방식의 개선, 이용자로서의 역할 행동
사정	이용자 지도계획과 목표로부터의 직접적인 획득	서비스 제공자의 한정과 산출로부터의 직접적인 획득
연결	전체적인 지역사회로서의 자원, 비공식 사회적 관계망에 대한 강조	현존하는 서비스 제공자에게 의뢰, 공식 지원체계의 활용
점검	지도계획과 관련된 과정의 상호 평가	치료계획의 준수
평가	자율성의 증대, 사회적 맥락의 정밀한 사정, 자기확신의 성장, 비공식 관계망에 대한 관여	서비스 소비단위의 증가, 입원일자 감소의 활용, 순응의 향상
초점	목표달성에 대한 강점과 장애의 확인, 사회적 관계망의 개발, 임상적인 판단과 경멸로부터의 해방, 지원 또는 장애로서의 각각의 서비스 체계의 역할의 사정	문제의 확인, 의뢰, 치료계획에 대한 이용자의 준수, 이용자의 행동과 기능에 대한 주의, 가족의 상호작용, 약속이행

3. 서비스 방법에 따른 분류

서비스 방법에 따른 분류는 사례관리 서비스가 기관이나 가족 등과 같은 어떤 체계에서 제공되느냐에 따라 분류하는 것으로, 중재 모델, 판매 모델, 통합 중재-판매 모델, 자원개발 모델, 조직의 변환 모델로 구분된다.

1) 중재 모델

중재 모델(broker model)은 사례관리자는 장애인의 재활을 위해 여러 가지 서비

스를 통합 · 조정하는 역할을 하지만 직접 서비스를 제공하진 않고 필요에 따라 중재만 해 주는 것이다. 이 모델의 대표적 예는 미국의 경우 민간 사례관리기관이다. 민간 사례관리는 정부기관에서 제공하는 서비스 이외에 서비스를 찾는 장애인들이나 정부자금으로 운영되는 프로그램의 혜택을 받을 자격이 없는 사람들을 위해서 주로 행해진다. 기능적 장애를 가진 노인들에게 제공되는 도움의 약 80%는 가족에 의해서 제공된다. 그래서 사례관리자는 장애노인의 가족이 사용할 수 있는 공식적 서비스를 파악하여 정리해 주고 조정해 주며, 가족은 서비스에 대한 정보를 수집하고 서비스에 접근하는 방법을 얻게 된다.

2) 판매 모델

판매 모델(vender model)은 사례관리 기관이 이용자들에게 직접서비스를 제공하거나 다른 기관의 서비스를 구매하여 제공하는 모델이다. 이 모델의 예는 미국의 경우 민간회사와 보험회사의 사례관리자들, 그리고 보건복지유지재단(Social and Health Maintenance Organizations: SHMO)과 지역사회 장기보호 프로그램(Community Options Program: COP) 등이 포함된다.

SHMO는 주로 병원에서 취급하는 응급치료 및 지역사회를 기반으로 하는 서비스들을 모두 제공한다. 현재 SHMO는 건강보험(medicare) 당국으로부터 매달 환자 수에 따라 자금을 받고 장애인들에게 서비스를 제공하고 있다. 그리고 COP 프로그램은 기관보호 대신에 지역사회를 세팅으로 하는 장기보호를 하고 있다. 사례관리자들은 주로 자신이 확보하고 있는 서비스를 제공하고 일정 한도 비용 내에서 타 기관의 서비스를 추가적으로 구입할 수 있다.

일반 보험회사가 주관하는 사례관리 체계는 그들의 사례관리자들에게 질이 좋고 값이 싼 서비스를 구입하도록 자금을 제공하여 서비스를 확보해 놓는다. 이 사례관리 방식은 급속도로 보급되고 있는데, 보험회사가 지불해야 하는 높은 의료비를 절감하는 데 도움이 되기 때문이다(병원에 입원해 있는 경우 의료비가 매우 많이 드나 퇴원해서 사례관리를 받게 되면 지역사회에서 서비스를 받을 수 있어 비용이 훨씬 적게 든다). 그래서 보험회사들은 사례관리를 철저히 받지 않은 사례에 대해서는 보험료를 지불하지 않겠다는 강경한 입장을 취하고 있다. 이 모델은 모든 필요한 자원을 다

보유하기가 어렵고, 조직 내에서 서비스 전달을 모두 소화하다 보니 가족 개입이 적은 것이 단점이다.

3) 통합 중재-판매 모델

통합 중재-판매 모델(integrated broker-vender model)은 사례관리기관이 제한한 수의 서비스를 제공하고 나머지는 의무기관과 협력해서 조정하는 것이다. 주로 급성 치료에 중점을 둔다. 이 모델의 대표적 예는 병원을 기반으로 하는 사례관리이다. 미국에서는 병원들이 사례관리 체계를 개발해 왔는데, 병원에서는 환자에게 급성 치료만을 제공하고 퇴원을 시켜 가정과 지역사회에서 계속 치료를 받기 위한 것이다.

환자가 병원에 입원해 있을 경우 비용이 많이 들기 때문이다. 물리치료나 기타 병원에서 제공하는 서비스는 계속 제공되지만 건강보험으로 충당되지 않는 추가적 서비스들, 즉 가정관리 서비스나 지역사회기관 서비스들은 병원에서 직접 제공하지 않고, 병원의 사례관리자가 지역사회기관들의 협력하에 그들의 서비스를 조정하여 제공한다. 병원 외부의 서비스는 병원 사례관리자가 단지 중재하여 주는 것이므로 병원에서 비용을 직접 관리하지는 않는다. 이 모델을 적용할 경우에는 환자들이 장기적 보호를 하는 데 필요한 '포괄적 서비스'들을 잘 조정하여 병원에 제공해야 한다.

4) 자원개발 모델

자원개발 모델(resource development model)은 장기보호 서비스가 마련되어 있지 않아 개발되어야만 하는 경우에 적용된다. 사례관리자는 서비스 전달을 위해 필요한 자원을 파악하고, 그 자원을 확보하는 데 있어 도움이 될 요소와 장애가 될 요소를 가려내어 재원 확보를 위한 계획을 세워야 한다. 그리고 상당히 유용한 비공식적 서비스 전달체계에 대하여 특별한 관심을 가져야 한다. 이 모델의 한 예로서 의료전달체계가 미비한 농촌지역에서 장기보호 서비스를 개발하려는 지역 보건기관을 들 수 있다. 이 경우 필요한 서비스가 존재하지 않는 이유로서 문화적 신념, 정치적 영향력의 부족 등 조건들에 대한 이해가 필요하다.

5) 조직의 변환 모델

이 모델은 흔히 자원개발 모델과 중복되는 측면이 있다. 사례관리자는 장기보호서비스가 현재 가능하지는 않지만 현존하는 기관이 제공하고 있는 서비스들을 약간 변화시키거나 보충하여 장기적 서비스로 전환할 수 있다.

사례관리자는 ① 장기적 보호서비스를 제공하는 데 필요한 서비스들이 무엇인가를 조사한 다음, 이를 기반으로 현 기관을 어떻게 변화시킬지 목표를 정하고, ② 현 기관의 내부 강점과 약점을 파악한 다음, ③ 서비스 전달 조직이 변화해야 하는 이유와 목적을 설정하고, ④ 기관을 변화시킴으로써 얻게 된 이득을 나타낼 만한 자료를 확보하며, ⑤ 의도된 변화를 수행하기 위한 전략계획을 세운다. 이 모델은 특별히 사례관리자가 새로운 서비스의 비용을 만회할 수 있다고 보장할 때 효과적이다. 이 모델의 한 예는 증가하는 AIDS 환자들에게 관심을 갖는 호스피스(hospice) 프로그램이 될 것이다. 이 기관의 사례관리자가 AIDS 환자들을 위해 새로운 서비스가 필요하고, 이러한 서비스를 시작하는 데에는 기관 간부들의 태도 변화, 예를 들어 환자의 생명 연장조치보다는 고통 통제로의 전환, 보호자들의 훈련 등이 요청된다.

4. 종합적 측면의 분류

종합적 측면의 분류는 보건이나 재활 관련 분야 등의 사례관리의 체계적 연구들을 분석하여 제시하는 모델로 중재자 모델, 재활 모델, ACT 모델(assertive community treatment model), 강점 모델 등이 있다.

1) 중재자 모델

중재자 모델(broker model)에서 사례관리자는 서비스를 위한 개인의 욕구를 사정하고, 이들 서비스의 유용성과 적절성에 대해서 사정하고 확인한다. 이 모델은 재활상담사가 최초로 이용자와 이용자의 가족을 대면하게 된다는 책임 있는 역할을 수행한다는 측면 외에도 이용자를 공식적인 재활 서비스에 배치시키는 것에 중점을 둔다. 그러나 사례관리의 중재자 모델로 평가된 여섯 가지 연구의 결과들을 검토해 보면 대부분 이용자를 위해 긍정적인 효과를 거의 산출하지 못하고 있다고 보고하고 있으며 중재자 모델로 서비스를 제공받은 이용자는 서비스 기간을 다소 더 많이 사용하고 삶의 질을 증가시키는 것을 확연히 보여 주지 못하고 있다(Rapp, 1995).

2) 재활 모델

재활 모델(rehabilitation model)은 이용자의 프로그램을 계획하고 이 계획에서 중요한 역할을 행하는 기술 결함을 평가하여 궁극적으로 이용자의 장점과 특성을 확인하는 것에 중점을 둔다. 이 모델은 근본적으로 이용자 선호도를 중심으로 배치하는 이용자중심 모델로서 선호도는 이용자를 위한 결과를 만족시키는 데 대한 목표의 형태인 좋아함, 싫어함, 흥미와 관련된 욕구들이다. 이용자의 의료적·사회적·재정적 및 일상생활 활동, 심리적 그리고 직업적 범주로부터의 정보를 조직화하는 것에 의해 각 자료의 가치를 배치하고, 장애인재활상담사는 이용자의 문제와 욕구의 정확한 설명을 제공할 수 있다. 그러나 이런 모델이 한 연구에서 긍정적이라고 평가되고 있지만 아직은 이 모델이 다른 어떤 모델보다 결정적이라는 것은 아니다.

3) ACT 모델

이 모델은 위스콘신 대학교가 주창한 것으로 효율적인 사례관리를 위한 학제적인 전문적 팀의 활동을 요구한다. 이 모델은 임상적이고 사례관리 서비스와 증상관리의 제공뿐만 아니라 이용자의 요구에 맞추기 위한 이용자의 지시적인 환경중재를 중요시한다. 임상적인 관점은 가족상담, 대처기술 학습 그리고 적절한 서비스 활동을 포함한다. 이 모델과 관련하여 Rapp(1995)이 인용한 17개 연구는 이 모델을 정신건강 분야에서 특히 적절한 모델로서 기술하고 있다. 직업적 기능, 보호감호 시스템과 관련된 응급실 계약, 그리고 가족 책임의 정도와 같이 비록 다른 결과가 ACT에 의해 지속적으로 영향을 받지 않는다고 하더라도 결과는 일관되게 병원 사용을

감소시킨다는 것을 지적한다. 또한 연구 결과들은 이용자의 사회적 기능, 여가 시간 활동, 행동적인 종합적 증상, 약물치료, 응급실 활용 그리고 삶의 질을 포함하는 것을 발견하게 된다. 따라서 이 모델은 시설중심 사업보다는 지역사회 중심 재활사업에 적절한 모델이다.

4) 강점 모델

강점 모델(strengths model)은 효율적인 사례관리를 위해 기본적으로 몇 가지 원칙을 제시한다. 첫째, 장애인재활상담사는 이용자의 장점과 활동적으로 창출하는 상황을 확인해야 한다. 둘째, 인간의 행동은 이용자에게 유용한 자원으로서 작용할 수 있다. 다원주의적인 사회는 자원접근의 평등성을 기본 가치로 한다는 것이다. 셋째, 장애를 가진 개인은 인간 성장과 발달을 위한 필수적인 중요한 생활 영역에서 자원을 찾는 것을 도울 필요가 있다. 이 모델에 대한 많은 연구에서 긍정적인 결과를 제시하고 있는데, 사회적 기능의 개선, 삶의 질의 개선, 직업적인 기능, 여가 시간 활동, 행동적인 종합 증상, 이용자의 만족도 그리고 가족의 책임이라는 측면에서 기능 향상을 지적했다. 따라서 이 모델이 재활 분야에서 가장 유용한 모델임을 주장하였다.

상기한 바와 같이 사례관리 모델은 사례관리자의 역할이나 서비스 방법, 이용자의 문제 유형, 자원의 형태 등에 따라 달라질 수 있다. 그러나 효과적인 사례관리가 이 모델의 적절한 선택에 의해서만 영향을 미치는 것이 아니고 다음과 같은 몇 가지 특성에 의해서도 달라질 수 있기 때문에 이들 요인에 대한 고려도 필요하다. 첫째, 사례관리팀 리더는 재활 분야 전문가의 충분한 경험을 가지고 있어야 한다. 둘째, 사례관리자는 전문직 보조원이지만 전문가로 접근할 필요가 있다. 셋째, 적절한 사례관리의 사례 수는 이용자의 문제에 기초하지만 20:1을 넘어서면 안 되며, 평균적인 사례 규모는 아마도 12:1에서 15:1 정도일 것이다. 넷째, 이용자는 때로는 24시간, 일주일 내내 위기와 응급 서비스에 접근할 필요가 있다. 그 서비스는 이용자와의 친근함과 관계를 가진 직원에 의해 접근되는 것이 요구된다. 다섯째, 사례관리 서비스의 기간은 지속적이고 불확정적이기 때문에 이용자에 따라 달라져야 한다.

여섯째, 지역사회 자원의 활용은 접근이 용이하고 이용자에게 격려되어야 한다. 일곱째, 사례관리자는 이용자에 대한 궁극적인 책임성을 가지고 있어야 한다. 여덟째, 이용자가 이관 상황이라 할지라도 이용자의 존엄성과 권리는 유지되어야 한다. 마지막으로, 이용자는 삶의 결정과 치료에 있어 사례관리자나 다른 전문가보다 더 권위가 주어져야 한다.

Case Management for Rehabilitation

재활사례관리 관점과 재활상담사의 직업윤리

재활사례관리의 관점

1. 생태학적 관점

재활상담의 실천은 인간과 환경의 이중적 초점을 강조해 왔다. 그러나 개별적 접근이 개인의 부적응과 관련된 심리학 이론들을 중심으로 발전하면서, 장애인재활상담사들은 개인의 심리적 갈등을 해소하고 반응적인 인간으로 적응시키는 기술에 관심을 갖게 되었다.

인간은 생물학적 · 심리적 · 정신적 · 경제적 · 사회적 및 성적 부분들로 구성된 하나의 체계이며, 체계의 부분들 간에 또는 외부 환경과의 역동적 상호교류를 통해 영향을 주고받는 것으로 이해된다. 인간은 자신을 둘러싼 환경에 반응하는 동시에 환경을 변화시키기도 한다. 인간의 행동을 사회환경과의 상호작용을 통해 이해하고 있는 생태체계적 관점에서는 재활의 문제를 개인이나 사회의 병리적 원인에 두기보다는 체계들 간 상호작용 속에서 일어나는 스트레스와 대처능력의 불균형으로 인해 적응적 상태를 이루지 못하고 생활상의 문제(problems in living)를 일으키는 것으로 파악하고 있다. 따라서 개입의 초점은 문제를 가진 개인으로 제한하기보다는, 생활상의 변화에 대한 부적절한 환경과 이용자의 부적응 반응으로 인해 최적의 적합성(goodness-of-fit)을 이루지 못하는 상황이다.

생태체계적 관점은 체계적 관점과 생태적 관점을 포괄하는 것으로, 사례관리의 전제인 '통합적 접근 방식'을 가능케 하는 기반을 이루고 있다. 1970년대 이전까지 장애에 대한 관점은 장애를 개인의 문제로 봄으로써 문제의 원인이나 해결책을 장애를 가진 당사자에게 초점을 두고 모색하였다. 반면, 1970년대부터 재활 영역에 소개되기 시작한 체계적 관점은 문제의 분석과 해결에 있어 당사자뿐만 아니라 장애인을 둘러싼 환경 속에서의 다양한 관계망과 상호작용, 사회적 변화 등에 대한 관심을 더함으로써 통합적인 접근 관점이다.

체계적 관점의 기본 전제는 인간을 포함한 하나의 체계이며, 각 체계는 여러 하위체계로 구성되는데, 하위체계들은 상호 관련되어 있고 따라서 각 체계들은 서로 의존적인 관계를 맺고 있다. 체계적 관점과 맥을 같이하고 있는 생태적 관점은 개인과 개인을 둘러싸고 있는 환경 간의 상호작용에 초점을 두고 있다(Germain & Gitterman, 1987). 그러나 체계이론에서는 단순히 체계 내부의 구조와 조직 그리고 체계의 경계선에 치중된 단선적인 관계에 초점을 두고 있는 반면, 생태적 관점에서는 개인을 둘러싸고 있는 환경들을 개인과의 직접적인 상호작용에 따라 위계적으로 구분하고, 나아가 개인과 여러 환경 간의 상호작용에 초점을 둔다. 결국 생태체계적 관점은 장애인의 문제를 개인의 문제로 보지 않고 가족체계와의 관련성에서 조망하며 더 나아가서는 지역사회와 국가 정책의 문제와 연계하여 해결책을 조망하는 이론을 제공하여 주었다. 생태체계적 관점을 활용한 사례관리 실천 원칙을 요

표 13-1 생태체계적 관점 사례관리의 주요 실천 원칙

- 개인과 환경을 분리할 수 없는 존재로 본다.
- 실천과정에서 사례관리는 이용자의 동등한 파트너십을 형성한다.
- 이용자에게 영향을 미치는 모든 환경을 사정하고, 개인과 환경과의 상호작용을 분석한다.
- 이용자의 생활 상황과 생활주기에서의 단계를 사정한다.
- 개인과 모든 환경과의 적합성을 증진시킬 수 있는 개입방법을 모색한다.
- 긍정적 관계와 생활경험을 통해 이용자의 개인적 유능성을 증진시켜 나간다.
- 이용자와 함께 해결방안을 모색하고 이용자의 역량강화에 초점을 둔다.
- 사회적 지지는 사례관리자의 원조와 조화를 이룰 뿐 아니라 전체적인 실천에 필수적인 요소로 본다.

출처: 김동배, 권중돈(2005).

약하면 〈표 13-1〉 〈표 13-2〉와 같다.

표 13-2 생태체계적 관점 사례관리의 실천 범주

개입 수준의 차원	사례관리 실천 영역
미시적 범주	개인의 심리체계 개인의 경제, 사회체계 가족 및 기본체계
중범위적 범주	지역사회 자원개발 자원연계/네트워크 기능 서비스 체계의 통합
거시적 범주	지역 및 사회 재구조화 지역정책 변화/옹호

출처: 권진숙, 박지영(2009).

2. 강점관점

장애인재활상담사들은 지금까지 장애인들을 결핍이나 병리학적 시각에서 바라보는 것이 보편적이었다. 그러나 강점관점은 이용자 태도와 인식의 틀(framework)로서 인간은 잠재력을 가지고 있으며 자기실현을 지향하는 존재라고 본다. 전문가는 이러한 인본주의적 관점에 기초하여 인간의 잠재적 자원, 강점, 창조성 같은 다중잠재력(multipotentiality)을 인정한다.

따라서 강점중심 접근(strength-based approach)은 문제 그 자체보다는 해결점을 발견하고 강점을 강화하는 데 초점이 있다. 강점관점은 다음의 세 가지 요소를 포함한다(김미옥, 2003). 첫째, 이용자를 독특한 존재로서 다양성을 인정하고 존중한다. 둘째, 이용자의 결점보다는 강점에 초점을 둔다. 셋째, 가능한 모든 자원을 활용하여 이용자의 역량을 강화하도록 돕는다. 이러한 강점관점은 이용자가 장애 혹은 장애로 인한 문제상황에 집중하지 않고, 장애가 있음에도 불구하고 이용자가 가진 개인, 가족, 환경, 자원이 무엇인지를 찾는 데 초점을 두는 것으로 직업재활에 매우 유용하다고 할 수 있다. 강점중심 모델과 의료 · 재활 모델의 차이점을 살펴보면 〈표 13-3〉과 같다.

표 13-3 강점중심 모델과 의료 · 재활 모델의 비교

구분	강점중심 모델	의료 · 재활 모델
가치	• 성장, 치유, 학습에서의 인간의 잠재력 • 욕구를 구체화하는 인간의 능력 • 자기결정 • 개인과 환경의 강점들 • 개별성과 독특성	• 전문가의 소견에 기초한 문제해결 • 처방된 치료에의 순응 • 건강에 대한 지식과 통찰력이 부족한 이용자
초점	• 개별 목적 달성을 위해 개인 및 환경적 자원의 결합	• 개인의 문제에 대한 본질과 치료 처방을 결정하는 전문가적 진단
문제해결	• 소비자/환경에 의한 결정 • 우선적으로 활용하는 비공식적 지역사회 자원들 • 소비자 권위와 투사	• 전문가 지향의 사정과 서비스 전달체계
사회환경	• 소비자 자신이 스스로 돌보도록 조장	• 이용자 지지체계 중심
사례관리 관계	• 선택과 결정을 하는 소비자로서의 이용자 • 이용자와 라포, 신뢰 개발 • 사례관리자는 코치, 지지, 용기를 북돋아 줌 • 사례관리는 비공식적 원조자가 있을 때 종결	• 이용자는 수동적 수혜자 • 사정, 계획, 평가기능에 제한된 전문적 계약 • 제공자 중심의 의사결정과 개입
사례관리 과업	• 강점과 자원의 구체화 • 비공식적 원조망 구축과 회복	• 결점을 극복하도록 학습 • 순응 점검 • 구체화된 문제의 의료적 관리

출처: Saleebey (2006); 김미옥(2003).

재활사례관리의 목적은 장애인이나 그 가족의 자립능력을 향상시켜 자립을 도모하는 데 있다. 이러한 목적을 달성하는 데 효과적 방법은 '문제 중심의 접근'보다 장애인과 가족의 '강점에 근거'하고 그 '역량을 강화하는 방법'이 선호되고 있다. 장애인을 대상으로 하는 사례관리 실천에 있어 기본적인 철학은 긍정적인 인간관에서 출발하며 모든 사람에게 내재되어 있는 잠재력을 지지하면 긍정적 성장 가능성이 강화된다고 보는데, 이는 장애인에 대한 시각을 병리적 관점에서 강점 지향적 관점으로 전환하는 것을 의미한다.

사례관리의 목표가 이용자의 역량강화라는 점을 고려할 때 강점관점은 매우 유용한 근거를 제시하여 준다. 강점관점은 모든 사람은 누구나 선천적으로 강점을 가지고 있다는 인식에서 출발하며, 재활상담사가 이용자를 돕는 과정에서 이용자의

표 13-4 강점관점의 원리

- 이용자는 문제를 해결할 수 있는 선천적인 능력을 갖고 있다.
- 이용자의 역량강화는 문제를 없애기보다 문제를 이겨 나갈 수 있는 역량을 발견하고 키워 나감으로써 달성할 수 있다.
- 사례관리자는 이용자가 성공할 긍정적인 행동을 잘 사정함으로써 이용자의 힘을 증진시키고, 사회적 자원들을 보다 공평하게 분배할 수 있다.

문제와 병리 현상보다는 다양한 강점에 초점을 두고 활동하는 것이다.

강점관점을 실천하기 위한 주요 원칙은 다음과 같다(Saleebey, 2006; 김미옥, 2003).

첫째, 모든 개인, 집단, 가족, 지역사회는 강점을 가지고 있다. 따라서 재활상담사는 이용자의 문제보다는 이용자와 그를 둘러싼 환경의 강점을 찾는 데 초점을 둔다.

둘째, 트라우마(trauma)와 학대, 질병과의 투쟁은 인간을 곤경에 빠뜨리지만, 동시에 도전과 기회의 자원이 된다. 강점에 초점을 둔다고 해서 재활상담사가 이용자의 당면한 문제상황을 무시하는 것은 아니다. 문제의 영향을 인정하지만, 그에 대한 해석을 달리하여 문제가 상처를 줄 뿐 아니라 성장을 위한 도전과 기회라는 긍정적 시각을 유지한다.

셋째, 개인, 집단, 지역사회의 성장과 변화를 위해서는 성장의 한계를 정해서는 안 된다. 이 원칙은 재활상담사가 먼저 이용자나 관련체계의 변화 가능성을 제한해서는 안 되며, 열린 마음을 갖고 이용자 체계의 변화 가능성을 지지할 때 더 큰 효과를 얻을 수 있다.

넷째, 이용자와 상호 협력하여 최선을 다해야 한다. 이 원칙은 강점관점에서 이용자와 전문가의 관계를 제시해 주는 것으로, 재활상담사와 이용자는 수직적 관계가 아닌 수평적 관계를 가지고 상호 협력하여 문제상황을 변화시켜 나가는 것을 말한다.

다섯째, 모든 환경은 자원들로 가득 차 있다. 이 원칙은 재활상담사가 자원의 중요성을 인식하고 환경 안의 자원을 사정한다면, 기존에 예상하거나 자원이라고 생각하지 못했던 자원들을 환경 안에서 발견할 수 있다. 따라서 모든 자원은 렌즈를 가지고 조명할 때, 숨겨져 있는 자원의 보고가 될 수 있다.

여섯째, 강점관점은 보호와 환경을 강조한다. 이는 이용자 보호의 중요성뿐 아니

위험요인		보호적/생산적 요인		기대/가능성	결정	프로젝트	더 나은 미래
도전들		자원들					
손상 트라우마 장애 스트레스	내적 외적	강점 능력 재능 적성	내적 외적	희망 꿈 비전 목적 자기복원	수용화된 선택 기회와 방향의 규정 자원 수집과 강점 동원	상호 협력	

[그림 13-1] 강점관점 사례관리 구성 요소

라 모든 상황을 맥락에서 이해하고 개입을 강조하는 것이다.

Saleebey(2006)는 강점관점을 "이용자가 갖고 있는 목적 및 꿈을 실현하게 하거나, 이용자 자신의 다양한 문제로부터 벗어나도록 돕는 직업재활실천 활동의 전 과정에서 재활상담사가 이용자의 강점과 자원을 발견하고 이를 드러내어 묘사, 탐색, 활용하려는 총체적인 노력."으로 정의하였다. 강점관점이 사례관리 과정에 적용되면 이용자의 바람직한 변화를 위한 동기와 잠재능력을 향상시킬 수 있다. 강점관점의 재활상담사는 문제에 초점을 두기보다 문제를 이겨 나갈 수 있는 힘과 역량에 초점을 두어 사정하고 목표를 설정함으로써 자원을 보다 효율적으로 이용할 수 있다. 사례관리에서 활용될 수 있는 강점관점의 구성 요소와 과정은 [그림 13-1]과 같다(Saleebey, 2006).

강점중심을 바탕으로 한 사례관리 실천 원칙과 방향은 〈표 13-5〉와 같다.

프로그램이나 서비스에 적합한 대상자를 중심으로 제공해 왔던 전통적인 서비스 제공 방식과 구별하여, 이용자의 욕구와 상황에 기초하여 개별화된 서비스를 제공하거나 개발하는 방식이다. 이용자 중심의 접근에서는 이용자와 전문가 사이의 동반자 인식(partnership)을 기초로 서비스 전달이 이루어지게 하여 심리적 부담이나 낙인을 감소시켜 서비스의 접근성을 증가시키는 요소가 된다.

표 13-5 강점중심 관점에서의 사례관리 실천

• 인간 정신에 내재하는 고유의 지혜와 역경 속에서도 발휘되는 인간의 잠재적 역량에 대한 인정과 존중이 있어야 한다.
• 바람직한 변화를 위해 모든 이용자에게 내재하여 있는 문제를 해결할 수 있는 강점과 동기 및 잠재능력이 강조된다.
• 사례관리의 주요 목적은 이용자의 잠재력을 극대화함으로써 문제를 해결하고 환경체계를 활용할 수 있는 능력을 함양하는 것이다.
• 이용자가 모르는 것보다 아는 것, 할 수 없는 것보다는 할 수 있는 것에 집중하고, 이용자 내부와 외부에 존재하는 자원 목록을 작성한다.
• 장애인재활상담사가 이용자 삶의 전문가가 아니라 이용자, 가족 혹은 지역사회가 전문가이다.

출처: 한국사례관리학회(2015).

3. 역량강화 관점

강점관점에 기초하여 가장 활발히 사용되는 실천모델이 역량강화 접근이다. 강점관점과 역량강화의 개념은 서로 분리된 것이 아니라 연속적 일련의 과정으로서 상호 밀접한 연관성을 갖는다. 즉, 강점관점은 역량강화 과정을 활용하여 이용자의 역량을 향상시키고자 하는 하나의 준거 틀이다.

재활실천의 중요한 목적 중 하나는 이용자의 사회기능 수행능력 향상이다. 이는 장애인과 가족을 서비스의 수혜자라는 수동적인 측면에서 보는 것이 아니라 장애인과 가족의 잠재적 능력을 고양하여 문제해결의 참여자로 전환하는 것이다. 역량강화란 "개인이나 집단이 상대적으로 무기력한 상태에서 능력을 가진 상태로 이동해 나가는 것"이라고 정의한다(김미옥, 2003). 즉, 개인이나 대인관계 또는 정치적인 능력을 증가시킴으로써 각 개인들이 그들이 처한 상황들을 개선할 수 있는 행동을 취하도록 하는 과정이라고 할 수 있다. 역량강화는 개인, 대인관계, 구조적 차원 등 모든 사회체계 수준에 적용 가능하다. 이러한 3차원은 서로 복잡하게 얽혀 있어서 한 영역에서 자원이 찾아지면, 다른 영역의 자원개발에도 기여하게 된다(Miley, O'Melia, & Dubois, 2007; 김미옥, 2003). 이용자를 역량강화하고자 하는 장애인재활상담사는 개인적 · 대인관계적 · 정치 · 사회적 자원들에 접근할 수 있어야 한다. 이는 이용자 체계가 자원이 없다고 전제하지 않고, 단지 이용자의 기능 수준이 낮다고 보는 입장이다. 따라서 이용자의 낮은 기능 수준은 기존 역량에서의 자원 부족, 정보의 부족, 사회구조의 문제로 본다.

1) 협력과 파트너십 시각

전통적으로 재활 전문직은 예측, 통찰, 지식, 활동계획을 가지고 있는 우월한 재활상담사가 통찰, 지식, 행동계획이 부족한 의존적 이용자를 돕는 것이었다. 따라서 재활상담사는 권위적 치료자이며 제공자이고, 이용자는 서비스의 수동적 수혜자로서 기능하였다.

그러나 역량강화 모델에서는 이용자를 경험과 역량을 가진 원조과정의 파트너로 본다. 이용자를 파트너로 보는 것은 이용자를 잠재력을 가진 인간으로, 또한 문제해결을 위한 자원으로 인식하여 이용자의 참여를 중시하고 변화 노력의 전 과정에서 이용자의 자기결정권을 강조한다(Miley et al., 2007; 김미옥, 2003). 따라서 이 관점에서 이용자는 변화과정에 능동적으로 참여하는 파트너이며, 또한 자신이 처한 환경과 능력을 가장 잘 알고 있는 사람으로 간주된다. 이러한 협력이 갖는 장점은 문제 해결을 위한 자원의 범위가 넓어지며, 변화와 책임에 대한 전문가의 부담을 약화시켜 준다.

이 개념의 재활 영역의 실천에 있어, 장애인과 전문가 간의 협력(collaboration)과 파트너십(partnership)이 재활의 중요한 전제조건이 됨을 알 수 있다. 장애인은 수동적 역할이 아닌 능동적 참여자가 되며, 재활의 전 과정에서 자기결정권이 강조된다. 따라서 임파워먼트 모델을 적용하는 재활상담사는 자원의 중요성을 인지하고, 장애인 자신뿐 아니라 가족 및 지지체계와 협력과 파트너십을 유지할 수 있는 능력이 있어야 한다(김미옥, 2003).

2) 소비자 시각

이용자와 장애인재활상담사의 관계를 위계적 관계가 아닌 상호협력적 관계로 규정하는 것은 자기결정권에 대한 신념의 실천이다. 재활상담사는 매일의 일상 속에서 자기결정권 보장이라는 딜레마에 부딪힌다. 이러한 문제에 대한 해결책이 바로

이용자를 소비자(consumer)로 보는 접근이다(김미옥, 2003). 이용자를 소비자로 보는 개념을 잘 반영하는 것이 역량강화 접근이다. 이는 이용자와 장애인재활상담사의 관계를 협력과 파트너십을 강조한 수평적 파트너로 보고 있기 때문이다. 따라서 역량강화 접근에서 이용자는 기존의 수혜자, 환자, 도움을 받는 사람들이라는 낙인으로부터 소비자라는 개념으로 전환시킨다. 이용자를 소비자로 보는 것은 서비스 제공을 수혜자가 아닌 하나의 권리로서 이해하는 것이며, 또한 이용자에게 서비스에 대한 선택권을 부여하는 것이다.

이 개념을 기반으로 한 직업재활실천에서 장애인과 그 가족은 수혜자이며 피동적 도움을 받는 사람이라는 낙인에서 자유로워진다. 이제 장애인과 가족은 단순히 전문가의 소견에 따른 서비스를 수혜받는 자가 아니라 서비스를 찾아 나서고 효과적 서비스를 평가할 수 있는 선택의 권리를 가진 주체가 되는 것이다. 이러한 경향은 최근 재활 현장의 서비스 차별화, 다양화 등의 추세와 물리는 것으로서 장애인과 가족이 보다 나은 서비스를 선택하는 것이다(김미옥, 2003).

3) 역량적 시각

역량(competence)이란 인간체계의 기능을 수행할 수 있으며, 다른 체계와 효율적으로 상호작용하고, 사회적 · 물리적 환경의 자원체계에 기여할 수 있는 능력을 말한다. 역량은 개인적 특성, 대인 상호관계, 사회적 · 물리적 환경에서 비롯되는데, 이러한 3차원이 잘 기능할수록 각 개인이 환경에 대처할 수 있는 역량은 더욱 향상된다(Miley et al., 2007; 김미옥, 2003).

임파워먼트 모델에 근거한 재활상담사는 개인의 문제를 이용자 체계의 결점으로 보기보다는 개인적 역량과 환경적 요구 사이의 불일치로 인해 발생된다고 보기 때문에, 자원에 대한 정확한 사정과 활용이 강조된다. 즉, 자원과 기회의 접근, 강점 확장 자체가 역량강화라고 할 수 있다. 따라서 역량강화는 우리의 삶 안에서 역동적으로 발생하게 되는 것으로, 모든 과정은 재활상담사와 이용자 간의 파트너십으로 협력과정을 통해 이루어져야 하며, 이용자의 역량을 강화하여 매일의 삶 속에서 접하는 일상생활 대처기술의 향상으로 나타날 수 있도록 해야 한다. 재활영역에 있어, 역량강화는 장애인과 가족이 가진 강점을 최대한 활용하면서 잠재력을 표출할 수 있도록 지원하는 것을 말한다. 따라서 장애인과 가족이 스스로 설 수 있도록 하는 지지체계가 바로 역량강화의 초점이 된다(김미옥, 2003).

역량강화(empowerment) 관점을 바탕으로 하는 재활사례관리 실천은 장애인과 가족을 서비스 수혜자라는 수동적인 의미에서 그치는 것이 아니라, 장애인 및 그 가족이 지니고 있는 잠재적 능력을 고양하여 주어진 문제해결에 대해 적극적으로 참여하는 능동적 주체로 전환하도록 돕는 것에 있다. 이러한 서비스 이용자의 주체적 참여를 통한 역량강화는 장애인의 개별적 역량강화뿐 아니라 집합적 주체로서의 세력화를 통하여 친화적인 환경을 조성하는 것에 기능하도록 돕는다는 점에서 실천적 가치를 담고 있다. 역량강화(empowerment)란 개인, 그룹, 조직 그리고 지역사회 등이 각각의 기능을 잘 수행하고 적절한 관계를 형성해 그 능력과 힘을 잘 통제할 수 있도록 하는 과정을 말한다.

4) 역량강화 관점의 특성

① 생태체계 관점을 통합하고 있다.
② 이용자의 결함보다는 강점을 지향한다.
③ 문제 확인보다 문제 해결을 추구한다.
④ 처방에 따른 치료보다는 능력 향상을 추구한다.
⑤ 전문가는 전문가의 능력보다도 이용자 변화과정의 모든 국면에서 동반자 입장으로 참여한다.
⑥ 환경은 잠재적 자원을 보유하고 있어 이용자 자신을 자원으로 볼 수 있도록 돕는다.
⑦ 역량강화의 과정은 각 체계의 적응기능을 향상할 수 있는 체계능력을 인식하고 촉진하며 증진시키는 것이다.
⑧ 역량강화의 세 가지 영역
- 개인적 역량강화: 개인 스스로에 대한 역량감, 지배감, 강점, 변화능력으로 이용자가 어떤 변화에 영향을 미칠 수 있는지 자신의 능력을 인식하고, 더불어 자신감 그리고 예전에 인식하지 못했던 강점을 인지하고 수용하게 되는 것이다.

- 개인 간 역량강화: 다른 사람에게 영향을 미치는 개인의 능력으로 대인관계에서 어느 일방에 의해 주거나 혹은 받기만 하는 것이 아니라 상호 주고받는 평형관계를 형성하는 것이다.
- 구조적 역량강화: 사회구조와의 관계로 정치적 · 사회적 상황과 같은 사회구조를 바꿈으로써 보다 큰 힘을 얻고, 새로운 기회를 창출할 수 있으며 사회적 수준에서의 자원 창출은 그 사회의 모든 개인에게 힘을 부여한다.

표 13-6 역량강화 모델의 개입과정

단계	활동	전략	과업
대화	공유하기	이용자가 기존에 가지고 있는 것으로 알고 있는 역량 및 자원 구체화하기	1. 상호협력적인 관계 확립하기 2. 기존지식 명확화하기 • 이용자의 인지(도전과 강점) • 장애인재활상담사의 인지(이러한 이용자체계에서의 역할) 3. 당신이 가지고 있다고 아는 것 다루기 4. 초기방향 정하기 5. 관계를 위한 계약하기 및 사정에 동의하기
발견	찾기	이용자가 그들이 가지고 있다는 것을 모르는 자원 탐색하기	1. 쉽게 드러나지 않는 당신이 가지고 있는 것 확인하기 2. 부가적인 정보와 사실에 대한 경험과 사고 연결하기 3. 감정을 사정, 확인, 표현하기 4. 대인 상호적인 정보 연결하기 • 이용자 체계로부터 • 다른 사람으로부터 5. 자원체계 탐색하기 6. 그 외 이용자체계의 욕구 결정하기 7. 해결로 이끌어 주는 계획 개발하기 8. 변화를 위한 계약하기
발달	강화하기	이용자 체계가 아직 활용하지 않은 부가적인 자원 혹은 역량 사정 혹은 확립하기	1. 이용자 욕구 구체화하기 2. 이용자가 사용하지 않지만 존재하는 자원사정 • 개인적/대인 상호관계적/조직적/지역사회/사회적 3. 새로운 자원과 기회 만들기 4. 결론을 위한 계약으로 이끌어 가기 5. 성공을 인식하고 평가하기 6. 개인의 달성한 목표를 통합하기

5) 역량강화의 실천원칙

① 협력, 신뢰, 파워의 공유를 원조관계의 기초로 삼는다.
② 집단행동을 활용한다.
③ 문제에 대한 이용자의 정의를 수용한다.
④ 이용자의 강점을 확인하며 그것에 의거한다.
⑤ 계급과 파워에 관한 이슈에 관해서 이용자의 의식을 고양시킨다.
⑥ 변화과정에 이용자를 관여시킨다.
⑦ 특정한 기술을 가르친다.
⑧ 상호지지나 자조 네트워크나 그룹을 활용한다.
⑨ 역량강화를 지향하는 관계에서 개인이 가지고 있는 파워를 실감케 한다.
⑩ 이용자를 위해 자원을 동원하거나 그의 권리를 옹호한다.

6) 역량강화 접근의 활용성

① 자기효능감을 향상시킨다. 자기생활에서 실질적으로 할 수 있는 일을 창출하거나 통제할 수 있는 능력이 자신에게 있다는 신념을 강화시킨다.
② 집단의식을 발달시킨다. 정치적 구조가 개인이나 집단의 체험에 어떻게 영향을 끼치는가를 깨닫게 하며, 사회에 대한 비판적 시각을 가지게 하며, 개인, 집단, 지역사회의 구성원들이 운명을 공유하고 있다는 강점들을 강화시킨다.
③ 자기비난을 감소시킨다. 자신에게 상황을 변화시킬 수 있는 힘이 있다는 소신을 보다 강화시킬 수 있다.
④ 변화에 대한 자기책임을 받아들이게 한다. 자신의 문제에 대해 책임을 느끼지 못하는 이용자는 무력한 객체가 아니라 적극적으로 참가하는 주체가 되어야 한다.

4. 자립생활 관점

1) 자립생활 모델

자립생활 접근(independent living model approach) 모델은 최근 그 어느 때보다 높아지고 있는 시민권에 대한 요구로 기존 의료 모델 중심의 서비스 한계를 지적하고 있으며, 장애인의 완전한 사회참여 및 독립적 생활권 보장이라는 측면에서의 자립생활 모델은 전 세계적으로 재활서비스 분야에서 주목받고 있다.

자립생활은 장애인들이 자신의 삶을 스스로 선택하고 결정하며 그 결정에 위험이 따를지라도 그에 대한 책임을 당사자인 자신이 지며 자신의 인생에 대한 창조적 삶을 영위하는 과정이라고 할 수 있다. 즉, 장애인의 자립이란 기존의 신체적 자립이나 경제적 자립에 국한된 의미가 아니라 삶 그 자체에 대한 결정과 관리는 당사자 책임하에 행하여진다는 것이다.

자립생활은 '장애인 자신의 건강관리, 식사, 취침 시간과 같은 모든 일상의 활동뿐만 아니라 보호자의 결정, 금전관리, 거주지 결정까지 스스로의 선택과 판단에 따른 의사결정 과정에 참여하는 일'을 말한다(조영길, 김정미, 노경수, 2016).

자립생활 개념의 핵심은 자기결정권의 존중과 선택권의 확보, 당사자의 책임성 강조라고 할 수 있다. 즉, 장애인의 문제는 자신이 가장 잘 이해하고 있으므로 생활 전반에 대한 선택과 결정은 장애인이 보장받아야 할 기본 인권의 하나이다.

이러한 개념을 기초로 자립생활 모델은 다음과 같은 가치를 갖는다(김미옥, 2003; 오혜경, 1999). 첫째, 모든 인간의 삶은 가치 있는 것이다. 둘째, 어떠한 손상을 입은 사람이라도 누구나 스스로 자신이 원하는 것을 선택할 수 있는 능력이 있다. 셋째, 장애인은 신체적 반응, 사회적 · 물리적 반응, 지능적 반응, 감각의 손상 그리고 정서적 불안 등 다양한 형태의 기능상의 장애를 가지고 있을지라도 자신들의 생활 전반을 사정하고 관리하고 조정할 수 있는 권리가 있다. 넷째, 장애인들은 사회생활 전반에 참여할 권리가 있다.

2) 자립생활 실천 원리

자립생활 실천원리는 다음과 같다(김미옥, 2003). 첫째, 비차별성(nondiscrimination)의 원리로서 모든 연령의 장애인과 가족이 지원서비스 체계에 참여할 기회를 가지고 있어야 한다. 둘째, 포괄성(comprehensiveness)의 원리이다. 즉, 장애의 예방부터 장애인의 지원을 위한 의료, 직업, 개인 원조 등의 서비스 영역이 포괄적이어야 하고, 지역사회 내에 완전히 통합될 수 있도록 지원하는 서비스이어야 함을 의미한다. 다른 하나는 모든 장애 영역의 포괄성이다. 지적장애인과 같이 스스로 자기 지향적 결정을 하는 능력이 제한된 장애인도 팀 접근에 의해 제공되는 서비스를 선택하고 결정할 수 있어야 한다. 셋째, 형평성(equity)의 원리이다. 즉, 장애인의 욕구에 기초한 서비스가 균형 있게 제공되어야 한다. 넷째, 비용지불의 효율성(efficiency)이다. 이는 프로그램 제공 과정에서 발생하는 행정적 비용을 최소화하면서 장애인의 욕구 충족에 가장 효과적 방식으로 자원을 사용해야 함을 의미한다. 다섯째, 소비자 통제의 원리이다. 이는 서비스를 자기지향적으로 선택하고 결정할 수 있는 권한을 확보하는 것이다. 즉, 서비스의 의사결정, 서비스의 질 보증, 프로그램의 참여를 의미하는 것이다.

5. 네트워크 관점[1)]

장애인이 겪는 복합적인 문제와 요구를 해결하기 위해서는 지역사회 중심의 자원 네트워크 개발과 운영이 필연적으로 요청된다. 사례관리에서 이용자의 복합적인 욕구는 이용자와 가정만이 아니라 지역사회 차원에서 다양한 기관이나 시설, 단체의 참여와 협력을 통해 충족될 수 있다.

특히 네트워크의 구축이 필요한 이유는 지역사회 내 재활 관련 조직들이 이용자에게 서비스를 제공함에 있어서 지원의 중복과 갈등을 최소화하고, 단위 조직의 정

---

1) 네트워크(network)의 개념은 매우 다양하게 사용되고 있다. 사회복지 분야에서도 네트워크는 '사회적 관계망' '서비스 연계망' '기관 간 연계' '조직 간 협력' '지역사회 관계망' 등으로 사용되고 있다.

보, 인력, 설비 등 자원의 공유를 통해 지역사회 자원의 활용도를 극대화할 수 있기 때문이다.

네트워크를 통하여 누락된 이용자를 발굴할 수 있고, 단절된 서비스를 연계할 수 있으며 서비스와 프로그램의 중복 조정 등을 통한 효율성을 증대하고 부족한 자원을 동원하는 효과를 담보할 수 있다. 이를 통해 이용자의 욕구를 충족하고, 자원 부족의 문제를 극복할 수 있으며, 공동체 의식을 증진시키는 효과를 담보할 수 있다. 일례로, 네트워크 사례관리 시스템을 적용한 개입사례에 대한 시범적 연구에서 네트워크 체계를 구축하기 전과 후의 성과 비교를 [그림 13-2]와 같이 제시한다.

	네트워크 구축 전	변화의 중심	네트워크 구축 후
개인	• 개인의 복지서비스 Needs 충족 미약	재활 네트워크 사무국 (Center-link)	• 위기사례 신규 제보 및 접수기능 향상으로 이용자 접근성 향상 • 솔루션위원회(전문가) 개입으로 문제해결력 증진 • 문제해결 위한 자원연계 활성화
기관 및 단체	• 신규 위기개입 사례에 대한 접근 및 관리 한계 • 사례관리 전문 인력 부족 • 사례에 대한 체계적 관리 미흡 • 사정도구 상이(비표준화) • 민 · 관 협력 취약		• 위기개입 및 네트워크 운영으로 사례 접수/연계/협력/조정 센터링크 구축 • 공통사정도구 척도개발로 통합 환경구축 • 사례관리 시스템 구축 및 운영으로 신속, 정확한 기관 공동 개입가능 • 멘토 육성 및 지원으로 사례관리 기능 지원 효과 • 지역 특화사업 활동으로 전문복지사업 보급 및 활성화
지역자원	• 기부문화 취약 • 문제해결을 위한 공급자원 부족 • 자원공급 중복 누락(사각지역에 자원부족) • 자원정보 부재		• 자원 맵 구축 및 운영: 지역 내 복지자원 동별 복지서비스 수요 · 공급 모니터링 및 공유 • 복지공급 관련기관 및 단체의 공동개입: 민 · 관 펀드, 아름다운 이웃 서울디딤돌 등 • 주민 네트워크를 통한 장애인 조직화 −지역 시민단체와 결합하여 복지사각지대 건강, 생태, 문화 영역으로 지역건강성 향상 −집단 및 지역 단위 복지자원 공급으로 사례관리 가능

[그림 13-2] 네트워크 효과 구축 사례

출처: 오동준(2008).

6. 팀 협력 관점

1) 팀 협력

이용자 서비스를 목적으로 하는 팀 협력(teamwork)의 중요성은 서비스 욕구가 다양해지고, 기술이 전문화될수록 더욱 필요하다. 재활에서 팀 협력의 이슈는 장애인 문제의 복합화, 촉진자 중심의 역할 변화 등으로 인하여 중요하게 다루어지고 있다. 그럼에도 불구하고 팀 협력에 대한 훈련 프로그램이 부족한 실정이다.

팀 협력은 개별적인 결정을 하여야 하는 책임이 있고, 지식을 공유하고 의사소통하기 위하여 접촉하는 사람들의 집단에 의해 수행되는 일"이라고 할 수 있다(김용득, 1998). 즉, 팀 협력은 두 가지 이상의 전문 분야, 공통의 서비스, 협력, 의사결정 과정의 조정 등의 요소를 포함하는 개념이다.

팀 협력을 통한 서비스는 팀 구성원들과 이용자들에게 커다란 이익을 제공한다. 팀 협력을 통한 서비스가 팀 구성원들에게 가져다주는 이익으로는, 첫째, 재활계획의 수립과 실천과정에서 임상적인 결정을 내려야 할 경우에 다른 전문가들로부터 결정에 도움이 될 수 있는 다양한 정보를 수집할 수 있게 된다. 둘째, 전문 영역 간 상호작용을 통하여 사람들의 다양한 문제에 대해 신속하고 적절하게 반응할 수 있도록 준비시켜 준다. 셋째, 협력하는 전체 팀의 여러 전문 분야 간의 적절한 균형을 계속 유지할 수 있도록 해 준다. 넷째, 각 전문영역이 고유의 능력에 가장 적합한 사례에 대하여 서비스를 제공할 수 있도록 사례별 업무 할당이 적절하게 이루어지도록 해 준다. 다섯째, 계속적인 상호작용을 유지함으로써 팀 구성원들 간에 상호 이해와 존경을 유지할 수 있도록 해 준다(김용득, 1998).

그리고 팀 협력이 서비스를 이용하는 사람에게 가져다주는 이익으로는, 첫째, 여러 분야가 동시에 한 사람의 문제에 통합적으로 관여하게 됨으로써 서비스 제공자 중심의 서비스에서 이용자 중심의 서비스로 전환하게 된다. 둘째, 재활계획의 수립과 계획의 실천을 위한 하위 목표의 수립과정에서 이용자에게 보다 친숙한 방법으로 접근하게 된다. 셋째, 이용자에게 이용자의 예후에 대한 보다 정확한 정보를 제공할 수 있게 된다(김용득, 1998).

2) 팀 협력 방법

팀 협력은 방법에 따라 네 가지로 나눌 수 있다(김용득, 1998).

첫째, 단일 분야의 팀 협력(unidisciplinary teamwork)이다. 이는 다른 분야와는 교류하지 않는 상황에서 동일한 숙련 분야의 사람들이 모여서 일하는 방법이다.

둘째, 여러 분야 간의 상호 독립적인 협력(multidisciplinary teamwork)이다. 이는 개입 결과나 개입계획을 공유하기 위하여 만나기는 하나 개입활동을 서로 조정하지는 않는 방법이다.

셋째, 분야 간의 팀 협력(interdisciplinary teamwork)이다. 이는 다양한 분야로 구성되고, 개인에게 제공되는 서비스를 통합하고 조정하여야 하며, 이용자의 평가와 개입에 협력하여야 하는 방법이다. 이 방법에서는 협력 팀 간의 구분이 분명하게 이루어진 상황에서 분야 간의 협의와 조정을 강조한다.

넷째, 분야의 구분을 초월한 팀 협력(transdisciplinary teamwork)이다. 이는 동일 팀을 구성하여 여러 전문 분야 사람의 역할 이완(role release)을 하는 것을 특징으로 한다. 이 방법은 전문 분야를 넘나드는 정보와 기술 공유의 필요성을 기반으로 하고 있다.

3) 팀 협력의 요인

여러 사람이 한 공간에 단순히 모이는 것만으로 팀 협력이 발생되지는 않는다. 팀 협력에 영향을 미치는 다양한 측면의 변수들 중 팀 협력을 지원하는 요인으로는 구성원들 간의 목표의 공유, 상호 간의 역할과 기대의 명확성, 의사소통에 적절한 팀의 분위기, 적절한 지도력 등을 들 수 있다. 팀 협력을 저해하는 요인으로는 목표의 문제, 상호 전문분야에 대한 지적인 이해, 자기 전문 분야 중심주의 등을 들 수 있다(김용득, 1998).

재활상담사의 직업윤리

1. 전문가의 윤리적 기준

1972년 국립재활상담협회(National Rehabilitation Counseling Association: NRCA)는 재활상담사가 윤리적 딜레마에 직면할 때 이에 대처할 수 있도록 하기 위해 윤리지침(code of ethics)을 제정하였다. 이 지침은 1987년 미국재활상담협회(The American Rehabilitation Counseling Association: ARCA)와 재활상담사공인위원회(Commission on Rehabilitation Counselor Certification: CRCC)의 2년 동안의 공동 작업으로 개정되었다.

이 지침은 10개의 기준(canon)과 72개의 규칙(rule)으로 이루어져 있다. 기준에는 재활상담가가 지향해야 할 일반적 기준이 제시되어 있고, 규칙에는 구체적인 상황에서 어떻게 행동해야 하는지가 제시되어 있다. 이 지침의 목적은 다음과 같다.

첫째, 재활상담사가 재활 현장에서 구체적으로 어떻게 해야 할 것인가를 결정할 때 일반적인 기준을 제시한다. 둘째, 재활상담사가 위법 행동을 하거나 책임성을 위반할 때 이용자를 보호하고, 이용자에 대한 전문가의 책임성을 분명히 한다. 셋째, 재활상담사의 전문적인 활동이 재활의 목적과 일반적인 기능에서 유해하지 않다는 확신을 제공한다. 넷째, 재활상담사의 서비스가 지역사회의 도덕적 가치와 사회적 규범에서 벗어나지 않음을 증명한다. 다섯째, 재활상담사의 사생활과 정직성을 보장하기 위한 근거를 제시한다.

2. 윤리적 의사결정 과정

재활상담사는 직업재활 서비스를 실시할 때 윤리적 딜레마를 인식해야 한다. 왜냐하면 직업재활 과정에서 상담사의 모든 결정은 이용자와 가족, 재활기관, 동료 재활 전문가, 지역사회에 해를 끼칠 수도 있기 때문이다. 따라서 재활 전문가는 모든 결정을 내릴 때 정보수집에 대한 우선순위 부여, 의사결정을 거쳐야 하고 합리적인 의사결정을 위해 다양한 정보, 즉 공적 부문에서 이용자의 권리보호, 정당성, 공평성, 특히 이용자의 권리가 부모나 대리인의 권리와 균형을 이루는지 의사결정에 영향을 주는 관계자의 참여 등의 정보를 수집해야 하며, 그러한 결정이 우리 사회의 기준에 부합되는지를 고려해야 한다(Tymchuk, 1982).

윤리적 의사결정은 ① 비용, ② 시간과 노력, ③ 이익이나 위험, ④ 기타 장·단기 위험 발생률을 기준으로 이루어지며, 이를 지원하는 모델로 ① 윤리적 문제를 의식하지 않고 무의식으로 반응하는 모델, ② 윤리적 문제를 의식하고 행동하는 의식적인 모델, ③ 윤리 지침이나 슈퍼바이저, 전문가 단체에 자문을 받는 모델이 있다(Emener, Wright, Klein, Lavender, & Smith, 1987).

이 중 50% 이상이 의사결정을 할 때 무의식적으로 결정하고, 25% 정도만 윤리적 의사결정을 위해 전문적 자문을 받거나 윤리지침을 활용한다고 한다. 윤리적 및 의식적 모델을 직관(mtuitive)적 결정이라고도 하는데 이것은 윤리적 딜레마를 결정하는 가장 일반적인 방법으로 도덕이나 신념 또는 이전의 경험에 기초한다. 그러나 직관은 상황이 돌발적이고 독특한 문제일 때 최선의 윤리적 결정을 제한한다. 따라서 윤리적 의사결정에서는 직관보다 비판적·평가적(critical-evaluative) 접근방법을 권고하고 있다(Kitchener, 1984). 비판적·평가적 접근방법은 의사결정 내용에 대한 객관적인 비판과 종합적인 평가를 한 후 결정하는 방법이다.

직업재활 과정에서 발생할 수 있는 윤리적 딜레마를 해결하려면 의사결정 과정이 가장 중요하다.

Tymchuk은 윤리적 의사결정 과정을 7단계로 요약하고 있다. 1단계는 상황의 개요, 측정을 기술하기, 2단계는 잠재된 관련문제를 기술하기, 3단계는 2단계의 문제에 영향을 미칠 수 있는 지침을 기술하기, 4단계는 각 문제에 대한 대안적인 결정을 목록화하기, 5단계는 각 대안에 대해 예상되는 장 · 단기, 중기 결론을 목록화하기, 6단계는 결과에 대한 증거를 제시하기, 7단계는 의사를 결정하기이다.

아직도 재활상담사들은 윤리적 갈등을 무시하거나 등한시하고 있다. 따라서 재활과정에서 윤리적 딜레마에 대처하기 위해 재활상담사들은 다음과 같은 질문을 늘 염두에 두어야 한다.

윤리(ethics)란 인간의 본질이나 성향을 의미하는 그리스어 'thikos'에서 유래된 것으로 웹스터 사전(Webster Dictionary, 1985)에서는 윤리를 "도덕적 원칙이나 가치" 또는 "개인이나 집단을 통치하는 행동 원칙"으로 정의한다. 윤리 원칙은 개인이나 조직의 행동에 정당성과 타당성을 부여하며 미래를 계획하는 데 중요한 지침이 되는 것으로 역시 재활상담사에게 동일하게 적용된다.

1) 이용자 면접 전(pre client meeting)

① 나는 윤리지침을 소유하고 있으며, 실제 윤리지침을 적용하고 있는가?
② 나는 나의 개인적 가치를 이해하고 있는가?
③ 나는 기관의 규칙이나 정책에 대한 유인물이나 적용할 수 있는 기술을 가지고 있는가?
④ 기관의 규칙이나 나의 윤리지침 사이에 불일치하는 점은 없는가?
⑤ 나는 전문적 효과성에 개입될 수 있는 갈등이나 개인적 문제를 가지고 있는가?

2) 초기면접(initial meeting)

① 나는 필요할 때 의뢰(refer)할 준비가 되어 있는가?
② 나는 면접 시 이용자에게 상담과정에서 어디까지 보호할 수 있는지 알려 주었는가?
③ 나는 이용자가 활용할 수 있는 서비스와 급여의 법적 제한을 토론하였는가?

④ 나는 이용자가 활용할 수 있는 서비스와 급여를 현실적으로 기대하고 있는가?
⑤ 나는 이용자를 상담할 때 영향을 줄 수 있는 목적이나 목표, 제한점을 토론했는가?
⑥ 나의 판단을 흐리게 하고 이용자의 개발을 저해할 이중적 관계가 있는가?
⑦ 나는 이용자나 대리인에게 동의를 얻었는가?
⑧ 나는 이용자의 욕구에 따라 다른 전문가에게 의뢰했는가?
⑨ 나는 이용자의 고용계획을 적절한 자료를 바탕으로 작성했으며, 이용자의 사생활을 보호하기 위해 노력했는가?

3) 계획개발(plan development)

① 나는 평가서비스를 위해 필수적 정보를 제공했는가?
② 이용자에게 팀서비스를 위해 기관 내의 정책이나 실제가 준비되어 있는가?
③ 나는 이용자의 재활계획에 이용자의 가족을 참여시킬 방법을 강구했는가?
④ 나는 필요한 평가를 하기 위해 이용자에게 평가 전 목적과 이유를 알려 주었는가?
⑤ 나는 이용자의 평가 결과가 표준화된 기준에 잘 나타나지 않을 때 결과를 조심스럽게 재검토했는가?
⑥ 나는 평가 결과에 대해 사회적 · 경제적 · 윤리적 · 장애 · 문화적 요인의 결과를 고려했는가?
⑦ 나는 이용자가 이해할 수 있도록 평가 결과를 설명했는가?
⑧ 나는 다른 전문가들과 함께 이용자의 고용계획이나 서비스 전달에 대한 내용을 논의하고 정보를 공유했는가?

4) 계획 완성(plan completion)

① 나와 이용자의 공동 노력이 계획에 반영되었는가?
② 이 계획은 통합적이고 개별화된 계획인가?
③ 이 계획은 이용자의 환경과 능력을 반영하는가?

④ 이 계획에 이용자의 계획을 위해 협력하는 모든 기관의 상호 간 공정한 이해가 포함되어 있는가?

5) 계획 실행(plan implementation)

① 나는 계획의 신뢰성과 효과성을 위해 지속적으로 모니터하고 있는가?
② 나는 이용자를 프로그램이나 기관에 보내기 전에 접근성을 확인하였는가?
③ 나는 이용자를 대신해서 협력기관의 서비스에 대해 계속 모니터하고 있는가?
④ 나는 이용자의 효과적인 서비스 전달을 지지하고 있는가?

6) 직업배치(job placement)

① 나는 이용자의 전반적인 능력, 직업적 제한, 물리적 제한, 흥미와 적성, 사회적 기술, 교육, 일반적인 자격과 관련된 다른 특성과 요구에 부합하는 고용을 고려했는가?
② 나는 어떤 직무가 이용자와 고용주의 복지나 흥미에 유해한가를 충분히 고려했는가?
③ 나는 고용주에게 이용자를 추천하기 전에 접근성을 확인했는가?
④ 나는 고용주에게 이용자에 대한 직무와 관련된 정보를 충분히 제공했는가?

7) 사후지도(follow-up)

① 이용자와 고용주는 모두 만족하는가?
② 나는 적절한 고용 후 서비스를 제공했는가?
③ 이 종결은 오히려 이용자에게 적절하지 않은 결과를 나타낼 것인지 고려했는가?

8) 서비스 종결(service close)

① 이 결정은 실제적으로 이용자가 적임이 아니라는 것을 반영하고 있는가?

② 내가 이 결정을 하는 데 혹시 외부 압력에 반응하지 않았는가?
③ 내가 이용자를 사정할 때 혹시 부적절한 자료를 활용하지 않았는가?
④ 나는 혹시 이용자에게 이득이 없다고 예상하여 관계를 중지하지 않았는가?
⑤ 나는 이용자를 지원하기 위하여 다른 기관에 의뢰하였는가?

3. 재활상담사의 윤리 원칙

재활상담사를 위한 윤리 원칙은 일반적 규범보다는 한 차원 높게 제시된다. 가장 중요한 원칙은 Beauchamp와 Childress(1989)의 자치성(autonomy), 수혜성(beneficence), 비해악성(non-maleficence), 정당성(justice), 충실성(fidelity) 그리고 책임성(accountability)이다.

1) 자치성

자치성(autonomy)은 자주적인 존재로 자신의 행동을 선택할 자유가 있고 자신의 행동에 책임을 지며 타인의 자유를 침범하지 않을 권리를 포함한다. 여기서 자치적인 선택이라는 것은 이용자가 적절하고 이성적인 판단을 내릴 능력을 가졌음을 전제로 하며, 모든 사람은 타인으로부터 조정 · 간섭 · 통제를 받지 않아야 한다는 것이며, 실수와 그로 인한 결과에 대한 자유는 이용자의 성숙과 독립성 발달에 필수적이다.

따라서 재활상담사는 이용자의 능력 · 견해 등과 관련하여 다양성을 가지고 이용자를 대해야 한다. 더욱이 이용자에게 특별하거나 구체적인 선택을 강요하거나 강요하려고 위압 · 억압하는 것을 피해야 하며 이용자의 독립적인 의사결정에 필수적인 정보를 왜곡하거나 유보하는 태도를 피해야 한다.

그러나 자치성이 이용자의 독립성을 촉진하도록 해야 하지만 이용자가 정신적 혹은 정서적 장애를 가졌을 때, 이용자의 잘못된 선택이 이용자 자신을 해롭게 할 위험성이 있을 때, 자립생활을 방해하고 그와 관련된 심각한 위험이 있을 때에는 재활상담사가 개입하여 절충할 수 있다.

2) 비해악성

비해악성(non-maleficence)은 타인에게 육체적·감정적 해를 끼치지 않을 의무와 함께 이용자를 의도적으로 해롭게 하거나 타인에게 해를 끼칠 가능성이 있는 행동을 금지하는 것이다.

수혜성은 다른 사람을 위해 무언가 능동적으로 행하기를 요구하기 때문에, 단지 남을 해롭게 하는 행동을 금지할 것을 요구하는 비해악성보다 훨씬 임의적이다. 따라서 수혜성은 행동지향적인 반면, 비해악성은 어떤 행동을 삼가야 할 필요가 있을 뿐이다. 도덕적이고 법률적 의미로 비해악성은 거의 모든 경우에서 요구된다고 볼 수 있다. 남을 돕는 데 있어 초래되는 위험 수준은 보통 타인을 심각하게 해롭게 하지 않도록 견뎌야 할 위험의 수준보다 덜하다. 예를 들면, 만약 어떤 사람이 직장 동료 혹은 다른 사람들을 심각하게 전염시킬 수 있는 질병이 있다면, 비록 그것이 그 사람의 직장을 잃을 위험에 빠뜨린다 하더라도 사람들에게 질병을 옮기지 않도록 해야 할 강한 의무가 있다.

재활상담사의 위해 가능성은 평가에서 배치까지 직업재활의 전 과정에 존재한다. 위해 가능성은 ① 평가 결과가 잘못 사용되거나, ② 고용계획이 잘못 수립될 때, ③ 부적절한 서비스가 제공될 때, ④ 배치가 잘못되어 이용자의 장애를 오히려 악화시켰을 때 발생한다.

어떤 재활상담사는 항상 수혜성보다 비해악성을 선택하여 비해악성은 수혜성에 선행한다고 보는 두 원칙 사이의 항구적 위계관계를 가정한다. 예를 들면, 어떤 재활상담사가 비해악성의 기준에서 이용자에게 바람직한 이익을 줄 수 있는 동시에 해롭게 할 위험이 있는 직업배치를 할 것이다. 때때로 재활에서는 미래의 이익을 성취하기 위해 어느 정도의 위해를 입거나 혹은 다소 높은 정도의 위험을 감수하는 것이 최선일 수 있다.

그러나 이 경우에 비해악성의 원칙에 따라 수용할 수 있는 수준으로 위험이 조심스럽게 결정되어야 한다. 상담 및 심리치료 결과로 야기되는 측면 효과, 즉 일시적 스트레스나 불쾌감을 장기적인 침해에서 구분하는 일, 따라서 이용자의 침해를 정의하는 일에는 다소 어려움이 따른다. 따라서 재활상담사는 이용자의 침해를 회피하기 위해 미칠 수 있는 행위에 민감할 필요가 있다.

3) 수혜성

수혜성(beneficence)은 재활상담사가 타인을 돕는 의무를 의미한다. 상담가가 윤리적으로 행동한다는 것은 단지 이용자의 자발성을 존중하고 침해로부터 보호하는 것뿐만 아니라 그들의 복지에 기여하고 촉진시키는 방향으로 행동해야 한다.

재활상담사의 자선 행위에서 일어날 수 있는 문제는 ① 자선적 선한 행동이 이용자의 존엄성을 손상하고 지속적인 의존성을 조장할 위험이 있으며, ② 이용자의 이익을 위해 행동한다는 명목하에 이용자 자신의 판단을 무시 혹은 침해할 수 있다는 것이다.

따라서 수혜성은 이용자의 자치성, 비해악과 같은 다른 윤리적 가치와 충돌을 일으킬 수 있으며, 이를 고려하여 재활상담사는 이용자의 긍정적 성장을 도모하고 적절하고 합법적 이익을 주장하고 촉진해야 할 의무를 지닌다. 이용자의 이익에 항상 우선해야 하며 이용자의 복지를 수호하는 수호자 역할을 강조한다.

4) 정당성

정당성(justice)은 공평 혹은 공정성(fairness)의 개념을 바탕으로 하여 제한된 재활서비스 자원을 효과적으로 배분하는 기회의 균등이 전제가 된다. 정당성은 인간이 누구나 동등하다는 전제에 기초하며, 재활상담사의 직무에 가장 합당한 원칙은 분배적 정당성이다.

정당성은 재활서비스 자원과 관련하여 누가 무엇을 가지느냐 하는 배분이나 할당과 관련된 공평성을 의미한다. 자원과 서비스가 풍족하고 서비스 전달기관 혹은 전달자 사이에 효과적 조정이 이루어지는 상황에서는 분배와 할당의 문제는 심각하지 않지만 자원의 부족과 집단의 수혜자 경쟁은 윤리적 갈등을 야기시킨다. 자원이 부족한 상태(short supply)에서는 극소수의 욕구만 충족될 수 있고, 경쟁 상태에서는 어떤 욕구는 충족될 수 있는 반면, 어떤 이용자는 제외되거나 서비스가 지연되어 집단 불만을 초래한다.

재활상담사에게 자원의 부족은 직무와 분리될 수 없는 다양한 요구를 충족시키기 위해 배분되어야 할 제한된 시간과 재화를 의미한다. 정당성은 차별적 처우에 기초로 적절한 준거를 채택하도록 요구한다. 예를 들면, 정당성은 비록 욕구들이 이용자에 따라 각기 다르더라도 각각의 이용자 자신의 욕구에 관련하여 우대할 것을 요구한다. 즉, 공평한 사회는 개인의 욕구에 대하여 적절한 수준의 서비스를 필요로 하는 모두가 획득할 수 있어야 한다. 반면, 서비스 욕구가 별로 없는 모든 개인에게는 선택적이어야 한다. 따라서 재활상담사는 이용자의 장애, 성, 개인적 특성, 지역사회 환경, 민족성에 따른 다양한 차별에서 이용자를 보호해야 하며 이용자에게 얼마만큼의 서비스를 제공할 것인지를 정당성에 근거하여 결정한다.

5) 충실성

충실성(fidelity)은 이용자와의 약속을 지키고 헌신하는 재활상담사의 태도를 의미한다. 약속 이행, 신뢰, 불성실한 상담 자세 등과 관련되어 있다. 충실성은 사람 사이를 연결하는 기본 가치로 재활에서 이용자와 재활상담사 사이의 중대한 신뢰관계로 고용주, 직장 상사, 동료, 지역사회에 대한 성실을 유지할 의무가 있다.

충실성에 대한 의무는 정직과 성실의 개념에 초점을 두며 약속과 헌신을 유지해야 한다. 특히 비밀유지(confidentiality)와 이용자의 정보동의(consent)는 충실성의 요소이다. 이용자가 비밀보장을 이해함으로써 그들에 관한 신상정보를 보호하고, 이용자 동의는 재활서비스를 제공할 때 관계의 본질과 이용자의 적극적 협조적 참여를 가능하게 한다. 따라서 재활상담사는 충실성이 재활관계의 중심이라는 것을 염두에 둔다.

6) 책임성

책임성(accountability)은 재활기관과 재활상담사 모두에게 요구할 수 있는 윤리적 개념이다. 재활기관의 책임성은 기관이 수행하는 사업에 대한 정당성의 설명을 제시할 수 있는 능력, 사업 수행의 결과에 대한 책임감과 함께 투입 단계부터 산출 단계까지 과정의 정당성을 의미하며 주어진 인력과 예산으로 무엇이 성취되었으며 이용자의 문제 해결이 가장 합리적으로 달성되었는지를 정당화할 수 있는 능력이다. 따라서 책임성이란 상담에서 문제 해결을 위한 목표 설정에 이르는 일련의 요소를 포함한다. 장애인의 문제를 해소하는 데 효과성과 효율성이라는 결정적 문제를 제시한다(Newman & Turem, 1974).

이러한 맥락에서 책임성은 최소 비용으로 최대치의 효과성과 이용자 만족을 이루었는지에 대한 객관적인 증거를 제시하는 것이다. 이를 통해 전문가로서의 정당성을 확보하게 된다.

재활기관에서 재활상담사의 책임성을 증진하기 위해서는, 첫째, 이용자 우선주의(consumer sovereignty)의 대한 인식이 필요하다. 재활상담사는 철저한 이용자 중심의 서비스를 전개해야 하며 장애인이 원하는 서비스 양과 질을 만족하는 방법으로 제공해야 한다. 이른바 시장경제 원칙에 근거하는 것이다. 이를 위해 이용자의 욕구를 파악하는 데 우선순위를 두고, 서비스에 대한 정보를 더욱 다양하게 제공하며, 서비스에 대한 접근성을 높이기 위한 시간을 조정하고 환경을 조성하는 등 다양한 노력을 투여해야 한다. 둘째, 지속적으로 양질의 프로그램 개발에 노력하여야 한다. 오늘날 다원화로 인해 장애인의 욕구도 점차 다양해지고 기대 수준도 높아지고 있다. 재활상담사가 이들의 욕구를 충족시키려면 양질의 프로그램 개발을 위한 자기개발과 새로운 전문성 개발을 위해 노력해야 한다. 셋째, 전문화와 지속적인 인력개발에 대한 투자가 있어야 한다.

재활은 장애인복지가 아닌 전문적 인간서비스(professional human services)이다. 따라서 재활상담사는 이용자의 문제해결이 중대한 요소가 되므로 전문성을 위해 인력개발에 대한 투자가 필요하다. 또한 직업재활은 자원의 부족으로 인해 항상 주어진 여건보다 욕구가 초과하는 점을 감안하여 열악한 근무환경에서 일할 수밖에 없으며 이로 인해 에너지가 소진되고 열의를 잃어버리는 직업적 회의와 소진(burnout)에 빠지는 경험을 하게 된다. 따라서 이를 해결하기 위한 자기 노력은 책임성을 강화시키는 주요 원동력이 된다.

4. 재활상담사의 윤리 기준

재활상담사의 윤리 기준은 다음과 같이 소개되고 있다. 재활상담사는 장애인의 개인적 · 사회적 · 경제적 독립을 촉진하기 위해 일한다. 이를 수행함에 있어 재활상담사는 다른 사람들이나 기관, 재활 프로그램, 서비스 전달체계와 일을 해 나간다. 재활상담사는 어떠한 조치를 취하는 것과 취하지 않는 것 모두 이용자에게 도움이 될 수도 있고 나쁠 수도 있다. 재활상담사는 상담이나 직업탐색, 심리평가와 직업평가, 사회적 · 의료적 · 직업적 및 정신과 자료에 대한 평가, 직업배치와 직업개발 서비스를 제공하도록 요구받을 수 있고, 이러한 것들이 사람들의 경험이나 교육과 일치되는 방식으로 수행되도록 요구받을 수 있다. 더 나아가 재활상담사는 윤리 기준을 준수해야 하며, 그 기준이 더욱 활발하게 시행되도록 해야 한다. 직업윤리강령은 이러한 목적을 달성하는 것을 촉진하기 위해 고안되었다.

재활상담사의 일차적인 의무와 책임은 이용자, 즉 윤리강령에 재활상담사로부터 서비스를 받는 장애인이라고 명시되어 있는 이용자에게 있다. 윤리강령의 기본 목표는 재활상담사들에게 기대되는 윤리적 행동을 명시하고 강조함으로써 공공의 복지를 증진시키는 것이다. 따라서 이 강령은 두 종류의 기준, 즉 '규범(Canons)'과 '전문가 실천규칙(Rules of Professional Conduct)'으로 구성된다.

규범은 전문가들이 공유하는 봉사와 존중의 근본정신을 반영하는 일반적인 기준이다. 규범은 좀 더 구체적인 규칙을 이끌어 내는 일반적인 개념과 원칙을 나타낸다. 규범과 달리 규칙은 특정 상황에서의 지침을 제공하는 좀 더 엄격한 기준이다. 윤리강령을 어기는 재활상담사는 징계를 받게 되어 있다. 규칙 위반은 규범과 그것을 구체화한 일반적 원칙을 위반하는 것으로 해석된다.

재활상담사의 인증은 재활상담자격위원회(CRCC)의 특권이므로 인가위원회는 규칙 위반에 대해 권한을 중지시키거나 다른 벌칙을 주기도 한다. 징계는 위반한 사항의 심각성과 위반이 발생한 상황이 확실할 때 주어진다.

재활상담사공인위원회(CRCC)는 재활상담사의 직업윤리강령을 채택하였고, 미국재활상담협회, 국립재활상담협회, 국립재활교육위원회 등은 회원으로서 이 강령이 수용되었다. 이 강령의 일부는 당초 미국심리학회 윤리강령에서 기원하였다.

재활상담사의 직업윤리강령은 여러 차례 개정을 위해 참고한 문서나 성명, 자료는 국립재활상담협회(National Rehabilitation Counseling Association) 윤리강령, 국립임상정신보건상담사협회(National Academy of Certified Clinical Mental Health Counselors), 미국상담 · 발달협회(American Association for Counseling and Development)의 윤리 기준, 윤리강령의 일부는 미국심리학회(American Psychological

Association)의 '심리학자 윤리강령'을 참고한다. 직업윤리강령에서 특정 행동이 윤리적으로 적합한지 의문스러울 때에는 명확해질 때까지 그러한 행동을 자제하는 것이 바람직하다. 윤리강령을 해석하는 데 도움이 필요한 재활상담는 인가위원회의 의견을 요청해야 한다.

1) 도덕적 · 법적 기준

재활상담사는 윤리강령의 본래의 뜻을 지켜 법적 · 윤리적 · 도덕적 방법으로 직무를 수행해야 하며, 이용자에게 해가 될 수 있는 행동을 피해야 한다. 실천 규칙은 R1과 같다.

R1.1 재활상담사는 그들이 종사하고 있는 법적 테두리 내에서 법을 준수하고 직업적 위반 행위에 대해 징계를 따른다.

R1.2 재활상담사는 이용자에게 돌아가는 혜택과 자신들이 제공하는 서비스의 법적 범위를 잘 알고 이용자와 함께 논의해야 하며, 따라서 솔직하고 개방된 의사소통, 현실적인 기대를 가질 수 있도록 해야 한다.

R1.3 재활상담사는 자신의 업무 수행에 해당되는 법적 지침, 그리고 자신에게 정당하게 위임된 윤리성, 전문성의 기준과 윤리강령과의 차이에 주의를 기울여야 한다. 그러한 불일치가 있을 때에는 재활상담사는 법적 지시에 따를 것이고 전문가의 윤리에 대해 적합한 위원회와 공식적으로 의견을 나누어야 한다. 법적 지침이 없을 경우 강령은 윤리상의 의무이다.

R1.4 재활상담사는 직업활동을 하는 데 있어 태만, 부정직, 속임이나 부정한 어떤 활동에도 관여해서는 안 된다. 올바른 전문가의 판단과 기술에 방해가 되는 이윤 추구나 그 외 개인적 이윤 추구는 용납되지 않는다. 뿐만 아니라 재활상담사가 이용자와의 관계를 악용하여 개인적인 금전적 이익이나 고용 기관의 금전적 이익 추구를 조장하는 행위도 용납되지 않는다.

R1.5 재활상담사는 윤리강령에 지시된 규범과 전문가실천규칙을 이해하고 지킨다.

R1.6 재활상담사는 윤리강령에서 금지한 행동을 변호하거나 인정하거나 묵과해서는 안 된다. 그럴 경우 다른 사람들이 그 일을 저지를 수 있다.

R1.7 재활상담사의 도덕적 · 윤리적 행동기준은 재활상담사의 행동이 자신의 직업적 책임 완수를 위태롭게 하거나 재활상담사에 대한 공신력을 떨어뜨리지 않는 범위에서는 개인적인 문제이다. 신뢰를 유지하기 위해 재활상담사는 일반적으로 인정되는 도덕적 · 윤리적 기준을 위반하는 행동은 하지 않는다.

R1.8 재활상담사는 장애인재활상담사들이 어떠한 의견을 나타냈을 때 관계되는 다른 협회나 기관, 회사의 권리와 명성을 존중해야 한다. 정책에 비판이 있을 경우에는 재활상담사는 조직 내부에서 건설적인 행동으로 효과적인 변화를 꾀한다.

R1.9 재활상담사는 근로자나 사람들을 대우하는 데 있어 도덕적 · 법적 기준에 맞지 않는 고용관례에 참여하지 않는다. 재활상담사는 고용, 진급, 훈련에 있어서 불법적이거나 정당화될 수 없는 차별을 초래하는 일들을 묵과하지 않는다.

2) 상담사와 이용자 간의 관계

재활상담사는 함께 일하는 사람들과 집단의 복지를 존중한다. 재활상담사의 주된 책임은 이용자에 대한 것이다. 재활상담사는 항상 이용자의 이익을 자신의 이익보다 우선시하려고 노력해야 한다. 실천 규칙은 R2와 같다.

R2.1 재활상담사는 상담관계에 영향을 줄 수 있는 목적이나 목표, 한계에 대해 이용자에게 분명히 한다.

R2.2 재활상담사는 자신의 역할이나 능력을 잘못 제시해서는 안 된다. 만약 요구될 경우 재활상담사는 자신의 자격에 대한 정보를 제공하며, 이용자가 요구하는 경우 다른 전문가에게 이용자를 의뢰한다.

R2.3 재활상담사는 자신의 욕구나 가치, 그리고 자신이 맞은편에 앉아 있는 이용

자나 학생들에게 영향을 미치는 위치에 있다는 것을 지속적으로 인식해야 한다. 재활상담사들은 그러한 사람들의 신뢰와 의존을 악용하지 않는다. 재활상담사는 그들의 직업적 판단력을 손상시킬 수 있는 이중관계를 피하려고 노력해야 한다. 이중관계의 예는, 근로자, 학생, 감독자, 친한 친구나 친족을 치료하거나 연구하는 것을 포함하지만 이에 국한되지는 않는다. 이용자와의 성적 관계는 비윤리적이다.

R2.4 제3자의 요청에 따라 서비스를 제공하는 재활상담사는 관계된 모든 사람에게 자신의 관련성을 명확히 해야 한다. 재활상담사들은 관계된 사람들에게 자신들의 윤리적 책임을 알리고 적절한 행동을 취해야 한다. 이용자에게 직접적인 재활서비스를 제공할 의도가 없고 제3자에 의해 사례 컨설턴트나 전문가 참고인으로 고용된 재활상담사는 특히 동의서나 법적으로 인정된 의사 전달에 대해 관계된 사람들에게 자신의 범위를 분명하게 밝혀야 한다. 사례 컨설턴트나 전문가 참고인으로서 재활상담사는 치우치지 않고 객관적인 의견을 제시할 의무가 있다.

R2.5 재활상담사는 재활서비스 참여에 대한 이용자의 동의권을 존중해야 한다. 재활상담사는 이용자나 이용자의 법적 후견인들에게 재활서비스에 참여하려는 이용자의 결정에 영향을 줄 수 있는 요인을 알려 주고, 이용자나 법적 후견인이 그러한 요인들을 충분히 인식한 후에 서면 동의를 받을 수 있을 것이다. 미성년자나 자발적으로 동의를 표시할 수 없는 사람들을 대상으로 하는 재활상담사는 이용자의 이익을 최대한 보호하기 위해 각별한 관심을 기울여야 한다.

R2.6 재활상담사는 이용자와의 관계가 이용자에게 도움이 되지 않는다고 판단하면 컨설팅이나 상담을 시작하거나 계속 하는 것을 피하고, 그러한 경우 이용자에게 적절한 대안을 제시해야 한다.

R2.7 재활상담사는 이용자의 재활에 있어 가족이 중요한 요소임을 인식하고 재활을 촉진하는 긍정적인 자원으로 가족의 이해와 참여를 유도한다. 가족의 참여 이전에는 이용자에게 허락을 받아야 한다.

R2.8 재활상담사와 이용자는 적당한 성공을 이끌어 낼 수 있는 통합되고 개별화된 재활계획을 수립하기 위해 함께 일을 하며, 이는 이용자의 능력과 환경에 맞아야 한다. 재활상담사는 이용자에게 결정할 권리가 있다는 사실을 상기하면서 재활계획이 실용성과 효율성을 유지하도록 재활계획을 지속적으로 주시한다.

R2.9 재활상담사는 이용자의 전반적인 능력, 직업적 한계, 신체 제약, 일반적 기질, 흥미와 적성, 사회성 기술, 교육, 일반 자격증, 그 밖에 특성에 맞는 직무와 환경을 고려하면서 이용자와 일을 해야 한다. 재활상담사는 이용자나 고용주의 이익이나 복지를 해치는 자리에 이용자를 배치해서는 안 된다.

3) 이용자 옹호

재활상담사는 장애인의 옹호자로서의 역할을 담당한다. 실천 규칙은 R3과 같다.

R3.1 재활상담사는 장애인이 프로그램, 시설, 교통과 의사소통을 접하는 것을 항상 도와줌으로써 이용자가 재활이나 교육, 사회에 충분히 참여할 수 있는 기회로부터 소외되지 않도록 한다.

R3.2 재활상담사는 이용자를 프로그램, 시설, 고용 환경에 의뢰하기 전에 이용자가 그곳에 접근할 수 있는지를 미리 확인한다.

R3.3 재활상담사는 인지장애, 청각장애, 이동장애, 시각장애 등으로 인한 이용자의 접근의 어려움을 이해하려 노력할 것이며, 그러한 이해를 자신의 실무에 적용한다.

R3.4 재활상담사는 장애인에 대한 편견, 선입견 등을 포함한 태도의 벽을 허물고 장애인에 대한 자신들의 감각과 이해를 높여 나간다.

R3.5 재활상담사는 이용자를 대신하여 협력 기관의 활동을 알고 있어야 하며, 효과적인 서비스 전달을 위해 이용자의 옹호자로 활동해야 한다.

R3.6 재활상담사는 이용자를 대신하여 협력기관의 활동을 알고 있어야 하며, 효과적인 서비스 전달을 위해 이용자의 옹호자로 활동해야 한다.

4) 직업적 관계

재활상담사는 동료들, 다른 조직, 기관, 의뢰처 그리고 다른 직업의 종사자들과 함께 협조하여 성실하게 업무를 수행해야 하고, 모든 전문가의 도움을 받아 이용자에게 최대한 이익이 돌아갈 수 있도록 한다. 실천 규칙은 R4와 같다.

R4.1 재활상담사는 이용자의 재활에 협력하고 있는 모든 기관이 재활계획을 상호 이해하고 있으며, 따라서 재활계획이 그러한 상호 이해에 의해 발전된다는 것을 확실히 한다.

R4.2 재활상담사는 개인적으로 어떤 결정에 동의하지 않더라도 그 결정이 윤리규범에 어긋나지만 않는다면, 재활 계획과 절차를 수립하는 데 팀의 결정을 따르고 도와야 한다.

R4.3 재활상담사는 이용자를 다른 상담사나 기관에 의뢰할 때 이용자와 관련하여 미리 정해진 행동 방향을 양도해서는 안 된다.

R4.4 이용자를 의뢰할 때 재활상담사는 이용자의 상담에 필요한 모든 자료를 이용자가 의뢰되는 협조기관이나 상담사에게 제공한다.

R4.5 다른 재활상담사에게 서비스를 받고 있는 이용자의 경우 서비스를 제공하는 재활상담사에게 알리지 않고 전문상담이나 사례관리 서비스를 제공하지 않는다. 자료 검토와 부차적인 의견을 제공하는 서비스는 전문적 상담이나 사례관리 서비스에 포함되지 않는다.

R4.6 재활상담사는 어떤 보고서나 평가가 재활계획과 서비스 전달에 필수적인 경우 전문가들로부터 적합한 보고와 평가를 받는다.

R4.7 재활상담사는 이용자에게 다른 재활상담사나 기관의 능력, 결정사항이나 사

용된 방법, 재활계획의 질에 대해 비난하는 식으로 이야기해서는 안 된다.

R4.8 재활상담사는 그들의 슈퍼바이저, 동료, 학생, 고용주와의 관계를 성적인 문제나 그 외 어떤 방식으로든 망쳐서는 안 된다. 재활상담사는 성추행을 간과해서는 안 되며 성추행에 연루되어서는 안 된다. 성추행은 피해자가 원하지 않는 의도적이거나 반복된 성적인 말이나 행동 또는 신체적 접촉을 말한다.

R4.9 재활상담사는 어떤 재활상담사가 윤리 규범을 위반한 사실을 알았을 때, 그것이 심각하지 않고 개인의 지식, 경험, 인식 부족으로 인해 발생한 경우에는 비공식적으로 그 재활상담사와 문제를 해결하도록 노력해야 한다. 그러나 위반이 심각하거나 위반자가 비공식적인 해결에 불참할 때, 재활상담사는 적당한 직업윤리위원회에 그 사건을 회부한다.

R4.10 직업윤리강령을 위반했다고 판단되는 사항을 알고 있는 재활상담사는 그 정보가 법으로 보호되는 것이 아닐 경우 요청에 따라 그 정보를 재활상담자격위원회나 다른 기관에 회부할 것이다.

R4.11 다른 전문가나 학생을 고용하거나 감독하는 재활상담사는 그러한 사람들의 전문성 개발을 촉진해야 한다. 적절한 업무조건, 시기적절한 평가, 건설적인 상담 및 경험할 수 있는 기회를 제공해야 한다.

5) 공적 서비스와 비용징수

재활상담사는 요금을 산출하고 자신의 서비스를 진행시키는 데 있어 전문가 기준을 따른다. 실천 규칙은 R5와 같다.

R5.1 재활상담사는 적절한 서비스 요금을 책정하는 데 있어 서비스의 가치와 이용자의 요금 지불능력을 신중히 고려한다.

R5.2 이용자가 가능한 다른 서비스가 있다는 것을 완전히 통보받지 못했다면, 다른 기관을 통해서 온 이용자로부터 일에 대한 요금이나 어떠한 다른 형태의 보

상금을 받지 않는다.

R5.3 재활상담사는 이용자를 다른 전문 서비스에 의뢰하는 것에 대해 중도금이나 반환금, 다른 어떠한 형태의 보상금도 절대 주거나 받지 않는다.

R5.4 재활상담사는 일반대중에게 재활상담 또는 재활상담사로서의 서비스를 설명할 때 의도적인 흥미 유발이나 과장, 표면적인 것만을 나타내는 허위진술을 피하고 공정하고 정확하게 제반 상황을 설명한다. 재활상담사의 주된 임무는 사람들이 정보에 근거한 판단과 의견, 선택을 발전시켜 나갈 수 있도록 돕는 것이다.

6) 비밀보장

재활상담사는 상담 중에 이용자부터 얻은 정보의 기밀성을 존중해야 한다. 실천규칙은 R6과 같다.

R6.1 재활상담사는 재활상담을 시작할 때 이용자에게 비밀보장의 범위를 밝힌다.

R6.2 재활상담사는 이용자의 상태나 행동이 이용자에게나 다른 사람에게 위험을 가져올 것으로 보일 때 적합한 행동을 취하거나 책임이 있는 기관에 알리거나 위험에 처해 있는 사람들에게 통보한다. 필요한 경우 다른 전문가들과 상담할 수 있다. 이러한 결정은 심사숙고 후 이용자에 대한 의무를 져야 하며 이용자는 가능한 한 빨리 그러한 의무를 재개하는 데 동참해야 한다.

R6.3 재활상담사는 이용자나 이용자의 법적 후견인의 서면 허락 없이 제3자나 기관, 잠재적인 고용주에게 어떠한 비밀 정보를 전달하지 않는다.

R6.4 재활상담사는 정보를 효과적으로 보호하기 위해 이용자에게 서비스를 제동하는 협력기관에 그러한 정책과 관행이 있는지를 확인한다.

R6.5 재활상담사는 이용자의 정보를 유지, 보관, 처분하여 권한이 없는 사람들이 기록에 접근하지 못하도록 한다. 기록에 접근해야 하는 비전문가들에게는 준

수해야 할 비밀보장 기준에 대해 총괄적인 교육을 받아야 한다.

R6.6 문서 및 구두로 보고를 하려는 재활상담사들은 관련된 자료만 제시하고 불필요한 사생활 침해를 피하도록 최선을 다해야 한다.

R6.7 재활상담사는 상담내용을 녹음하거나 녹화하기 전에 이용자나 이용자의 법적 후견인으로부터 서면 허가를 받아야 한다. 후견인의 서면 허가가 있더라도 이용자에 반하는 내용은 녹음하지 않는다.

R6.8 재활상담사 규정에 의해 의견 전달이 허가된 경우에는 재활상담사는 이용자로부터 얻은 정보의 허가권에 대해 주장할 수 있다.

R6.9 재활상담사는 이용자를 고용할 가능성이 있는 고용주에게 이용자의 직업 관련 정보만을 제공해야 하고 비밀로 간주될 수 있는 정보에 대해서는 이용자의 법률상 대리인의 허가를 받아야 한다.

7) 평가

재활상담사는 평가척도의 선택, 이용, 해석을 통하여 이용자의 복지를 촉진한다. 실천 규칙은 R7과 같다.

R7.1 재활상담사는 각 검사가 서로 다른 실시방법과 채점, 해석 능력을 요구한다는 것을 알아야 하고 따라서 자신의 능력의 한계를 인식하여 자신이 훈련받는 부분에 대해서만 수행해야 한다.

R7.2 재활상담사는 주어진 환경이나 특정 이용자를 대상으로 사용할 검사를 선택할 때 검사의 타당성이나 신뢰성, 적절성을 주의 깊게 검토하여야 한다. 재활상담사는 장애인과 소수집단 또는 표준화된 집단에 속하지 않는 사람들의 수행을 평가하거나 해석할 때 주의를 기울여야 한다. 재활상담사는 사회경제적 요인, 인종요인, 장애, 문화적 요인이 검사 점수에 미치는 영향을 평가해야 한다.

R7.3 재활상담사는 확실하게 표준화된 동등한 조건하에서 검사를 실시해야 한

다. 검사가 이용자를 위해 수정되거나 검사 중 이상한 행동이나 불규칙한 일이 생기는 등 표준화된 조건 아래에서 실시되지 않았을 때, 이러한 상황이 기록되어야 하고 해석할 때 고려되어야 한다.

R7.4 재활상담사는 도구의 한계가 지나치지 않도록 해야 하며 이용자에 대한 고정관념을 막기 위해 주기적으로 재평가를 실시해야 한다.

R7.5 재활상담사는 이용자에게 검사의 목적과 결과의 활용을 알려 주어야 한다. 재활상담사는 검사 결과에 대하여 이용자가 이해할 수 있는 언어로 설명해 주어야 한다.

R7.6 재활상담사는 특정 해석이 개인 자료를 동반하도록 해야 한다. 이용자의 복지와 검사 전 동의는 검사 결과를 받아 볼 사람을 결정하는 근거가 될 수 있다. 평가 자료의 해석은 특정 평가 목표와 관계된다.

R7.7 재활상담사는 전산화된 평가서비스를 이용할 때 컴퓨터 프로그램과 타당성 연구에 기반을 두고 있는지 확실히 해야 한다. 자동화된 검사를 공공에게 제공하기 위해서는 전문가 자문을 받아야 한다. 이 경우에 자문가의 공식적인 의무는 자문을 받는 사람에 대해 있지만 근본적이고 우선적인 책임은 재활상담사에게 있다.

R7.8 재활상담사는 평가 결과가 쓸모가 없을 수 있다는 것을 알아야 한다. 그들은 쓸모없는 평가를 오용하는 것을 피하고 예방하기 위해 모든 노력을 다해야 한다.

8) 연구활동

재활상담사는 효과적으로 장애인을 돕기 위해 필요한 지식을 넓힐 수 있도록 노력한다. 실천 규칙은 R8과 같다.

R8.1 재활상담사는 연구를 위한 자료가 타당성, 정직성, 비밀보호에 대한 엄격한

기준을 지키도록 한다.

R8.2 재활상담사는 인간을 대상으로 하는 연구의 타당한 지침에 대하여 알고 있어야 한다. 재활상담사는 인간을 대상으로 연구활동 계획을 수립할 때, 연구의 문제점, 설계 실시의 지침을 준수한다.

R8.3 수업이나 전문가 모임, 출판물을 통해 사례를 발표하는 재활상담사는 실제 이용자가 알려지지 않는 내용에 대해서만 한정하여 발표를 해야 한다.

R8.4 재활상담사는 사례연구를 출판할 때 이에 기여한 사람들에게 그들이 기여한 만큼 경의를 표해야 한다.

R8.5 재활상담사는 다른 재활상담사와 연구 참여자들과의 관계에 있어 정직과 개방성이 중요하다는 것을 알아야 한다. 조사의 방법론적 이유로 은폐나 속이는 것이 필요할 때에는 참가자들이 그 이유를 이해하도록 해야 한다.

9) 능력

재활상담사는 이용자에게 가장 양질의 전문서비스를 받을 수 있도록 자신의 전문적 능력을 개발하고 유지해야 한다. 실천 규칙은 R9와 같다.

R9.1 재활상담사는 그들의 정해진 임무와 훈련, 기술적 능력의 범위에서만 활동하며, 전문적으로 자격을 갖춘 직위만을 받아들인다.

R9.2 재활상담사는 끊임없이 연구하고 전문 학회 참석하며 새로운 개발이나 개념에 뒤처지지 않도록 교육과정에 참석하고 이용자에게 최고의, 양질의 서비스를 제공하는 데 필수적인 실습 과정에 참석해야 한다.

R9.3 재활상담사는 자신의 개인적인 문제나 갈등이 그들의 전문성에 방해가 될 수 있다는 사실을 인식하고, 자신의 개인적인 문제로 부적절한 수행을 초래할 수 있는 활동은 하지 않아야 한다. 자신의 개인적 문제를 알게 되었을 때 이미 그러한 활동에 관여하고 있다면, 자신의 전문적 활동을 보류 · 중지하거나 활동의

범위를 제한하는 것을 결정하기 위해 능력 있는 전문가의 자문을 받아야 한다.

R9.4 교육자로서의 재활상담사는 철저한 준비를 통해 자신의 임무를 수행하야 하며 따라서 자신의 지시가 정확하고 최신 정보가 되도록 해야 한다.

R9.5 교육자로서의 재활상담사는 대학요강과 교과과정에 있는 내용, 특히 해당 과목이 무엇을 다루는지와 평가 기준, 강의실 교육에 대해 정확한 정보를 제공해야 한다.

R9.6 교육자로서의 재활상담사는 재활상담 정보를 완전히 그리고 정확하게 제공함으로써 그리고 새로운 관점을 제공함으로써 높은 수준의 지식과 기술을 유지해야 한다.

10) 재활상담사 자격

자격증이 있는 재활상담사는 이를 명예롭게 여기며, 자격증 사용에 있어서 한계를 중시해야 한다. 실천 규칙은 R10과 같다.

R10.1 재활상담사는 인가위원회에서 공표한 관련 지침에 따라 지정된 재활상담사 자격증을 사용하여야 한다.

R10.2 재활상담사 자격에 의해 증명된 학문적 깊이와 범위, 기술 및 직업적 능력을 소유한 것으로 인정되며, 그 이상에 대해서는 본 자격증에 의해 증명되지 않는다.

R10.3 재활상담사는 공인된 자격증을 소유하고 있는 사람과 그렇지 않는 사람에 대하여 불공평한 차별을 두지 않아야 한다.

R10.4 위원회를 통해 승인을 받지 않은 내용이라면 재활상담자격위원회를 대표한다고 믿도록 말하거나 행동해서는 안 된다.

R10.5 공인 재활상담사는 독특한 기술이나 방법이 과학적으로 받아들여지지 않

는다면, 다른 사람에게 적용되지 않는 독특한 기술이나 방법을 주장해서는 안 된다.

R10.6 만약 어떤 사람이 윤리강령을 위반하는 일을 했다고 알려질 경우, 재활상담사는 재활상담사공인위원회에 관해 해당하는 전문가의 자격을 옹호해서는 안 된다.

참고문헌

강미경(2011). 사례관리 간접실천기술. 사례관리 전문가교육: 실무자 기초과정(1, 2기) 자료집. 대전광역시사회복지사협회.

강위영, 나운환, 박경순, 유정진, 정명현, 김동주, 정승원, 강윤주(2009). 직업재활개론. 서울: 나눔의집.

강철희, 최소연(2005). 사회보기 슈퍼비전의 방향 및 변인들에 관한 고찰: 연구와 실천의 방향을 위한 논의. 한국사회복지행정학, 7(1), 29-66.

고용개발원(2009). 통합고용지원 시범사업 현황분석.

고용노동부. (2016). 산재장해인 직업훈련 및 취업알선 체계 개편 방안 연구.

권용정, 김현숙, 조추용, 권경미(2008). 노인생활시설 통합사례관리 프로그램 개발. 대한케어복지학, 9, 5-38.

공계순, 서인해(2009). 지역아동센터에서의 사례관리실천 방안에 관한 연구. 한국가족복지학, 14(4), 155-178.

권진숙(2010). 한국 사례관리실천의 혼돈과 대안. 사례관리연구, 1(1), 1-22.

권진숙, 김상곤, 김성천, 박지영, 유명이, 유서구, 이기연, 조현순(2009). 인천광역시복지관 사례관리실천을 위한 매뉴얼 연구보고서. 인천광역시복지관협회, 사례관리연구회.

권진숙, 박지영(2009). 사례관리의 이론과 실제(2판). 서울: 학지사.

권진숙, 박지영(2015). 사례관리의 이론과 실제(3판). 서울: 학지사.

권진숙, 전석균(2001). 사례관리(pp. 79-147). 서울: 하나의학사.

경기복지재단(2010). 무한돌봄센터 사례관리 교육교재, 1(pp. 69-90). 경기: 경기복지재단.

김경혜(2002). 재가여성장애인 욕구조사 및 프로그램 개발. 서울: 서울시정개발연구원.

김경혜(2004). 서울시 장애인 복지 욕구와 복지서비스 수급 방향. 서울: 서울시정개발연구원.

김규수, 김인숙, 박미은, 박정위, 설진화, 우국희, 홍선미(2002). 인간행동과 사회환경. 서울: 나눔의집.

김동배, 권중돈(2005). 행동이론과 사회복지실천. 서울: 학지사.

김만두(2002). 사례관리실천론. 서울: 홍익재.

김미옥(2003). 장애인복지실천론. 서울: 나남출판.

김미옥(2005). 장애인주거시설에서의 사례관리 실제. 서울: EM커뮤니티.

김미혜(1999). 재가노인 사례관리 실천모형의 적용연구. 재가노인서비스. 한국재가노인복지협회.

김범수(2005). 지역사회복지의 이해. 경기: 학현사.

김상곤(2011). 사례관리운영체계. 사례관리 전문가교육: 실무자 기초과정(1, 2기) 자료집. 대전광역시사회복지사협회.

김세진 엮음(2014). 복지관 사례관리 노트. 서울: 푸른복지.

김승돈, 이미경, 안범현, 권현주, 이소영, 이은주, 이지희(2001). 장애의 진단과 판정. 제65회 전문요원교육. 서울장애인종합복지관.

김신실(1997). 장애인종합복지관의 사례관리 적용에 관한 연구. 서울여자대학교 대학원 석사학위논문.

김영종, 홍현미라, 이현주, 이혜원, 이민영, 진재문(2010). 사회복지 네트워킹의 이해와 적용. 서울: 학지사.

김용득(1998). 장애인 재활시설에서의 팀 협력 향상을 위한 전문분야 간 상호이해 훈련 프로그램의 효과성 연구. 서울대학교 대학원 박사학위논문.

김용득, 유동철(1999). 한국장애인복지의 이해. 서울: 인간과 복지.

김유숙(1998). 가족치료의 이론과 실제. 서울: 학지사.

김인숙, 우아영, 김정숙(2002). 부천시 여성복지단체 연계망 구축 방안. 부천문화재단.

김통원, 김용득(1998). 사회복지실천 사례관리. 서울: 지샘.

나운환(2009). 재활상담과 사례관리. 서울: 집문당.

나운환, 박세진, 서지혜(2016). 장애인재활상담사 자격제도 도입방안 연구. 보건복지부.

노동부(2017). 한국직업사전. 워크넷(http://www.work.go.kr)

노주환(2012). 성공적인 사례관리를 위한 실전경험에 관한 연구. 숭실대학교 대학원 석사학위논문.

노혜련, 김윤주(2014). 강점관점 해결중심 사례관리. 서울: 학지사.

노혜련, 유성은(2007). 강점관점 사례관리의 특성에 관한 연구: 빈곤여성 가구주의 참여경험을 중심으로. 한국가족치료학회지, 15(2), 75-103.

대전광역시사회복지사협회(2011). 사례관리실천 매뉴얼. 대전: 대전광역시사회복지사협회.

대전광역시사회복지사협회, 한국사례관리학회(2011). 사례관리 전문가교육: 실무자 기초과정(1, 2기) 자료집. 대전: 대전광역시사회복지사협회.

민소영(2008). 강점관점 반영 사례관리 훈련 프로그램의 개발 및 효과성 연구. 한국사회복지행정학, 10(1), 39-65.

민소영(2012). 사회복지 행정영역과 사례관리: 전달체계 개편을 중심으로. 2012 한국사례관리학회 춘계학술대회 자료집(pp. 91-107).

민은희(2008). 사례관리 실무. 보건복지부 한국보건복지인력개발원.

박경수(1997). 직업재활서비스 제공을 위한 관련기관과의 연계방안. 서울: 한국장애인고용진공단.

박경순(2005). 직업상담과 사례관리. 제11회 직업재활 연수회 자료집. 한국직업재활협회.

박미은(1999). 정신질환자를 위한 사례관리에서 자원활용에 관한 연구. 정신보건과 사회사업, 8, 79-104.

박미은(2001). 정신장애인에 대한 임파워먼트 실천의 필요성과 개입 방안에 관한 연구. 재활복지, 5(1), 32-55.

박미은(2010). 사회복지 위험관리의 이해. 서울: 집문당.

박미은(2011). 사례관리 실천과정과 운영체계에서의 슈퍼비전의 방향성. 2011년 사회복지공동모금회 제안기획사업 Case Management 디딤터 사업 보고회 자료집(pp. 121-131).

박미은(2012). 대전지역 민간 사례관리 네트워크의 현황 및 발전방향: 포커스 집단을 중심으로. 대전광역시사회복지사협회 대전사회복지사학술대회: 사례관리를 논하다(pp. 3-18).

박춘숙, 송지현, 최주한, 박미은(2011). 국내 사례관리 개념논쟁에 관한 소고. 사회과학연구, 20(2), 1-16. 한남대학교 사회과학연구소.

박희찬, 김동주, 박광옥, 한우현(2010). 중증장애인 직업재활지원사업 운영 매뉴얼 I, II. 한국장애인 개발원.

박희찬, 오길성(2016). 지원고용의 이해와 적용. 서울: 학지사.

변경희(2004). 직업재활센터의 현황과 사례관리 필요성. 한국장애인복지관협회 연구 자료집.

변경희(2012). 직업재활서비스 이용자에 대한 사례관리와 IPE 사정. 제18회 직업재화연수회 자료집. 한국직업재활학회.

변경희, 김용득, 김동범, 김승태, 이은미, 최진(2003). 직업적 장애개념 도입을 위한 연구. 노동부.

백은령(2000). 장애인복지관의 재활서비스 제공지침 만들기. 장애인복지관 관리운영 가이드북. 한국장애인복지시설협회, 장애인복지시설발전위원회.

백은령(2004). 장애인복지관 기능과 역할의 재정립 필요성과 과제. 패러다임 변화에 따른 장애인 복지관의 역할모색. 대구장애인복지관, 한국장애인복지관협회.

백은령(2010). 한국 장애인복지 분야 사례관리실천의 현재. 2010년 한국사례관리학회 춘계학술대회 자료집(pp. 65-91).

보건복지부(2010a). 공공사례관리 매뉴얼.

보건복지부(2010b). 2011년도 드림스타트 사업안내.

보건복지부(2010c). 2011년도 아동분야 사업안내.

보건복지부(2014). 2014 사회복지관 운영관련 업무처리 안내.

보건복지가족부(2009a). 드림스타트 대상 아동 선별도구 개발.

보건복지가족부(2009b). 드림스타트 대상 아동 위기도 판정도구 매뉴얼.

보건복지가족부(2010). 사회복지 통합업무안내.

서대석, 박미은, 서진(2011). 사례관리에서 자원연계 방해요인이 사례관리자의 직무스트레스에 미치는 영향. **사회과학연구, 27**(4), 179-209. 경성대학교 사회과학연구소.

서부장애인종합복지관(2003). **지원고용프로그램 사례집.**

서부장애인종합복지관(2002). 서부장애인종합복지관 프로그램 및 사례연구.

서울시복지재단(2005). 장애인복지와 사례관리 실천 방법. 장애인복지관 프로그램 매뉴얼 개발 연구.

서울시복지재단(2009). **사회복지관 프로그램 매뉴얼: 가족복지사업.**

서울시복지재단(2010). **사회복지관 프로그램 매뉴얼: 지역사회보호사업 사례관리실천 매뉴얼.**

서울대학교 사회복지실천연구회(2004). **사회복지척도집.** 서울: 나눔의집.

석재은(2000). 영국의 지역사회보호와 사례관리를 통한 보건. 복지서비스 통합 **보건복지포럼, 10월호,** 51-62.

성희자(2009). 슈퍼비전이 사회복지사의 전문직업성과 조직몰입에 미치는 영향. **한국지역사회복지학, 28,** 49-68.

신현석(2004). 장애인복지시설의 사례관리에 대한 연구. **한국시민윤리학회보, 16,** 207-220.

안혜영(2012). 공공부문의 사례관리 실천 현황과 과제. **사례관리연구,** 3(1), 81-102.

안혜영, 강혜규, 민소영, 이기연(2008). 지방자치단체 사례관리 매뉴얼 개발연구. 보건복지부.

양옥경(1996). **지역사회정신건강.** 서울: 나남출판.

양옥경, 최명민(2006). 한국사회복지에서 임파워먼트 접근의 현황과 과제. **한국사회복지교육,** 2(2), 39-84.

오혜경(1995). 사회사업실천의 사례관리 모델. **사회과학연구, 11,** 49-74.

오혜경(1999). **장애인과 사회복지 실천.** 서울: 학지사.

오혜경(2005). **사회복지사의 윤리적 의사결정.** 서울: 북카페.

유성은(1993). 재가복지봉사센터의 효율적인 운영을 위한 사회복지사의 역할에 관한 연구: 사례관리 모델을 중심으로. 중앙대학교 대학원 석사학위논문.

윤현숙, 김기환, 김성천, 이영분, 이은주, 최현미(2001). **사회복지실천기술론.** 서울: 도서출판

동인.

오동준(2008). 아동, 청소년 통합사례관리와 건강한 마을 만들기 통한 노원 희망 네트워크 구축 사업. 서울시복지재단.

이근홍(1998). 케이스 매니지먼트. 서울: 대학출판사.

이근홍(2006). 사회복지실천 개별관리. 경기: 공동체.

이금진(2003). 장애인 직업재활기관에서의 사례관리 현황과 정보화과제. 한국장애인고용촉진공단고용개발원.

이금진(2004). 장애인 직업재활기관의 사례관리(Case Management) 실천현황 분석. 장애인고용, 53(가을), 36-54.

이기연(2009). 사례관리 총론. 경기: 경기도장애인복지관.

이기연(2011). 사례관리운영체계 이해 및 간접역량강화. 사례관리 전문가교육: 실무자 기초과정(1, 2기) 자료집. 대전광역시사회복지사협회.

이기연, 박지영, 이은정(2008). 지역사회복지 · 고용 · 통합사례관리서비스 도입을 위한 기초연구: 자활사례관리모델개발. 이화여자대학교 산학협력단.

이달엽, 이승욱, 박혜전, 노임대(2004). 직업재활서비스 전달체계와 네트워크 구축에 한 소고. 직업재활연구, 14(1), 217-246.

이문국, 이용표(1999). 사회복지 대백과 사전(National Association of Social Workers). 서울: 나눔의집.

이봉주(2005). 통합적 복지서비스 전달체계 구출 전략과 모델: 사례관리와 지역사회복지네트워크를 중심으로. 한국사회복지행정학회 추계 공동학술대회 자료집.

이봉주, 김상곤, 이혜숙, 최지선, 최은화, 백혜숙(2008). 위스타트 통합사례관리 매뉴얼. 위스타트 운동본부.

이봉주, 김용득, 김문근(2008). 사회복지서비스와 공급체계: 쟁점과 대안. 서울: EM커뮤니티.

이용표(2005). 지역사회 네트워크와 지역복지조직의 활동방향. 사회복지리뷰, 제10호.

이용표(2009). 장애인복지관 종사자의 사례관리 인식과 실천양상에 관한 질적 연구. 재활복지, 13(2), 79-110.

이용표, 유영준(2006). 지역복지네트워크의 이론과 전략. 서울: EM커뮤니티.

이윤로(2006). 최신 사회복지실천론. 서울: 학지사.

이윤로, 성규탁(1993). 사례관리: 효과적 서비스 전달을 위한 방법. (계간) 사회복지, 118.

이인정, 최해경(1997). 인간행동과 사회환경. 서울: 나남출판.

이정규(1998). 지역사회복지와 사회적 네트워크. 목포대학교 사회과학연구소. 복지사회연구, 1, 51-74.

이정규(1999). 재가복지를 위한 사례관리 실천상의 문제점. 호남대학교 인문사회과학연구소. 인문사회과학연구, 6, 287-306.

이종복, 이권일, 김화순, 오은경(2007). 사례관리 이론과 실천. 서울: 창지사.

이주연(2011). 미국의 아동대상 사례관리 서비스. 보건복지포럼, 2011(5), 106-115.

이준형(2007). 사회복지 네트워크의 이론과 실제. 한국사회복지행정학회 2007년도 춘계 학술대회 및 워크숍 자료집(pp. 3-34).

이현주(1998). 사회복지조직 구성원의 조직간 관계: 장애인복지 관련조직을 중심으로. 서울대학교 대학원 박사학위논문.

이현주, 강혜규, 이윤경(2000). 지역단위 사회복지관련서비스 연계체계 모형개발. 한국보건사회연구원.

인천광역시사회복지관협회, 사례관리연구회(2010). 인천광역시 사회복지관 사례관리 사업 보고서.

장애우권익문제연구소(2002). 장애의복지론. 서울: 나눔의집.

장인협(1995). 지방화시대의 지역복지실천방법론: 케어 · 케이스 관리. 서울: 서울대학교 출판부.

장인협, 우국희(2003). 케어, 케이스 매니지먼트. 서울: 서울대학교 출판부.

장창호(2001). 케어매니지먼트. 서울: 아시아미디어리서치.

전석균(2001). 정신장애인을 위한 사례관리의 적용. 복음과 교회, 11, 231-263.

전용호(2003). 좋은 사회를 위한 장애인복지론. 서울: 학문사.

정무성(2003). 전달체계의 연계를 통한 사회복지서비스 효율성 강화전략-호주 Centrelink 사례를 중심으로. 한국비영리연구, 제2권, 99-123.

정순둘(1997). 오스틴 노인그룹 서비스 기관들의 관계망에 관한 연구. 한국사회복지학, 31, 441-458.

정순둘(2005). 강점모델: 노인 장기요양보호와 사례관리실천. 서울: 집문당.

정순둘(2007). 사례관리 실천의 이해. 서울: 학지사.

정승원(2007). 직업재활 서비스의 질과 만족에 영향을 미치는 역량강화적 방법에 관한 연구. 대구대학교 대학원 박사학위논문.

정종화(2001). 자립생활 지원을 위한 한국의 장애인복지 전망과 전략. 2001 국제장애인복지실천 세미나. 삼육대학교, 한국장애인복지관협회.

조미숙, 이윤로, 강용규, 간호옥, 김나영(2008). 사례관리. 서울: 창지사.

조원일(2007). 일본 정신장애인 케어매니지먼트의 현황과 과제. 대한케어복지학, 8, 233-245.

조영길, 김정미, 노경수(2016). 장애인자립생활개론. 서울: 학지사.

조휘일, 강정숙, 권순미(2005). 사회복지실천기술론. 경기: 학현사.

조휘일, 이윤로(2001). 사회복지실천론. 서울: 학지사.

최복천, 백은령, 임수경(2013). 발달장애인가족 사례관리 매뉴얼 개발 연구. 한국장애인개발원.

최성연(1997). 정신질환자를 위한 사례관리 업무개발에 관한 연구. 서울여자대학교 대학원 석사학위논문.

최옥채, 박미은, 서미경, 전석균(2015). 인간행동과 사회환경(제5판). 경기: 양서원.

최은희, 황미영(2013). 사례관리. 경기: 정민사.

최창무, 고강호(2003). 사례분석을 통한 지역사회의 연계 협력에 관한 연구. 복지행정.

한국보건사회연구원(2000). 장애인 실태조사.

한국사례관리학회(2010, 2011). 사례관리 전문가교육: 실무자 기초과정 자료집.

한국사례관리학회(2012). 사례관리 전문가교육: 실무자 기초과정. 서울: 학지사.

한국사례관리학회(2015). 사례관리론. 서울: 학지사.

한국사회복지관협회(2012). 민 · 관 사례관리 연계방안. 2012 사회복지관 사례관리 담당자교육 자료집.

한국장애인개발원(2001). 직업재활시설 사례관리 매뉴얼.

한국장애인개발원(2013). 발달장애인가족 사례관리 매뉴얼 개발연구.

한국장애인고용공단 고용개발원(2009). 통합고용지원팀 시범사업 현황분석.

한국장애인복지관협회(2003). 장애인복지관 정보전산화를 위한 세부 업무표준화 모형 연구.

한국장애인복지관협회(2008). 장애인 직업재활 사례관리 체계 구축연구 자료집.

한국장애인복지관협회(2013). 장애인복지관 사례관리 매뉴얼 개발 연구. 한국장애인개발원.

한국직업재활사협회(2017). 장애인재활상담사. 전문가 양성 워크숍 자료집(재활사례관리).

홍경준(2000). 실직관련 민간비영리 조직간 관계의 구조 특성 연구: 의사소통 관계와 실직관련 활동의 전개양상을 중심으로. 사회복지연구, 15, 267-290.

홍경준(2002). 전주지역 자활관련 조직들의 네트워크 구조에 관한 연구. 한국사회복지학, 49, 7-33.

홍선미(2005). 사례관리의 절차와 기술. 직업재활기금사업수행기관 신규인력연수 자료집(pp. 93-112).

홍순혜(1995). 한국사회복지의 선택-장애인시설재활과 지역사회 재활. 서울: 한울.

황성동(1993). 사회사업실천방법으로서의 사례관리기법. 1993 한국사회복지학회 추계학술대회 자료집.

황성철(1995). 사례관리(Case Management) 실천을 위한 모형개발과 한국적 적용에 관한 연구. 한국사회복지학, 27.

Amado, A. (2005). Evaluation of case management model, hennepin county developmental disabilities program. Institute on Community Integration University of Minnesota.

Amble, B., & Peterson, G. (1979). Rehabilitation counselors: The use of psychological reports. *Rehabilitation Counseling Bulletin, 23,* 127-130.

Amos, S. (2007). Rehabilitation counseling. *An empowerment perspective.* Austin, TX: PRO-ED.

Andrew, J. (Ed). (1994). *Disability handbook* (2nd ed.). Fayeteville: Department of Rehabilitation Education and research, University of Arkansas.

Anthony, W. (1980). A rehabilitation model for rehabilitation the psychiatrically disabled. *Rehabilitation Counseling Bulletin, 24,* 6-21.

Applebaum, R., & Austin, C. (1990). *Long-tern care case management: Disign and evaluation.* New York: Springer.

Argyle, M., & Dean, J. (1965). Eye contact, distance and affiliation. *Sociometry, 28,* 289-304.

Arvey, R., & Campion, J. (1982). The employment interview: A summary of recent research. *Personnel Psychology, 35,* 281-322.

Baker, F., & Intalgiata, J. (1992). *Case management in social work: Developing the professional skills needed or work with multiproblem client.* Springfield, IL: The Charles C. Thomas.

Barker, R. L. (1995). *The social work dictionary* (3rd ed.). Washington, DC: NASW Press.

Ballew, J. R., & Mink, G. (1996). *Case management in social work.* The Charles C. Thomas Publisher, Ltd.

Barnow, B. (1996). Policies for people with disabilities in U.S. employment and training programs. In J. Mashaw, V. Reno, R. Brukhouser, & M. Berkowitz (Eds.), *Disability, work and cash benefits* (pp. 297-330). Kalamazoo, MI: W.E. Upjohn Institute for Employment Research.

Bayes, M. (1972). Behavioral cues of interpersonal warmth. *Journal of Counseling Psychology, 39,* 333-339.

Beauchamp, T. L., & Childress, J. F. (1983). *Principles of biomedical ethics* (2nd ed.). New York: Oxford University Press.

Beckham, K., & King, J. (2004). *Building coalition fact sheet: Communication in coalitions.* Columbus, OH: The Ohio Center for Action on Coalitions, The Ohio State University.

Becker, D., & Drake, R. (1994). Individual placement and support: A community mental health center approach to vacational rehabilitation. *Community Mental Health Journal, 30,* 193-206.

Bell, C. H., & Smith, P. (2004). *Building coalition fact sheet: Coalition facilitator guide.* Columbus, OH: The Ohio Center for Action on Coalitions, The Ohio State University.

Bell, C. H., Smith, W., & King, J. (2004). *Building coalition fact sheet: Coalition goal setting.* Columbus, OH: The Ohio Center for Action on Coalitions, The Ohio State University.

Benjamin, A. (1981). *The helping interview* (2nd ed.). Boston: Houghton Mifflin.

Bernard, J. M., Goodyear, R. K. (1992). *Fundamentals of clinical supervision.* Boston: Allyn & Bacon.

Bernstin, L., Bernstein, R., & Dana, R. (1974). *Interviewing: A guide for health professional* (2nd ed.). New York: Appleton-Century-Crofts.

Berven, N., & Driscoll, J. (1981). The effects of past psychiatric disability on employer evaluation of a hob applicant. *Journal of Applied Rehabilitation Counseling, 12,* 50-54.

Biller, E., & White, W. (1989). Comparing special education and vocational rehabilitation in serving persons with specific learning disabilities. *Rehabilitation Counseling Bulletin, 33*(1), 4-117.

Bolton, B. (1981). Assessing employability of handicapped persons: The vocational rehabilitation perspective. *Journal of Applied Rehabilitation Counseling, 12,* 40-44.

Bolton, B., & Brookings, J. (1993). *Manual for the work temperament inventory.* Fayetteville: Arkansas Research and Training Center in Vocational Rehabilitation.

Borgen, W., Amundson, N., & Biela, P. (1987). The experience of unemployment for persons sho are physically disabled. *Journal of Applied Rehabilitation Counseling, 18,* 25-32.

Bowe, F. (1987). *Out of the job market: A national crisis.* Washington, DC: President's Committee on Employment of people with Disabilities.

Brodwin, M. G., & Brodwin, S. K. (1993). Rehabilitation: A case study approach. In E. M. Szymanski & R. M. Paker (Eds.), *Medical, psychological and vocational aspects of disability* (pp. 1-19). Athens, GA: Elliot & Fitzpatrick.

Brodwin, M., Parker, R. M., & Delagarza, D. (1996). Disability and accommodation. In E. M. Szmanski & R. M. Parker (Eds.), *Work and disability* (pp. 165-207). Austin, TX:

PRO-ED.

Bruner, C. (1991). *Thinking collaboratively: Ten questions and answers to help policy makers improve children's services.* Washington, DC: Institute for Educational Leadership.

Burns, B. J., & Santos, A. B. (1995). Assertive community treatment: An update of randomized trials. *Journal of Psychiatric Services, 46,* 669-675.

Bush, D. W. (1992). Consulting psychologists in rehabilitation services. *Rehabilitation Education, 6,* 99-104.

Canelon, M. F. (1995). Job site analysis facilitates work reintegration. *American Journal of Occupational Therapy, 49,* 461-467.

Capuzzi, D., & Gross, D. R. (1995). Group counseling: introduction. In D. Capuzzi & D. R. Gross (Eds.), *Introduction to group counseling* (2nd ed., pp. 3-30). Denver, CO: Love Publishing Company.

Carkhuff, R. R., & Anthony, W. A. (1979). *The skills of helping.* Arnherst, MA: Human Resource Development Press.

Challis, D., & Davies, B. (1989). *Case management and community care.* Aldershot: Gower Publishing Company.

Chan, F., Berver, L., & Thomas, K. (2004). 장애인상담의 이론과 실제[*Counseling theories and techniques for rehabilitation health professionals*]. (송영혜 역). 서울: 시그마프레스.

Chubon, R. (1992). Defining rehabilitation from a system perspective: Critical implication. *Journal of Applied Rehabilitation Counseling, 23*(1), 27-32.

Cowger, C. D. (1994). Assessing client strenghs. *Social Work, 39*(3), 262-268.

Clark, G. M., & Kolstoe, O. P. (1995). *Career development and transition education for adolescents with disabilities.* Boston: Allyn & Bacon.

Clark, R. W. (2004). *Building coalition fact sheet: Evaluating the collaboration process.* Columbus, OH: The Ohio Center for Action on Coalitions, The Ohio State University.

Commission or Rehabilitation Counselor Certification. (2003). CRC certification guide: Certified rehabilitation counselor. Retrieved October 19. 2003, From http://www.crccertification.com/pdf/crc_guide_us.pdf

Conone, R. M., Brown, D., & Willis, R. (2004). *Building coalition fact sheet: Understanding the process.* Columbus, OH: The Ohio Center for Action on Coalitions, The Ohio State University,

Cormier, W. H., & Cormier, L. S. (1979). *Interviewing strategies for helpers: A guide to assessment, treatment, and evaluation.* Monterey, CA: Brook/Cole.

Cull, J., & Levinson, K. (1977). State rehabilitation administrators' views on psychological valuation: A five year follow-up study. *Rehabilitation Literature, 38,* 203-204.

Cutler, F., & Ramm, A. (1992). Introduction to the basics of vacational evaluation. In J. Siefken (Ed.), *Vacational evaluation in the private sector* (pp. 31-66). Menomonie, WI: University of Wisconsin Stout.

Danek, M., Conyers, L., Enright, M., Muson, M., Brodwin, M., Hanely-Maxwell, C., & Gugerty J. (1996). Legislation concerning career counseling and job placement for people with disabilities. In E. M. Szmanski & R. M. Parker (Eds.), *Work and disability* (pp. 39-78). Austin, TX: PRO-ED.

Dawis, R., & Lofquist, L. (1984). *A psychological theory of work adjustment.* Minneapolis: University of Minnesota Press.

Day, P. J. (2000). *A new history of social welfare.* Boston: Allyn and Bacon.

Deloach, C., & Greer, B. (1979). Client factors affection the practice of rehabilitation counseling. *Journal of Applied Rehabilitation Counseling, 10,* 53-59.

DiMaggio, P., & Louch, H. (1998). Socially embedded consumer transactions: For what kinds of purchases do people most often use networks? *American Sociological Review, 63,* 619-637.

Ditty, J., & Reynolds, K. (1980). Traditional vacational evaluation: Help or hindrance? *Journal of Rehabilitation, 46,* 22-25.

Dolgoff, R., Loewenberg, F. M., & Harrigton, D.(2000). 사회복지 실천윤리[*Ethical decisions for social work pratice*]. (서미경, 김영란, 박미은 역). 서울: 양서원.

Dolliver, R., & Nelson, R. (1975). Assumptions regarding vocational counseling. *Vocational Guide Quarterly, 24,* 12-19.

Donaldson, L. (1995). *American anti-management theories of organizations: A critique of paradigm proliferation.* Melbourne: Cambridge University Press.

Douglas, R. (1994). The Americans with Disabilities Act after three years: Where are we? *Journal of Vocational Rehabilitation, 4,* 153-157.

D'Zurilla, T. (1986). *Problem solving therapy.* New York: Springer.

Eeatern Paralyzed Veterans Association. (1989). *Accessibility.* Jackson Heights, NY: Author.

Eigner, J., & Jackson, D. (1978). Effectiveness of counseling intervention program for teaching career decision-making skills. *Journal of counseling Psychology, 25*, 45-52.

Emener, W. G. (1980). Relationships among rehabilitation counselor chaacteristics and rehabilitation client outcomes. *Rehabilitation Counseling Bulletin, 23.*

Emener, W. G., Wright, T. J., Klein, L. F., Lavender, L. A., & Smith, D. W. (1987). Rules of ethical conduct and rehabilitation counseling: Results of a National Survey. *Journal of Applied Rehabilitation Counseling, 18*(3).

Emener, W., & Rubin, S. E. (1980). Rehabilitation counselor role and functions and sources of role strain. *Journal of Applied Rehabilitation Counseling, 11,* 57-59.

Emener, W., & McHargue, J. (1978). Employer attitudes toward the employment and placement of the handicapped. *Journal of Applied Rehabilitation Counseling, 9,* 120-125.

Evans, D. R., Hearn, M. T., Uhlemann, M. R., & Ivey, A. E. (1998). *Essential interviewing: A programed approach to effective communication* (5th ed.). Pacific Grove, CA: Brooks/Cole.

Felton, J. S. (1993a). Meical terminology. In M. G. Brodwin, F. Tellez, & S. K. Brodwin (Eds.), *Medical, psychological and vocational aspects of disability* (pp. 21-34). Athens, GA: Elliot & Fitzpatrick.

Felton, J. S. (1993b). The physical examination. In M. G. Brodwin, F. Tllez, & S. K. Brodwin (Eds.), *Medical, psychological and vocational aspects of disability* (pp. 35-50). Athens, GA: Ellior & Fitzpatrick.

Flanngan, T. W. (1977). Placement: Beyond the obvious. *Rehabilitation Counseling Bulletin, 21,* 116-120.

Frankel, A. J., & Gelman, S. R. (2004). **사례관리: 개념과 기술**[*Case management*]. (권진숙 역). 서울: 학지사. (원전은 2004년에 출판).

Fuhriman, A., & Pappas, J. (1971). Behavioral intervention strategies for employment counseling. *Journal of Employment Counseling, 8,* 116-124.

Gade, E., & Toutges, G. (1983). Employers' attitudes toward hiring epileptics: Implications for job placement. *Rehabilitation. Counseling Association. 26,* 353-356.

Galassi, J. P., & Galassi, M. D. (1978). Preparing individuals for job interviews: Suggestions from more than 60 years of research. *Personal Guidance Journal, 57,* 188-192.

Genther, R. W., & Mougha, J. (1977). Introverts' and extrovert' responses to non-verbal attending behaviors. *Journal of Counseling Psychology, 24,* 144-145.

Germain, C. B., & Gitterman, A. (1987). Ecological Perspectives. In Minanhan et al. (Eds.), *Encyclopedia of Social Work.* MD: National Association of Social Wokers.

Gill, W. S. (1972). The psychologist and rehabilitation. In J. G. Cull & R. E. Hardy (Eds.), *Vocational rehabilitation: Profession and process* (pp. 470-483). Springfield, IL: Charles C Thomas.

Glasser, W. (1981). *Stations of the mind.* New York: Harper & Row

Goldenson, R. M. (1978). *Disability and rehabilitation handbook.* NY: McGraw-Hill Book Company.

Goodwill Industries International. (n.d.). *100 years of history.* Retrieved January 28, 2004, from http://www.goodwill.org/index_gii.cfm/1636/

Goodyear, D. L., & Stude, E. W. (1975). Work performance: A comparison of severely disabled and non-disabled employees. *Journal of Applied rehabilitation Counseling, 6,* 210-216.

Granovetter, M. (1979). Placement as brokerage information problems in the labor market for rehabilitation workers. In D. Vandergoot & J. D. Worrall (Eds.), *Placement in rehabilitation* (pp. 83-101). Baltimore: University Park Press.

Greenwood, R., Johnson, V., & Schriner, K. (1988). Employer perspectives on employer-rehabilitation partnerships. *Journal of Applied Rehabilitation Counseling, 19*(1), 8-12.

Greene, R. R. (1999). *Human behavior theory and social work practice.* New York: Walter de Gruyter, Inc.

Groth-Marnat, G. (1984). *Handbook of psychological assessment.* New York: Van nostrand Reinhold.

Gulati, R. (1998). Alliances and networks. *Strategic Management Journal, 19,* 293-317.

Gulati, R., & Gargiulo, M. (1999). Where do interorganizational networks come from? *American Journal of Sociology, 104,* 1439-1493.

Hagner, D., Butterworth, J., & Keith, G. (1995). Strategies and barriers in facilitating natural support for employment of adults with severe disabilities. *Journal of the Association of Persons with Severe Handicaps, 20*(2), 110-120.

Hagner, D., Fesko, S. L., Cadigan, M., Kiernan, W., & Butterworth, J. (1996). Securing employment: Job search and employer negotiation strategies in rehabilitation. In E. M. Szymanski & R. M. Paker (Eds.), *Work and disability* (pp. 309-340). Austin, TX: PRO-ED.

Hall, R. H., Clark, J. P., Giordano, P. C., Johnson, P. V., & Roekel, M. V. (1977). Patterns of interorganizational relationships. *Administrative Science Quarterly, 22,* 457-474.

Hallover, D., Prosser, R., & Swift, K. (1989). Neuropsychological valuation in the vocational rehabilitation of brain injured clients. *Journal Applied Rehabilitation Counseling, 20,* 3-7.

Hanley-Maxwell, C., Bordieri, J., & Merz, M. A. (1996). Supporting placement. In E. N. Szmanski & M. Parker (Eds.), *Work and disability* (pp. 341-364). Austin, TX: PRO-ED.

Hardy, C., & Phillips, N. (1998). Strategies of engagement: Lessons from the critical examination of collaboration and conflict in an interorganizational domain. *Organization Science, 9,* 217-230.

Hathawaym S., & McKinley, C. (1970). *Minnesota multiphasic personality inventory.* Minneapolis, MN: National Compurer Systems.

Healy, K. (2012). **사회복지사를 위한 실천이론**[*Social work theories in contexts*]. (남찬석 역). 서울: 나눔의집. (원전은 2005년에 출판).

Heinssen, R., Levendusky, P., & Hunter, R. (1995). Client as colleague: Therapeutic contracting with the seriously mentally ill. *American Psychologist, 50*(7), 522-531.

Heppner, P., & Kraukopf, C. (1987). An information processing approach to personal problem solving. *The Counseling Psychologist, 15,* 371-447.

Herbert, J. T., & Wright, G. (1985). Attitudes of state vocational rehabilitation agencies toward counselor education. *Rehabilitation Counseling Bulletin, 28*(3), 155-160.

Hershenson, D. (1988). Along for the ride: The evaluation of rehabilitation counselor education. *Rehabilitation Counseling Bulletin, 31,* 204-217.

Highlen, P. S., & Baccus, G. K. (1977). Effect of reflection of feeling and probe on client self-referenced affect. *Journal of Psychology, 23,* 440-443.

Hill, C. E., & Gormally, J. (1977). Effect of reflection, restatement, probe, and nonverbal behavior on clint affect. *Journal of Psychology, 24,* 92-97.

Holmes, G., & Karst, R. (1989). Case record management: A professional skill. *Journal of Applied Rehabilitation Counseling, 20*(10), 36-40.

Holt, B. (2000). *The practice of generalist case management.* Boston: Allyn and Bacon.

Hutchison, J. (1973). The vocational rehabilitation program and its relationship to the social security program. In Cull, J. G. & Hardy, R. E. (Eds.), *Understanding disability for social and rehabilitation services.* IL: Charles thomas.

Hylbert, K., Sr., & Hylbert, K., Jr. (1979). *Medical information for human services for asian and pacific islanders* (pp. 79-960). Westport, CT: Greenwood Press.

Imel, S. (1992). *For the common good: A guide for developing local interagency linage teams.* Columbus, OH: Center on Education and Training for Employment, The Ohio State University.

Imel, S., & Sandoval, G. T. (1990). *Ohio at-risk linage team project: A report on three state team projects.* Columbus, OH: Center on Education and Training for Employment, The Ohio State University.

Intagliata, J. (1992). Improving the quality of community care for the chronically mentally disabled. In S. M. Rose (Ed.), *Case management & social work practice* (pp. 28-29). NY, England: Longman Publishing Group.

International Labour Organization. (1955). Vocational Rehabilitation Disabled Recommendation, (No. 99), Geneva, 38th ILC session (22 Jun 1955).

Isett, R., & Roszkowski, M. (1979). Consumer preferences of psychological report contents in a residential school and center for the mentally retarded. *Psychology in The Schools, 16,* 402-407.

Jackson, T. (1991). *Guerrilla tactics in the new job market.* New York: Doubleday.

Jagger, L., Neukrug. E., & McAliffe, G. (1992). Congruence between personality traits and chosen occupation as a predictor of job satisfaction for people with disabilities. *Rehabilitation Counseling Bulletin, 36,* 53-60.

Janis, I., & Mann, L. (1977). *Decision-making.* New York: Free Press.

Johnson, P., & Rubin, A. (1983). Case management: A social work domain. *Social Work, 28*(1), 49-55.

Johnson. S., & Atkins, B. (1987). Building bridges: Transition from school to work for youth who are disabled. *Journal of Applied Rehabilitation Counseling, 18,* 15-19.

Jognson, V., Greenwood, R., & Schriner, K. (1998). Work performance and work personality: Employers' concerns about workers with disabilities. *Rehabilitation Counseling Bulletin, 32*(1), 50-57.

Kadushin, A. (1972). *The social work interview.* New York: Columbia University Press.

Kadushin, A. (1992). *Supervision in social work* (3rd ed.). New York: Columbia University Press.

Kersbergen, A. L. (1992). *Supervision in social work* (3rd ed.). New York: Columbia

University Press.

Kersbergen, A. L. (1996). Case management: A rich history of coordinating care to Control costs. *Nursing Outlook, 44*(4), 169-172.

Kirst-Ashman, K. K. (1999). *Understanding generalist practice.* Belmont, CA: Wadsworth.

Kitchener, K. S. (1984). Intuition, critical evaluation and ethical principles: The foundation for ethical decisions on counseling psychology. *The Counseling Psychologist, 12*(3), 43-55.

Korata, G. (1993, January 4). *A losing battle. Chicago Trbune, Tempo Section* (pp. 1-3).

Kosciulek, J. F. (2003). Empowering People with disabilities though career counseling. In N. C. Gysbers, M. J. Heppner, & J. A. Johnston (Eds.), *Career Counseling: Process issues, and techniques* (2nd ed., pp. 139-153). Boston: Allyn & Bacon.

Kramer, R. M. (1996). Divergent realities and convergent disappointments in the hierachic relation: Trust and the intuitive auditor at work. In T. R. Tyler, & R. M. Kramer (Eds.), *Trust in organizations: Frontiers of theory and research* (pp. 216-245). Thousand Oaks: Sage.

Kumar, S. (2000). *Multidisciplinary approach to rehabilitation.* Butterworth Heinmann.

LaCrosse, M. B. (1975). Nonverbal behavior and perceived counselor attractiveness and persuasiveness. *Journal of Counseling Psychology, 22,* 536-566.

Landefeld, J. (1975). *Speaking therapeutically.* Human Behavior, IL: Dorsey.

Leahy, M., Shapson, P., & Wright, G. (1987). Rehabilitation practitioner competencies by role and setting. *Rehabilitation Counseling Bulletin, 31*(2), 119-130.

Locke, E., Saari, L., Shaw, K., & Latham, G. (1981). Goal setting and task performance: 1969-1980. *Psychological Bulletin, 90,* 125-152.

Louis Harris & Associates. (1987). *The ICD Survey II: A nationwide survey of 920 employers.* New York: International Center for the Disabled.

Maki, D., Pape, D., & Prout, H. (1979). Personality evaluation: A tool of the rehabilitation counselor. *Journal of Applied Rehabilitation Counseling, 1,* 119-123.

Martin, W., & Swartz, J. (1996). Inclusion of cultural and contextual differentials in the rehabilitation assessment and placement process. *Journal of Job Placement, 2*(1), 23-27.

Matkin, R. E. (1980). Vocational rehabilitation during economic recession. *Journal of Applied Rehabilitation Counseling, 11,* 124-127.

Mattessich, P. W., & Monsey, B. R. (1992). *Collaboration: What makes it work*. St. Paul, MN: Amherst H. Wilder Foundation.

McCarthy, H. (1986). Making it in able-bodied America: Career development in young adults with physical disabilities. *Journal of Applied Rehabilitation Counseling, 17*, 30-38.

McGinley, H., LeFevre, R., & McGinley, P. (1975). The influence of a communicator's body position on opinion change in others. *Journal of Personality and Social Psychology, 31*, 686-690.

McGoldrick, M., & Gerson, R. (1999). 가족분석 가계도[*Genograms in family assessment*]. (이영분, 김유숙 역). 서울: 홍익재.

McGowan, J. (1969). Referral, valuation, and treatment. In I. D. Malikin & H. Rusalm (Eds.), *Vocational rehabilitation of the disabled: An overview* (pp. 111-128). Baltimore: University Park Press.

McIsaac, H., & Wilkinson, H. (1965). Clients talk about their caseworkers. *Public Welfare, 23*, 147-154.

Miley, K. K., O'Melia, M., & Dubois, B. L. (2007). *Generalist social work practice: An empowering approach* (5th ed.). Pearson Education, Inc.

Miller, L. (1972). resource-centered counselor-client interaction in rehabilitation settings. In J. Bozarth (Ed.), *Models and functions o counseling for applied setting and rehabilitation workers*. Fayetteville: University of Arkansas, Arkansas Rehabilitation Research and Training Center in Vocational Rehabilitation.

Minton, E. (1977). A placement system develops and sttles: The Michian model. *Rehabilitation Counseling Bulletin, 21*, 121-129.

Mitchell, D. E., & Scott, L. D. (1994). Professional and institutional perspectives on interagency collaboration. In L. Adler, & S. Gardner (Eds.), *The politics of linking schools and social services*. Washington, DC: Falmer Press.

Molinaro, D. (1977). A placement system develops and settles: The Michigan model. *Rehabilitation Counseling Bulletin, 21*, 121-129.

Moore, S. (1992). Case management and the integration of service: How service delivery system shape case management. *Social Work*, 37(5), 418-423.

Moore, S. (1996). A social work practice model for case management: The case management model grid. *Social Work, 35*(5), 444-448.

Moseley, C. (2000). I'm not a case and I don't want to be managed-supporting self determination for persons with developmental disabilities. *Winter, 12*(4).

Moxley, D. (1989). *The practice of case management.* Newbury Park, CA: Sage Publications.

Moxley, D. (1995). *The practice of case management.* Newbury Park, CA: Sage Publications.

Moxley, D. P., & Buzas, L. (1989). Perceptions of case management services for elderly people. *Health and Social Work, 14,* 196-203.

Muller, J. (1990). *The workplace workbook: An illustrated guide to job accommodation and assistive technology.* Washington, DC: Dole Foundation.

Mulford, C. L., & Rogers, D. L. (1982). Definitions and models. In D. L. Rogers, & D. L. Whetten (Eds.), *Interorganizational coordination: Theory, research, and implementation* (pp. 9-31). Ames, IA: Iowa State University Press.

Mund, S. (1981). Creativity and innovation in vocational rehabilitation counseling. *Journal of Applied Rehabilitation Counseling, 12,* 32-35.

Murphy, S. (1988). Counselor and client views of vocational rehabilitation success and failure: A qualitative study. *Rehabilitation Counseling Bulletin, 31*(3), 185-197.

Murray, H. (1993). *Thematic apperception test.* Cambridge, MA: Harvard University Press.

Nadolsky, J. (1994). Foreword. In C. Brown, R. McDaniel, R. Couch, & M. McClanahan (Eds.), *Vocational evaluation systems and software: A consumer's guide.* Menomonie: University of Wisconsin-Stout, Materials Development Center.

Nagi, S. (1969). *Disability and rehabilitation.* Columbus: Ohio University Press.

National Association of Social Workers. (1984). *NASW standards and guidelines for social work case management for the functionally impaired.* Silver Springs, MD: Author.

National Association of Social Workers. (1992). *NASW standards for social work case management.* Washington, DC: Author.

NASW. (1980). *Encyclopedia of social work.* New York: Author.

Netting, F. E. (1992). Case management: Service or symptom? *Social Work, 37*(2), 160-164.

Nezu, A. (1987). A problem-solving formulation of depression: A literature review and proposal of a pluralistic model. *Clinical Psychology Review, 7,* 121-144.

Newman, E., & Turem, J. (1974). The Crisis of Accountability. *Social Work, 19*(1), 5-16.

Noll, J. M. (1997). *Developing a model process for planning school linked interagency collaboration.* Unpublished doctoral dissertation, University of San Francisco.

Nugent, F. A. (1990). *An introduction to the profession counseling.* Columbus, OH: Merrill.

Nullahy, C. M. (1998). *The case manager's handbook.* Huntington, NY: Aspen.

O'Brien, J. (1995). *Case Management evaluation 1995.* Ohio: Butler County Board of Mental Retardation/Developmental Disabilities.

O'Connor, G., & Gerald, G. (1998). Case management: System and practice. *Social Work, 69,* 97-106.

O'Connor, G. (1988). Case management: System and symptom? *Social Work, 37*(2).

O'Keeffe, J. (1994). Disability, discrimination, and the americans with disabilities Act. In S. Bruyere & J. O'Keeffe (Eds.), *Implications of the americans with disabilities act for psychology.* New York: Springer.

Okun, B. (1976). *Effective helping: Interviewing and counseling techniques.* North Scituate, MA: Duxbury Press.

Okun, B. (1987). *Effective helping interviewing and counseling techniques* (3rd ed.). Monterey, CA: Brooks/Cole.

Osipow, S., & Fitzerald, L. (1996). *Theries of career development* (4th ed.). Boston: Allyn & Bacon.

Parent, W., & Everson, H. (1986). Competencies of disabled workers in industry: A review of business literature. *Journal of Rehabilitation, 52,* 16-23.

Parker, R. M., & Schaller, J. (1996). Issues in vocational assessment and disability. In E. M. Szymanski & R. M. Parker (Eds.), *Work and disability* (pp. 127-164). Austin, TX-PRO-ED.

Parker, R. M., Szymanski, E. M., & Patterson, J. B. (2005). *Rehabilitation counseling* (4th ed.). Austin, TX: PRO-ED.

Phillips, J. (1996). Reviewing the literature on care management. In J. Phillips & P. Bridget (Eds.), *Reviewing care management for older people.* London: Jessica Kingsely Publishers.

Pimentel, R. (1995). *The return to work process: A case management approach.* Chatsworth, CA: milt Wight & associates.

Pincus, A., & Minahan, A. (1998). **사회사업방법론: 통합적 접근.** (문인숙 외 역). 서울: 보진재.

Plummer, F. M. (1976). Projective techniques. In B. Bolton (Ed.), *Handbook of measurement and evaluation in rehabilitation* (pp. 117-132). Baltimore: University Park Press.

Powell, T. H., & Gallagher, P. A. (2000). **형제 자매: 장애인 가족의 특별한 관계**[*Brothers & sisters: A special part of exceptional families*]. (김승돈, 안상희, 이지수 역). 서울장애인종합복지관.

Powell, W. W. (1990). Neither market nor hierarchy: Network forms of organization. In B. M. Staw & L. L. Cummings (Eds.), *Research in organizational behavior* (pp. 295-336). Greenwich: JAI Press.

Powell, W. W., & Smith-Doerr, L. (1994). Networks and economic life. In N. J. Smelser, & R. Swedberg (Eds.), *The handbook of economic sociology*. Princeton: Princeton University Press.

Power, P. (1991). *A guide to vacational assessment* (2nd ed.). Austin, TX: PRO-ED.

Powers, J. G. (2001). *The formation of interorganizational relationships and the development of trust*. Unpublished doctoral dissertation, SUNY Albany.

Pratt, C. W., Gill, K. J., Barrett, N. M., & Roberts, M. M. (1999). *Psychiatric rehabilitation*. NY: Academic press.

Pumpian, I., Fisher, D., Certo, N., & Smally, K. (1997). Changing jobs: An essential part of career development. *Mental Retardation, 35*(1), 39-48.

Rapp, C. A. (1995). The active ingredients of effective case management: A research synthesis. In. L. Giesler (Ed.), *Case management for behavioral managed care* (pp. 5-46). Cincinnati, OH: NACM.

Rapp, C. A., & Chamberlain, R. (1985). Case management services for the chronically mentally. *Social Work, 30*(5), 417-422.

Rehabilitation Act Amendments of 1986, 29 U.S.C § 701 seq.

Rennick, P. (1975). Psychological evaluation of individuals with epilepsy. In G. Wright (Ed.), *Epilepsy rehabilitation* (pp. 81-103). Boston: Little, Brown.

Richmond, M. (1917). *Social diagnosis*. New York: Russell Sage.

Ring, P. S., & Van de Ven, A. H. (1992). Structuring cooperative relationships between organizations. *Strategic Management Journal, 13*, 483-498.

Robert, L. S. (2001). *Social work advocacy: A new framework for action*. Brooks/Cole.

Roessler, R. (1987). Work, disability, and the future: Promoting employment for people with disabilities. *Journal of Counseling and Development, 11*, 169-172.

Roessler, R., Reed, C., & Brown, P. (1998). Coping with chronic illness at work: Case studies of five successful employees. *Journal of Vocational Rehabilitation, 10*, 261-269.

Roessler, R., & Greenwood, R. (1987). Vocational evaluation. In B. Bolton (Ed.), *Handbook of measurement and evaluation in rehabilitation* (pp. 151-168). Baltimore: Brookes.

Roessler, R., & Hiett, A. (1983). A comparison of job development strategies in rehabilitation. *Journal of Rehabilitation, 49*(1), 65-69.

Roessler, R., & Johnson, V. A. (1987). Developing job maintenance skills in learning disabled youth. *Journal of Learning Disabilities, 20*(7), 428-432.

Roessler, R., & Rubin, S. (1998). **사례관리와 재활상담: 절차와 기술.** (한국장애인고용촉진공단 고용개발원 역). 한국장애인고용촉진공단 고용개발원.

Roessler, R., & Rubin, S. E. (2006). *Case management and rehabilitation counseling Procedures and techniques* (4th ed.). Austin, TX: PRO-ED.

Roessler, R., & Rumrill, P. (1995). *Enhancing productivity on your job: The win-win approach to reasonable accommodations.* New york: national Multiple Sclerosis Society.

Rojewski, J. W. (1992). Key components of model transition services for students with learning disabilities. *Learning disability Quarterly, 16,* 13-150.

Rose, S. (1992). *Case management and social work practice.* New York: Longham.

Rosenverg, B. (1973). The work sample approach to vacational evaluation. In R. E. Hardy & J. G. Cull (Eds.), *Vocational evaluation for rehabilitation services* (pp. 139-166). Springfield, IL: Thomas.

Rothman, J. (1991). A model of case management: Toward empirically based practice. *Social Work, 36*(6), 520-528.

Rothman, J. (1992). *Guidelines for case management: Putting research to professional use.* Itasca, IL: F. E. Peacock Publishers, Inc.

Rothman, J., & Sager, J. S. (1998). *Case management: Integrating individual and community practice.* Boston: Allyn and Bacon.

Rubenfeld, P. (1988). Th rehabilitation counselor and the disabled client: Is a partnership of equals possible? In S. Rubin & N. Rubin (Eds.), *Contemporary challenges to the rehabilitation counseling profession* (pp. 31-44). Baltimore: Brookes.

Runin, A. (1985). Practice effectiveness: More grounds for optimism. *Social Work, 30*(6), 469-475.

Rubin, S. (1979, April). *Identification of essential diagnostic, counseling, and placement competencies: Implications for rehabilitation counselor education.* Las Vegas, NV: Paper presented at the American Personnel and Guidance Association Convention.

Rubin, S., & Farley, R. C. (1980). *Intake interview skills for rehabilitation counselors.* Fayetteville: University of Arkansas, Arkansas Rehailitation Research and Training

Center.

Rubin, S. E., Matkin, R., Ashely, J., Beardsley, M., May, V. R., Onstott, K., & Puckett, F. (1984). Roles and functions of certified rehabilitation counselors. *Rehabilitation Counseling Bulletin, 27,* 199-224, 239-243.

Rubin, S. E., & Roessler, R. (2001). *Foundations of the vocational rehabilitation process* (4th ed.). Austin, TX: PRO-ED.

Rubin, S. E., & Roessler, R. (2008). **직업재활의 기초**. (조성재, 신태식 역). 서울: 시그마프레스.

Ruthman, J. C. (2002). An overview of case management. In A. R. Robert & G. J. Greene (Eds.), *Social worker's desk reference* (pp. 467-472). NY: Oxford University press.

Safilios-Rothschild, C. (1970). *The sociology and social psychology of disability and rehabilitation.* New York: Radom House.

Sailor, W., & Skrtic, T. (1996). School-linked services integration. *Remedial and Special Edcuation, 17*(5), 271-283.

Saleebey, D. (1992). *The strengths perspective in social work practice.* New York: Longman.

Saleebey, D. (1996). The strengths perspective in social work practice: Extensions and cautions. *Social Work, 41*(3), 296-305.

Saleebey, D. (Ed.). (2006). *The strength perspective in social work practice* (3rd ed.). White Plains, NY: Longman.

Salomone, P. (1996). Career counseling and job placement: theory and practice. In E. M. Szymanski & R. M. Parker (Eds.), *Work and disability* (pp. 365-420). Austin, TX: PRO-ED.

Salomene, P., & Usdane, W. (1977). Client centered placement revisited: A dialogue. *Rehabilitation Counseling Bulletin, 21,* 85-91.

Satcher, J. (1992). Responding employer concerns about the ADA and job applicants with disabilities. *Journal of Applied Rehabilitation Counseling, 23,* 37-40.

Satcher, J., & Dooley Dickey, K. (1992). *College students guide to the americans with disabilities act of 1990* (Title 1). Jackson: Mississippi State University, Career Development Project.

Schlenoff, D. (1974). Considerations in administering intelligence tests to the physically disabled. *Scandinavia, 74,* 335-340.

Schmidt, H. (1969). The use of purpose in casework practice. *Social Work, 14,* 77-84.

Scott, W. R. (1995). *Institutions and organizations.* Thousand Oaks, CA: Sage.

Sears, J. H. (1975). The able disabled. *Journal of Rehabilitation, 41,* 12-22.

Seligman, M. E. (1973). Depression and Learned Helplessness. In R. J. Friedman & M. M. Katz (Eds.), *The psychology of depression: Contemporary theory and research.* Washington, DC: V. H. Winston & Sons.

Selznick, P. (1996). Institutionalism 'old' and 'new'. *Administrative Science Quarterly, 41,* 270-277.

Sheafor, B. W., Horejsi, C. R., & Horejsi, G. A. (1997). 사회복지실천 기법과 지침[*Techniques and guidelines for social work practice*]. (서울대학교 사회복지실천연구회 역). 서울: 나남출판.

Sink, J. M., Porter, T. L., Rubin, S. E., & Painter, L. C. (1979). *Competencies related to the work of the rehabilitation counselor vocational evaluator.* Athens: University of Georgia and the McGregor Company.

Smith, E. (1981). Cultural and historical perspectives in counseling Blacks. In D. Sue (Ed.), *Counseling the culturally different: Theory and practice* (pp. 141-185). New York: Wiley.

Smith, P., & Bell, C. H. (2004). *Building coalition fact sheet: Structure-construction of a coalition.* Columbus, OH: The Ohio Center for Action on Coalitions, The Ohio State University.

Starkey, P. D. (1969). Job placement: The rehabilitation counselor's dilemma. *Rehabilitation Counseling Bulletin, 12,* 211-213.

Steinbock, R., & Lo, B. (1986). The case of Elizabeth Bouvia: Stavation, suicide, or problem patient? *Archives of Internal Medicine, 1986 Jan 146*(1), 161-164.

Stewart, C. J., & Cash, W. (1994). *Interviewing: Principles and practices.* Madison, WI: WCB Brown & Benchmark.

Stone, C. I., & Sawatzki, B. (1980). Hiring bias and the disabled interviewee: Effects of manipulating work history and disability information of the disabled job applicant. *Journal of Vocational Behavior, 16,* 96-104.

Swisher, J., & Hylbert, K., Sr. (1973). The rehabilitation counselor and the physcian. *Journal of Applied Rehabilitation Counseling, 4,* 68-75.

Sydow, J. (1998). Understanding the constitution of interorganizational trust. In C. Lane & R. Bechmann (Eds.), *Trust within and between organization: Conceptual issues and empirical applications* (pp. 31-63). Oxford: Oxford University Press.

Szymanski, E., & Danek, M. (1985). School-to-work transition for students with disabilities: Historical, current, and conceptual issues. *Rehabilitation Counseling Bulletin, 29*(2), 81-89.

Szymanski, E., Enright, M., Hershenson, D., & Ettinger, J. (2003). Career development theories, constructs, and research: Implications for people with disabilities. In E. Szymanski & R. Parker (Eds.), *Work and disability* (2nd ed., pp. 91-154). Austin, TX: PRO-ED.

Tate, D., Habeck, R., & Galvin, D. (1986). Disability management: Origins, concepts, and principles for practice. *Journal of Applied Rehabilitation Counseling, 17,* 5-11.

Texas Center for the Advancement of Literacy and Learning (2004). *Texas Adult Education-Soaring into the 21st Century Administrators' Manual.*

Thomas, T. D., & Thomas, G., & Joiner, J. G. (1993). Issues in the vocational rehabilitation of persons with serious and persistent mental illness: A national survey of counselor insights. *Psychological Rehabilitation Journal, 16*(4), 129-134.

Thomas, S. (1986). *Report writing in assessment and evaluation.* Menomonie, WI: materials Envelopment Center, University of Wisconsin-Stout.

Tracy, E. M., & Whittacker, J. K. (1990). *The social network map: Assessing social support in clinical practice.* Families in Society: The Journal of Contemporary Human Services.

Tymchuk, A. J. (1982). Strategies for resolving value dilemmas. *American Behavioral Scientist, 26*(2), 159-175.

Urban Institute. (1975, June 10). *Executive summary of the comprehensive needs study of individual with the most severer handicaps.* Washington, DC: Author.

Usdane, W. M. (1976). The placement process in the rehabilitation of the severely handicapped. *Rehabilitation Literature, 37,* 162-167.

Vandergoot, D., & Swirsky, J. (1980). Applying a systems view to placement and career services in rehabilitation: A survey. *Journal of Applied Rehabilitation Counseling, 11,* 18-155.

Vanderplasschen, W., Rapp, R. C., & Wolf, J. R.(2004). The development and implementation of case management for substance use disorders in North America and Europe. *Psychiatric Services, 55,* 913-922.

Vash, C. (1984). Evaluation from the client's point of view. In A. Halpem & J. Uhrer (Eds.),

Functional assessment in rehabilitation (pp. 253–267). Baltimore: Brookes.

Velton, E., & Bondi, J. (1973). Effect of stomach surgery on work ability. *Journal of Applied Rehabilitation Counseling, 4,* 3–7.

Walls, R., & Dowler, D. (1987). Client decision making: Three rehabilitation decisions. *Rehabilitation Counseling Bulletin, 30*(3), 136–147.

Webster, M. (1985). *Webster's Ninth New Collegiate Dictionary.* Springfield, MA: Merriam-Webster Inc.

Wechsler, D. (1997). *Wechsler adult intelligence test* (3rd ed.). San Antonio: Psychological Corp.

Weil, M. & Karls, J. M. (1985). *Case management in human service practice.* San Francisco: Jossey-Bass Publishers.

Weisenstein, G. R. (1979). Barriers to employability of the handicapped: Some educational implications. *Journal of Research Development Education, 1,* 57–70.

Weldon, K., & McDaniel, R. (1982). The effectiveness of the testing orientation procedure on achievement scores of disadvantaged youth. *Vocational Evaluation Wok Adjustment Bulletin, 15,* 94–97.

White, A. (1953). The Patient sits down. *Psychosomatic Medicine, 16,* 256–257.

Widgery, R., & Stackpole, C. (1972). Desk position, interviewee anxiety, and interviewer credibility. *Journal of Counseling, 9,* 152–158.

Winer, M., & Ray, K. (1994). *Collaboration handbook: Creating, sustaining, and enjoying the journey.* St. Paul, MN: Amherst H. Wilder Foundation.

Wittman, J., Strohmer, D., & Prout, H. (1989). Problems presented by persons of mentally retarded and borderline intellectual functioning in counseling: An exploratory investigation. *Journal of Applied Rehabilitation Counseling, 20*(2), 8–13.

Woodside, M., & MacClam, T. (2006). *Generalist case management: A method of human service delivery* (3rd ed.). CA: Thomson Brooks/Cole.

Wright, B. A. (1968). The Question stands, should a person be realistic? *Rehabilitation Counseling Bulletin, 11,* 291–296.

Wright, B. A. (1980). Developing constructive views of life with a disability. *Rehabilitation Literature, 41,* 274–279.

Wright, B. A. (1983). *Physical disability a psychosocial approach.* New York: Harper & Row.

Zadny, J. (1980). Employer reactions to job development. Rehabilitation. *Counseling Bulletin, 24,* 161-169.

Zadny, J., & James, L. (1977). Another view on placement: State of the art 1976. Portland Sate University Studies on Placement and Job Development for the Handicapped (Studies in placement Monograph No.1., March). Portland, OR: Portland State University Regional Rehabilitation Research Institute.

Zuniga, M. E. (1992). Families with Latin roots. In E. W. Lynch & M. Hanson (Eds.), *Developing cross cultural competence: A guide for working with young children and their families* (pp. 151-179). Baltimore: Brookes.

찾아보기

인명

내용

저자 소개

조영길(Cho Young Kil)

고려대학교 보건대학 졸업

동국대학교 행정대학원 사회복지행정(석사)

대구대학교 대학원 직업재활(박사)

전 (재)한국장애인복지진흥회 부장

(사)한국장애인단체총연맹 부장

서울시립북부장애인종합복지관 국장

나사렛대학교 인간재활학부 대우교수

(재)한국장애인개발원 책임연구원

영도구장애인복지관장

현 고신대학교 직업재활상담학과 교수

한국직업재활학회 이사

한국장애인재활상담사협회 이사

한국지체 · 중복 · 건강장애교육학회 이사

사회복지법인 '그대그리고나' 이사

〈주요 저서〉

지원고용 및 보호고용의 이해(고신대학교 출판부, 2018)

장애인자립생활개론(공저, 학지사, 2016)

기독교대학과 사회과학(공저, 고신대학교 출판부, 2015)

장애와 심리사회(양서원, 2014)

재활행정 및 정책(학지사, 2013)

중증장애인의 독립생활(시그마프레스, 2010)

장애인 지역사회재활 실천 방법(공저, 서울복지재단, 2005)

장애안전 길라잡이(공저, 한국장애인단체총연맹, 2004)

재활사례관리
Case Management for Rehabilitation

2018년 8월 20일 1판 1쇄 인쇄
2018년 8월 30일 1판 1쇄 발행

지은이 • 조영길
펴낸이 • 김진환
펴낸곳 • (주) 학지사
04031 서울특별시 마포구 양화로 15길 20 마인드월드빌딩
대표전화 • 02-330-5114 팩스 • 02-324-2345
등록번호 • 제313-2006-000265호

홈페이지 • http://www.hakjisa.co.kr
페이스북 • https://www.facebook.com/hakjisa

ISBN 978-89-997-1553-2 93330

정가 20,000원

이 도서의 국립중앙도서관 출판시도서목록(CIP)은 서지정보유통지원시스템 홈페이지(http://seoji.nl.go.kr)와 국가자료공동목록시스템(http://www.nl.go.kr/kolisnet)에서 이용하실 수 있습니다.
(CIP 제어번호: CIP2018026308)